ART ET MARGES

MUSÉE

c f c éditions

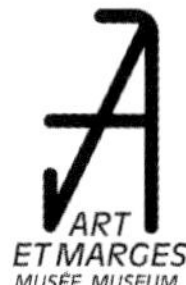

ART OUTSIDER

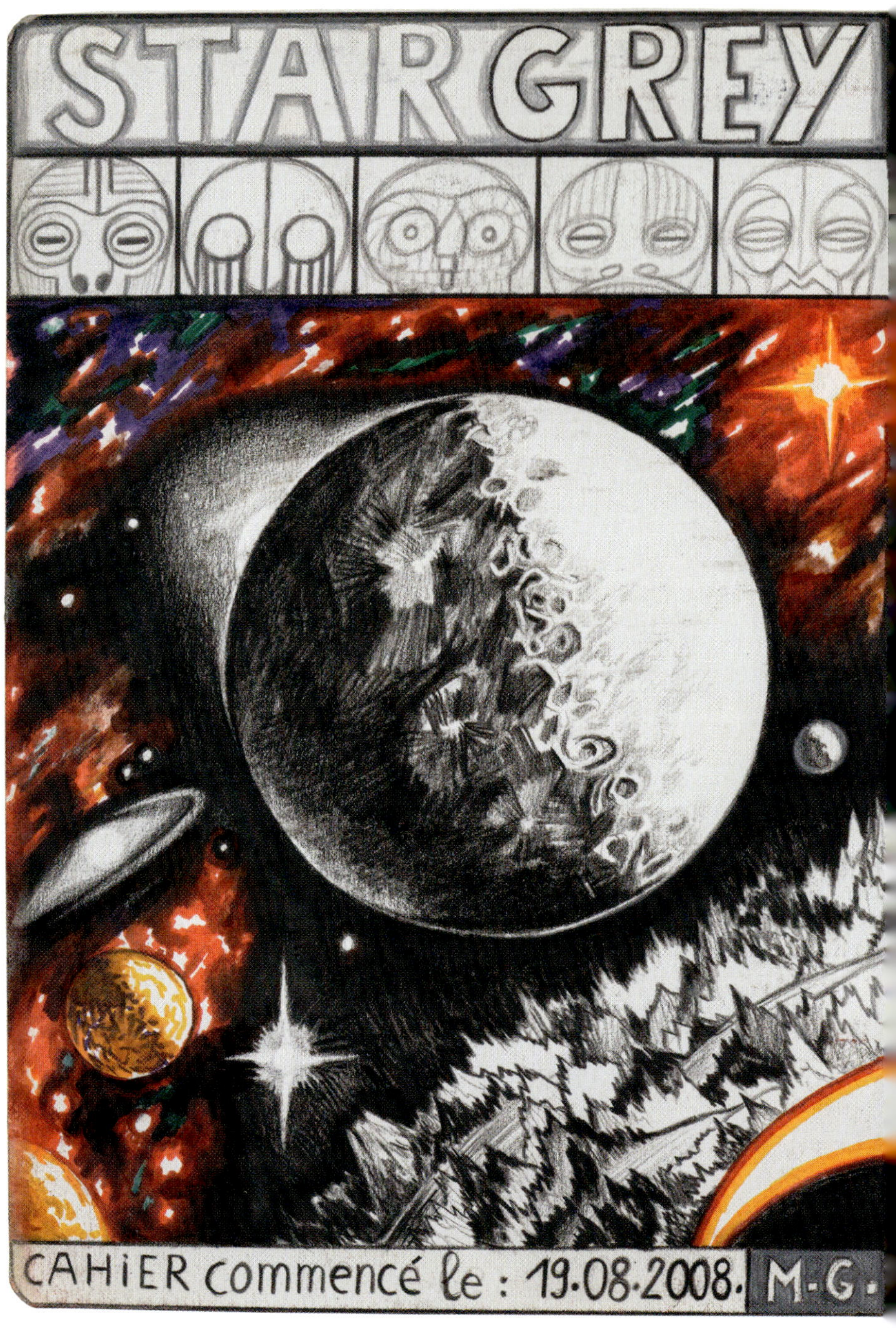

Michel Goyon, s. t., 2008/09,
crayon de couleur et feutre sur cahier,
29,5 x 42 cm.

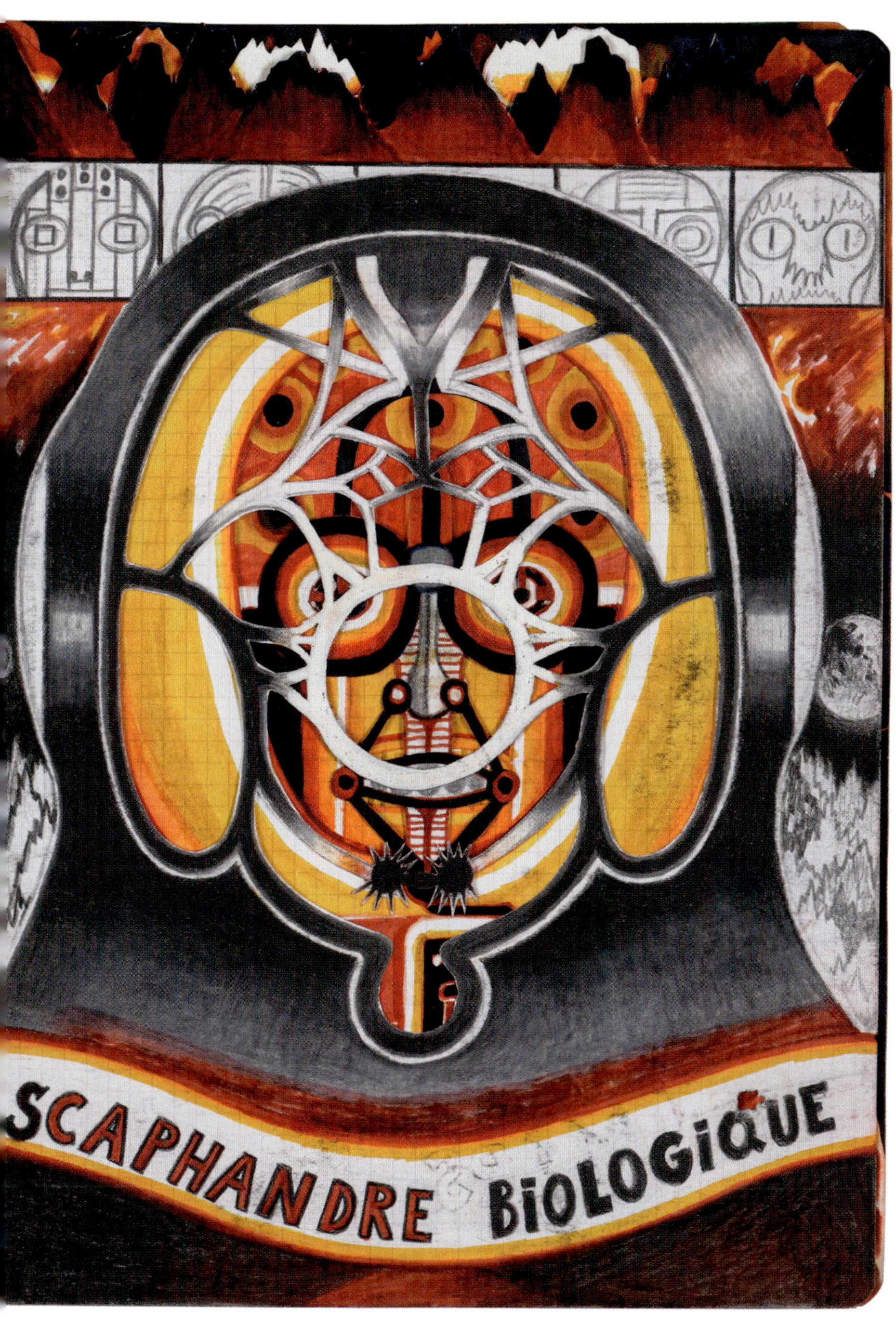

Page suivante:
Michel Dave, s. t., s. d.,
feutre sur papier,
30,5 x 43,5 cm.

LA.COULEUR.ES.BONNE. LA.COULEUR.ES.FOLLE

LA.COULEUR.ES.PROPRE. LA.COULEUR.DU.BOUCHON.

LA.COULEUR.DU.TRAM

LA.COULEUR.ES.SALE. LA.COULEUR.DE.LA.GRAVURE.

LA.COULEUR.ES.PROUPRE LA.COULEUR.DU.TRAIN.

LA.COULEUR.ES.FINE LA.COULEUR.DE.L'AUTO

LA.COULEUR.DU.CAR.

LA.COULEUR.ES.GROSSE LA.COULEUR.DU.BUS.

LA.COULEUR.ES.MAUVAISE LA.COULEUR.DU.MÉTRO.

LA.COULEUR.ES.TERRIBLE LA.COULEUR.DU.FEU

LA.COULEUR.ES.MORTE LA.COULEUR.DE.L'INCENDIE

LA.COULEUR.DU.CRAYON

LA.COULEUR.ES.VIVANTE. LA.COULEUR.DU.CHOCOLAT

LA.COULEUR.ES.LOURDE LA.COULEUR.DU.FIL

LA.COULEUR.ES.MOYENNE LA.COULEUR.DU.FILM

LA.COULEUR.ES.MOLLE LA.COULEUR.DU.SPORT

LA.COULEUR.ES.LIQUIDE LA.COULEUR.DU.TEMP

LA.COULEUR.ES.VERNIS LA.COULEUR.DU.PASSEPORT.

LA.COULEUR.DE.LA.PORTE

LA.COULEUR.ES.BELLE LA.COULEUR.DU.DIVAN

LA.COULEUR.ES.TENDRE LA.COULEUR.DE.L'ASCENSEUR

LA.COULEUR.ES.DURE. LA.COULEUR.DE.LA.MAISON

LA.COULEUR.DE.L'ÉGLISE

LA.COULEUR.ES.VOLÉE. LA.COULEUR.DU.PAPE

LA.COULEUR.ES.ENVOLE LA.COULEUR.DU.BIC

LA.COULEUR.ES.MANGÉE LA.COULEUR.DU.STYLO

LA.COULEUR.ELLE.BOIS. LA.COULEUR.DU.MUR.

INTRODUCTION

TATIANA VERESS,
Directrice du Art et marges musée

NL > p. 197
EN > p. 209

Tout commence par quelques dessins, ceux d'une jeune fille qui a participé à un atelier artistique au début des années 1980. Par leur singularité, ces dessins retiennent l'attention de l'animatrice, Françoise Henrion, future fondatrice d'Art en marge, qui deviendra par la suite le Art et marges musée. Ils seront le catalyseur de sa quête et de son action. Elle se lance dans la recherche et la collecte d'œuvres, parcourt les ateliers artistiques. Nombreux en Belgique dès les années 1970 et majoritairement encadrés par des artistes, ceux-ci permettent aux participants de bénéficier d'un accompagnement dans leur cheminement créatif, se distinguant en cela des ateliers occupationnels ou thérapeutiques.

Contrairement à l'art asilaire («l'art des fous»), ce domaine reste à défricher et n'est pas encore reconnu comme source potentielle de créativité artistique[1]. Malgré un certain scepticisme du milieu de l'art brut, notamment de la part de Michel Thévoz[2], qui assimile ces pratiques à de «l'art thérapie» et pour qui rien de vraiment inventif n'en sort[3], Françoise Henrion, face à la quantité et à la qualité de ses découvertes, s'attache à les valoriser.

En 1984, soutenue par la Commission communautaire française (COCOF), elle fonde le centre de recherche et de diffusion Art en marge, puis en 1986, la galerie du même nom ouvre rue des Vierges, à Bruxelles. Son audace sera finalement saluée par Michel Thévoz: «C'est bien le mérite d'Art en marge que de s'être aventuré dans ce champ de création sans balises théoriques, en conjuguant le flair, la générosité et la passion pour découvrir des œuvres d'une diversité et d'une richesse stupéfiantes[4].»

Art en marge est un lieu où les œuvres nourrissent le débat artistique et politique. Les artistes exposés ont en commun d'être autodidactes. Certains travaillent dans l'isolement ou la marginalité, d'autres sont issus d'ateliers pour personnes porteuses d'un handicap mental, mais également de milieux psychiatriques. Pour Françoise Henrion et Gérard Preszow, cofondateur et collaborateur de premier plan, la marge, comme celle de la page, «est un lieu de réactions, d'annotations, de révoltes et d'enthousiasmes[5]».

À partir de 2002, Carine Fol, la nouvelle directrice du centre, rassemble des artistes *in-* et *outsider* au sein de projets «laboratoires» et d'expositions thématiques, dans la lignée d'Harald Szeemann[6]. Elle insuffle également une volonté nouvelle au centre, celle de devenir musée. La collection s'étant étoffée au fil des rencontres et des découvertes, il lui apparaît nécessaire d'en assurer la

1

Carine Fol, *De l'art des fous à l'art sans marges*, Milan-Bruxelles, Skira-Art et marges musée, 2015, p. 174.

2

Michel Thévoz fut le premier directeur de la Collection de l'Art Brut, musée créé en 1976 à partir de la collection de Jean Dubuffet dont il a fait don à la ville de Lausanne.

3

Michel Thévoz, lettre à Françoise Henrion, 27 mars 1984.

4

Michel Thévoz in: *Art en marge, Collection*, Bruxelles, Art en marge, 2003, p. 47.

5

Françoise Henrion in: *Art en marge, Collection*, Bruxelles, Art en marge, 2003, p. 8.

6

Harald Szeemann (1933-2005) est un commissaire d'exposition suisse, et est l'un des premiers à introduire des œuvres d'art brut dans le circuit de l'art contemporain, créant un dialogue entre œuvres d'art

in- et *outsider*.
Il expose dès 1963 la
collection Prinzhorn
à la Kunsthalle de
Berne dont il est alors
directeur ou encore
les œuvres d'Adolf
Wölfli en 1972 à La
Documenta V de Kassel.

7

Françoise Henrion,
entretien inédit,
12 décembre 2018.

8

Gérard Preszow dans
Bulletin Art en marge
nº 1, 1985, p. 3.

9

Étude scientifique de
la collection et gestion
professionnalisée de
celle-ci, diffusion
internationale,
participation à des
colloques externes, etc.

pérennité par ce changement de statut. C'est chose faite en 2009, Art en marge, reconnu musée par la Fédération Wallonie-Bruxelles, devient le « Art et marges musée ». Ce nouveau nom, où le « en » devient « et » et la marge plurielle, montre une volonté de décloisonnement et d'ouverture, hors de toute catégorisation.

Si les locaux s'agrandissent grâce au soutien du CPAS et de la Ville de Bruxelles, c'est aussi l'aura du lieu qui prend véritablement de l'ampleur. Carine Fol œuvre pour la dimension internationale du musée en mettant en place des projets et des expositions en collaboration avec des institutions d'art contemporain et d'art *outsider* en Belgique et à l'étranger.

Approcher la création pour aller ensuite vers le créateur, à l'instar de Françoise Henrion, qui, lors de ses prospections, demandait à visiter en premier lieu les réserves d'œuvres[7]. Résister à la tentation, pourtant grande, de remplacer le propos souvent absent des artistes de l'art brut par leur biographie. Encore aujourd'hui, le Art et marges musée s'attache à n'évoquer la vie des artistes que si cela apporte un éclairage sur leurs œuvres : ces images sans discours « exigent une disponibilité du regard[8] », mais laissent à l'émotion la possibilité de surgir.

Si Art et marges, dont la collection compte aujourd'hui plus de quatre mille œuvres de près de trois cents artistes de toutes nationalités, s'est doté de tous les attributs d'un musée[9], veiller à ce que cet espace reste à échelle humaine, favorisant le dialogue et les échanges plutôt que les grands débats, invitant chacun à l'expression de ses émotions, est précisément au cœur de mon travail depuis que j'en ai repris la direction en 2012. En cela, le Art et marges musée reste fidèle aux origines d'Art en marge.

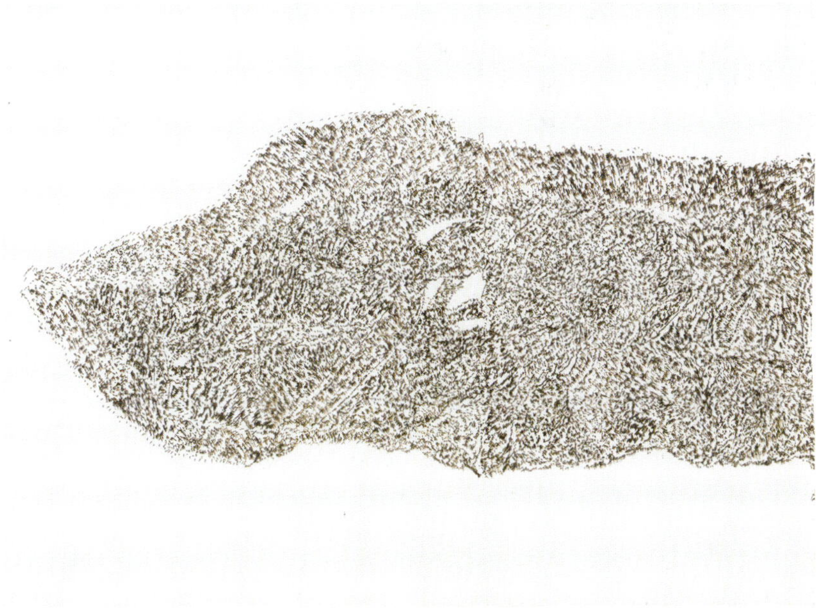

André Prues, s. t., s. d.,
feutre sur papier,
29,7 x 42 cm.

TRANSFORMATION D'UN PAYSAGE

THIBAULT LEONARDIS

Posons un premier jalon, un peu avant la théorisation et l'étude de ce qui, par la suite, sera appelé «art brut». Loin d'un historique complet, il nous paraît essentiel d'en évoquer les prémices pour expliquer ce qui a pu faire projet autour de ce concept et amener à la création d'Art en marge.

L'art brut a existé bien avant l'invention de l'appellation sous laquelle seront regroupées ces formes d'expression. L'absence d'éléments tangibles le prouvant étant vraisemblablement imputable à la division trop nette et violente que la société opérait entre le fou et celui qui ne l'est pas. L'existence et l'énonciation du fou n'est là que pour rassurer celui qui pense ne pas en être un. Construire la figure du fou, la faire exister même si ce n'est qu'en épouvantail, pour dans le même temps l'invisibiliser, l'enfermer, la mettre au ban. C'est peut-être là la première contradiction de l'art brut: mettre en lumière et produire un discours sur des créations qui ne sont, en principe, pas accessibles, l'œuvre s'élaborant dans le secret, en marge.

Ce paradoxe, essentiel à la compréhension de l'art brut, est un élément fondateur de l'existence du Art et marges musée. Depuis les débuts, dévoiler, révéler ce qui jusqu'alors était caché aux yeux de tous, en même temps que de le défendre, a été la mission première d'Art en marge.

Pour trouver les premières traces d'une recherche systématique sur des productions «en marge», il faut s'arrêter sur la personne de Hans Prinzhorn[1], connu pour avoir été l'un des pionniers dans la collecte, l'étude et la constitution d'une collection d'œuvres réalisées par des patients asilaires. Il y a là un déplacement du regard tout à fait crucial: celui-ci ne se porte plus seulement sur la condition psychiatrique du créateur mais plutôt sur l'aspect esthétique de ce qu'il produit. Ce faisant, Prinzhorn affirme que ces créations peuvent être comprises comme des œuvres à part entière, que l'intérêt qu'elles suscitent peut se transformer par l'action de qui regarde et de comment il le fait.

Jean Dubuffet sera grandement influencé par les travaux de Prinzhorn et constituera à son tour une collection qui deviendra une référence. À un détail près, qui fait toute la différence: si Dubuffet prospecte au début lui aussi dans les asiles psychiatriques, il ne tarde pas à élargir le champ de ses recherches.

[1]

Hans Prinzhorn (1886-1933) est un historien de l'art et psychiatre allemand. Il est chargé en 1919 par l'hôpital psychiatrique de l'université de Heidelberg de compléter leur collection d'œuvres réalisées par des patients en psychiatrie. Ses recherches aboutissent à la publication, en 1922, de l'ouvrage *Bildnerei der Geisteskranken* qui attire d'emblée l'intérêt des expressionnistes et des surréalistes.

Il ne met plus l'accent sur « l'art des fous » mais explore plus largement les productions « en marge ». Le paradigme change. Là où le lieu, l'asile, prévalait, ce sont dès ce moment les conditions de production qui serviront de référence. Se construit alors l'image archétypale de « l'auteur d'art brut », qui serait isolé du monde social et donc exempt de toute influence culturelle. Si cette figure montre ses limites, elle permet néanmoins à Dubuffet d'explorer des zones de l'art encore inconnues, allant jusqu'à flirter avec l'art populaire et paysan. Pour les productions qui rentrent moins aisément sous ce concept d'Art Brut, il crée une catégorie appelée « Collection Annexe », qui deviendra « Neuve Invention ».

L'élargissement du champ continue et ne cesse aujourd'hui encore de repousser ses propres limites : art brut, art *outsider*, art hors les normes, art en marge... Les terminologies foisonnantes attestent des différentes interprétations d'un même concept, pour s'accorder finalement sur une chose : la création artistique, si elle est partout, mérite qu'on s'attarde là où on ne la pense pas, là où on la pense absente. Musée d'art brut, *outsider* et contemporain à la fois, Art et marges a su faire la synthèse de ces différentes visions pour proposer sa propre grille de lecture. Une grille mouvante, qui tend à se renouveler constamment par la proposition d'expositions thématiques et l'acquisition systématique de nouvelles œuvres.

Si nous nous arrêtons au présent, il est évident que l'art brut est aujourd'hui reconnu et fait partie du paysage artistique. En témoigne sa présence dans les musées d'art contemporain (lieu de légitimation de la culture dominante), ou la présentation d'œuvres d'art contemporain dans des lieux d'art *outsider*, pratique défendue par le Art et marges musée.

D'aucuns penseraient qu'on cherche à tout prix à dissoudre l'art brut dans l'art contemporain (et sa marchandisation), et à esthétiser cet art qui, plus tôt, nous paraissait revêche. C'est là le rôle du musée : veiller à ce que cette dissolution n'ait pas lieu. Et qu'on y trouve l'échange et le questionnement mutuel : l'art brut nourrit l'art contemporain, et inversement. Nous sommes convaincus que cet aller-retour est primordial et doit prévaloir sur la séparation entre un art qui serait soit brut, soit contemporain. Le dialogue est permis et nous invite à penser le musée comme un laboratoire expérimental où se mêlent recherche, présentation, conservation et défense des œuvres.

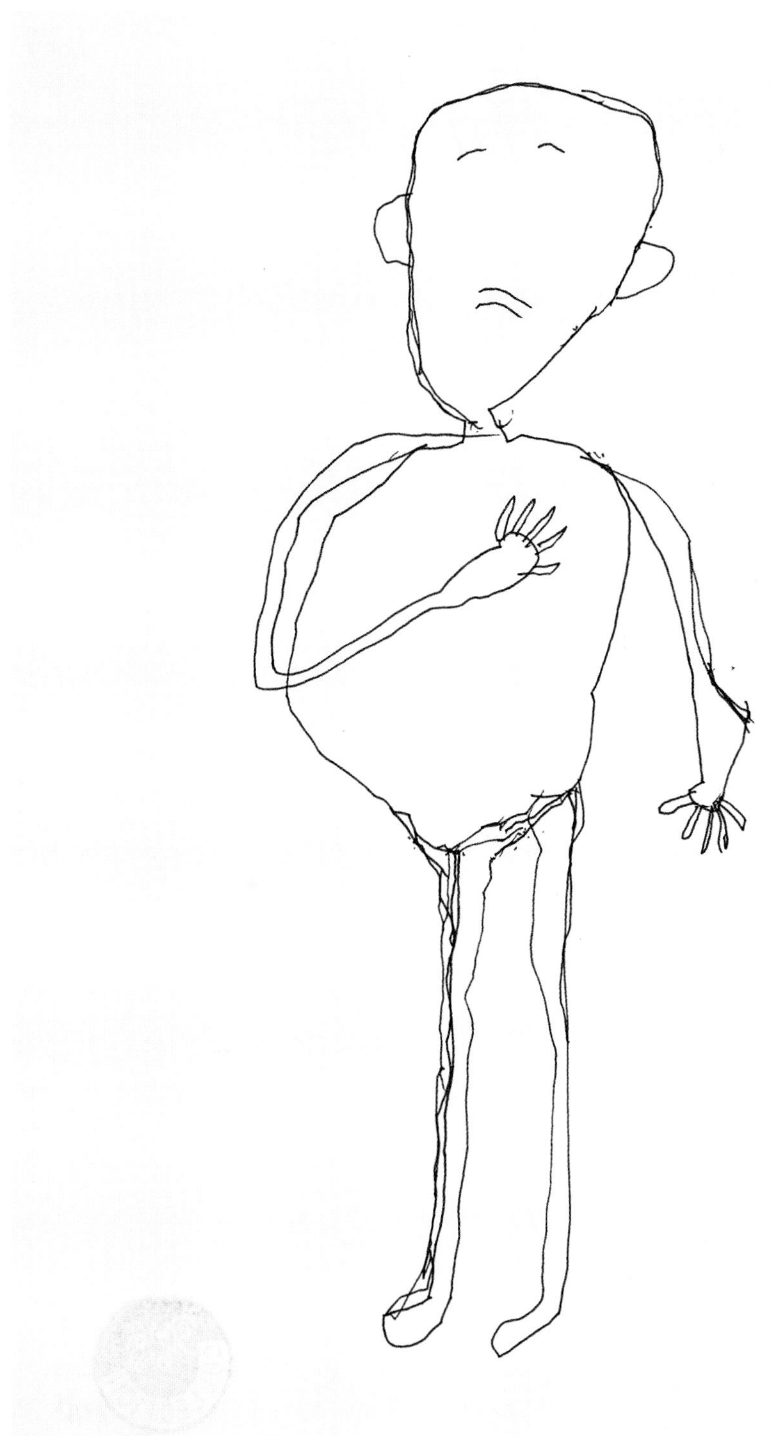

Sylvain Cosijns, s. t., s. d.,
crayon graphite sur papier,
29,5 x 21 cm.

LE REGARDEUR FAIT L'ŒUVRE

OUVRIR LES YEUX

NL > p. 197
EN > p. 209

LAURENT BUSINE

On pense à juste titre que «l'œuvre de l'art» se poursuit dans le regard du spectateur et, pour certains, qu'elle y acquiert sa formulation finale. Le propos de cet article sera plutôt de chercher à percevoir comment et quand le regardeur fait l'œuvre. C'est-à-dire, comment et quand le regardeur accorda aux œuvres de l'art brut, l'art de la folie, l'art singulier, l'art comme on voudra, le respect qu'il manifestait depuis longtemps déjà aux arts traditionnels.

Afin de tenter d'en rendre compte, je m'en remettrai logiquement aux regards que j'ai portés lorsque, pour la première fois, je fus face à ces travaux.

Je suis fils d'une famille dans laquelle les arts plastiques tenaient une importance non négligeable. Je dis cela non pour donner à mon propos une légitimité qui viendrait de ma situation familiale, mais pour indiquer comment, baigné dans la matière artistique, jeune, il me fut donné de parcourir nombre d'expositions et de visiter des musées, de feuilleter des livres d'art. Ainsi, avais-je vu, sinon compris, des peintures naïves, expressionnistes, surréalistes, de Paul Klee, Max Ernst… bien avant d'être face aux œuvres de l'art qui nous occupe. La découverte des œuvres des malades mentaux, par exemple, dans leurs aspects violents ou leurs aspects inaccoutumés ne fut pas, à vrai dire, pour moi une étrangeté; au contraire, elle confirmait l'intuition ou la détermination de ces artistes dans des pièces qui me semblaient avoir un lien «d'amitié» avec celles des mêmes Paul Klee ou Max Ernst, mais en provenance d'un milieu qui n'avait pas suivi la même démarche cultivée. L'étrangeté venait d'une certaine fraîcheur qui m'assaillit sans toutefois être à même de comparer ou d'en préciser les démarches.

En mentionnant cet épisode de ma jeunesse, je désire uniquement porter l'attention sur ce qui ne m'a pas semblé hors du commun, à l'inverse, on peut le penser, des regardeurs des années 1920 qui découvraient l'expressionnisme, le surréalisme, en même temps qu'ils faisaient la découverte des «œuvres de la folie» dans la collection de la clinique psychiatrique de l'Université de

Heidelberg ou lors des nombreuses expositions en Europe qui en présentaient des parties importantes[1] ou encore dans les illustrations de l'ouvrage *Bildnerei der Geisteskranken* (*Expressions de la folie*) de Hans Prinzhorn[2]; Paul Klee, Max Ernst, par exemple.

Mais la question intrigante reste celle-ci: quand a-t-on posé, sur le dessin d'une personne aliénée, un regard considérant qu'il s'agissait d'une œuvre créée par un artiste?

Il serait fastidieux de reprendre ici les études fouillées et nombreuses qui suivent la lente transformation de l'appréciation des œuvres des aliénés et je ne vais pas – car je n'en ai pas la compétence – tenter d'en refaire l'historique. Je voudrais simplement illustrer ce propos de quelques exemples qui seront à même de nous éclairer sur la manière dont, dans une société donnée, on a vu les dessins des malades mentaux ou imaginé ce qu'ils devaient être.

Nous ne possédons pas, ou très peu, d'exemples de ces œuvres qui furent jetées aux orties et détruites; je partirai donc d'une gravure, une caricature de James Gillray (1756-1815) qui, à la fin du 18ᵉ siècle, donna une image épouvantable des sans-culottes de France intitulée: *Un petit Souper à la Parisienne – or – A family of Sans Culotts refreshing after the fatigues of the day*[3]. En premier lieu, comme on peut s'y attendre, Gillray présente les membres de ladite famille sans pantalons, jouant ainsi sur le terme «sans-culottes», et les montre attablés, assis, l'un sur un sac «Propriété de la Nation» débordant de trésors volés, l'autre sur le corps dénudé d'une femme morte. Ils dévorent un cœur, un bras, un œil… Une vieille fait rôtir dans la cheminée un bébé embroché tandis que trois enfants autour d'un baquet s'empiffrent des intestins des aristocrates. D'autres cadavres ou morceaux de corps attendent suspendus qu'on les dévore. Dans tous ses aspects, la scène (caricaturale à l'excès) indique pour Gillray et ses compatriotes qu'il s'agit de dégénérés, de diaboliques, bref de personnes ayant perdu la raison. Et, pour confirmer cet état de choses, comme si cela ne suffisait pas, l'artiste ajoute des dessins sur les murs de la pièce, soi-disant réalisés par ces mêmes sans-culottes. Sur le manteau de la cheminée, un «bonhomme» tenant d'une main une hache et de l'autre une tête coupée; à sa gauche: «Vive la Liberté», à sa droite: «Vive le Égalité» (sic), au-dessus: «Petion». Le dessin est maladroit ou plutôt, infantile, digne sans doute d'un de ces anthropophages. Il en va de même pour un autre croquis, sur le mur: un personnage ventru sans tête, surmonté de: «Louis le Grand».

Cette gravure donne une idée de la manière dont, à l'époque, on pensait que les fous étaient capables de peindre; James Gillray, qui invente ces graffitis, accentue la maladresse et la pauvreté des moyens de représentation comme des caractéristiques supposées, aux yeux de ses contemporains, de l'état de folie, semblables aux lignes tracées par des cerveaux non encore formés, proches des dessins d'enfants, loin en tout cas des règles dues à un apprentissage. On sait

[1]

Bettina Brand,
La collection d'œuvres de malades mentaux de la clinique psychiatrique universitaire de Heidelberg, des origines jusqu'en 1945,
in: Catalogue de l'exposition *La Beauté insensée. Collection Prinzhorn – Université de Heidelberg*, Charleroi, Palais des Beaux-Arts, 1995-1996, p. 33.

[2]

Hans Prinzhorn,
Bildnerei der Geisteskranken, Ein Beitrag zur Psychologie und Psychopathologie der Gestaltung,
Berlin – Heidelberg, Springer-Verlag, 1922.
Expressions de la folie. Dessins, peintures, sculptures d'asile, traduit de l'allemand par Alain Brosse et Marlène Weber, préface de Jean Starobinski, Paris, NRF Gallimard, 1984.

[3]

James Gillray,
Un petit Souper à la Parisienne – or – A family of Sans Culotts refreshing after the fatigues of the day,
20 septembre 1792,
eau-forte.

                    LE REGARDEUR FAIT L'ŒUVRE

aujourd'hui à quel point ceci peut s'avérer faux quand on observe, par exemple, les planches de Georges Focus[4], peintre français, proche de Charles Lebrun, interné en fin de vie aux Petites Maisons à Paris, ou de Carl Lange[5], interné en 1910 à l'asile de Schwertz en Prusse-Orientale, et que l'on constate que dans la maladie ces artistes n'ont rien perdu de leur apprentissage technique du dessin.

Mon deuxième exemple est une gravure de William Hogarth (1697-1764) qui illustra de 1732 à 1735, par une série de huit peintures d'abord et de huit gravures ensuite, les aventures d'un débauché : *A Rake's Progress*. Cette série raconte le déroulement de la vie de Tom Rakewell et sa chute progressive à travers le jeu, l'alcool, la prostitution, les fourberies, les dettes jusqu'à la prison et la folie. C'est cette dernière image[6] qui nous intéresse, car elle montre un asile : Bedlam, The Bethlem Royal Hospital. En dehors des différents personnages présents dans la peinture, des fous, bien sûr, qui se livrent à différentes occupations ineptes, un chien, des dames de la bonne société, un gardien, sa fiancée, qu'il a rejetée, la fidèle Sarah Young, en pleurs, agenouillée à ses côtés et qui, une fois encore, tente de lui venir en aide.

L'univers de l'asile est carcéral : le couloir est grillagé, les fenêtres également ; toute sortie vers l'extérieur est impossible ; un garde enchaîne Tom Rakewell. Mais sur un mur entre deux cellules un homme dessine, à moitié caché derrière une porte. Et ce dessin est surprenant. Il y a tout d'abord un globe terrestre figuré synthétiquement par des méridiens et des parallèles ;

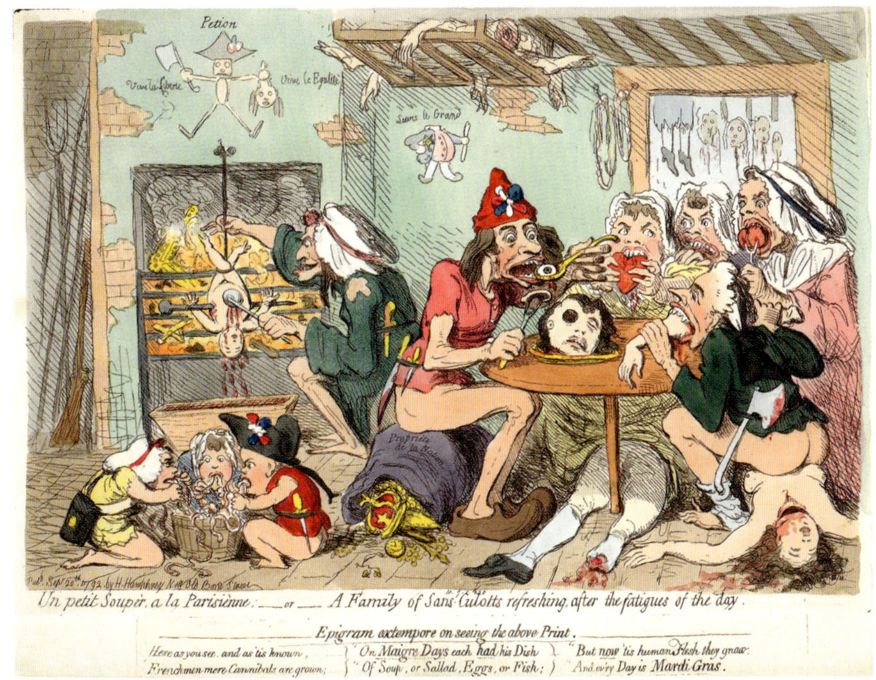

Un petit Souper, a la Parisiènne ; ___ or ___ A Family of Sans Culotts refreshing, after the fatigues of the day.

Epigram extempore on seeing the above Print.

Here as you see, and as 'tis known, | On Maigre Days each had his Dish | But now 'tis human Flesh they gnaw ;
Frenchmen mere Cannibals are grown ; | Of Soup, or Sallad, Eggs, or Fish ; | And ev'ry Day is Mardi Gras.

James Gillray, *Un petit Souper à la Parisienne*, 1792, eau-forte et aquarelle, 28 x 36 cm. Coll. The British Museum, Londres.

Notes (marge)

[4] Une exposition des travaux de Georges Focus (1639 ou 1641-1708) s'est tenue à l'École nationale des Beaux-Arts de Paris en 2018. Un ouvrage accompagnait l'exposition : Emmanuelle Brugerolles (dir.), *Georges Focus. La folie d'un peintre de Louis XIV*, Paris, Beaux-Arts Éditions, 2018.

[5] Catalogue de l'exposition *La Beauté insensée. Collection Prinzhorn – Université de Heidelberg*, Charleroi, Palais des Beaux-Arts, 1995-1996, p. 267-271.

[6] William Hogarth, *The interior of Bedlem (Bedlem Royal Hospital)*, huitième et dernière planche de la série *A Rake's Progress*, gravure, après 1734. Un deuxième état de cette même planche parut en 1763 où un médaillon « Britania-1763 » masque en grande partie le globe terrestre figuré sur un mur. Les gravures furent précédées par huit peintures réalisées entre 1732 et 1735 par William Hogarth. Toutes sont conservées actuellement au Sir Johns Soane's Museum de Londres.

ce globe est enchaîné, relié par des maillons au montant de la porte ; ensuite, à gauche, une bombarde énorme lance un lourd boulet qui, suivant une certaine trajectoire, vient retomber sur la sphère terrestre ; puis, plus bas, des figures géométriques : un triangle, une spirale, des lignes droites entrecroisées, et enfin un trois-mâts, les voiles gonflées, qui vogue surmonté d'un croissant de lune.

On est loin du dessin maladroit habituellement représenté pour définir les locataires d'un asile d'aliénés. Deux possibilités s'offrent à nous pour interpréter les dessins sur le mur. La première est de considérer qu'il s'agit bien de la « reproduction » par William Hogarth d'un dessin qu'il aurait vu et qui aurait été réalisé par un malade enfermé *in the Madhouse*. On peut en douter, bien que cela n'aurait rien d'invraisemblable ; nous le verrons plus loin. La deuxième est de songer qu'il s'agit plus vraisemblablement d'une charge faite par William Hogarth vis-à-vis des savants qui, à l'époque, se querellaient sur la façon de déterminer avec précision une longitude de référence. Mais peu importe, car, tout comme James Gillray qui, afin de donner une vraisemblance à la scène, a introduit des dessins maladroits, William Hogarth a installé sur le mur de Bedlam des dessins géométriques, astronomiques, rendant compte d'une folie de type scientifique.

Nous le constatons, ce qui représente la déraison dans ces œuvres n'est pas unique. Je me permettrai d'ouvrir une parenthèse qui indiquera combien, nous l'avons vu dans les lieux fréquentés par des personnes déclarées « folles », l'œuvre est une preuve pour le commun des mortels de la déraison de son créateur, et le jugement qui vise à dénigrer une telle œuvre se conjugue alors en des termes identiques.

En 1843, le critique français Léonce de Lavergne décrivit pour la *Revue des Deux Mondes* les travaux de William Turner exposés à Londres : « Le fameux Turner est arrivé par exemple à un degré d'excentricité qui passe toute idée. Ses tableaux sont de véritables barbouillages de jaune et de rouge où il est absolument impossible de distinguer quoi que ce soit. On dirait un enfant qui s'est emparé d'une palette toute chargée et qui a pris plaisir à en confondre les couleurs[7]. » Dans le même ordre d'idées, William Hazlitt rapporte : « Quelqu'un a dit de ses paysages qu'ils étaient des images de rien, et très ressemblantes[8]. »

Ainsi, l'étrange, l'excentrique sont exemples de folie, ou jugés comme tels, au même titre que le malhabile et l'incongru ; que ce soit un dessin maladroit, un dessin précis de type « scientifique » ou encore une forme de peinture inusitée.

LE REGARDEUR FAIT L'ARTISTE

Le chemin fut long qui mena à reconnaître la qualité des œuvres de ces artistes singuliers. Sans envisager d'en tracer le déroulement, car cette question exigerait de traiter historiquement et longuement du passage du dessin témoin d'une pathologie au dessin témoin d'une création artistique, j'aimerais,

7

Léonce de Lavergne, *Le mois de mai à Londres*, in : *Revue des Deux Mondes*, Paris, tome deuxième, treizième année, nouvelle série, 1843, p. 947.

8

Cité par Ian Warrell, *Introduction*, in : Catalogue de l'exposition *J.M.W. Turner – Aquarelles et dessins du legs Turner*, Charleroi, Palais des Beaux-Arts, 1994, p. 24.

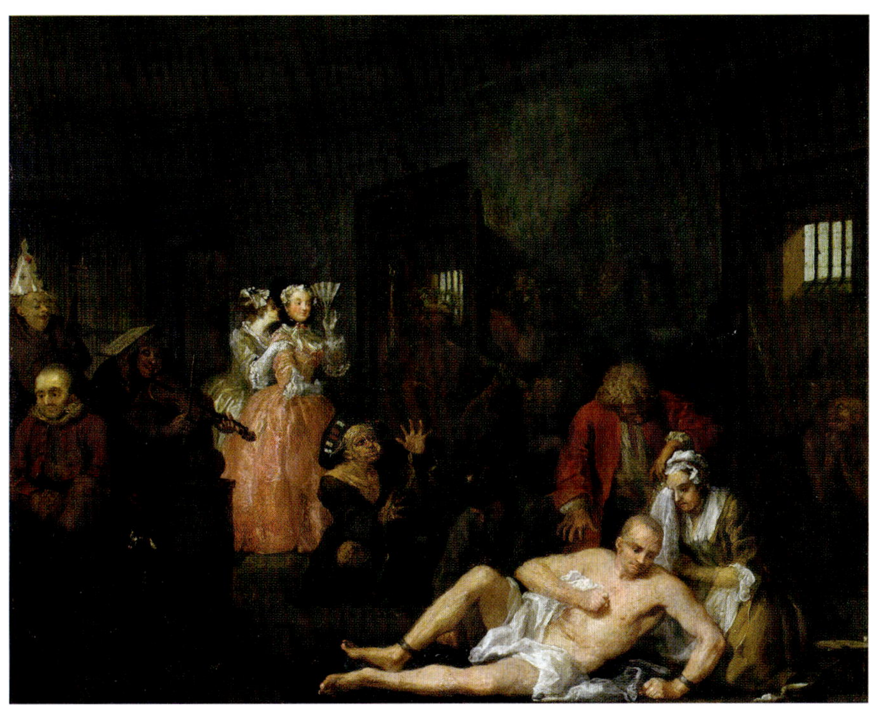

William Hogarth, *A Rake's Progress VIII:*
The Madhouse, 1732-35, peinture à l'huile
sur toile, 62,5 x 75 cm, coll. Sir John Soane's
Museum, Londres.

9

Paul-Max Simon,
*Les écrits et les dessins des
aliénés*, in: *Archives de
l'Anthropologie criminelle
et des Sciences pénales*,
Paris, tome troisième,
1888, p. 318-355.

cependant, reprendre quelques passages de l'étude sur *Les écrits et les dessins des aliénés* du docteur Simon parue en 1888[9], exemplaire à bien des égards de la prise de conscience par un esprit éclairé des qualités inhérentes à ce genre d'œuvres.

Certains mots employés par Paul-Max Simon – en 1888 rappelons-le – témoignent de la curiosité et de l'humanité du médecin en chef de l'asile public d'aliénés de Bron. J'ignore s'il est le premier à utiliser le terme «artiste» pour parler d'un de ses patients, mais ceci résonne comme la trace évidente d'un regard différent et attentif porté à ces travaux: «Tout cela, comme je l'ai déjà dit, formant des scènes variées et qui, mis à part l'ordinaire inhabileté de l'artiste, présentent parfois un réel intérêt dramatique.» On ressent, dans cette phrase, un respect sincère pour «l'homme-artiste» et de l'intérêt pour ses œuvres; j'en ai été profondément touché à la lecture de cette étude.

Au-delà de ce trait, pour remarquable qu'il soit, le docteur Simon, par ailleurs, s'intéresse particulièrement à une forme de travaux qui ne correspond pas aux canons de l'art des aliénés jusque-là admis, gribouillages et maladresses habituelles; pour les définir, il utilise le mot «Inventeur» qui prend ici tout son sens (son sens premier), car il s'agit bien de faire venir au jour, d'exposer dans une langue technique un propos qui l'est tout autant.

C'est ainsi que Paul-Max Simon décrit plusieurs cas: «D'autres fois, les figures dessinées par notre malade représentent quelque plan, par exemple le plan d'une machine de son invention. Le dessin est alors plus net, mieux arrêté, bien que l'idée demeure généralement excentrique.» Ou encore : «J'ai en ce moment sous les yeux un dessin ayant trait à l'invention d'un canon. Les lignes sont parfaitement nettes et arrêtées. » (coïncidence amusante : nous nous souviendrons avoir vu une bombarde dans la gravure de William Hogarth). Et : « J'ai encore en ce moment dans mon service un malade qui justifie complètement ce que j'avance ici. C'est un inventeur et depuis qu'il est à l'asile de Bron, il m'a remis un nombre de plans, de dessins de machines dont on pourrait former un volumineux album. Comme ce malade a été autrefois un dessinateur habile, ses planches marquées au coin du plus complet délire sont d'une très grande correction d'exécution et offrent à l'œil un ensemble assez harmonieux. Je transcris ici quelques-unes des légendes qui accompagnent les dessins : "Ratière prodigieuse pour prendre les éléphants"; "Lampe physique à siphon élévateur perpétuel atmosphérique"; "Système nouveau de brouette…" »

L'ŒUVRE FAIT LE REGARDEUR

L'attention du docteur Simon qui va plus loin que le seul aspect des dessins nous met en face d'une autre et difficile question que posent les œuvres des « Inventeurs » ou des « Ingénieurs », suivant une autre appellation. À savoir qu'il n'est, me semble-t-il, rien de plus complexe à observer que les dessins techniques si l'on ne connaît rien aux lois de la mécanique, aux lois de la science qui les dirigent. Comment, dès lors, justifier un jugement affirmant que tel plan est l'œuvre d'une personne qui respecte les règles du métier, ou non ? Notre ignorance (mon ignorance) nous renvoie à un principe élémentaire du regard, que j'énonçais en débutant cet article, qui est que l'on ne voit que ce qu'on est à même de voir.

Dans la production générale qui nous occupe, ces dessins sont plus nombreux qu'on ne pourrait le penser et, pour s'en convaincre, on retournera à la collection Prinzhorn de l'Université de Heidelberg où se trouvent réunis de splendides exemples de ce genre de travaux : Friedrich Bedürftig, *L'échafaudage de l'eau*; *Automobile pour l'eau et la terre*; Alfons Frenkl, *Charrue à roue*; *Traîneau à voile*; Joseph Alois Gottfried Maier, *Dessin pour une radiographie simple*; *Signes et remarques fondés sur des émissions et des événements*; Jakob Mohr, *Preuves*, etc. parmi lesquels je retiendrai une planche tout-à-fait exceptionnelle due à L. Heintzen[10]. Cet artiste, dont on sait seulement qu'il fut interné à l'asile de Düren en 1919, perdu dans les profondeurs de l'oubli du système asilaire de l'époque, a réalisé sur un papier officiel un dessin à la plume et au crayon, *Allégorie de ma maladie*.

L'œuvre se présente comme un réseau, un plan complexe et simple à la fois. Des lignes, droites et courbes, des aimants, des bras terminés par des pointes, des récepteurs ou des diffuseurs, des figures géométriques qui se croisent; des filets relient quelques-uns d'entre eux; deux couleurs sont employées : le noir et le rouge, aussi bien pour le dessin que pour les notes, les chiffres et les

10

*La Beauté insensée,
op. cit.* : Friedrich Bedürftig, p. 91 - 93 ; Alfons Frenkl, p. 153 - 157 ; L. Heintzen, p. 193 - 195 ; Joseph Alois Gottfried Maier, p. 295 - 299 ; Jakob Mohr, p. 323 - 325.

indications proprement calligraphiées. Le tout est très ordonné et de l'ensemble ressort une impression dynamique du fait des «courants» qui animent les éléments et les opposent. Rien de dramatique, au contraire, une sorte de sérénité qui viendrait de la mise à plat, sur papier, d'une mécanique ignorée de tous sauf de son auteur: une invention. Lui, L. Heintzen, sait de quoi il s'agit, connaît les rouages et les tensions de ce qu'il présente, et il en donne le plan. Quoi de plus naturel en somme, il est le détenteur de son sujet, qu'il trace pour le faire voir et connaître. «L'inventeur-artiste» poursuit sa démarche didactique au verso de la feuille par une *Description de ma maladie* et des *Notes explicatives à propos de l'esquisse «Allégorie de ma maladie»* qui débutent par ces mots terribles: «Rien ne sera pour moi aussi difficile que de rendre les tourments ressentis par mon âme dans toute l'ampleur de leur supplice. Je veux ici, en me référant à l'esquisse qui s'y rapporte, chercher par de courtes explications à rendre compréhensible la représentation de ma maladie[11].»

Rien ne sera aussi difficile pour moi que de rendre l'émotion ressentie dans toute l'ampleur de cette seule œuvre connue de L. Heintzen qui précise bien qu'il s'agit «d'une esquisse». Il a amplement raison: si son dessin est conduit par des règles strictes et suivant une logique complexe, implacable, mis à plat dans une nudité élémentaire, sa maladie, il la vit!

«… et dans mes tempes, je ressentis pendant des jours et des nuits, des coups de marteau…[12]»

11

La Beauté insensée,
op. cit.:
L. Heintzen,
p. 193 – 195.

12

Ibidem.

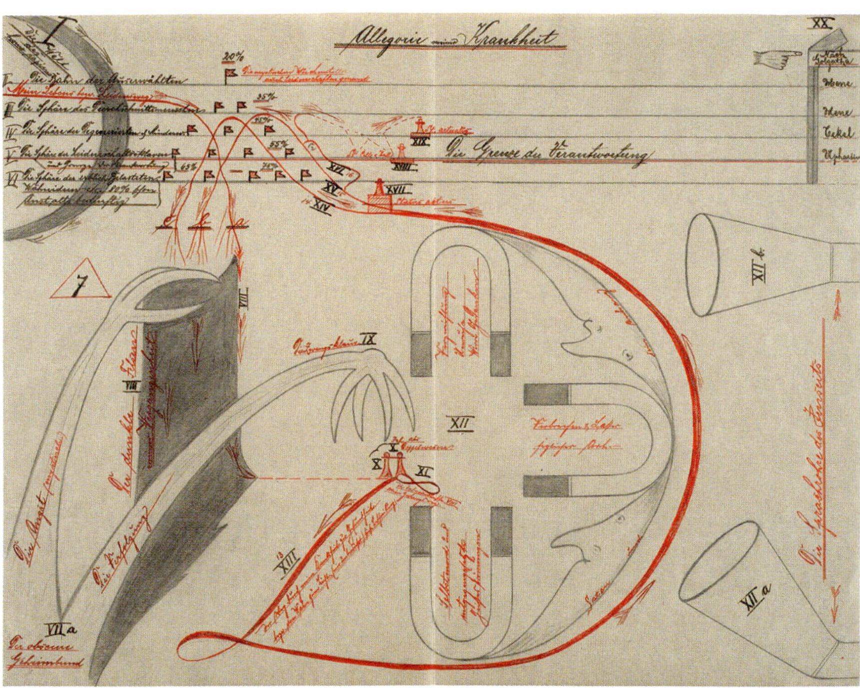

L. Heintzen, *Allegorie meiner Krankheit*, 1919, crayon graphite, crayon de couleur et plume sur papier, 33 x 41,5 cm. Coll. Prinzhorn, n° d'inventaire 3122.

Regards sur la collection

SARAH KOKOT

NL > p. 199
EN > p. 211

Le témoin fait l'œuvre…

Les êtres qui peuplent l'œuvre de **Sylvain Cosijns** ont une fragilité affirmée. Ils sont lignes, longilignes. À l'image de leur auteur. Autoportraits, doubles, jumeaux ? Ils sont parfois plusieurs, soldats d'une armée paisible et sans armes. Ils ne doivent rien aux modèles des grands maîtres des livres de l'atelier. Ils naissent d'un geste qui se reproduit, inlassablement.

Jan Geldhof, animateur de l'atelier De Bolster à Mariaheem, ne sait quelle est sa part dans la création de Sylvain Cosijns, mais il pressent que sa présence est rassurante pour l'artiste. On lui doit d'avoir révélé son œuvre. Il est en effet le premier, en 1993, à y déceler une force et une identité qui la distinguent très nettement des autres créations qui émergent de l'atelier.

Le contexte fait l'œuvre ?

Jean-Marie Heyligen entre en art par une série de six nus féminins, se libérant ainsi d'un tabou tout autant qu'il l'explore. Il propose des œuvres puissantes, déroutantes, aux choix de couleurs singuliers. Couleurs dont il ne connaît pas les noms…

Rapidement, par l'intermédiaire de l'animateur de l'atelier du Home Livémont qu'il fréquente, ses œuvres sont exposées en galerie. Les six nus sont vendus dans la soirée du vernissage, mais un visiteur s'arroge le droit de repartir avec une peinture sous le bras, prétextant « qu'il a parlé un bon moment avec Jean-Marie ». Dans son regard, l'œuvre de Jean-Marie serait-elle moins « œuvre » que celle qui voit le jour sous la main d'un auteur connaissant le nom de toutes les couleurs, et qui n'aurait aucune hésitation à nommer « art » sa création ?

L'intensité fait l'œuvre !

Il naît du geste de **Cécile Franceus** des morceaux d'existence à l'intensité saisissante. Son trait voyage sur la feuille, jusqu'à la déchirer, jusqu'à manquer d'encre. Le stylo-bille n'est plus que grattoir. Les feuilles se glissent successivement à l'arrière de la première, venant combler les blessures du papier, ajoutant en profondeur.

Intensité, profondeur et force expressive de ces créations sont sans aucun doute ce qui en font des « œuvres d'art ». Tirent-elles spécifiquement leurs qualités du fait qu'elles sont le seul mode d'expression de leur auteure, qui ne communique pas par la parole ? Nous pouvons le penser.

Un art revendiqué

Hendrik Heffinck, artiste-installateur, est arrivé à l'assemblage par la peinture. Petit à petit, il y intègre des objets, leur donnant des allures de *combine paintings* à la Rauschenberg. Bientôt, il n'y a plus que les objets, assemblés à l'aide des liens, liants et attaches qui lui tombent sous la main.

« *Kunst* » [art] : voici comment Hendrik Heffinck nomme chacune de ses créations. Aucune loi ne saurait s'appliquer à l'ensemble des artistes *outsider* : la réalité est multiple. Si certains n'ont pas accès au concept d'art, en ignorent ou en détournent volontairement les règles, d'autres se font une spécialité de s'en revendiquer.

Quand l'œuvre émerge

À son arrivée à l'atelier de La Pommeraie à Quevaucamps, le dessin intéresse peu **Michel Dave**. Il s'y adonne sans conviction. Un jour, il écrit un mot sur le papier. L'animateur intervient : « Ça, c'est aussi dessiner ! » Michel Dave se lance alors dans une vaste production d'œuvres plastiques écrites. L'intervention extérieure a été ici essentielle.

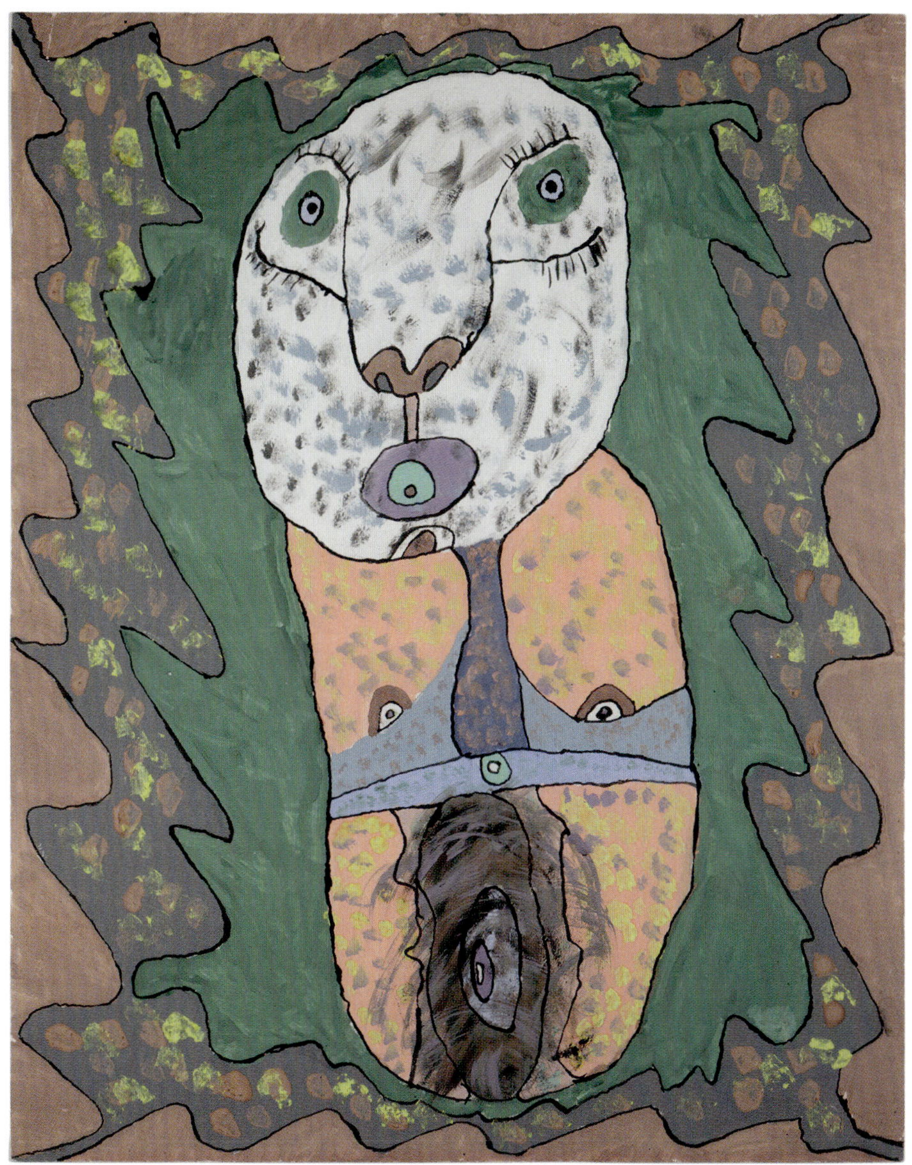

Jean-Marie Heyligen, s. t., s. d.,
gouache sur papier,
65 x 50 cm.

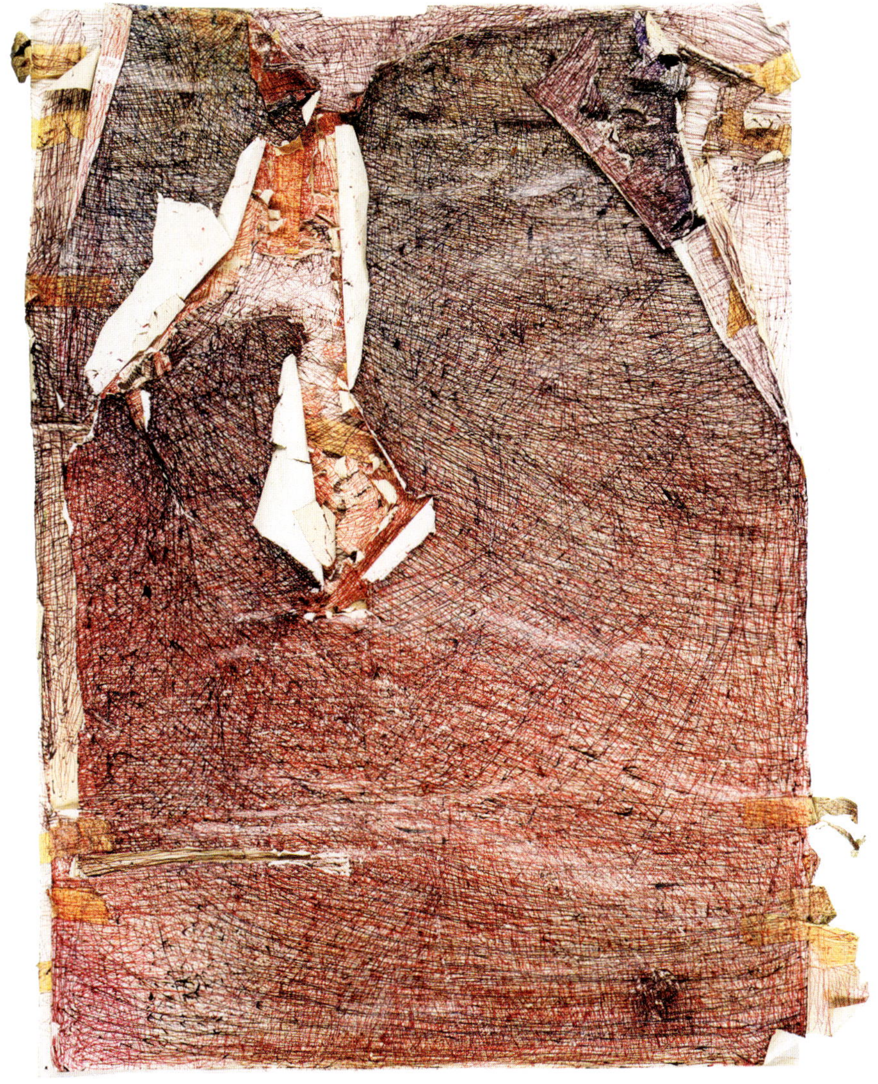

Cécile Franceus, s. t., 2000,
stylo à bille sur plusieurs couches de papier,
68 x 49,5 cm.

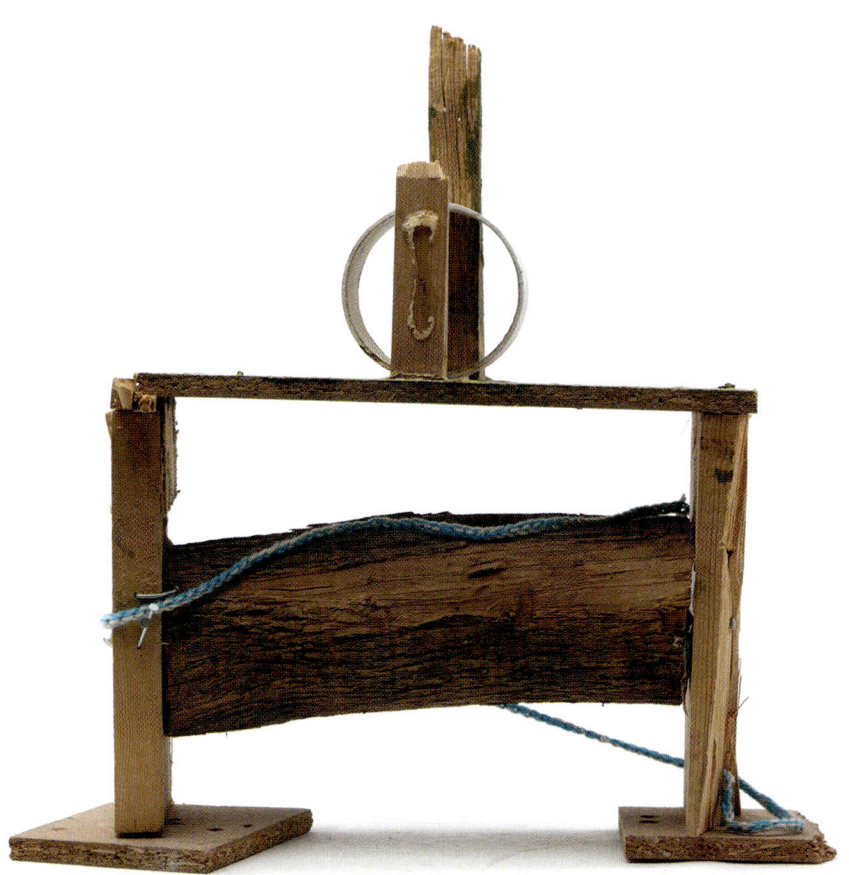

Hendrik Heffinck, s. t., s. d.,
assemblage de bois, carton et corde,
39 x 39 x 12 cm.

Michel Dave, s. t., 2008,
feutre sur papier,
50 x 73 cm.

.SPECTACLES. DEHORS.
ET. L'INTÉRIEUR.
JARDINS. GRAND. ET.
PETIT.
AVEC DES LÉGUMES.
FRUITS.
ARBRES.
FEUILLES.
MOUILLERS.
SE. GLISSE.R.
.ST. REMONTÉE.
.T. DESCENDUE.
.T. BAISSÉ.R.
.T. MONTÉE.
.T. ENLEVÉE.
. SUPPRIMÉ.R.
. PARTIE.
BIEN. CHAUFFÉ.E.
MAL. FAITE.
. BIEN. JOUÉ.R.
BIEN. TASSÉ.R.
BIEN. FAITE.

REMONTTONS. DANS. L'AVION.
DANS. LE. TRAIN.
DANS. LE. BUS.
DANS. LE. CAR.
DANS. L'AUTOS.
DANS. LE. TRAM.
DANS. LE. TAXIS.
DANS. LA. VOITURE.
LE. GARAGE.
AU. CIEL.
NOUS. DESCENDONS. EN. BATEAU.
LA. RIVIÈRE.
LE. LAC.
LE. COURS. D'EAU.
LE. CHANTIER.

A. L'ÉCHELLE.
DE. L'ÉCHELLE.
DE. LA. MONTAGNE.
DU. PONT.
A. LA. FOIRE.
DANS. LE. CHAMP.
DANS. LA. PRAIRIE.
DANS. LE. CHEMIN
DANS. LA. ROUTE.
EN. AVION.
EN. BUS.
EN. CAR.
DANS. LE. GARAGE.
EN. TAXIS.
EN. VOITURE.
EN. TRAM.
EN. POUSSETTE.

NOUS. RECULONS. LES. PLANTES. HERBES. MOUSSES. MONTS. PONTS. TAXES. CONTRÔLES. PIÈCES.

NOUS. VOIONS. LES. ÉTOILES. ROUTES. CHEMINS. RUES. CHAMPS. CHANTS. ARTISTES. ENDROITS. BATEAUX. NAVIRES. AUTOS. VOITURES. CAROSSES.

NOUS/ARMAÇONS. DANS. LE. TEMS. AVEC. LE. TEMP. AVEC. LE. FILM. AVEC. LE. THÉATRE. AVEC. LE. CINÉMA. AVEC. LE. PROJET.

AVEC. LES. VOITURES. CAROSSES. AVEC. LA. LIVRE. AVEC. LES. CHASSIS. AVEC. LES. CONTRÔLES. DANS. LE. CHEMIN. SUR. LA. ROUTE.

AVEC. LES. BÂTIMENTS AVEC. LES. SUJETS. AVEC. LES. CÉRÉMONIES. DANS. LE. CHEMIN. SUR. LA. ROUTE. SUR. LE. TROTTOIR. SUR. LES. FOIRES. SUR. LES. BOUCHONS. SUR. LES. PONTS. SUR. LES. TRAVAUX.

AVEC. LE. PROGRÈS. AVEC. LES. ARTISTES. AVEC. LE. DESSIN. AVEC. LES. LOIS. AVEC. LES. CHÂTEAUX. AVEC. LES. COURSES. AVEC. LES. MAISONS. AVEC. LES. BÉTONS. AVEC. LES. AUTOS.

LIVRES. PROBLÈMES. BOUCHONS. PASSAGES. PUBLIQUES.

Le regardeur (le témoin, dans ce cas) a «fait» l'œuvre, ou tout au moins a-t-il permis son existence.

S'ensuivent de riches années de listes écrites à l'identité graphique affirmée, mêlant associations de sons et associations de sens. Des pointillés guident le regard du spectateur. Le regard… : là où tout se passe ?

Le regardeur (re)fait l'œuvre

Depuis 1986, **Daniel Sterckx** crée au sein de l'atelier Arts plastiques du Créahm-Bruxelles. Il en a fait naître des yeux, des bouches, des narines… Des visages surtout, le corps n'est que sommairement tracé. Les regards appuyés attirent toute l'attention.

Ses œuvres peuvent sembler tumultueuses, tourmentées, violentes. Le regardeur projette ; il imagine peut-être que le créateur est ainsi tumultueux, violent… Mais Daniel Sterckx est toujours souriant, doux la plupart du temps. Peu importe, nous projetons dans l'œuvre, forcément. Nous nous projetons. Le regardeur fait l'œuvre et l'œuvre a besoin d'être emplie du regard du spectateur, qu'il s'y mette et reçoive en retour frontalement des émotions qui n'appartiennent au fond qu'à lui seul.

Quand l'œuvre est-elle achevée ?

Hilde D'Hondt a longtemps réalisé des collages textiles avant d'introduire dans sa création des éléments végétaux. Ils s'insinuent parmi le fil dans ses couronnes funéraires, qui la consolent de la perte de ses parents et nous plongent droit dans l'intime.

«Lorsqu'elle confectionne ses couronnes, elle répète les mêmes gestes, construit et déconstruit. Il semblerait qu'elle ne souhaite pas terminer ce processus, qu'elle ne souhaite pas se distancier de son œuvre. Quand je la questionne à propos de son travail, elle ne peut me répondre, son geste créatif impulsif est devenu compulsif[1].»

Quand l'espace entre le créateur et l'œuvre se fait, quand une autre personne en prend possession, même momentanément, pour s'en faire passeur vers un ailleurs, un autre lieu, et qu'une nouvelle œuvre est entreprise, là, l'œuvre «est».

L'histoire de l'art brut est œuvre de regardeurs

Antonio Dalla Valle arpente les couloirs de l'hôpital Sospiro (Italie), son éternel sac plastique à la main. À l'intérieur, essentiellement des objets recouverts de ruban adhésif, mais également des agglomérats de petites choses fondues ensemble. Calumets, fétiches, carnets remplis d'écritures énigmatiques proches d'écritures scientifiques…

Si le regardeur fait l'œuvre, l'époque dans laquelle il s'inscrit y contribue également. Aurions-nous pu considérer les objets d'Antonio Dalla Valle comme des œuvres d'art avant l'émergence des artistes conceptuels ? Il n'est pas d'histoire de l'art brut, seulement une histoire du regard posé sur lui. Et le regard ne s'y pose que s'il a déjà été éduqué à des formes semblables, qu'il aura validées comme «œuvres d'art». On comparera cet ensemble de carnets assemblés par du scotch à l'œuvre de Marcel Broodthaers[2]. Le guide en soulignera la parenté, comme pour valider l'artiste *outsider*, plutôt que de laisser le regardeur s'interroger, se saisir, s'émouvoir. Et de tout ceci, qu'entend Antonio Dalla Valle ? Considère-t-il lui-même ses objets comme des créations artistiques ou est-ce l'affaire des regardeurs ?

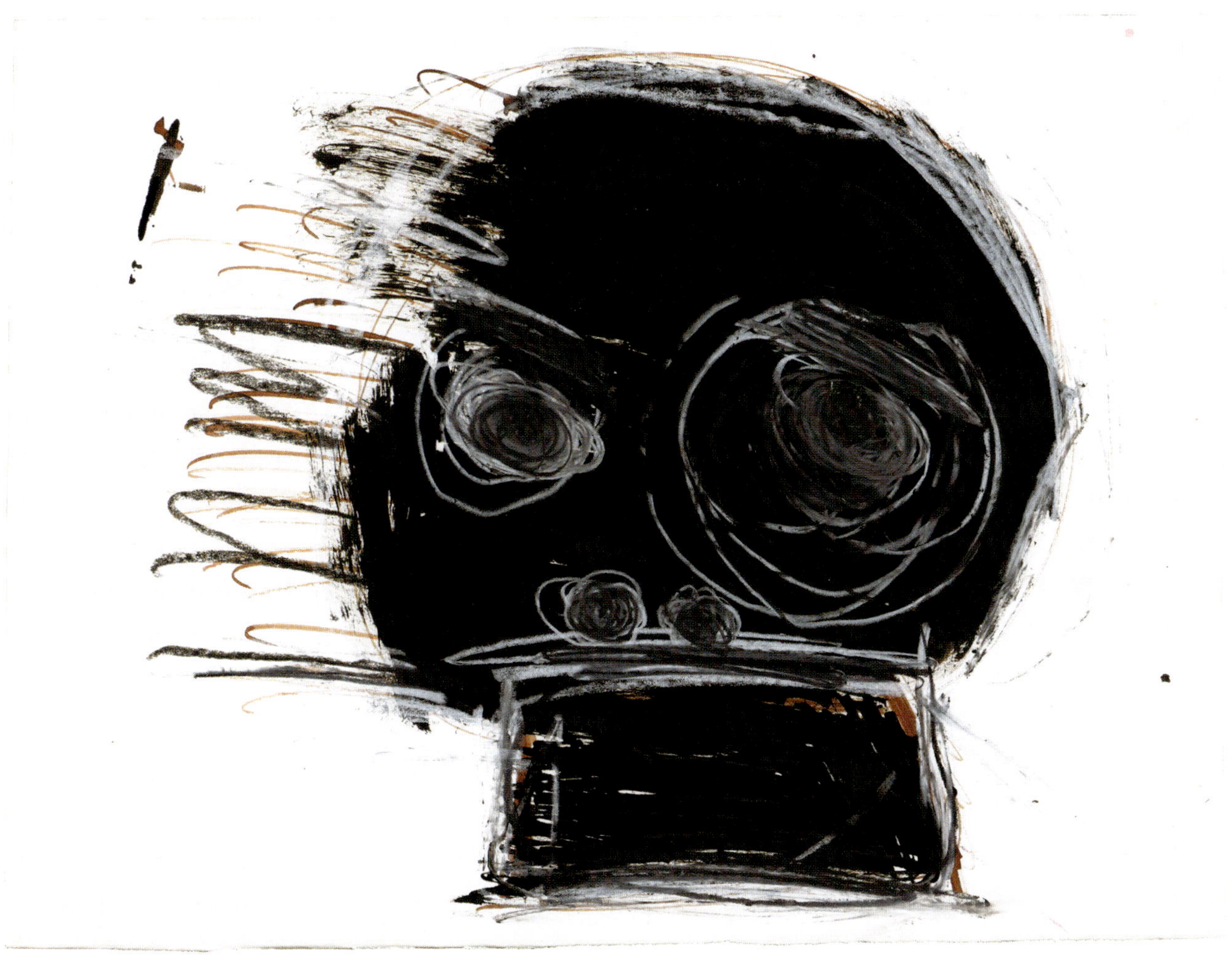

Daniel Sterckx, s. t., 2003,
craie grasse et acrylique sur papier,
36 x 27,5 cm.

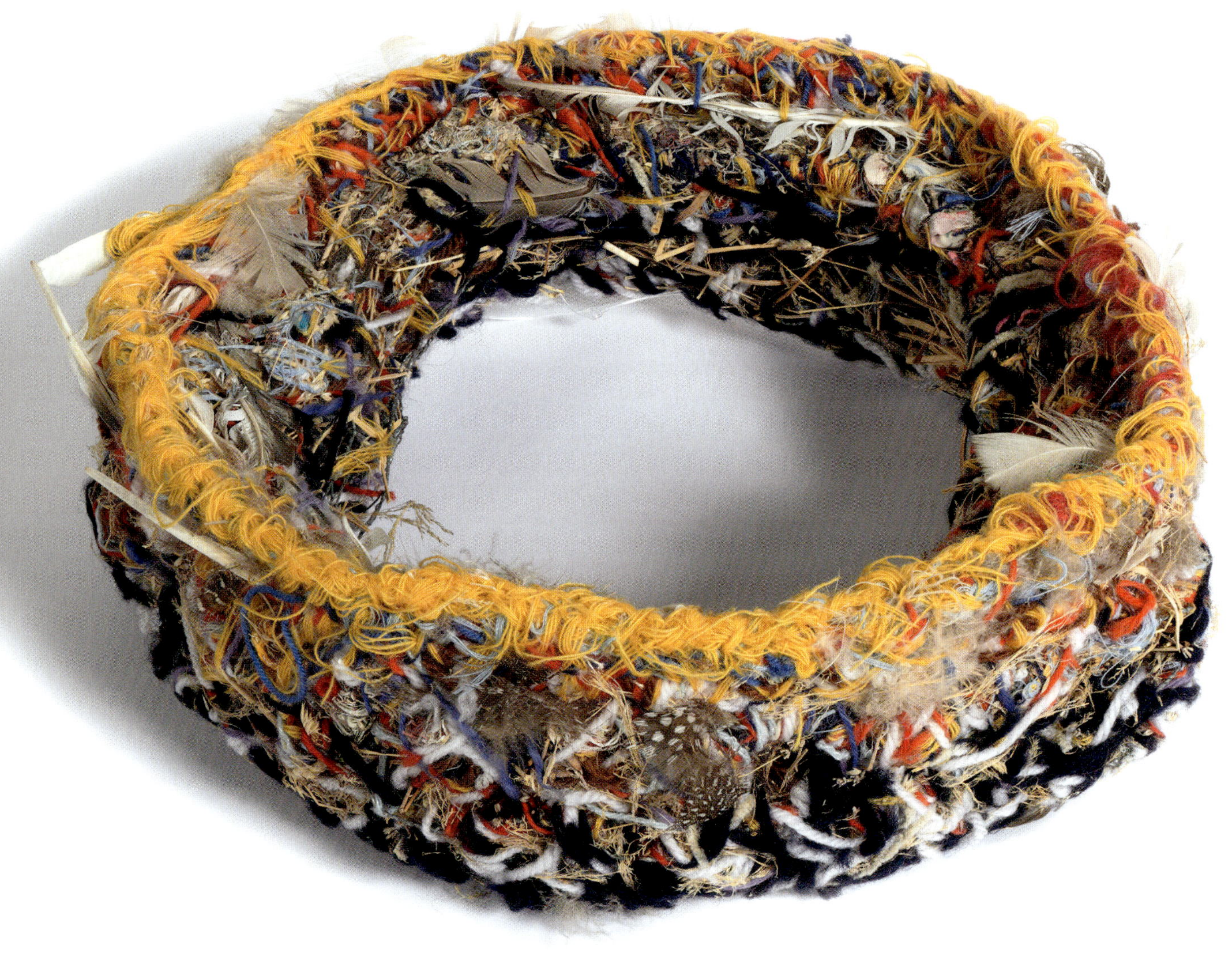

Hilde D'Hondt, s. t., s. d.,
assemblage de végétaux, fil et laine,
10 x 33 x 33 cm.

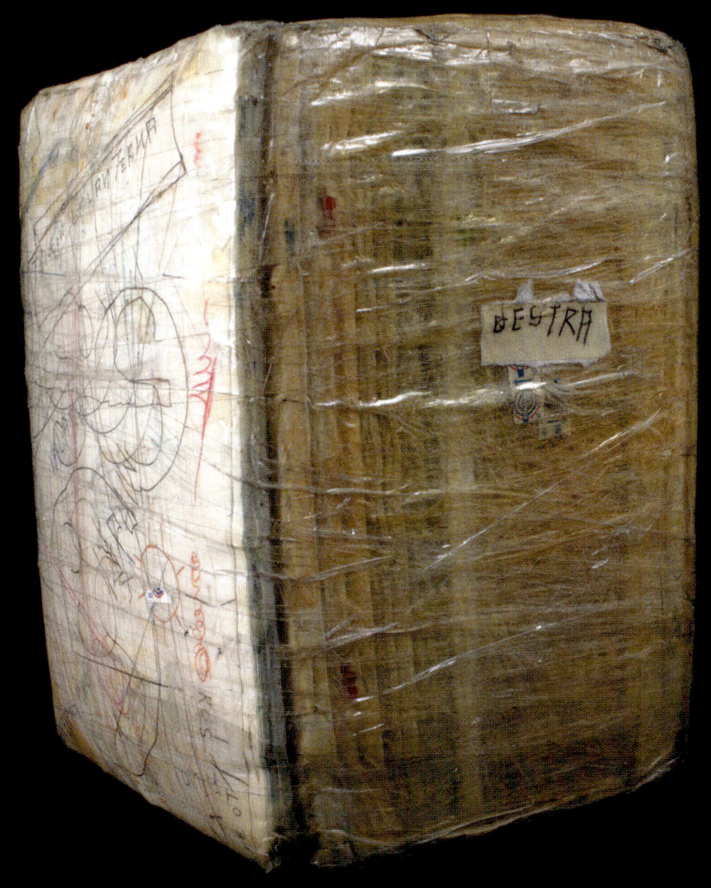

Antonio Dalla Valle, s. t., s. d.,
assemblage de papier et adhésif,
20 x 15 x 14 cm.

<u>Le musée fait l'œuvre?</u>

Si l'on évoque Marcel Broodthaers en observant les œuvres d'Antonio Dalla Valle, nous pouvons ici citer Marcel Duchamp[3], qui nous a légué le concept du « regardeur fait l'œuvre ». L'occasion de relever que dans le champ de l'art brut ou de l'art officiel, se posent finalement les mêmes questions depuis les artistes modernes, sur les limites et la définition de l'art. Bien sûr, la roue de vélo de Duchamp qui, comme son urinoir, devient « œuvre d'art » selon le contexte dans lequel on la place, n'a pas la même histoire que la roue de vélo de **Georges Counasse**, détournée pour devenir une grande roue miniature. Notons que s'il s'agissait d'être conceptuel, nous n'en serions pas loin.

Lorsqu'Art et marges expose les manèges de Georges Counasse, un déplacement se produit, de la création artisanale au champ de l'art. Composé de matériaux de récupération de tout poil patiemment assemblés, ingénieusement motorisé, chaque manège porte une étiquette mentionnant le nombre de pièces et d'heures qui ont été nécessaires à sa création. Georges Counasse opère comme l'artisan, comme l'ouvrier qui compte et répertorie le travail effectué. Comme l'homme du commun qui veut que l'on salue l'exploit, peu importe le contexte, musée ou non.

[1] Brigitte Vandersmissen, animatrice de l'atelier Zonnelied à Roosdael.

[2] En 1964, Marcel Broodthaers (1924-1976) réalise sa première œuvre d'art plastique : *Pense-Bête*, un assemblage de cinquante exemplaires d'un de ses recueils de poèmes, qu'il rend illisibles en les coulant dans du plâtre. Par cette réalisation, il se propulse au premier plan de la scène artistique conceptuelle belge et entame une œuvre dans laquelle il interroge le sens de l'art, sa valeur intrinsèque et son statut dans la société contemporaine.

[3] *Roue de bicyclette* (1913) est le premier *ready-made* réalisé par Marcel Duchamp (1887-1968). L'artiste renverse nos conventions culturelles en faisant d'une roue de vélo, placée sur un tabouret, une sculpture. Cette œuvre participe à la désacralisation de l'art et ouvre la porte à l'art conceptuel où la création devient une pure aventure de l'esprit.

Georges Counasse, s. t., s. d., assemblage sur roue de vélo motorisée, 86 x 68,9 x 47 cm.

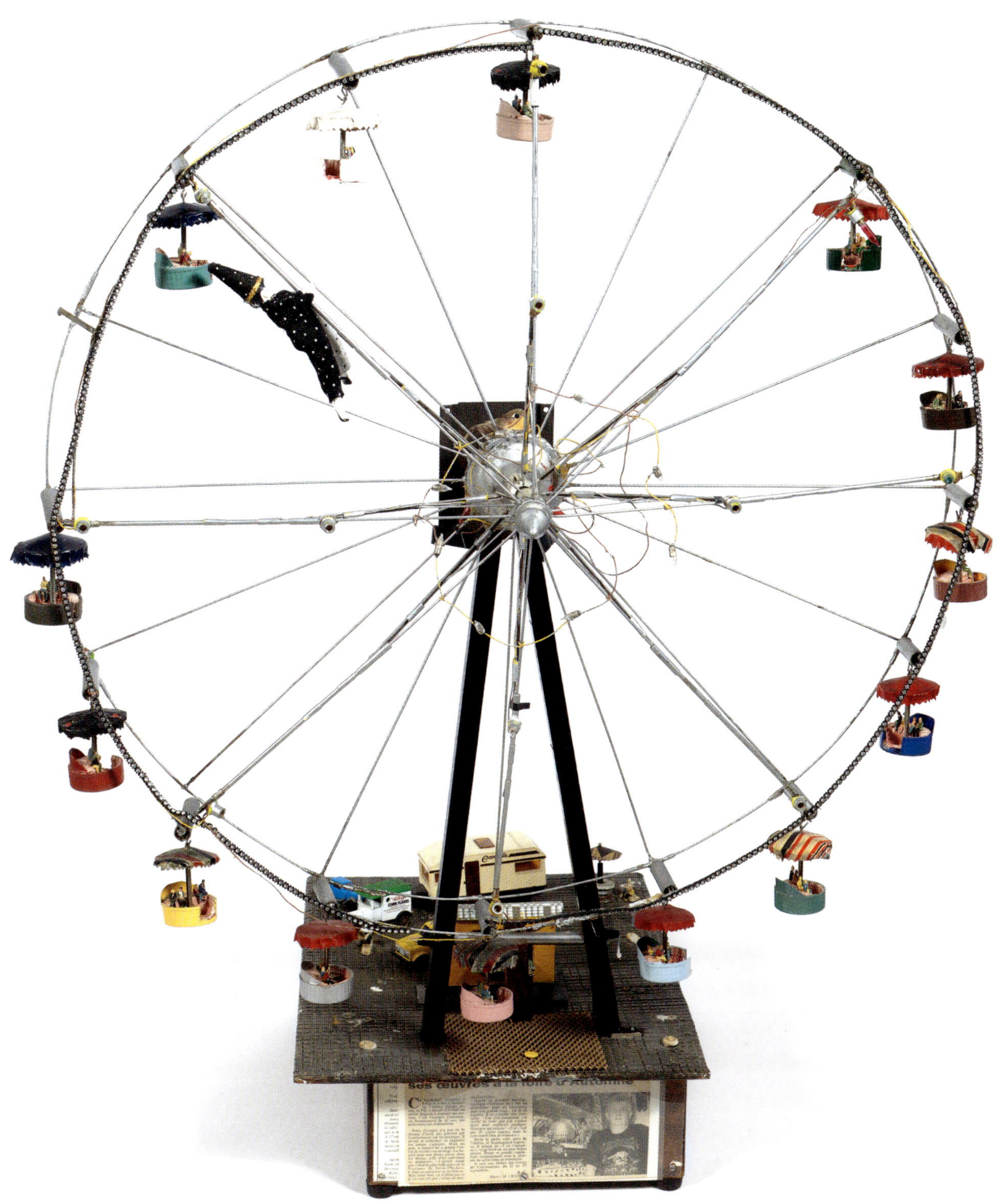

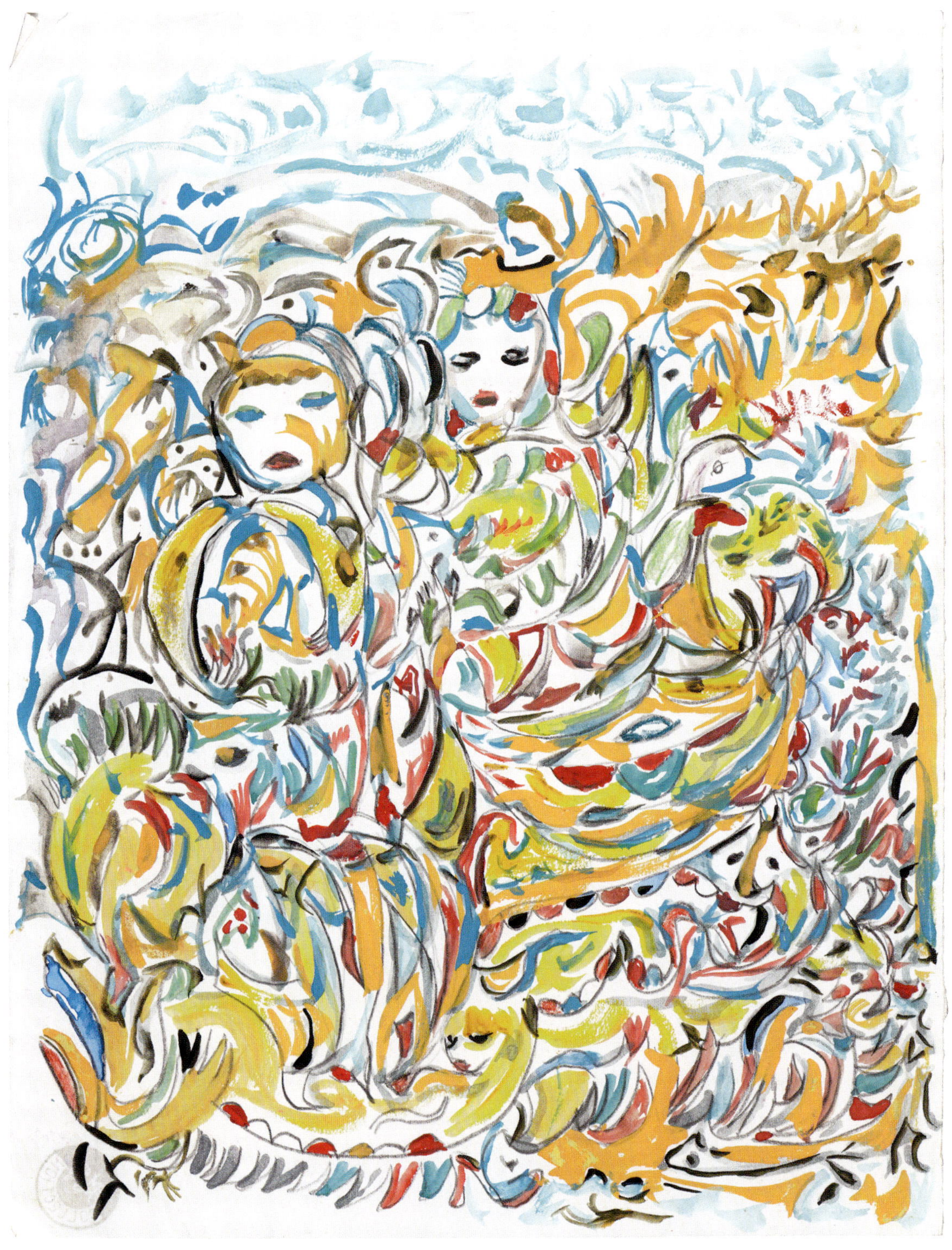

INSIDE OUT

RÉTROSPECTIVEMENT...

NL > p. 201
EN > p. 213

GÉRARD PRESZOW

De *On a perdu le Nord*, en 1990, à *E.T.A. (Espace de Travail Artistique)*, en 2015, un certain nombre des films que j'ai réalisés ont à voir, de près ou de loin, avec la galerie Art en marge, d'abord, avec le musée Art et marges, ensuite. Ils accompagnent les transformations du paysage de l'art brut au cours de ces dernières décennies autant qu'ils épousent ma biographie ; ces transformations constituent autant d'élargissements, jusqu'à l'indifférenciation, de la notion même d'art brut. Outre la labellisation monopolistique de l'expression « Art Brut » par Lausanne, c'est aussi la démultiplication des pratiques et des acceptions qui ont conduit à user d'appellations différentes pour nommer cet art : Art Brut, Neuve Invention, art en marge, art et marges, art *outsider*, *raw art*, art hors norme, art singulier, art différencié…

En 1990, *On a perdu le Nord* a tout l'air d'un *road movie* le long de la frontière occidentale franco-belge. Je vais de lieu en lieu, de personne en personne, sautant d'une ville à l'autre, Lille-Roubaix-Tourcoing côté français, Tournai-Mouscron-Courtrai côté belge. Le spectateur va de surprise en surprise, ne sachant jamais sur qui il va tomber. Les témoins sont pris en considération pour eux-mêmes, dans une écoute égalitaire de ce qu'ils ont à dire sur leur région confondue à leur vie.

À Mouscron, visage tout inspiré parmi ses visages de femmes à l'aquarelle, Martha Grünenwaldt, alors dans la septantaine, apparaît dans toute sa tendre beauté et son absolue singularité de parole. Son commentaire déroutant et si juste sur son œuvre plastique nous émerveille ; c'est à la manière d'une pythie qu'elle nous dit : « C'est ce qui n'est pas fait qui a de la valeur… c'est ça qu'il faut chercher ! » Et ça résonne en tout un chacun ! Décédée en 2008, à un souffle d'être centenaire, Martha est l'exemple littéral d'une vision pure et mythique de l'art brut, l'illustration même de la définition (toute personnelle) de Jean Dubuffet, sa quintessence… Autodidacte, une vie de souffrance et, surtout, artiste ne s'autorisant que d'elle-même. Fin des années 1980, un ami, Robert Flamant, par ailleurs proche de sa famille, m'informe de l'existence de Martha

Martha Grünenwaldt, s. t., s. d.,
crayon de couleur et gouache sur papier,
42 x 31,5 cm.

et du genre de dessins qu'elle produit au quotidien. Dès lors, une chaîne d'expositions va s'organiser, partant d'un café associatif à deux pas de chez elle, en passant par Art en marge à Bruxelles, pour finalement se retrouver dans les plus importantes collections d'art brut. Désormais, on vient de partout pour acheter du Martha! Bien? Pas bien? Martha restera imperturbable jusqu'à sa mort. Mais ce qui aura indubitablement changé, c'est le regard porté sur elle et sur ce qui est devenu… son œuvre.

En 1993, *La Sainteté Stéphane (1961-1986)* déroule un «chant funèbre» pour un ami peintre, mort assassiné: Stéphane Mandelbaum. Stéphane avait une production double. On pourrait dire, l'une «pour la galerie», maîtrisée, destinée à être vue, à séduire; l'autre, quasi automatique, toute tournée vers lui-même.

D'un côté, une œuvre figurative essentiellement dessinée que l'on pourrait qualifier de néo- ou de post-expressionniste. Il y va d'une fulgurance et d'une virtuosité rares. C'est toute une galerie de portraits appartenant à sa galaxie imaginaire qui défile. Une somme de figures tutélaires ou de références: aussi bien des figures familiales (Arié, le père; Szulim, le grand-père) que des frères d'armes artistiques (Bacon, Pasolini, Rimbaud) ou de complicité de destin (Pierre Goldman). Portraits de dignitaires nazis et sexe en tous sens parachèvent la galerie.

D'un autre côté, Stéphane recouvre quotidiennement au Bic une infinité de feuilles, la plupart au format A4, apparentées à un journal intime. Cette production, qui n'a au départ aucune finalité artistique, constitue une part significative de son œuvre. Fruit d'une accumulation au jour le jour, elle existe par elle-même. Mais qu'en faire? Où la ranger? Comment la montrer? Comment la nommer? *Journal intime, les A4, les Dépôts, les Scraboutchas…?*

En 1988, deux expositions lui sont consacrées à Bruxelles. Au Botanique, une riche rétrospective (interdite aux moins de dix-huit ans!) expose la part figurative, tandis que la galerie Art en marge aligne, au même moment, *les A4*.

À chacun sa part de l'œuvre, sinon de la personnalité de Stéphane; bref, on le coupait en deux! Trente ans plus tard, ce grand écart esthétique a fortement évolué.

En 2019, le Centre Pompidou, à Paris, réunissait en une seule exposition les deux parts de l'œuvre, leur reconnaissant une égale importance, articulant une partie à l'autre.

Artiste brut? Artiste post- ou néo-expressionniste? L'un et l'autre.

En 1997, dans *William Cliff, poëte*, le poète lit dans sa mansarde des extraits de deux recueils, l'un tourné vers son enfance – *Autobiographie* –, l'autre consacré à un ami écrivain, *Conrad Detrez*. Le film est constitué avant tout de ces lectures face caméra, rythmées par de rares intermèdes. Parmi ceux-ci, de gros plans des *Archives* de Philippe Vindal, artiste autodidacte qui n'a eu de cesse de construire des édifices en décomposition avec des matériaux de récupération.

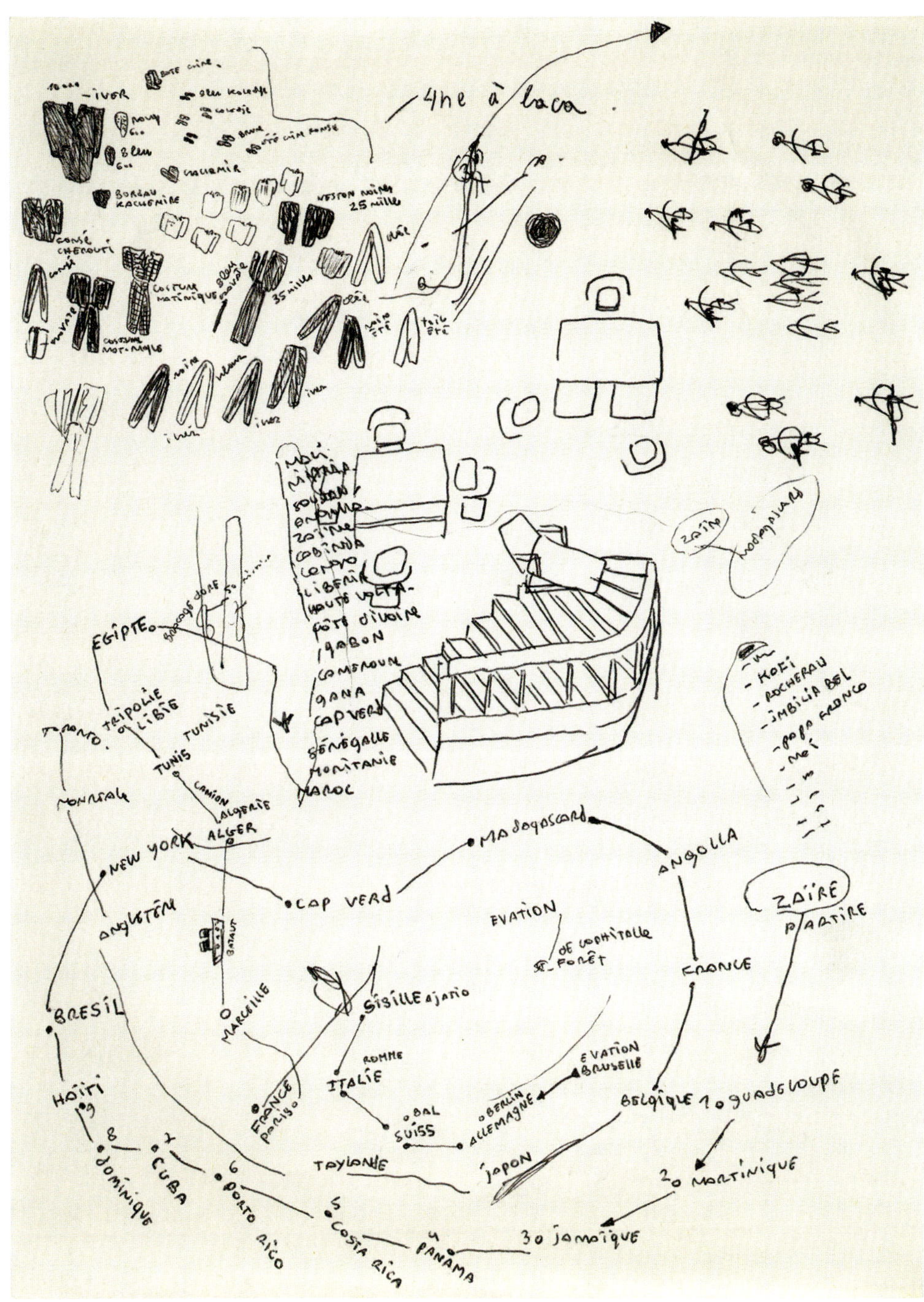

Stéphane Mandelbaum, 1984/86,
stylo à bille sur papier,
29,7 x 21 cm, coll. G.P.

Comme s'il avait cherché tout au long de sa courte vie à représenter la mort par des constructions paradoxales.

Philippe Vindal fut le premier à exposer lors de l'ouverture de la galerie Art en marge en 1986, accompagné de Dominique Bottemanne et Jean-Marie Heyligen, deux artistes handicapés mentaux. Et force est de constater que, dès sa fondation, Art en marge pose la question du statut et de la définition de l'art brut et de ses artistes. Cette interrogation constitue désormais l'espace de jeu et de création d'Art et marges. Sa fragilité et sa force.

2002, c'est l'année de « Bruges capitale culturelle européenne ». Art en marge y participe à l'initiative de Carine Fol, alors directrice, et de Pierre Muylle, concepteur du projet *Autour de la marge*. Je filme le processus au jour le jour et réalise *Couples en résidence*.

Le projet réunit des « couples » composés d'un artiste « normal » et d'un artiste handicapé mental, dans le but que leur collaboration génère une exposition publique au bout d'une semaine. Ces couples n'ont pas été choisis au hasard ; il y a une certaine résonance entre l'œuvre de l'un et l'œuvre de l'autre : Jacques Charlier et Alexis Lippstreu, Frédéric Gaillard et Hendrik Heffinck, Ronny Delrue et Christine Remacle.

Si au départ l'art brut valorisait une posture solitaire de l'artiste, la pratique collaborative est devenue de plus en plus fréquente. On s'éloigne d'un art brut pur et dur pour se familiariser avec des formes plus hybrides. À cet égard, l'atelier de la « S » à Vielsalm en est devenu le pôle le plus offensif et revendicatif.

2005 : *Voyage aux Tropiques*. Il s'agit là de neuf courts-métrages individuels réalisés dans le cadre d'un atelier vidéo au centre de jour Les Tropiques. Le principe est simple : j'élabore un bref scénario à partir du souhait du participant.

Mots, fruits et légumes est réalisé par Stéphane Van Izeghem, que la nature intrigue. Je lui propose d'aller filmer un potager situé entre Courtrai et Mouscron. Sur place, je lui confie la caméra – il n'a qu'à appuyer sur le bouton en position « automatique » – et je le laisse avec le maître des lieux, un ami proche, qui le guide dans ce vaste potager. Ce n'est qu'au montage que je prends connaissance des images. Et ma surprise est grande. Au cours de la visite, Stéphane demande à son guide s'il a un autre travail que celui de cultivateur.
« — Bien sûr, ça c'est un hobby ; je suis psychanalyste…
— Quel est le rapport entre un potager et la psychanalyse ? lui demande Stéphane.
— La vie, la mort… s'entend-il répondre. »
Dans la foulée de cette réponse, la caméra plonge et filme le sol et la terre. Stéphane est perplexe ; les bras lui en tombent, littéralement. Ce mouvement génial et involontaire, quel réalisateur professionnel y aurait songé ? On ne pouvait mieux filmer « La Perplexité ».

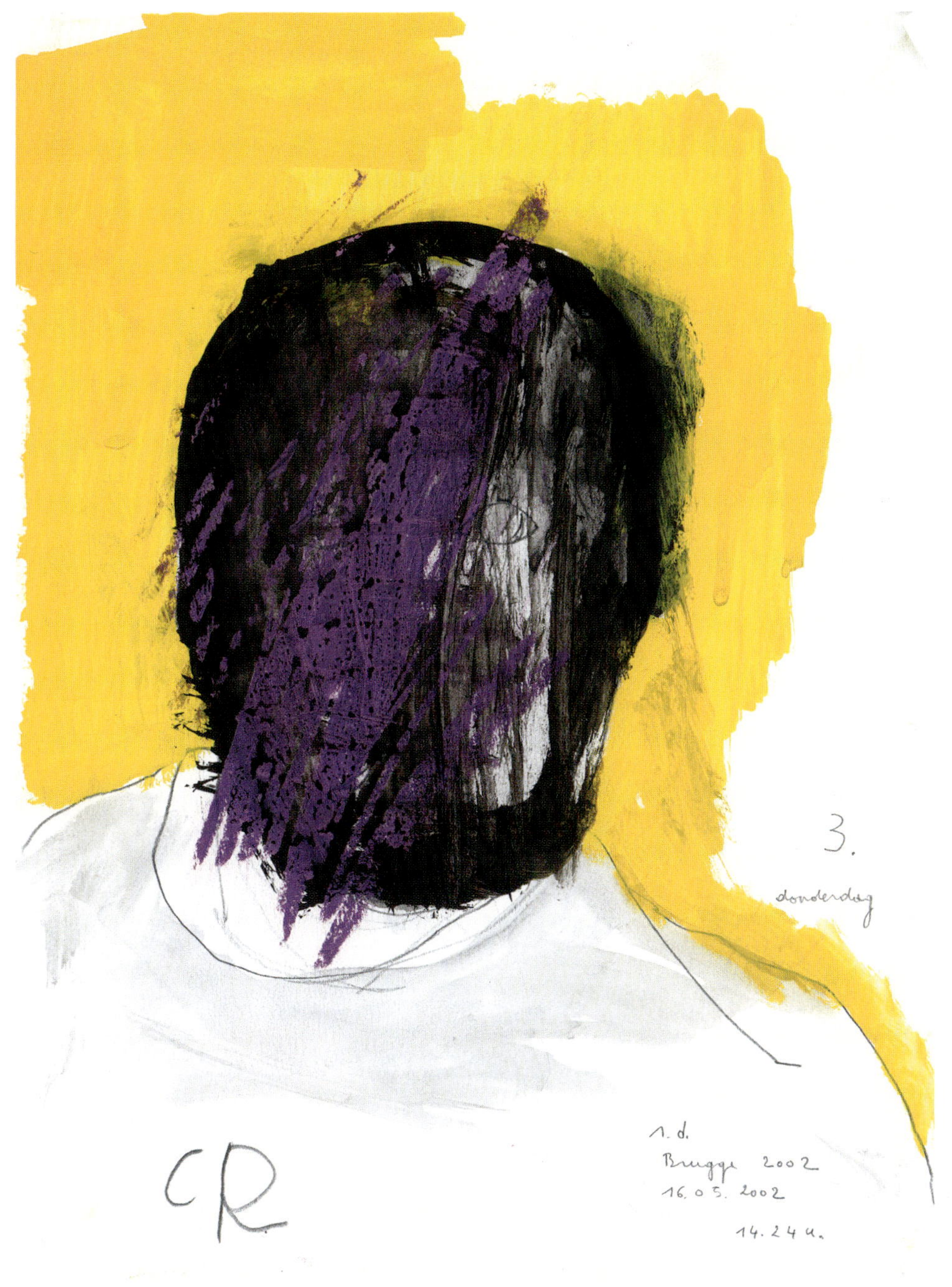

Ronny Delrue et **Christine Remacle**, *Brugge 2002, donderdag, 16.05.2002, 14.24u.*, 2002, technique mixte sur papier, 29,7 x 21 cm, coll. Ronny Delrue.

Jusqu'il y a peu, les productions audiovisuelles ne faisaient pas partie des productions d'art brut. Mais depuis la simplification récente des techniques, elles sont entrées dans le champ des créations.

En 2015, le titre *E.T.A. (Espace de Travail Artistique)* pastiche l'appellation « Entreprise de Travail Adapté[1] ». Il s'agit d'accompagner un projet du Créahm-Bruxelles, *À titre provisoire*, qui réunit des intervenants extérieurs (artistes et étudiants en art) et les participants habituels des ateliers du Créahm. Ce projet se clôture par une exposition qui investit tous les étages d'un vaste bâtiment industriel, qui abrite lui-même une ETA !
Je filme l'atelier arts plastiques au sein duquel œuvre Richard Moszkowicz, dont j'apprécie le travail depuis un certain temps déjà. D'expérience, je suis particulièrement attentif à la relation entre l'animateur et l'artiste. Généralement dans le déni d'un certain interventionnisme, les animateurs doivent bien reconnaître ici, à la vue des images que leur renvoie *E.T.A.*, leur présence active. Non pas qu'ils font « à la place de », mais ils se manifestent à la manière de professeurs d'académie. Ils conseillent, suggèrent, proposent. Ce film a concouru à lever le tabou du mythe du « moi tout seul » dans les pratiques d'atelier et à alléger la culpabilité des animateurs.

Ces extraits de films ne recouvrent pas – loin s'en faut – l'ensemble des transformations du paysage de l'art brut de ces dernières décennies. On assiste à une démultiplication du nombre de galeries ainsi que de musées qui lui sont destinés. Pas une foire d'art contemporain qui ne soit désormais doublée d'un espace « art brut ». Le rapport à l'argent, au marché s'est décomplexé. Autrement dit, l'art des « fous » s'est normalisé. En un siècle, il est passé du diagnostic psychiatrique au statut de liberté imaginaire et esthétique.
La maladie mentale s'en porte-t-elle pour autant mieux ?

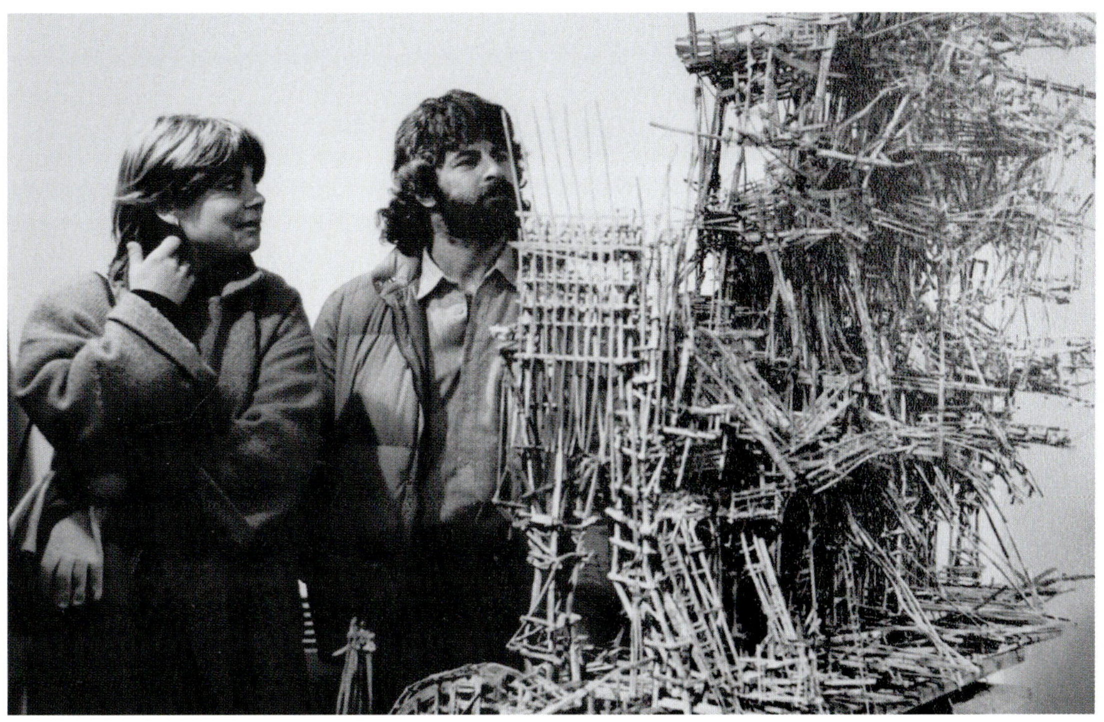

Premier vernissage à la galerie Art en marge, rue des Vierges, 1986.

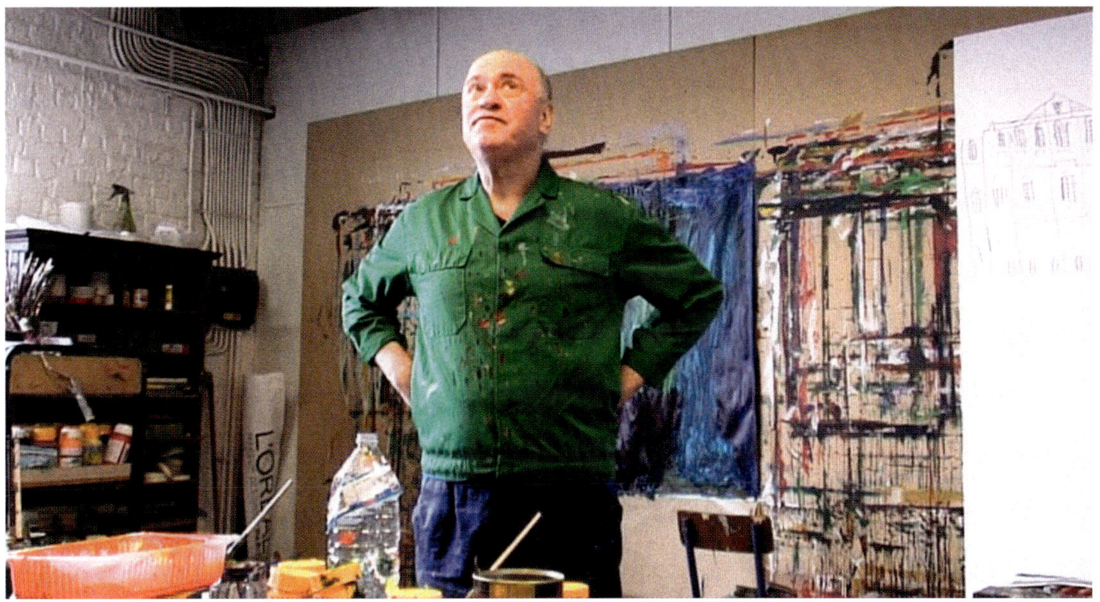

Richard Moszkowicz par **Gérard Preszow**, image extraite du film *E.T.A.*, 2015.

Trajectoires dans la collection

SARAH KOKOT

NL > p. 202
EN > p. 214

Des marges de l'art et de la société aux cimaises des musées; un siècle d'artistes sortis de l'ombre, en onze dates.

1919

Madge Gill (1882-1961) commence à écrire, dessiner et broder, sous l'influence, dit-elle, d'un esprit qu'elle nomme: «MYRNINEREST» («*My inner rest*»: «mon repos intérieur»). Ce nom apparaît au dos de nombreux dessins, tel une signature, accompagné de la date et d'inscriptions obscures. Celle qui compte aujourd'hui parmi les classiques de l'art brut appartient donc également à la famille des artistes spirites.

Madge Gill dessine de préférence le soir et la nuit, parfois sur d'immenses calicots ou sur du papier de plus petit format. Des femmes aux tenues élégantes, aux visages résolument tournés vers nous et aux grands yeux écarquillés peuplent la quasi-totalité de ses dessins, qui se comptent par milliers. Elle y fait un emploi presque exclusif du noir. À l'encre de Chine ou au stylo à bille, elle donne naissance à des images entre figuration et abstraction, multipliant les plans par les variations qu'elle imprime à ses hachures et quadrillages.

Si ses œuvres émergent de l'obscurité, Madge Gill se plaît à les montrer. Elle participe volontiers à des expositions d'artistes amateurs, mais aurait refusé d'exposer dans des lieux plus prestigieux. À sa mort, en 1961, son fils lègue la plus grande partie de son œuvre à la municipalité locale. Au début des années 1970, on retrouvera encore près de trois cents dessins dans le grenier de la maison familiale, dont un bon nombre malheureusement en très mauvais état.

1942

Martha Grünenwaldt (1910-2008) vit tant bien que mal de sa pratique du violon, jouant dans les bals et faisant la manche sur les terrasses. Engagée comme domestique, elle se voit privée de son instrument. Elle restera vingt-huit ans à cette place, connaissant de brefs moments de joie lorsque, seule dans la maison, elle se met au piano. Dessiner? Cela ne lui traverse pas l'esprit, elle n'a même pas de crayons…

En 1968, elle emménage chez sa fille et renoue avec une pratique musicale assidue. À septante ans, elle s'engouffre dans un nouveau royaume artistique, au service duquel sont mis les crayons de couleur de ses petits-enfants, ainsi que les affiches, tracts et emballages divers glanés dans la maison. Cela se passe d'abord dans le secret de sa chambre, puis sur la toile cirée de la cuisine familiale.

Martha Grünenwaldt y déploie tout un monde au centre duquel elle place la figure féminine. Au fil de l'évolution de son travail plastique, le portrait féminin est peu à peu agrémenté d'ornements périphériques, et finit par être englouti par les végétaux, animaux et motifs architecturaux. Dans cette vibration de formes et de couleurs, l'on repèrera encore ici et là des yeux de femmes, transformés en éléments décoratifs.

L'entourage de cette grand-mère s'étonne et s'amuse de la voir si absorbée par cette nouvelle pratique, jusqu'à ce que son œuvre attire l'attention et soit montrée au public. En 1987, Art en marge lui consacre sa première exposition d'envergure.

Aujourd'hui, ses œuvres font partie des plus prestigieuses collections privées et publiques d'art brut à travers le monde.

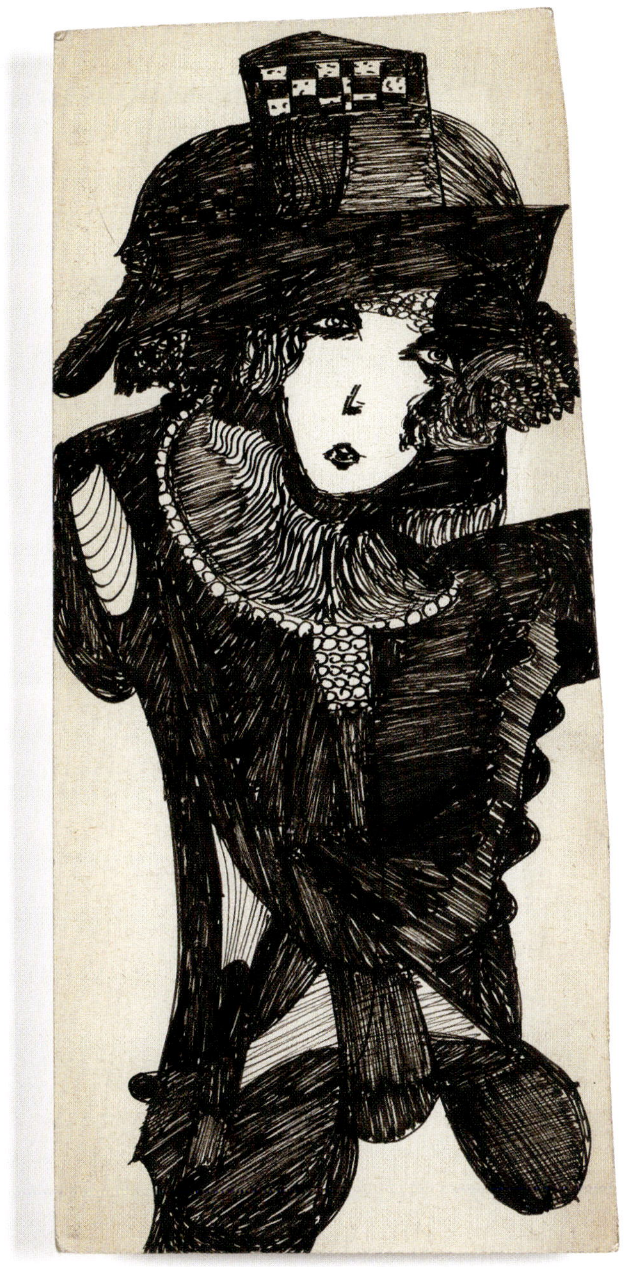

Madge Gill, s. t., s. d.,
encre sur carton,
41,5 x 25 cm.

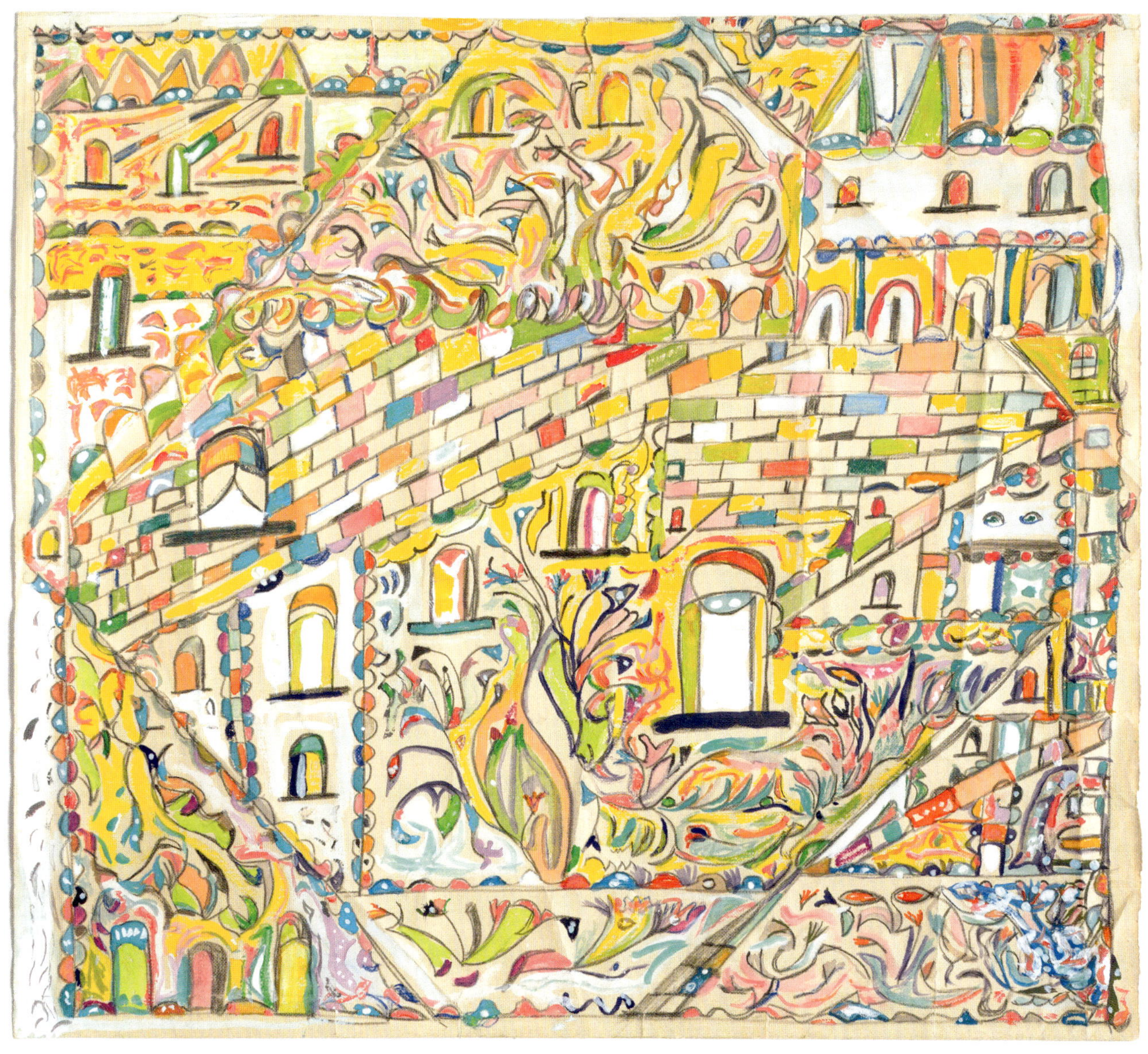

Martha Grünenwaldt, s. t., s. d.,
crayon de couleur et gouache sur papier,
50 x 54 cm.

 INSIDE OUT

<u>1948</u>

Jean Dubuffet expose pour la première fois les dessins d'**Aloïse Corbaz** (1886-1964), qui a rejoint sa collection deux ans plus tôt. Il faudra peu de temps pour qu'elle devienne l'une des deux figures les plus emblématiques de l'Art Brut, avec Adolf Wölfli.

L'œuvre d'Aloïse Corbaz est un univers de faste, organisé autour d'une femme sensuelle et désirable, arborant des décolletés dont les seins se muent en fleurs ornés d'imposants bijoux. Si les hommes y occupent une place secondaire, ils n'en sont pas moins importants ; il faut bien être deux pour que le jeu de l'amour et de la séduction se mette en place.

Ce monde fantasmé doit beaucoup aux années qu'Aloïse passe, jeune fille, comme gouvernante à la Cour de l'Empereur Guillaume II. Y perce également son amour pour l'opéra et le théâtre. D'ailleurs, quand on lui demande la signification des yeux invariablement bleus de ses personnages, elle répond : « Au théâtre, on a toujours les yeux bleus[1]. »

Le matin, dans sa chambre, Aloïse Corbaz repasse le linge des infirmières de l'hôpital de La Rosière (Gimel, Suisse), au sein duquel elle est internée de 1920 à 1964, date de sa mort. L'après-midi, elle se consacre à son art, profitant de la vaste table mise à sa disposition. Cela la change de l'exiguïté des cabinets de toilette de l'hôpital dans lesquels elle s'enferme les premières années pour écrire et dessiner. Sa pratique quitte la clandestinité quand elle est repérée et encouragée par le personnel soignant et plus particulièrement par Jacqueline Porret-Forel, qui, de 1941 à 1964, sera la témoin privilégiée de son œuvre. Les deux femmes se rencontrent à l'hôpital lors d'une visite de Jacqueline, médecin généraliste, à l'un de ses patients. La fascination opère d'emblée et une amitié naît.

Plus tard, Jacqueline Porret-Forel fera découvrir l'œuvre d'Aloïse à Dubuffet à la suite d'une erreur de courrier. Elle reçoit un jour une lettre de Dubuffet, dans laquelle elle apprend l'existence de l'Art Brut. Cette lettre est en réalité destinée à un autre docteur Forel, ayant soigné par le passé Adolf Wölfli, et à qui Dubuffet écrit son intérêt pour l'œuvre de son ancien patient. Jacqueline Porret-Forel saisit néammoins l'occasion pour aller rencontrer Dubuffet à Paris et lui apporter des œuvres pour sa collection. C'est à elle également que le Art et marges musée doit l'œuvre d'Aloïse Corbaz reproduite ci-après.

<u>1964</u>

Après deux ans de travail, **Jacques Trovic** (1948-2018) achève sa première tapisserie, *La scène espagnole*, et la présente aussitôt à un concours artistique organisé dans sa ville (Anzin, Nord de la France). Il gagne le premier prix, et à 16 ans, le voilà propulsé dans ce qui représentera toute sa vie : la réalisation de tapisseries selon une technique très personnelle de patchwork et de broderie sur toile de jute.

Tout commence sur la table de la cuisine familiale, constamment envahie par ses ouvrages en cours, pouvant atteindre jusqu'à cinq mètres. Sa mère s'en accommode et sa sœur fait office de « petite main », préparant les ourlets des pièces de tissus.

Au décès de cette dernière, Jacques Trovic est invité par Bruno Gérard à rejoindre l'institution et l'atelier artistique de La Pommeraie, dont il est le responsable. Bruno Gérard craint qu'un placement en maison de repos ne compromette la poursuite de son œuvre. Sur place, Jacques Trovic poursuit sa création aux allures d'imagier de son Nord natal, toute en couleurs, matières et éléments pittoresques. Le soleil souriant fait partie de ses marques de fabrique, il n'est absent que si une scène nocturne justifie qu'il soit remplacé par la lune.

Ses tapisseries, assemblées à partir de modestes morceaux de tissus, ont été exposées à travers le monde, et leur créateur pouvait parler avec précision de chacune de ses quelques quatre cents œuvres et des expositions et collections dans lesquelles elles étaient présentées.

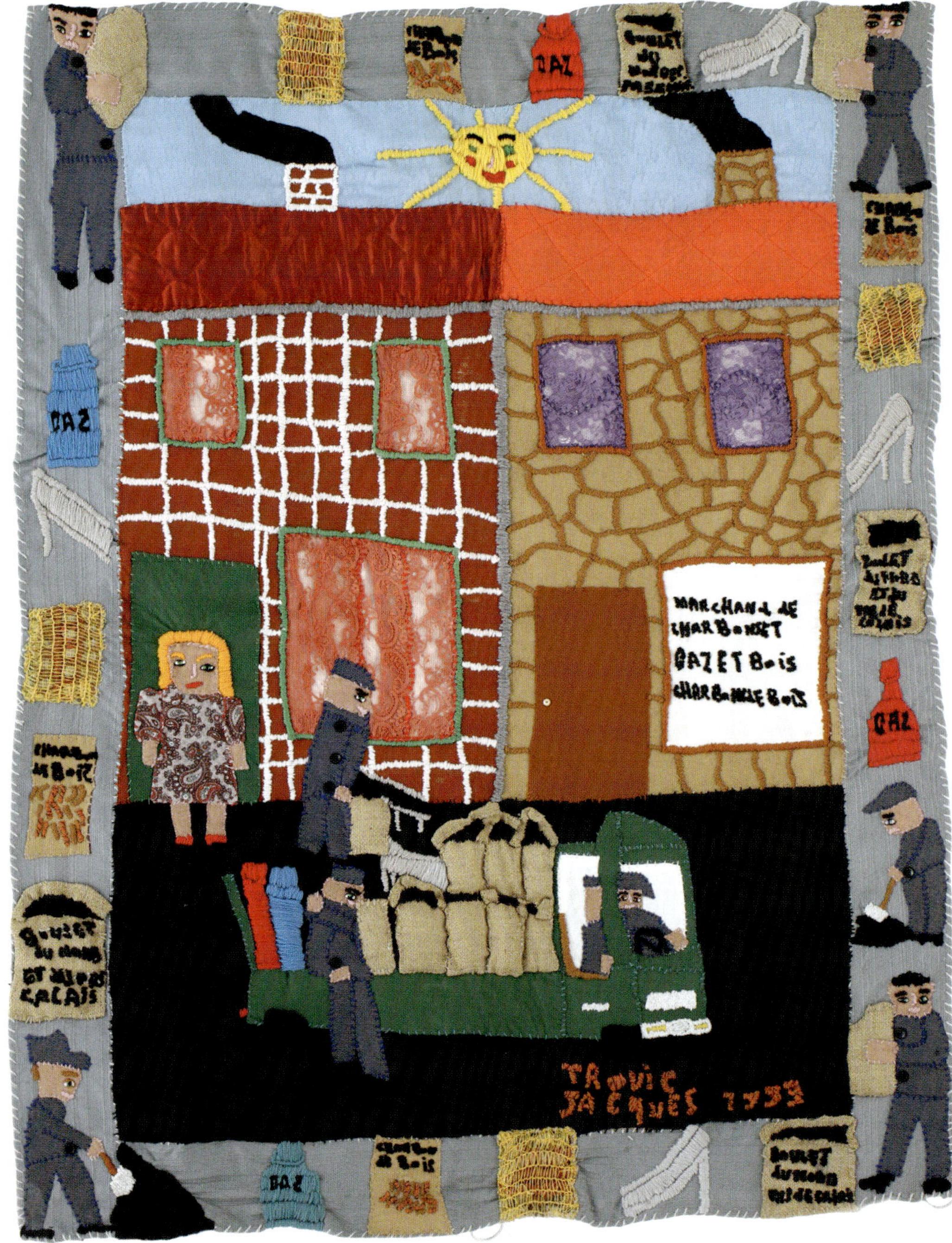

Jacques Trovic, *Le Marchand de Charbon*,
1999, assemblage de tissus et broderie
sur toile de jute, 120 x 88 cm.

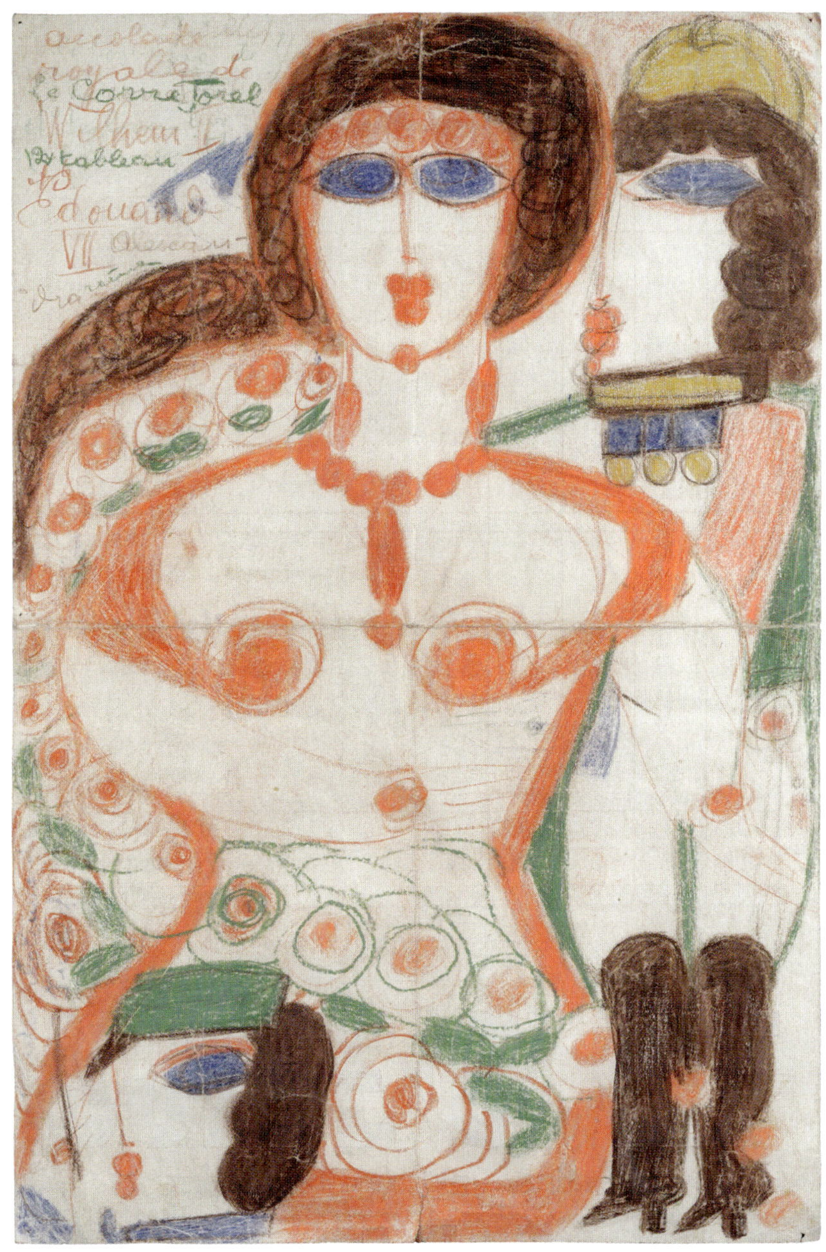

Aloïse Corbaz, s. t., s. d.,
crayon de couleur sur papier,
47,5 x 30,5 cm.

1977

André Robillard (né en 1931) reçoit chez lui, à l'hôpital psychiatrique de Fleury-les-Aubrais (France), une carte postale de Michel Thévoz, premier directeur de la Collection de l'Art Brut à Lausanne. Sur la carte postale figure un de ses fusils. André Robillard est heureux et surpris d'apprendre que ses créations sont maintenant dans un musée.

1964 est la date qui figure sur la carte postale, dans la légende de l'œuvre. C'est en effet l'année où Robillard, venant d'être nommé auxiliaire à la station d'épuration, quitte son statut de malade et fabrique quelques fusils à partir de divers matériaux récupérés dans la décharge de l'hôpital. Si ces deux ou trois fusils renvoient à la guerre, ils ont tout du jouet, du pétard, nous plongeant droit en enfance.

Les fusils sont apportés par le psychiatre Paul Renard à Dubuffet en 1965 et ce dernier les intègre à sa collection. Il s'ensuit une courte correspondance entre l'inventeur de l'Art Brut et André Robillard. Puis Robillard oublie. Pendant plus de dix ans, il ne crée plus. Jusqu'à ce jour où il reçoit la carte postale de Michel Thévoz: «J'ai réalisé alors que ce que je faisais avait de la valeur. Jusque-là, je ne m'en étais pas rendu compte[2].» André Robillard se remet au travail. Ses nouveaux fusils s'accompagnent d'une ribambelle d'autres créations, dont des silhouettes de bois et des dessins qui tournent essentiellement autour des thématiques des animaux et de la conquête spatiale. Son œuvre, tout autant que son tempérament – chaque rencontre le rend très enthousiaste, il se plaît à sortir accordéon ou harmonica pour une démonstration –, attire chez lui amateurs, artistes, collectionneurs publics et privés. Des amitiés se nouent, et même des collaborations: commandes, réalisations à quatre mains, créations musicales et théâtrales... C'est un monde de relations, un monde de possibles qui est venu à lui par sa création plastique. On comprendra qu'il baptise aujourd'hui ses pétards: *Fusils à tuer la misère*.

1981

Serge Delaunay (né en 1956) travaille à la fabrication de dynamos en atelier protégé au Centre Reine Fabiola de Neufvilles (Belgique). Il y pratique un sabotage constant et recouvre les tables de graffitis. Pour lui, comme pour d'autres auxquels ce type de travail ne semble guère convenir, s'ouvre alors l'atelier artistique qui s'appellera plus tard «Campagn'art».

Serge y déploie rapidement une œuvre abondante qui mêle écriture et dessin, oscillant entre les thématiques de la mécanique, de la conquête spatiale et des charmes féminins, avec une perméabilité donnant lieu par moments à de jouissives communications entre ces différents sujets. Parfois, le texte se suffit à lui-même, mais les dessins ne sont jamais exempts d'inscriptions. Cette coexistence, à laquelle s'ajoute un trait à la «ligne claire», rapproche ses œuvres de la bande dessinée. À une distinction près: ici, tout est rassemblé en une image unique, sans fragmentation en cases.

Serge Delaunay dessine avec son frère, à l'écart des autres participants de l'atelier, pour ne pas les troubler par son écoute constante de la radio. On notera que les incursions de textes s'apparentent à des bulletins informatifs, la plupart du temps relatifs à des expéditions spatiales. Assurément, Serge Delaunay rêve de planètes et d'étoiles. Son style efficace et original et son humour séduisent, et il est représenté dans de nombreuses collections publiques, dont la Collection de l'Art Brut (Lausanne), la Musgrave Kinley Outsider Art Collection (Manchester), le musée de la Création Franche (Bègles), le Trinkhall Museum (Liège) et le Art et marges musée, qui l'expose dès 1990.

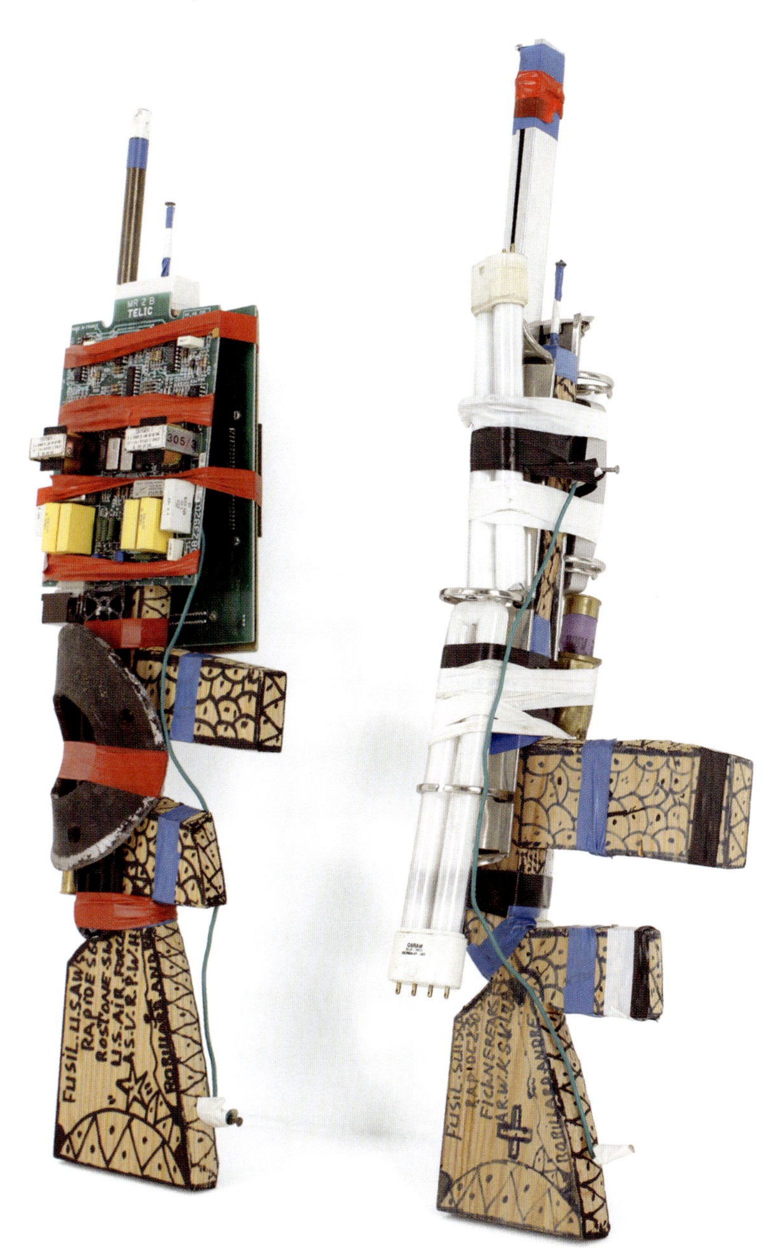

André Robillard, s. t., 2006,
assemblages de bois, adhésif et objets de récupération,
66 x 20 x 8 cm (g.) et 67 x 22 x 13 cm (d.).

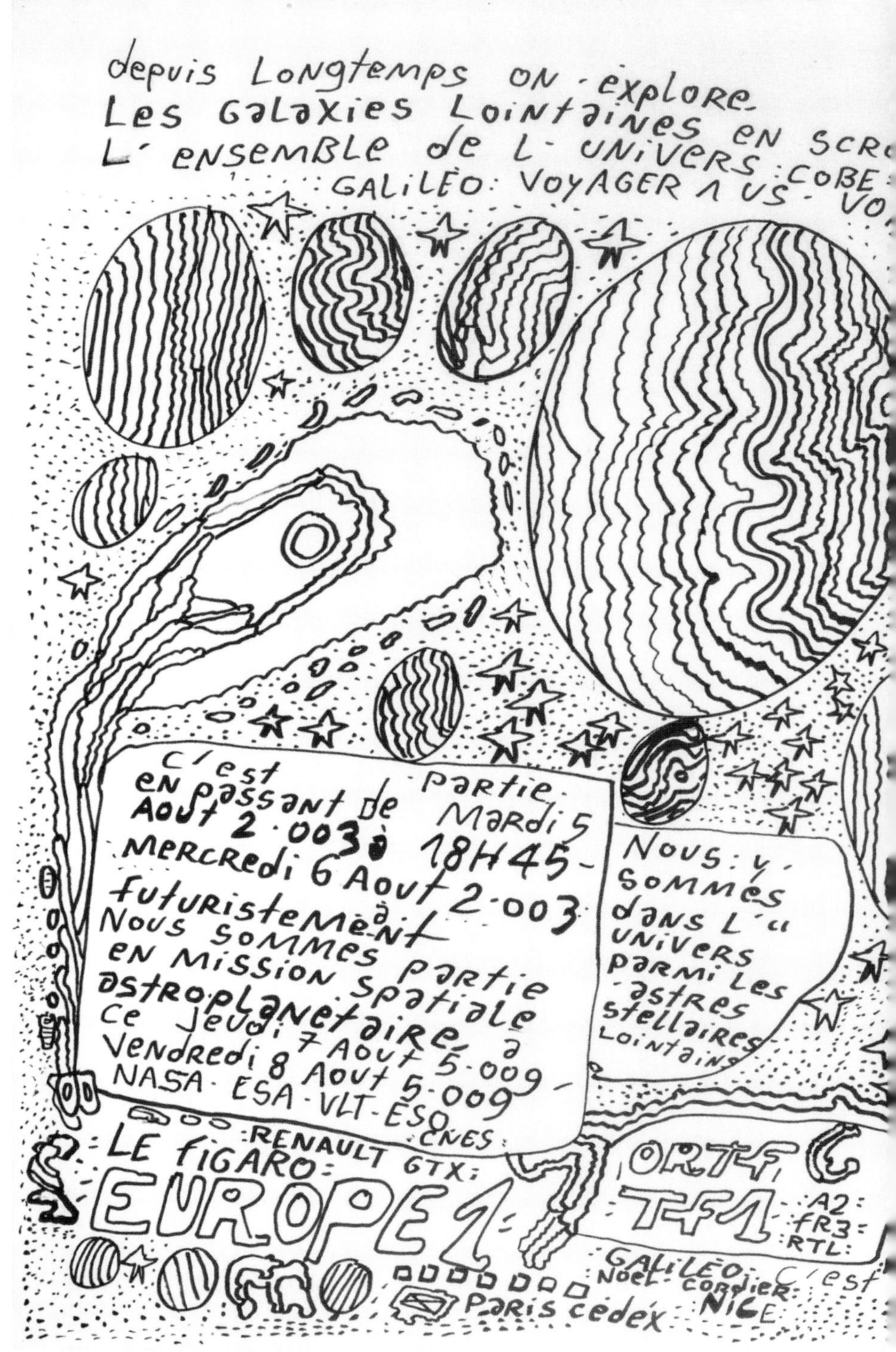

Serge Delaunay, s. t., s. d.,
feutre sur papier,
29,7 x 21 cm.

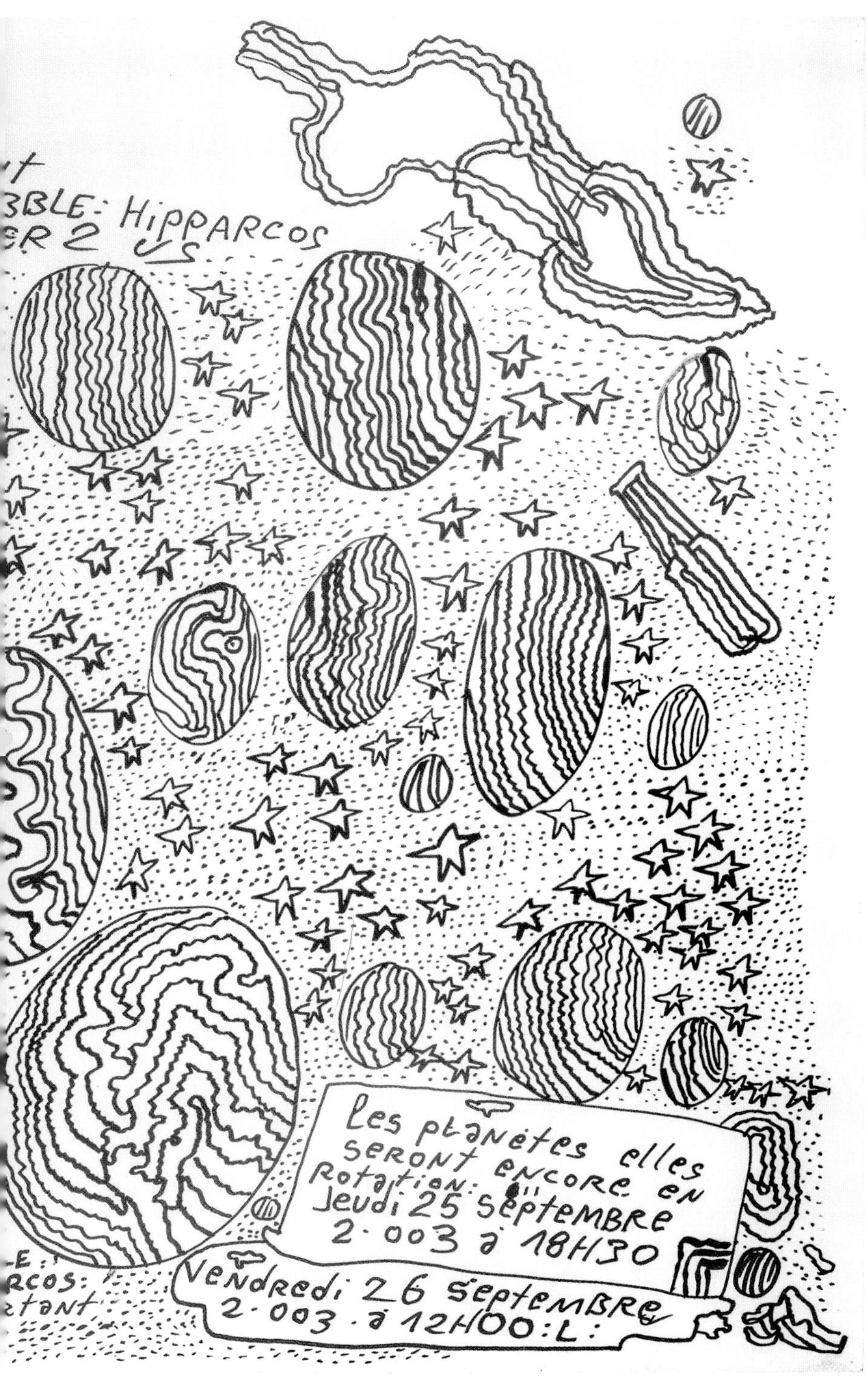
BLE: HIPPARCOS
ER 2 US

Les planètes elles
seront encore en
rotation:
Jeudi 25 septembre
2·003 à 18H30
Vendredi 26 septembre
2·003 à 12H00:L:

1990

«Les poupées de Nedjar menacent l'art moderne!» Voici une anecdote que **Michel Nedjar** (né en 1947) se plaît à raconter. Ses poupées, jusque-là reconnues dans le champ de l'art brut, «adoubées[3]» par Jean Dubuffet lui-même, sont acquises par le collectionneur Daniel Cordier dans les années 1980. Quand celui-ci lègue sa collection au musée national d'Art moderne de Paris, les poupées sont d'abord exposées puis intégrées aux réserves. Et là, quelques mites s'échappent de ses assemblages de tissu… Voilà que les œuvres de Michel Nedjar menacent la conservation des Matisse, Picasso! Pour un artiste relevant initialement de la marge, être intégré à la collection du Centre Pompidou est déjà quelque chose, mais en venir à menacer l'Histoire de l'art avec un grand «H», c'en est une autre! On reconnaîtra à cette anecdote une portée symbolique pour le moins intéressante.

Si les poupées de Nedjar hébergent quelques mites, c'est qu'elles sont faites à partir de bouts de tissus récupérés çà et là, souvent à même le sol, à même la rue. Parfois, ils les enterre, les déterre ensuite, parfois elles subissent aussi des bains de teinture, de terre ou de sang. Ses *Chairdâme* sont des poupées qui suintent le vécu.

Enfant déjà, à partir de la jambe cassée d'un baigneur de sa sœur, Michel Nedjar fabrique sa propre poupée. Cette fascination ressurgit dans les années 1970, au cours d'un voyage au Mexique et au Guatemala. Par ses créations, l'artiste s'accommode des souffrances liées à son existence et exorcise les images qui l'obsèdent, dont celles du film d'Alain Resnais *Nuit et brouillard*, vu en 1960, qui le marquent profondément et lui font prendre conscience de l'horreur vécue par sa famille dans les camps de concentration.

Ses premières poupées ont une esthétique très inquiétante. Plus tard, elles se font multicolores et ne sont plus transformées par la teinture ou par la boue, mais arborent des «cicatrices» qui parcourent leur corps bourré d'objets. On devine poindre ici une théière, là une chaussure de poupée… Elles sont pleines. Pleines d'une histoire, celle de leur auteur, celle des anciens propriétaires des tissus et des objets, celle de l'humanité.

2004

Art en marge organise une exposition rétrospective des œuvres de **Paul Duhem** (1919-1999). Décédé cinq ans auparavant, à l'âge de quatre-vingts ans, l'artiste laisse derrière lui sa toute jeune carrière, commencée à septante ans dans l'atelier dessin et peinture de La Pommeraie (Quevaucamps, Belgique).

1990, l'année du début de sa création, fait presque office de seconde date de naissance pour Paul Duhem. Lorsqu'à sa mort, au moment de lui rendre hommage, des recherches sont entreprises pour rassembler anecdotes et photographies de son passé, la récolte est maigre, voire nulle. Mais, dans sa seconde vie, qui durera dix ans, ses qualités artistiques seront rapidement reconnues et le feront voyager d'exposition en vernissages. Il sera valorisé, enfin.

Paul Duhem empoigne crayons et pinceaux pour créer une armée de personnages, chacun enfermé dans son cadre. Son nom apparaît invariablement en haut à gauche, isolé également dans un sage cartouche d'écolier. S'agit-il d'autoportraits? Le mystère est aussi impénétrable que ses énigmatiques maisons, représentées sous la forme d'une unique porte close, coiffée d'un triangle pour signaler le toit. Ces œuvres suivent le même protocole que les portraits, avec ce même talent pour faire vibrer les couleurs, juxtaposées au crayon, au pastel ou mélangées au fur et à mesure de l'utilisation des pinceaux que Paul Duhem ne nettoie jamais.

Bruno Gérard, responsable de l'atelier de La Pommeraie, a accompagné, émerveillé, l'éclosion de ces créations. Il a tenu à ce qu'elles restent à des prix abordables, hors du circuit des galeries, pour que celui dont l'existence n'avait pas laissé de trace dans celle des autres ait sa place dans tous les foyers. Comme un pied de nez au destin. Paul Duhem est par ailleurs représenté dans les principales collections d'art brut européennes.

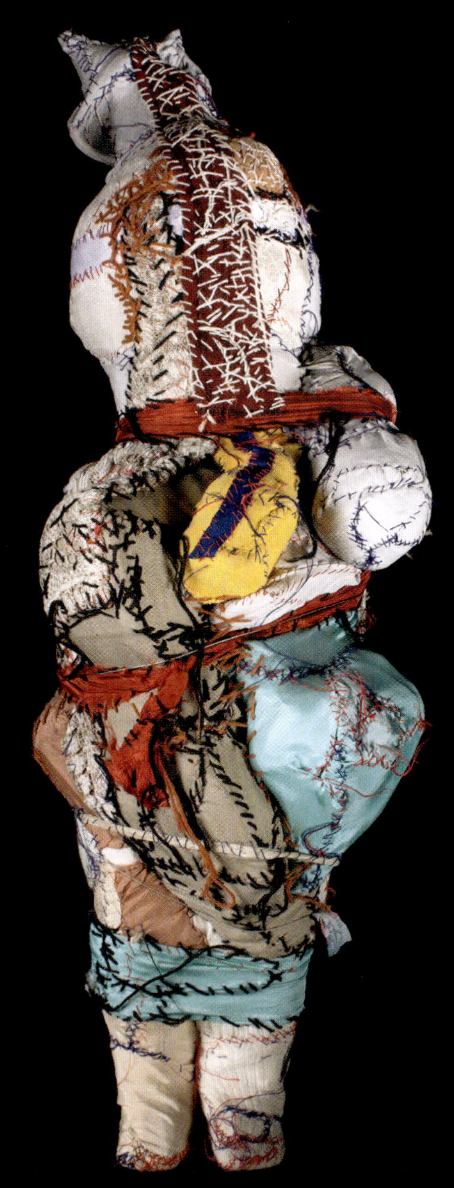

Michel Nedjar, s. t., s. d.,
assemblage de textiles et objets de récupération,
75 x 26 x 23 cm.

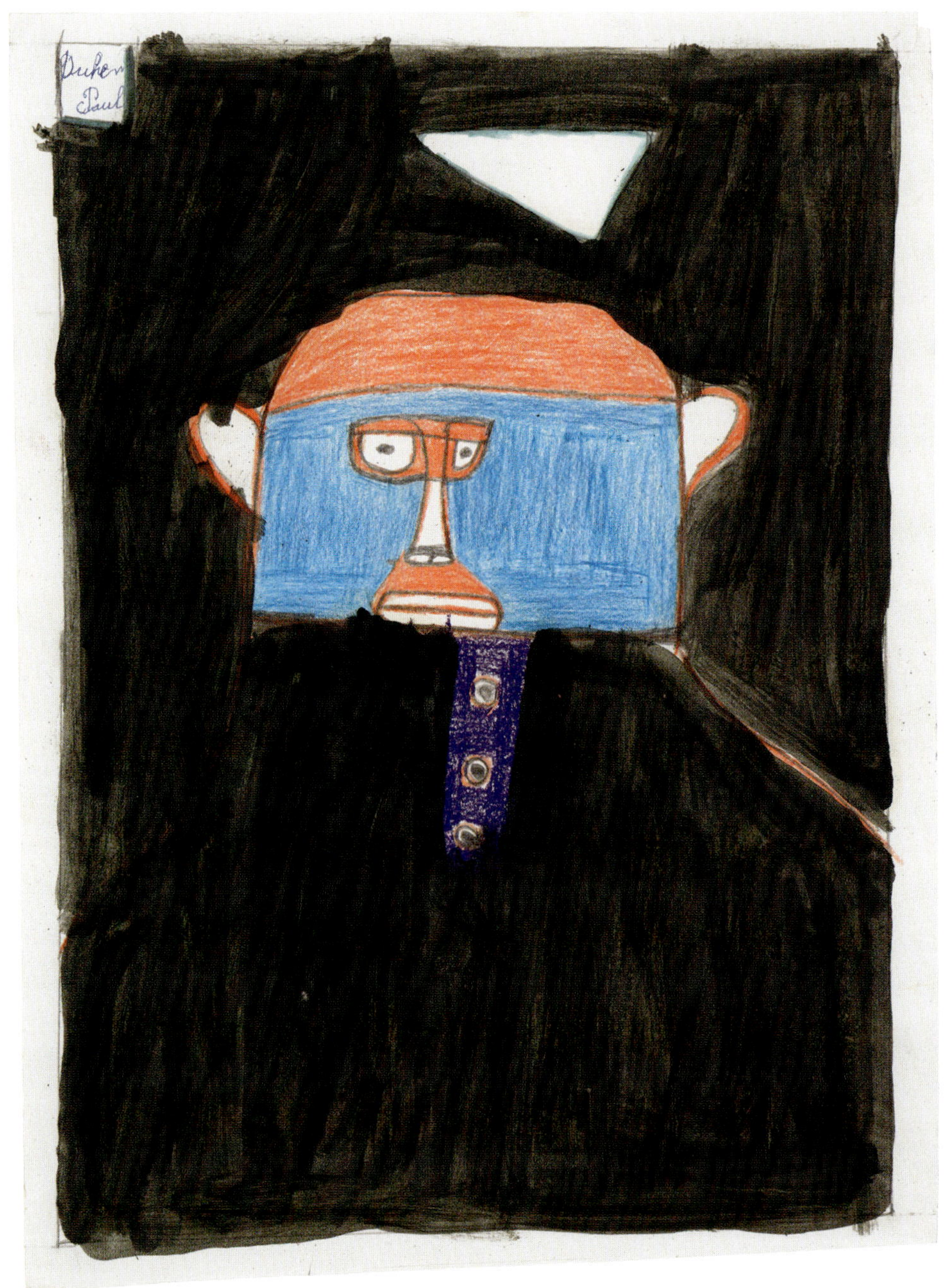

Paul Duhem, s. t., s. d.,
crayon de couleur et gouache sur papier,
40,5 x 30,5 cm.

2008

L'exposition *Richard Greaves, anarchitecte* s'achève à
Bruxelles (Art en marge + CIVA), cinquième halte de
ce projet itinérant initié trois ans plus tôt à La Fonderie
Darling (Montréal) et associé à une publication largement
illustrée par les photographies de Mario Del Curto.

Cette exposition marque le début de la renommée
internationale pour celui qui avait choisi, en 1984, de
quitter Montréal, afin d'investir un terrain de quarante
hectares acheté avec des amis quelques années plus
tôt, en Beauce (Québec), à l'écart d'un petit village.
C'est sur ce terrain qu'à partir de 1989 il construit ses
«anarchitectures», réemployant des matériaux récupérés
sur des granges et des bâtiments en ruines. **Richard
Greaves** (né en 1952) n'a aucune notion d'architecture
et tout est assemblé par du fil de nylon, car les clous et
les vis «pourraient blesser le bois». Autant dire que rien
n'y est droit. Mais toutes ses réalisations sont habitables,
et Greaves commence toujours la construction par
l'installation de toilettes.

Jusqu'en 2009, date à laquelle il quitte le site,
il passe d'une maison à l'autre, vit en solitaire, tout
en gardant contact avec ses proches. L'on rapporte
aujourd'hui qu'un voisin, las d'y voir affluer les visiteurs,
aurait tout démoli. L'événement ne manque pas d'ironie.
Cette œuvre installée volontairement loin du tumulte
est rattrapée par lui, provoquant indirectement sa
destruction. Et voici les planches, fenêtres, volets
démembrés pour la seconde fois.

2012

La Collection de l'Art Brut organise l'exposition *Josef
Hofer et le miroir*, consacrant pour la première fois
de l'histoire de l'institution une deuxième exposition
monographique à un même artiste.

L'exposition rend compte du thème prédominant
de l'œuvre de **Joseph Hofer** (né en 1945), le nu masculin.
Des nus frontaux, torturés, enfermés, affirmés, au
caractère sexuel marqué et dans des cadrages que l'on
pourrait qualifier de hasardeux. Et toujours, autour des
protagonistes, ces traits jaunes et rouge orangé, qui
correspondent à l'encadrement du miroir de Hofer. Ce
miroir, posé au pied de son lit, est le lieu de l'exploration
de son corps, en reflet, en parties. Ces œuvres font-elles
lien avec l'extérieur ou participent-elles de la vie en repli
imposée à l'artiste par ses différents handicaps, dont la
surdité et le mutisme ?

Josef Hofer entame son œuvre graphique en 1985,
quand il commence à fréquenter un centre de jour, après
avoir vécu quarante ans sans nouer d'autres liens sociaux
que ceux avec sa famille. En 1997, il rencontre Elisabeth
Telsnig, nouvelle directrice de l'atelier Ried (Autriche)
qu'il fréquente alors. Elle repère immédiatement son
travail et commence à en assurer la diffusion avec un
enthousiasme convaincu qui, conjointement à la qualité
de l'œuvre, valent aujourd'hui à Josef Hofer de faire partie
des plus prestigieuses collections publiques et privées
d'art brut. Toutefois, il y a fort à parier que celui-ci ignore
être considéré comme un artiste, le concept même d'art lui
étant vraisemblablement étranger.

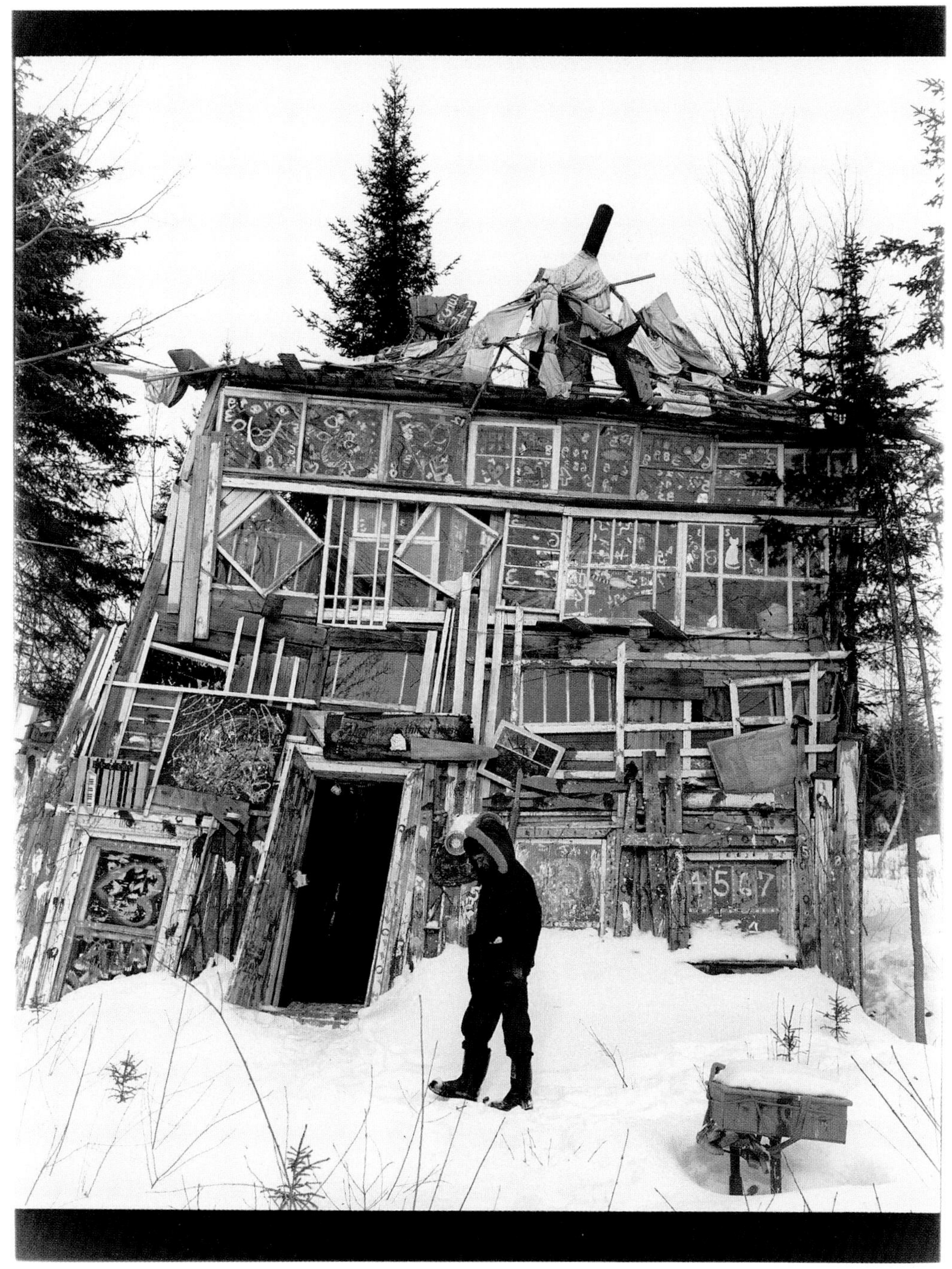

Mario Del Curto, *Anarchitecture* de **Richard Greaves**, s. d.,
photographie sur carton plume,
70 x 50 cm.

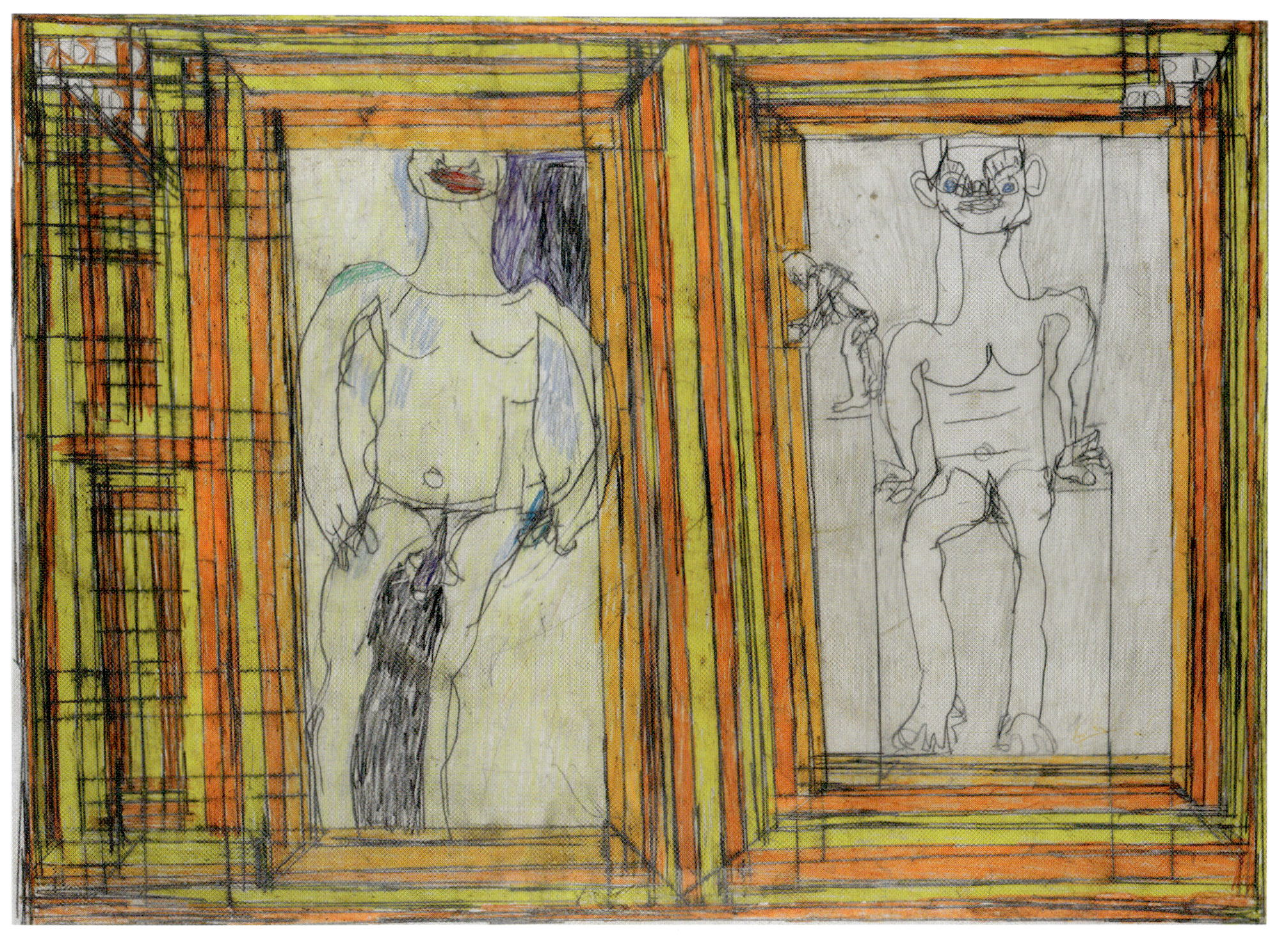

Josef Hofer, s. t., 2005,
crayon graphite et crayon de couleur sur papier,
44 x 60 cm.

<u>2020</u>

Le Trinkhall Museum, anciennement MADmusée, ouvre ses portes à Liège. Parmi les œuvres centrales de sa collection permanente, on trouve la cabane de **Pascal Tassini** (né en 1955). On assiste à la muséification de la pièce maîtresse de cet artiste, celle par laquelle la création textile, à laquelle il est à présent totalement dévolu, a commencé.

Pascal Tassini fréquente l'atelier du Créahm de Liège à partir de 1986. Dans un premier temps, il y réalise essentiellement des personnages de terre cuite. En 2000, il décide de leur construire un abri, une cabane. Il fixe des perches à des tables au moyen de cordes, puis de lambeaux de tissus récupérés dans l'atelier, une fois toute la réserve de corde épuisée. En vue de poursuivre sa construction, il s'organise et commence à rouler en pelotes les bandes de tissu amassées. Et voilà qu'à sa plus grande surprise, on s'enthousiasme autour de lui pour ces boules de tissu. Mais peut-on déjà les considérer comme des œuvres ?

La cabane n'aura de cesse de s'étoffer au fil des années, et toute une série de créations autonomes en émergeront : les boules/pelotes, les objets qu'il emballera, le mobilier qui prendra bientôt des allures de pièces montées. Le mariage est justement l'une des obsessions de Pascal Tassini, et tous les accessoires et parures sont prêts en vue de cet événement qui ne se présente jamais… Mais l'artiste est convié à d'autres fêtes. En 2011, le MADmusée lui consacre une exposition personnelle et édite une publication[4]. En 2015, la Collection de l'Art Brut propose une exposition monographique et, en 2017, la galerie christian berst art brut (Paris) organise l'exposition Nexus, accompagnée d'un catalogue commenté[5].

[1] Aloïse Corbaz, citée dans *Aloïse et le théâtre de l'univers*, Jacqueline Porret-Forel, Lausanne, Skira, 1993, p. 38.

[2] André Robillard, cité dans *André Robillard dans son atelier. Projet Aloïse*, Roger Gentis, Paris, Éditions du Scarabée, 1982, p. 117.

[3] Pour reprendre l'expression utilisée par Christian Berst lors d'une table ronde consacrée à Michel Nedjar, à la galerie christian berst art brut (Paris), le 10 juin 2014.

[4] *Pascal Tassini*, MADmusée-Créahm, Liège, Région Wallonne, 2011.

[5] Christian Berst et Léa Chauvel-Lévy, *Pascal Tassini. Nexus*, Paris, Christian Berst, 2017.

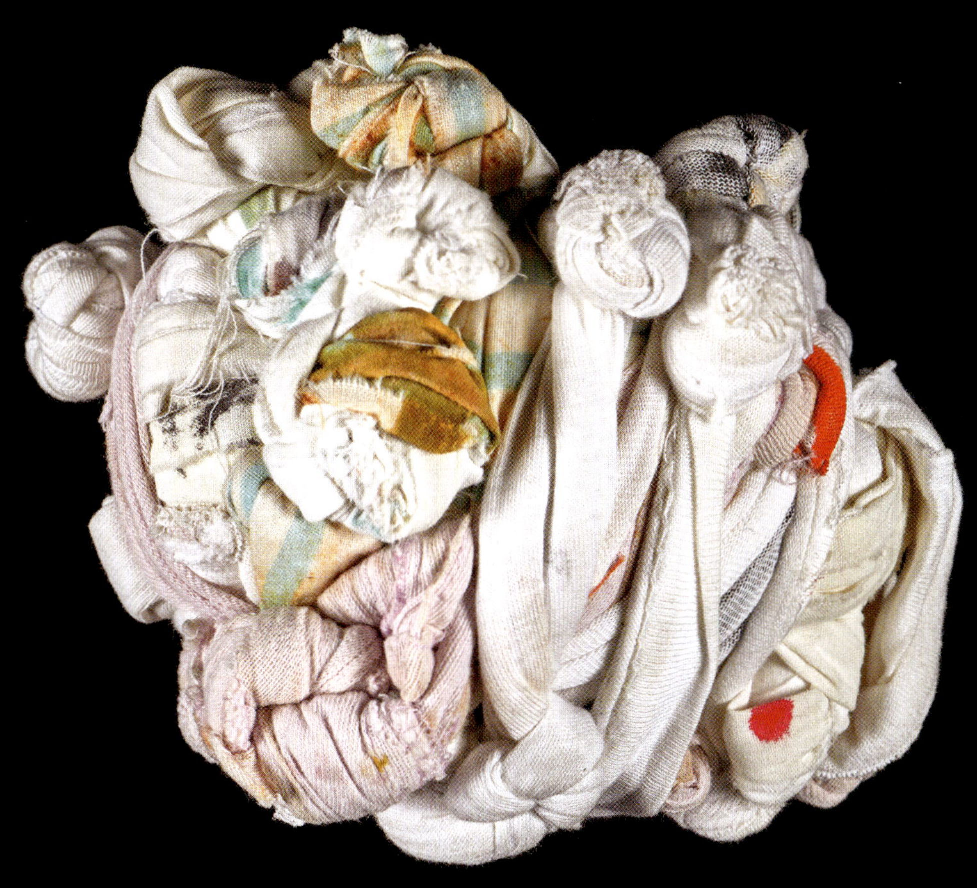

Pascal Tassini, s. t., s. d.,
assemblage de textiles,
14 x 10 x 11 cm.

VISAGES HUMAINS

Histoires de découvertes et d'admiration, histoire de liens. Dix artistes de la collection, par les acteurs et complices du Arts et marges musée.

S'il est une expression qui n'a de cesse de revenir à propos d'Art et marges, c'est sans doute celle d'un musée «à visage humain». Cette humanité est au cœur du projet, celui de soutenir, mettre en lumière et partager, par le biais de nos découvertes et de nos rencontres, les œuvres de ces femmes et hommes, artistes en marge.

Une dimension humaine qui fait également référence à l'échelle du lieu, à l'intimité muséale «où l'on se sent bien», ainsi qu'à la proximité qui s'est créée entre les membres de la «famille Art et marges». Une famille composée de fidèles, de collaborateurs, anciens et nouveaux, mais aussi… d'artistes.

Des liens pluriels, noués au fil du temps.

La proximité avec les artistes s'instaure dès le moment de la découverte. Qu'il s'agisse d'œuvres remarquées lors de prospections en ateliers, de rencontres fortuites, ou encore par l'intermédiaire de tierces personnes nous signalant un travail qui mériterait notre attention. Car souvent, les artistes que nous défendons ne viennent pas à nous. Aller au contact, non seulement d'œuvres, mais aussi d'hommes et de femmes dans la custode de leur création, est ainsi l'essence même de notre travail.

Ces découvertes enrichissent la collection et donnent naissance à des projets d'expositions. Mais il faut parfois user d'acrobaties, et les cheminements ne sont pas toujours sans péripéties et rebondissements, pour sortir les œuvres de leur espace de création afin de les porter aux cimaises de notre musée.

TATIANA VERESS

Quand je travaillais chez Art en marge
(qui n'était pas encore un musée à
l'époque), j'étais voisin de ce grand
monsieur, **Jean-Pierre Rostenne**,
personnage marquant des Marolles.
Il était devenu, à mes yeux, une sorte
d'extension vivante du vieux marché où
il récoltait de multiples objets dont il
se parait, et avec lesquels il fabriquait
d'étonnants assemblages.
Je passais de temps en temps le
saluer dans sa «boutique-librairie»
remplie de bibelots, d'objets, de
livres et de ses propres créations
poético-philosophiques sur pancartes.
Systématiquement, cette agglomération
à la fois amusante et mystique
m'inspirait.

Un matin, en passant devant chez
lui, j'ai croisé sur le trottoir des membres
de sa famille en train de vider sa maison
dans un conteneur, suite à son départ
en maison de repos. Parmi les multiples
choses jetées, il y avait ses fameuses
«cannes-assemblages».

La famille m'autorisa sans faire
d'histoire à les récupérer, car elles
étaient de toute façon vouées à se
retrouver à la décharge.

Très vite, nous avons informé
Jean-Pierre que ses cannes avaient été
déposées en lieu sûr au musée. Il décida
alors de nous en faire don.

Suite à cet événement, les liens
heureux se sont renforcés entre lui et Art
et marges. Il en est devenu une figure
mythique, attachante et inoubliable.
Pendant des années encore, lors des
vernissages, nous avons eu le plaisir de
le croiser, couvert de ses divers attributs
et coiffé d'une mitre.

DAVID DE MEUTER

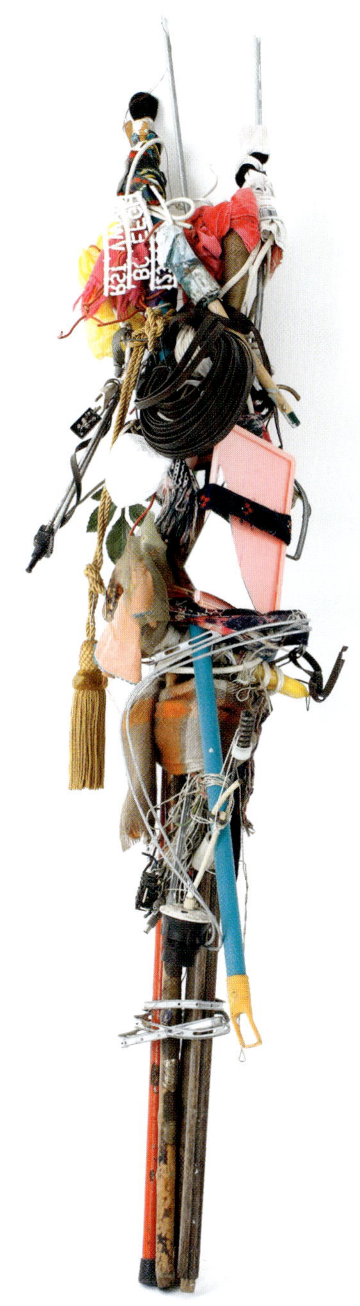

Jean-Pierre Rostenne, s. t., 2005/09,
assemblage d'objets de récupération,
159 x 32 x 29 cm.

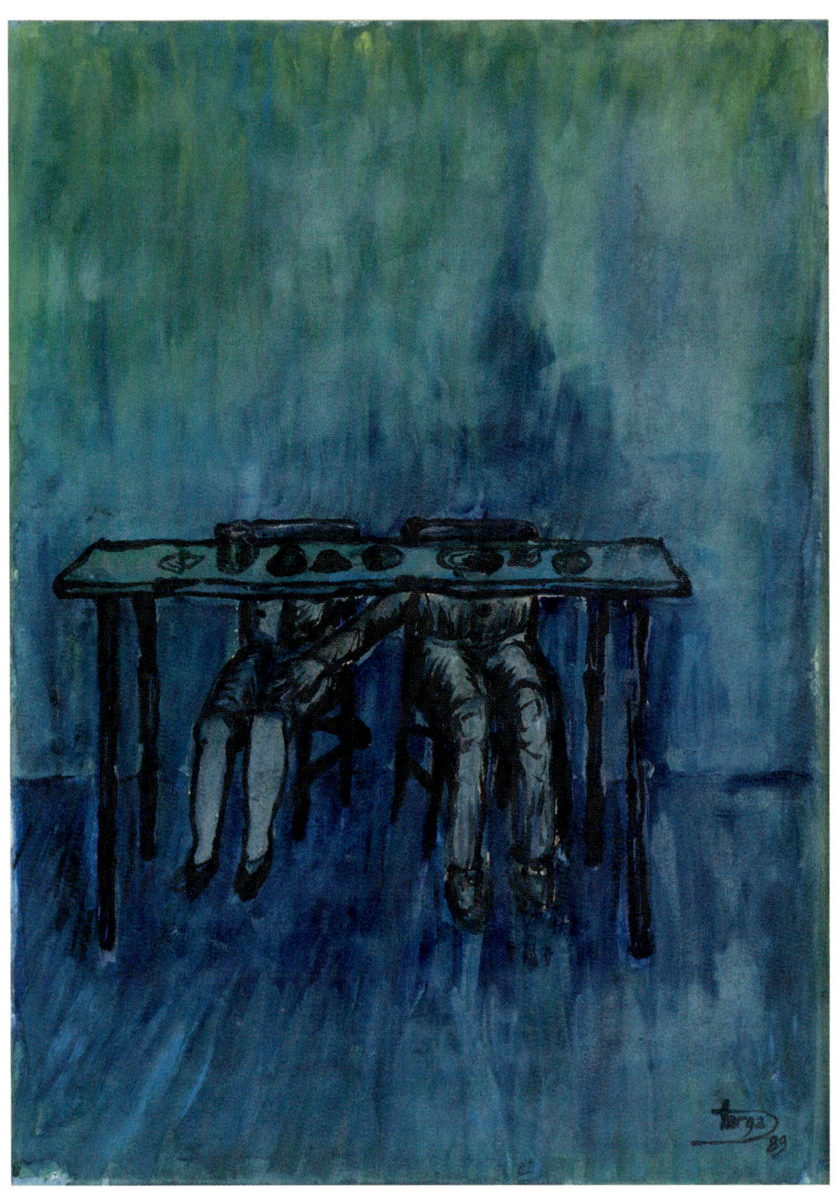

Mohammed Targa, *Les Visiteuses*, 1989,
gouache sur papier,
60,5 x 43 cm.

Dans les années 1990, nous avions
été visiter la prison de Nivelles, dans
laquelle il y avait un atelier créatif.
Les créations de l'atelier n'entraient
pas dans le cadre de nos recherches ;
la manière dont on y enseignait
était très classique.

Au moment où je m'apprêtais
à partir, **Mohammed Targa**, un des
membres de l'atelier me dit : « Viens
voir, j'ai dans ma cellule des dessins
qui pourraient t'intéresser. » Et là,
je fus émerveillée. Enfin une forte
personnalité, affrontant la prison
d'un regard perçant. Face à elle, il
ne s'enfuyait pas, il la « dessinait ».

FRANÇOISE HENRION

Quand je vois les peintures de **Richard Moszkowicz**, je l'entends les faire.

Richard muse pendant qu'il peint et écrit au rythme percussif de la craie grasse sur son pays vaste.

Richard a la prestance et l'élégance de ses étendues colorées.

Richard a la voix métallique, douce et péremptoire de qui dit tout en peu de mots.

Richard est habité d'un silence qui ne fait qu'un avec sa toile.

GÉRARD PRESZOW

Richard Moszkowicz, s. t., s. d.,
acrylique et craie sur papier marouflé sur toile,
150 x 160 cm.

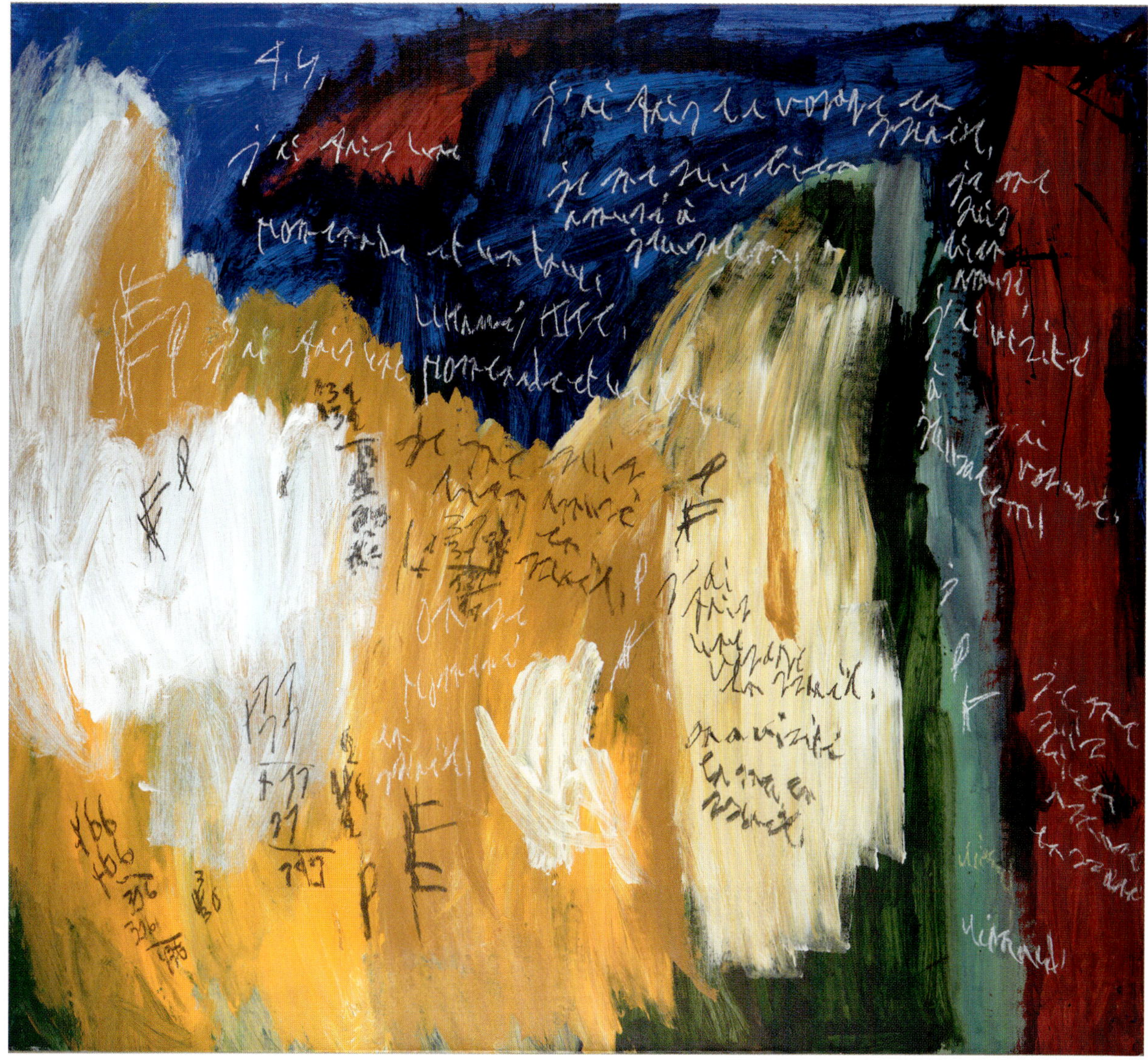

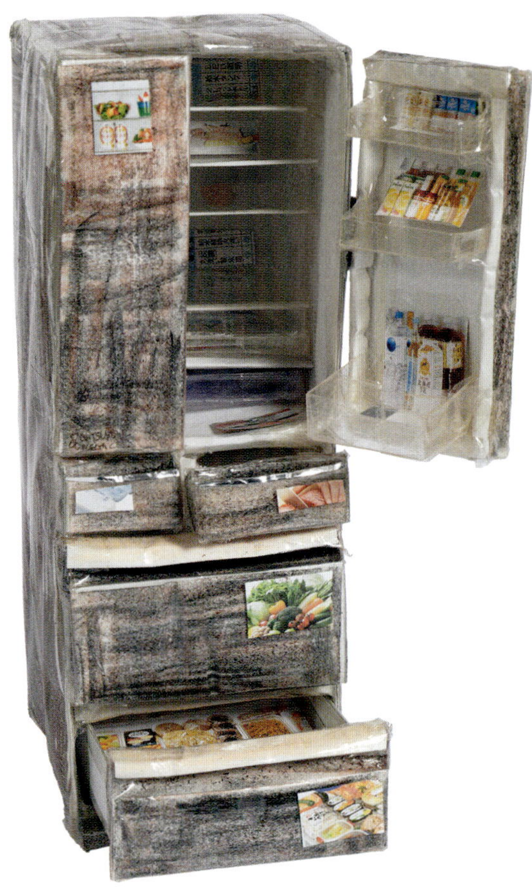

Tomoaki Sakai, s. t., s. d.,
assemblage de papier, adhésif et éléments en plastique,
24,5 x 10 x 9 cm.

Tomoaki Sakai semble vouer un culte inexplicable à l'électroménager. Du réfrigérateur à l'écran plat de télévision, en passant par les machines à laver, c'est avec une précision chirurgicale que le jeune artiste japonais réalise ses petites sculptures faites de papier et de scotch. Lorsque je l'ai découvert à l'exposition *Art Brut Japonais II* à la Halle Saint-Pierre, à Paris, en 2019, tout un monde délicat s'est offert à mon regard.

Un monde où un simple gribouillis figure un reflet, où un bout de scotch, par une habile maîtrise, remplace l'aimant, et où même la reproduction du prix de l'appareil a son importance graphique.

On pourrait être à première vue tenté d'associer son travail à la culture du «kawaï», cette quête du «mignon» propre à la culture japonaise, mais il émane une note quasi religieuse de son œuvre, comme si ces petites boîtes de papier étaient destinées à recueillir l'esprit des carottes périmées de la semaine dernière.

Vous laisseriez-vous convertir à la religion des frigos? Il semble que la réponse soit oui, si l'on en croit la présence quasi systématique dans les foyers de ces appareils.

SAMUEL TRENQUIER

Le printemps et l'automne sont le terrain
de chasse des créations de **Frédéric Étienne**.

«Deux saisons de lumière», dit-il.
Elles offrent une aire de jeux aux formes
nouvelles, nourries de matériaux de
récupération qu'il récolte entre les pavés
désertés du marché aux puces de la place du
Jeu de Balle. Figurines de bandes dessinées,
animaux en plastique, parapluies de papier,
florilège coloré… forment le feuillage
automnal ou les bourgeons naissants
de ses sculptures.

Architecture de «Babel-brol», chaque
étage en appelle un autre, dans le gigantisme
des petites choses collées les unes aux autres.
Simultanément fragile et éternel, cet univers,
comme bâti sur ressort, nous absorbe. Rien
d'étonnant à ce que ces créations exposées
aux vents du quartier des Marolles aient
fini par trouver leur place au sein du Art et
marges musée. Cette proximité buissonnière
avec l'artiste nous permettant également de
faire appel à ses talents de restaurateur, pour
recoller les pétales que sa tour égrène au fil
des expositions.

TATIANA VERESS

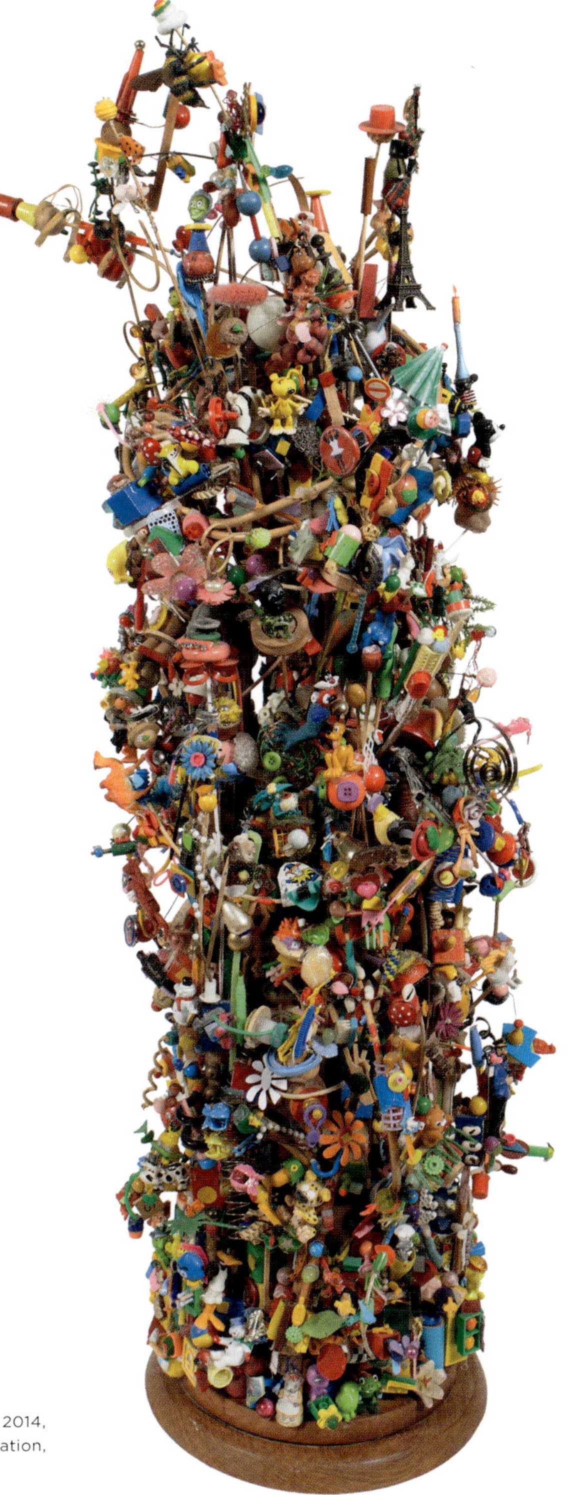

Frédéric Étienne, *Tour de brols*, 2014,
assemblage d'objets de récupération,
118 x 40 x 40 cm.

En 2010, j'étais invitée à participer
au projet *La collection RTBF -
Canvas collectie*, comme membre
du jury national. Ce fut une aventure
passionnante, organisée par les ministres
de la culture des deux communautés
en partenariat avec les chaînes de
télévision RTBF et CANVAS, qui offrait
une visibilité unique aux arts visuels
contemporains. Mes collègues et moi-
même devions choisir les artistes
qui participeraient à l'exposition
à BOZAR, et ce parmi des milliers
d'œuvres sélectionnées en amont.
Ce projet ambitieux, qui rassemblait
des professionnels et autodidactes,
francophones et néerlandophones,
a connu un engouement incroyable
et des milliers d'artistes de tout poil
se sont prêtés au jeu.

Dès le premier jour, lors du jury au
Wiels, mon regard fut captivé par une
série de cahiers de dessins très colorés à
l'imagerie foisonnante, qui m'évoquaient
des œuvres d'Adolf Wölfli, artiste majeur
de l'art brut. Il s'agissait des créations

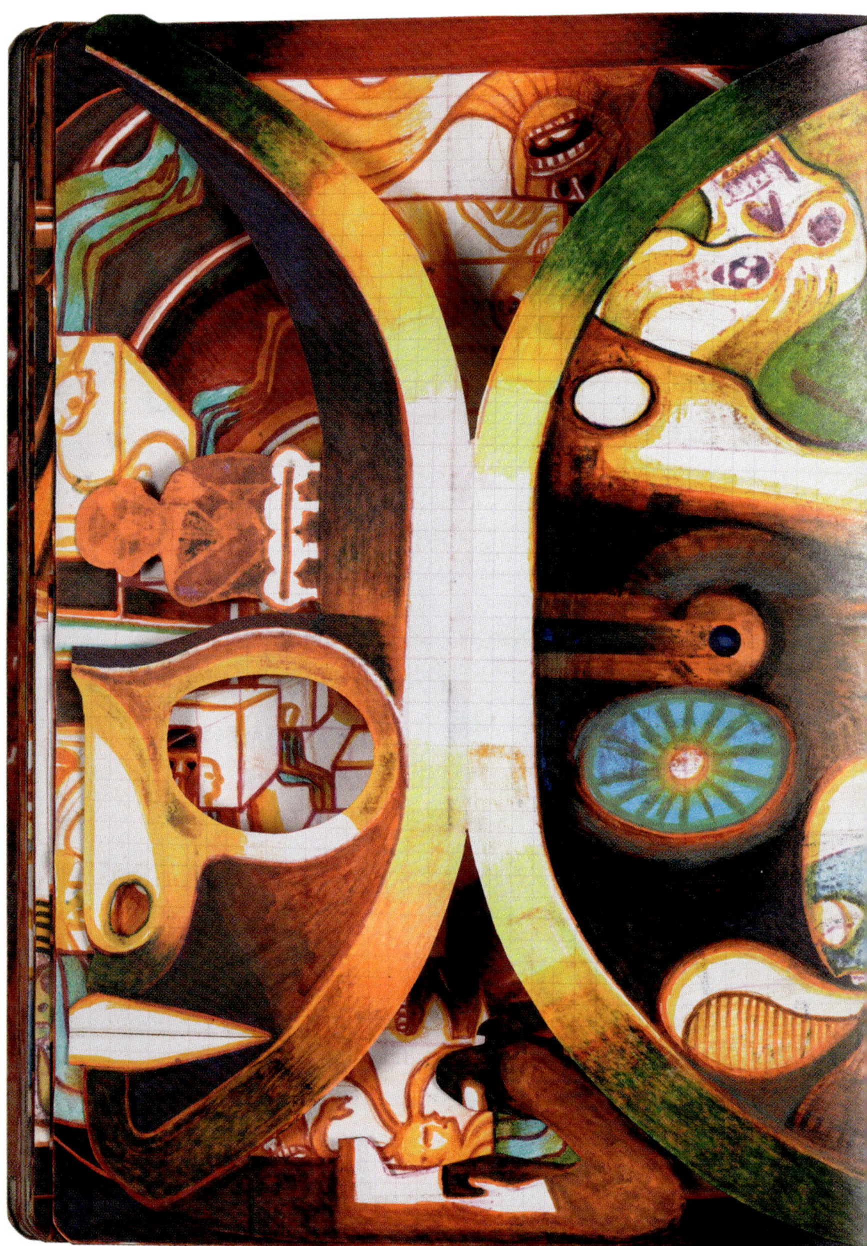

Michel Goyon, s. t., 2008/09,
crayon de couleur et feutre sur cahier,
29,5 x 42 cm.

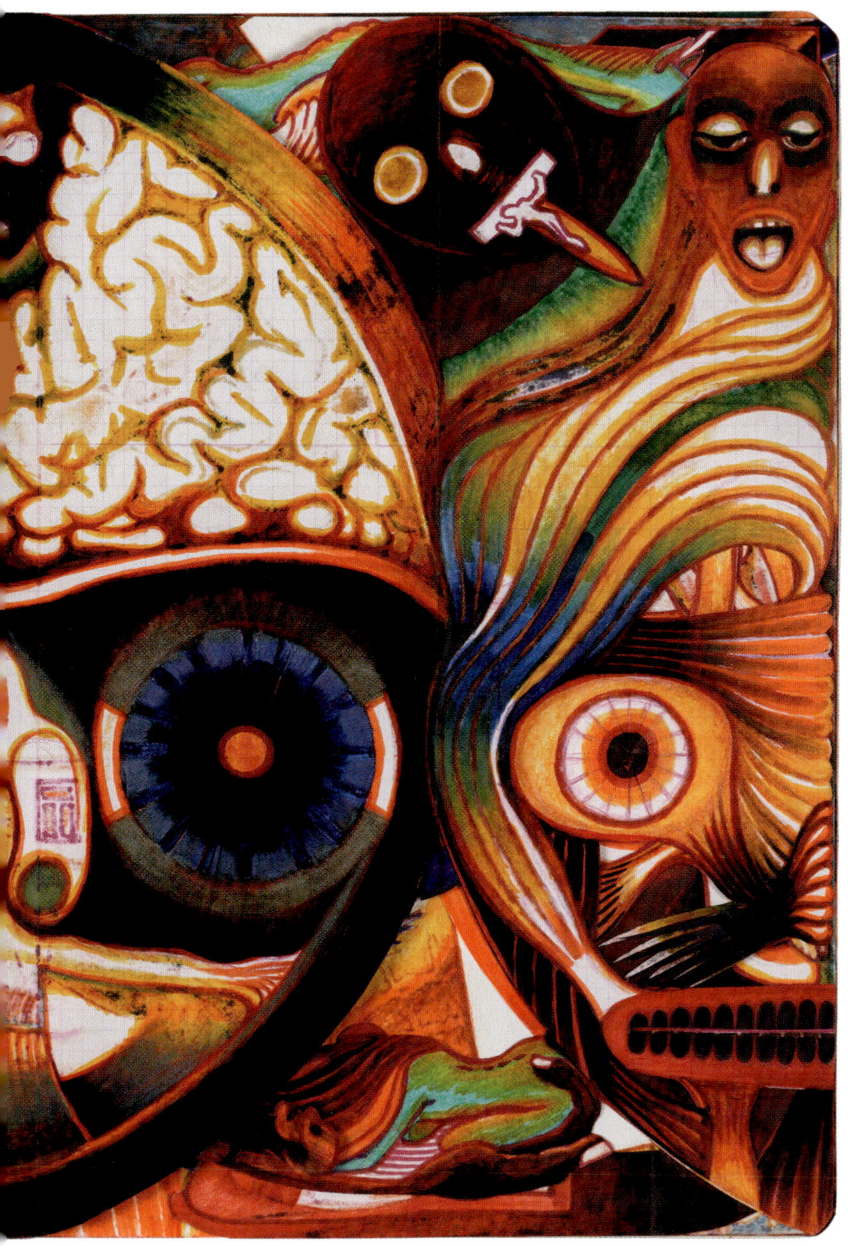

de **Michel Goyon.** À y regarder de plus près, outre les évocations de l'art brut, il m'est apparu que d'autres influences, *comics* américains, imagerie du rock alternatif, visuels puisés dans des encyclopédies, avaient nourri son univers figuratif intense et très personnel.

Sa soif de connaissance et de découverte l'avaient mené vers l'art, mais aussi vers la science et la spiritualité. Virtuose du dessin chromatique, Michel Goyon affectionne particulièrement la création de livres pop-up, comme pour faire sortir l'œuvre de son cadre, afin de lui octroyer une dimension cinématographique. J'ai ensuite eu la chance de rencontrer l'artiste, de montrer son travail dans le cadre de l'exposition *Quoi de neuf ? What's up ?* qui s'est tenue à Art et marges en 2011, et il a généreusement accepté de faire don de quelques pièces à la collection du musée. Les découvertes telles que celle-ci sont rares et précieuses, c'est un bonheur de pouvoir les partager.

CARINE FOL

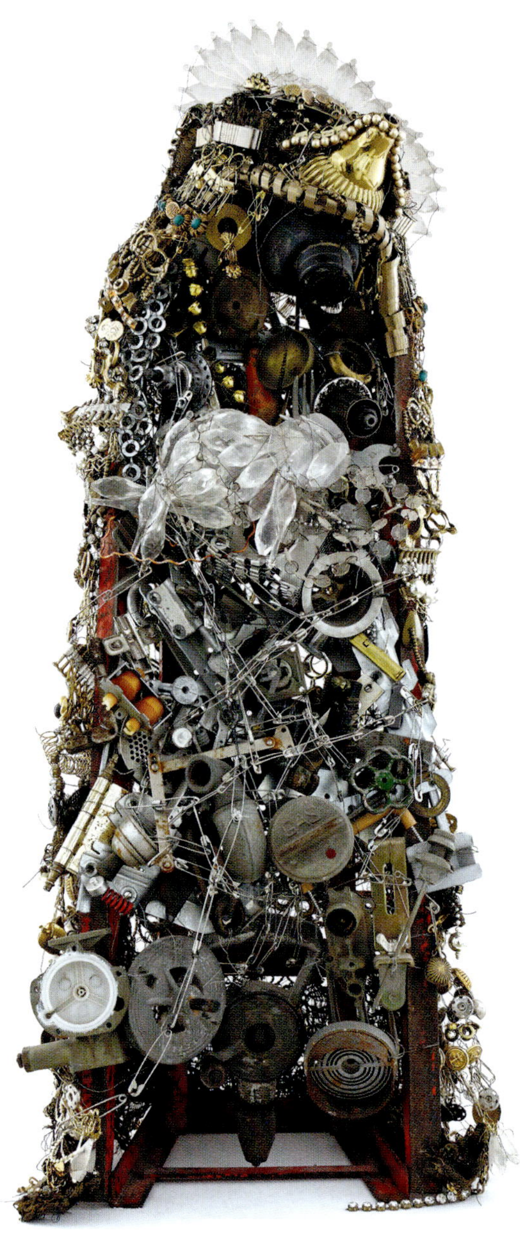

C'est sur le trottoir, alors qu'elle quittait le musée, que j'ai rencontré **Jacqueline Van Acker**. Lors de la visite d'une de nos expositions, son amie a insisté pour demander à une collègue de me faire découvrir son travail. À la vue des images de ses sculptures de ferrailles et de ses dessins intenses, je suis hâtivement sortie du musée pour rattraper l'artiste. Elle a accueilli mon intérêt avec étonnement, un manque certain d'enthousiasme et un silence qui demeura par la suite sa réponse constante quand on la questionnait à propos de ses œuvres.

Ce silence, comme refus d'être mise dans la lumière pour autre chose que ses créations, s'érige contre toute tentative de catégorisation. Parvenue, grâce à une psychanalyse, à se libérer du côté «sage comme une image» de son enfance, les créations se chargent dès lors d'une intensité métallique et aiguisée, qui effraie et crie l'injustice de ce monde.

TATIANA VERESS

Jacqueline Van Acker, s. t., s. d., assemblage d'objets de récupération, 70 x 25 x 25 cm.

Cordonnier à Boitsfort, **Juanma Gonzalez**
mit un jour en vitrine deux ou trois
chaussures dont il avait peint les semelles.
C'était surprenant. Il me raconta son
goût pour la peinture, mais le métier de
cordonnier était plus rentable… Il me dit
aussi qu'une cliente avait beaucoup aimé
retrouver ses chaussures avec des semelles
décorées, tandis qu'un autre avait été
furieux de son audace ! J'ai aimé Juanma,
sa personnalité et surtout son œuvre.
Il fut ravi d'exposer à Art en marge.
Son œuvre ne s'oublie pas, elle s'use
sous les pieds.

FRANÇOISE HENRION

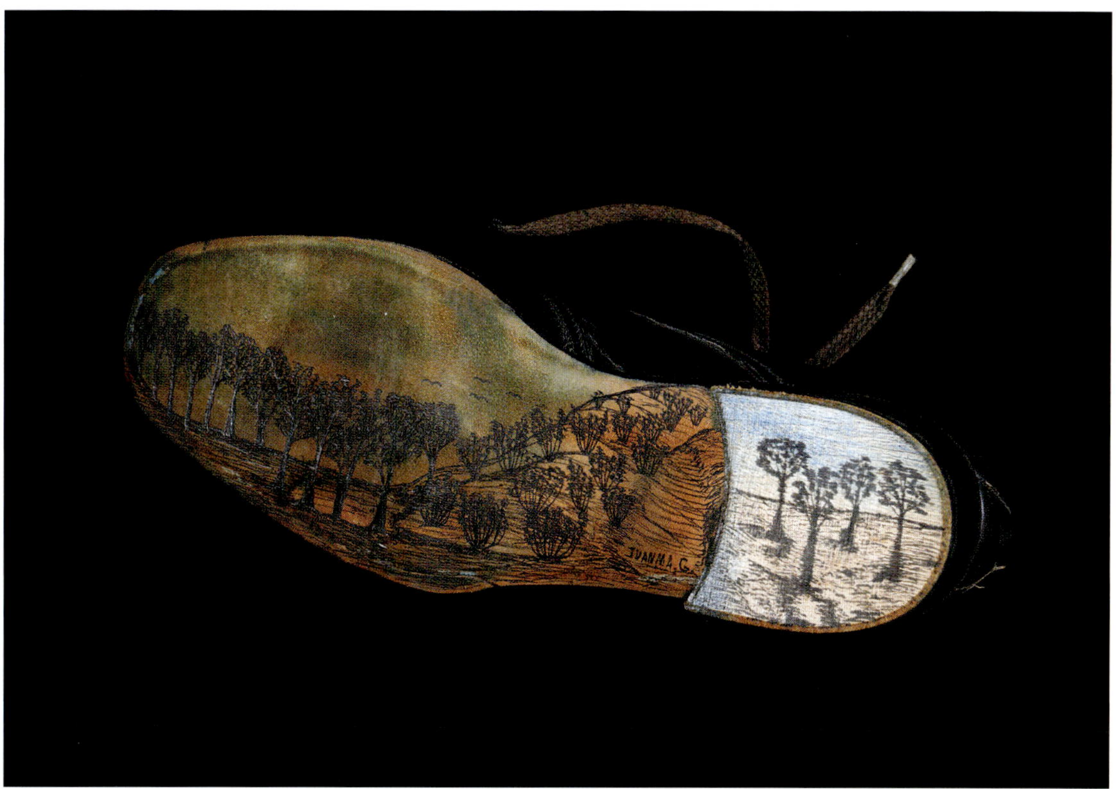

Juanma Gonzalez, s. t., 1995/2005,
écoline et encre de Chine sur cuir de vache,
10 x 28 x 9,5 cm.

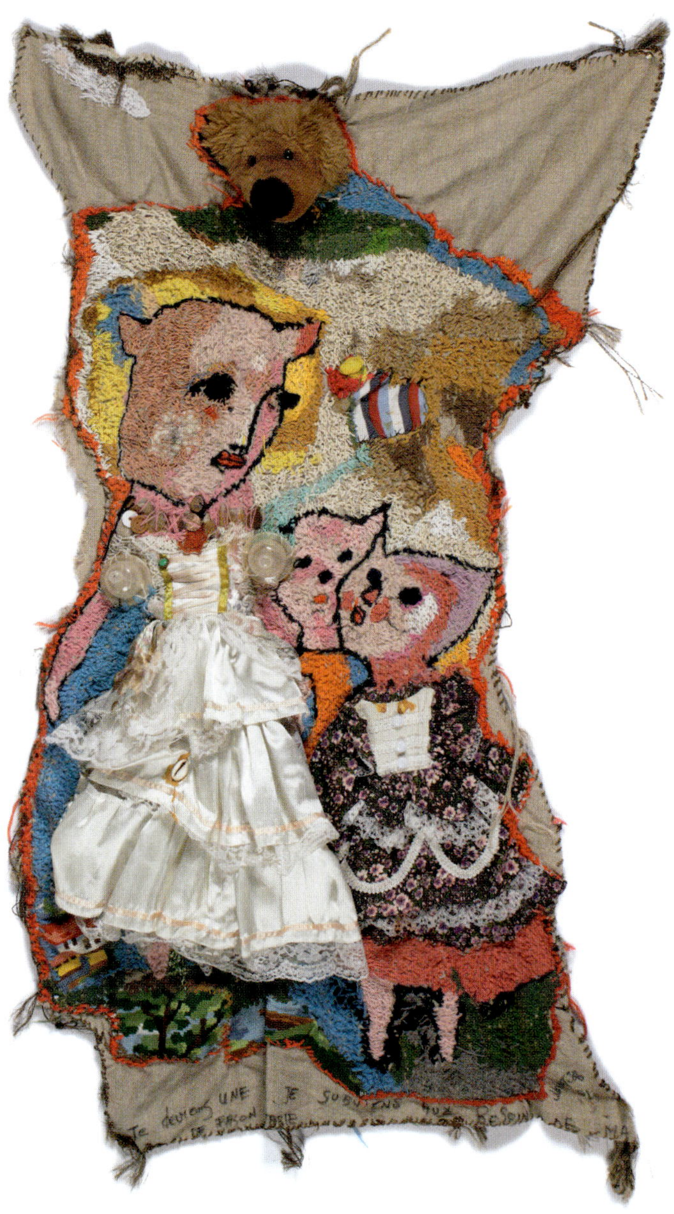

Caroline Dahyot, s. t., s. d.,
assemblage de textiles et broderie sur tissu,
121 x 78 cm.

Rencontrer **Caroline Dahyot**, c'est d'abord rencontrer son univers. On pourrait affirmer sans se tromper qu'elle vit littéralement «dans» son œuvre. Depuis sa «Villa Verveine» perchée face à la Manche, Caroline crée un monde idéal, protecteur, pour elle et pour les autres, où ceux qu'elle aime sont sauvés et en sécurité. Versée dans le dessin et la couture depuis 2006, elle a intégralement investi son lieu d'habitation, recouvrant de fresques et de dessins le sol, les murs et le plafond.

Comme une sorcière du bien, elle réalise des poupées et dessins à l'effigie des êtres qui lui sont chers: ses enfants, ses amis ou encore ses amoureux, qu'elle affuble d'une tête de chat, les transformant en créatures imaginaires qui ne sauraient ainsi la décevoir. Son art réparateur participe à diffuser un message d'amour universel. C'est bien là ce qui frappe lorsqu'on l'aborde: cet amour qui émane d'elle, qu'elle transmet à chaque personne qui croise son chemin.

THIBAULT LEONARDIS

Au cours de précieux moments ardennais, partagés au sein de l'Atelier 17, la farde contenant les dessins de **Raphaël Michel** m'est arrivée entre les mains. Quelle profusion ! Quel tourbillon de détails et de couleurs ! Quel dynamisme !

En compilateur discret de son quotidien, sur des feuilles de format A4, au stylo-bille, Raphaël retrace fidèlement ses trajectoires, les endroits qu'il traverse, les lieux qui le marquent et lui plaisent. Coloriste, il utilise marqueurs, crayons et blanc couvrant pour – le plus souvent – saturer la surface. Le rendu de ses perspectives, qu'il s'agisse du périphérique parisien, de petites rues de village ou d'immeubles imposants, est audacieux, nerveux, vivace. Très attaché aux moindres détails, il les dessine minutieusement : pancartes, égouts, fils électriques, plaques d'immatriculation, reflets… Au verso de sa feuille, Raphaël décrit précisément la situation vécue. C'est son journal de bord. Le carnet intime de son existence.

Quand il a été question de prêter une partie de ses dessins à Art et marges pour l'exposition d'été en 2019, Raphaël Michel avait préparé son colis en y inscrivant mon nom partout. Il voulut voir comment j'allais installer la caisse dans le coffre de la voiture, pour s'assurer que ses dessins étaient en sûreté. C'est qu'il y tient beaucoup, à ses mémoires.

D'ailleurs, afin que les originaux restent à l'atelier pour leur conservation, la responsable d'atelier photocopie systématiquement en couleurs et en haute définition toutes les pages du journal de Raphaël Michel, que celui-ci archive et garde précieusement dans sa chambre. Il n'est pas contraire à se défaire de l'un ou l'autre de ses dessins, dès lors qu'il en possède une copie conforme.

COLINE DE REYMAEKER

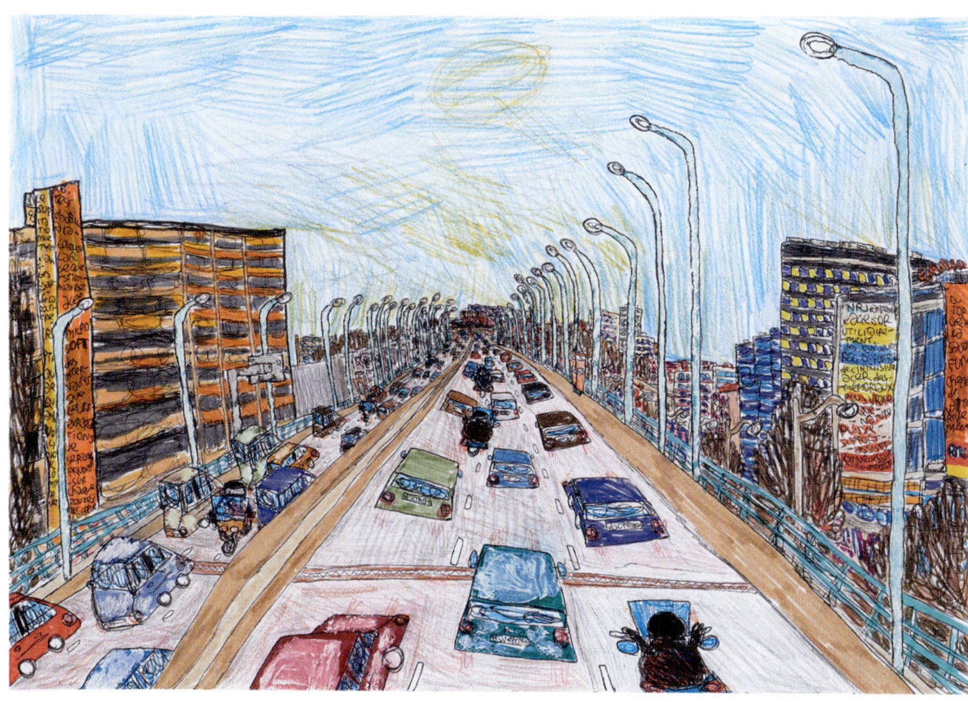

Raphaël Michel, s. t., 2014, stylo à bille et feutre sur papier, 21 x 29,7 cm.

Jill Galliéni, *Prière à sainte Rita*, s. d., encre sur papier, 24 x 16 cm.

Ces chapelets de phrases, si serrées qu'elles en sont illisibles, sont des prières qui ne naissent pas dans la finalité d'être vues d'un public. Jill Galliéni les adresse à sainte Rita ou à la Vierge Marie. Elle ressent le besoin d'entamer ce projet vers l'âge de trente ans, avant de l'abandonner durant plusieurs années, se demandant si sa spiritualité peut prendre une forme matérielle. Elle ne le reprendra qu'une fois rassérénée à ce sujet. Jill Galliéni crée par ailleurs de singulières poupées de textile.

LE « ET » DE ART ET MARGES

ENTRETIEN AVEC CARINE FOL[1]

NL > p. 205
EN > p. 216

PROPOS RECUEILLIS PAR SARAH KOKOT ET COLINE DE REYMAEKER
NOTICES DES ŒUVRES PAR SARAH KOKOT

Pour commencer, nous aimerions savoir comment l'art brut est entré dans ta vie, et pourquoi il y a occupé et y occupe toujours une part aussi importante. La genèse de ton histoire avec l'art brut, en quelque sorte…

La genèse, c'est le père (sourire), c'est Jean Dubuffet, auquel j'ai consacré mon mémoire en histoire de l'art à la Vrije Universiteit Brussel. Ce mémoire proposait une étude comparative entre les *Corps de dames* de Jean Dubuffet et les *Women* de Willem de Kooning. Au départ, c'est ma promotrice, Annie Reniers-Philippot, qui m'avait proposé d'écrire sur Jean Dubuffet, mais j'étais un peu sceptique, car je ne connaissais pas bien son œuvre. Et finalement, je lui ai consacré la majeure partie de ma recherche ! J'ai vraiment été fascinée, particulièrement par ses écrits sur l'art[2] et par son approche du nu féminin qui correspondait à une envie de casser les codes du nu classique et académique. Après mes études, j'ai intégré l'ASBL Arch'Imago, fondée par le psychiatre Walter Duytschaever et des historiens de l'art. Dans le groupe de lecture, nous avons lu le livre de Hans Prinzhorn, *Expressions de la folie*[3], et j'ai également eu l'occasion de visiter des ateliers dans des institutions psychiatriques. Ce fut vraiment une révélation pour moi et l'envie d'entamer une recherche plus approfondie sur le sujet de l'art brut a commencé à germer. Au début de ma carrière professionnelle, j'ai surtout travaillé dans le circuit de l'art officiel. Notamment au Botanique, où j'ai organisé en 1996 une exposition sur Jean Dubuffet, parallèlement à laquelle j'ai présenté des œuvres de la collection d'Art en marge. Lorsque j'ai appris que Françoise Henrion, qui avait fondé Art en marge en 1984, allait partir à la retraite, je me suis dit que c'était l'occasion de me concentrer sur cette niche de l'art contemporain. J'ai été engagée en 2000, puis j'ai repris la direction après le départ de Françoise, en 2002. À partir de là, les projets se sont succédé, jusqu'au changement de nom et de statut de la structure en 2009, lorsque « Art en marge » est devenu « Art et marges musée ».

---

[1] Directrice du Art et marges musée de 2002 à 2012, Carine Fol est à l'origine de la transformation de Art en marge, alors galerie et centre de recherche et de diffusion, en Art et marges musée, en 2009. Nous l'avons interrogée sur cette évolution et sur la volonté d'ouverture sous-tendue par l'emploi du « et » dans le nouveau nom de l'institution.

[2] Parallèlement à son œuvre plastique, Jean Dubuffet a produit un nombre important d'écrits sur l'art. L'ensemble a été rassemblé par Gallimard, en quatre tomes : *Jean Dubuffet, Prospectus et tous écrits suivants*, Paris, Gallimard, t. 1, 2, 3 et 4, 1967 et 1995.

[3] Hans Prinzhorn, *Bildnerei der Geisteskranken, Ein Beitrag zur Psychologie und Psychopathologie der Gestaltung*, Berlin-Heidelberg, Springer-Verlag, 1922. *Expressions de la folie. Dessins, peintures,*

Comment s'est imposé à toi ce changement qui a fait passer l'association
de centre de recherche et de diffusion à musée ?

Je trouvais dommage qu'une association avec une telle collection ne soit pas reconnue comme musée. De plus, la reconnaissance muséale me semblait être la solution la plus adéquate pour obtenir davantage de subsides, afin d'œuvrer à la diffusion de cet art et de ces artistes. Cela permettait également d'apporter une lecture plus scientifique du sujet et un respect muséographique des œuvres. J'ai toujours considéré la collection comme un outil pour sortir celles-ci « de la marge ». Plusieurs projets ont permis cela, et en particulier l'exposition *20+20*, organisée en 2006 en collaboration avec vingt musées belges, qui ont chacun accueilli une œuvre de la collection d'Art en marge en dialogue avec une des leurs. Ce projet a aussi permis la publication d'un livre[4] qui recueillait des entretiens avec les conservateurs des vingt musées. Pour moi, la notion de musée est à l'opposé de celle d'une institution statique, repliée sur elle-même. L'idée était d'en faire un outil pour défendre ces artistes et pour s'interroger sur les limites de l'art. Avec le temps, la collection avait considérablement grandi, grâce à de nombreux dons. La reconnaissance muséale impliquait fondamentalement un changement de fonctionnement et permettait une meilleure protection des œuvres. Pour les artistes et les ateliers donateurs, cette étape a été symboliquement et concrètement très importante.

Ce changement de statut s'est accompagné d'un changement de nom : « Art
en marge » est devenu « Art et marges ». Pour toi, cela allait-il de pair ?
Comment est apparue cette nécessité de changer de nom ?

La reconnaissance muséale par la Fédération Wallonie-Bruxelles impliquait, selon moi, ce changement de nom. Cette étape coïncidait également avec un malaise : je n'arrivais plus à parler de ces œuvres et surtout de ces artistes comme se situant « dans la marge ». Ce qui m'intéressait, c'était plutôt le questionnement des limites entre art et non-art, entre art brut, ou *outsider*, et art officiel. Pourquoi certains créateurs se retrouvent-ils « dans la marge » ? Que cela signifie-t-il pour eux et pour la diffusion et la reconnaissance de leur œuvre ? Alors que Dubuffet défendait ces « auteurs » comme étant plus que des artistes, la notion de marge m'est apparue de plus en plus péjorative et je n'arrivais plus à les défendre en ces termes. Je respecte totalement la lecture de Françoise Henrion, selon laquelle la marge de la page permet une plus grande liberté, mais la catégorisation a des implications importantes. Bien que l'art soit nécessairement lié à la personne, je suis toujours partie d'abord de l'œuvre, pour aller vers l'artiste ensuite, c'est fondamental. Cela permet de ne pas faire de choix par apitoiement ou par compassion et d'axer l'analyse sur la qualité de l'œuvre. Chaque choix étant, et je le revendique, toujours subjectif. C'est souvent difficile

sculptures d'asile, traduit de l'allemand par Alain Brosse et Marlène Weber, préface de Jean Starobinski, Paris, NRF Gallimard, 1984.

4

Carine Fol (dir.), *Liaisons insolites. Dialogues à propos de l'art outsider*, Art et marges musée et Éditions Tandem, Bruxelles, Gerpinnes, 2009.

d'expliquer à un artiste que son parcours ou sa condition mentale ou psychique détermine une catégorisation de sa création. Dès le départ, j'ai remis en question cette « ghettoïsation », majoritairement basée sur les parcours existentiels et non sur l'œuvre. C'était l'origine du projet *20+20*. L'œuvre d'art *outsider* étant présentée dans un musée « classique », le regard du spectateur n'était pas conditionné. Cette expérience a ainsi permis de souligner que l'art *outsider* présente des affinités visuelles avec l'art *insider*. C'est aussi cela que j'ai voulu défendre.

Par ailleurs, intégrer ce « et » dans le nom était une manière de créer le dialogue et le questionnement entre l'art et la marge. Cette dynamisation était importante : ne pas enfermer ces œuvres dans un cocon, mais construire des passerelles, comme je l'ai fait dans la plupart des expositions que j'ai organisées. L'exposition d'ouverture du Art et marges musée, en 2009, était d'ailleurs très symbolique. Il s'agissait du deuxième volet du projet *20+20*, et cette fois, les œuvres des autres musées étaient exposées dans les murs d'Art et marges, avec des œuvres de la collection. Mais c'était également pour les artistes qu'il me semblait important de changer de nom.

C'est-à-dire ? Pourquoi penses-tu qu'il était important de changer le nom de la structure pour les artistes ?

Je pense à Dirk Martens, par exemple. Comme cela se passe parfois, c'est l'un de ses proches qui m'a contactée pour me présenter son œuvre. Dirk ayant, comme de nombreux artistes, des difficultés à défendre son travail auprès d'autrui. Ses collages et son processus de travail ont tout de suite éveillé mon intérêt. Il partait de visions, d'idées qui lui apparaissaient et qu'il visualisait avant de les réaliser. Dirk a accepté de faire des prêts de longue durée pour la collection. Mais je lui ai souvent demandé si cela lui convenait de présenter ses œuvres chez nous. Il m'a répondu qu'il se sentait soutenu et qu'il était donc très satisfait de pouvoir exposer chez Art et marges. Cette problématique m'est surtout apparue dans le cadre de la maladie psychiatrique, plutôt que dans le handicap mental. La souffrance mentale des artistes et la conscience qu'ils avaient que leurs œuvres soient considérées comme « en marge » m'interpellaient beaucoup. Jean-Michel Wuilbeaux, par exemple, qui participait à l'atelier de peinture de la Pommeraie, a créé une œuvre intitulée *Art différencier sans landemain*. Ce titre me semble emblématique de cette problématique ; comme s'il déclarait que ce type de catégorisation est sans avenir.

Le « et » permet une forme d'ouverture. C'est important d'un point de vue humain vis-à-vis des artistes intégrés à la collection, comme tu l'évoques, mais à partir de quand est-on dans la marge ? Ignacio Carles-Tolra, par exemple, qui fait partie de la collection d'Art et marges, s'est mis à peindre et à dessiner après avoir eu connaissance des écrits de Jean Dubuffet.

Marilena Pelosi,
*La Résurrection du corps
des Erics*, s. d.,
stylo à bille sur papier,
24 x 31,5 cm.

Dans les dessins de
Marilena Pelosi, le corps
des femmes est au centre
d'obscures et effroyables
scènes rituelles, comme
en écho à ses propres
tourments et à son chemin
de vie qui la mena du Brésil
à la France, ayant fui un
mariage forcé avec un prêtre
vaudou. Elle aurait aimé
s'inscrire aux Beaux-Arts,
mais c'est en autodidacte
qu'elle a développé son
langage artistique. Elle
considère à présent que
l'absence d'apprentissage
lui a permis de trouver une
voie graphique vraiment
personnelle.

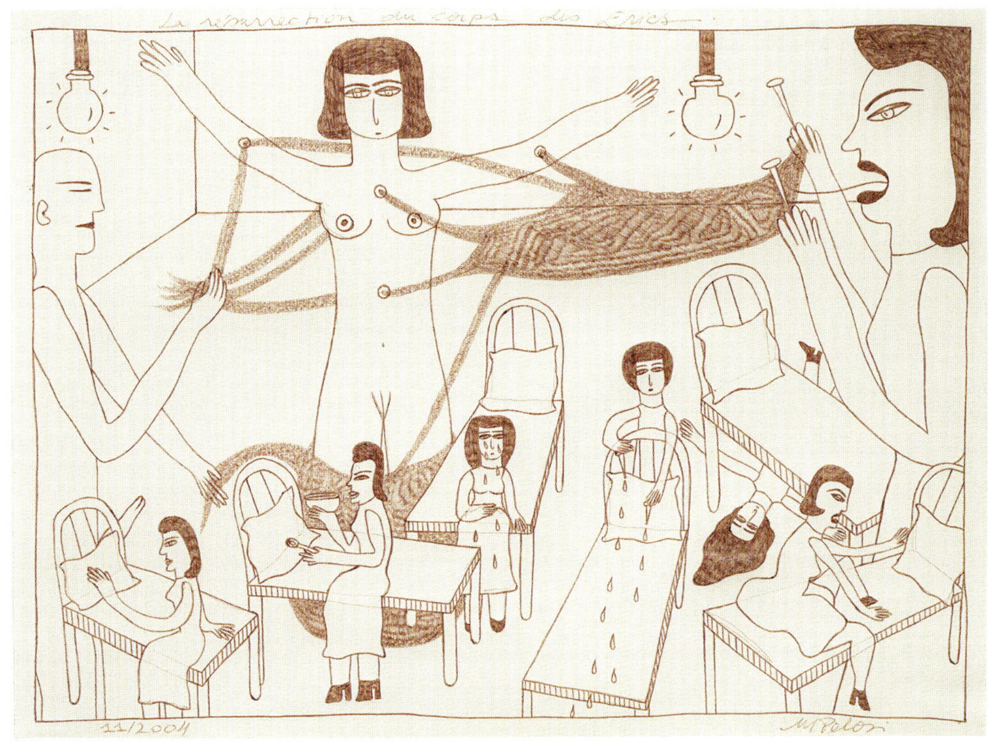

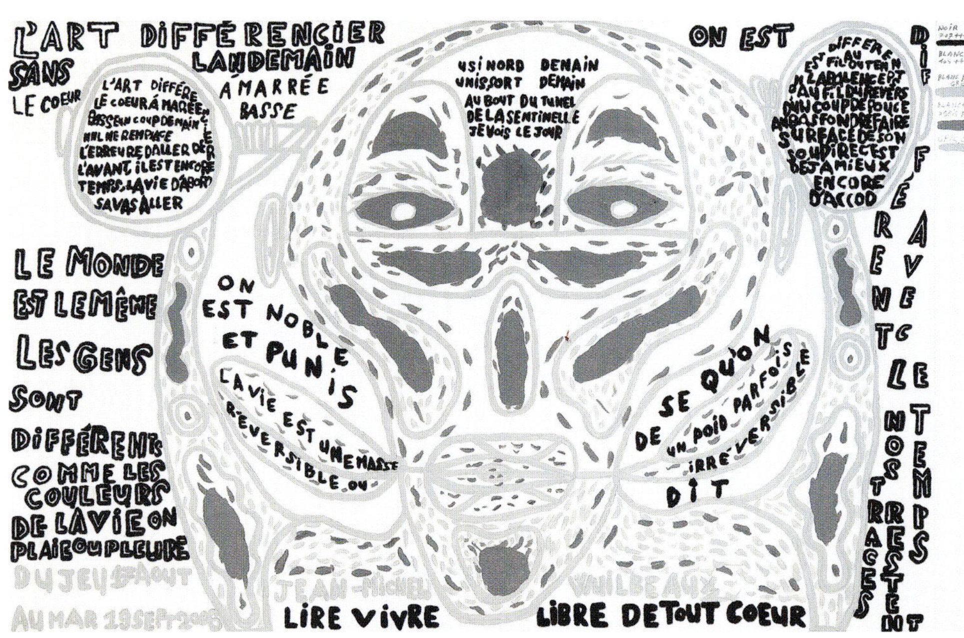

Jean-Michel Wuilbeaux,
*L'art différencier sans
landemain*, 2006, huile
sur toile, 79 x 127 cm.

Les inventions graphiques
de Jean-Michel Wuilbeaux
s'accompagnent d'une
série d'inscriptions, dont la
date de début et de fin de
sa réalisation et la palette
détaillée des tons utilisés.
Ici, il porte un regard sur l'art
différencié, duquel relève
sa création. Des inscriptions
comme autant de méta-
informations. Comme
s'il avait un pied dedans
et l'autre dehors.

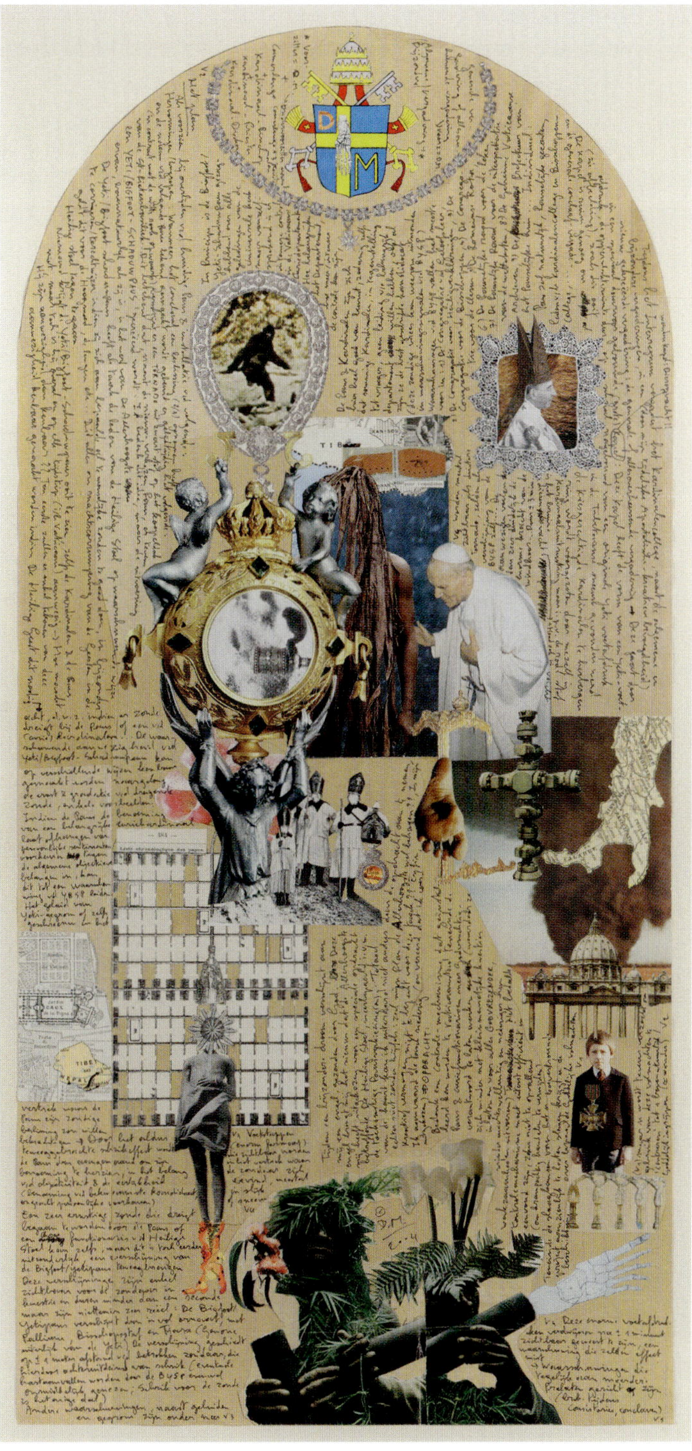

Dirk Martens, s. t., 2000/06,
collage et encre sur papier,
73,5 x 34,5 cm.

Dirk Martens met en scène les flashs qui lui apparaissent. Il transgresse le visible en imaginant des machines qu'il sait absurdes et irréalisables ou en réfléchissant à des solutions pour mettre un terme à toutes sortes de problématiques et conflits politiques, religieux et sociaux.

Il découvre que l'art brut existe et se sent alors autorisé à créer. Il sera par la suite reconnu par les milieux *outsider*. C'est un peu antinomique par rapport à la définition première de l'art brut, non ?

Dubuffet lui-même a remis la définition de l'art brut en question à la fin de sa vie, disant qu'il s'agissait plutôt d'un pôle dont les artistes se rapprochent plus ou moins, ce qui montre bien que toute catégorisation a ses limites. Les créateurs découverts et collectionnés par Dubuffet provenaient de différents horizons : institutions psychiatriques, médiums, originaux réfractaires, et leur œuvre puisait, d'après lui, dans leur « propre fond », chacun créant dans le secret, le silence et la solitude. Il se rendait bien compte que c'était là une vision idéalisée, voire romantique, de l'artiste. Confronté aux limites de « l'art brut », il avait d'ailleurs créé une autre catégorie : la « Neuve Invention[5] », dont Carles-Tolra, que vous évoquez, faisait partie. Il était indéniable que la création même de l'art brut signifiait sa fin, car elle ouvrait cette catégorie au monde, elle la rendait publique, même si Dubuffet a tenté de protéger les œuvres en ne les exposant pas dans le champ de l'art officiel. Il faut souligner qu'à partir de la présentation au grand public d'œuvres d'art brut dans des musées dits « d'art officiel[6] », elles ont inspiré des créateurs autodidactes et professionnels, mais aussi des collectionneurs, des chercheurs, etc.

L'art brut et l'art officiel évoluent en parallèle et parfois en vases communicants. Il est très difficile de prôner une création totalement indemne, ce n'est pas vraiment contrôlable. Cependant, des créateurs isolés existeront toujours. C'est le cas de l'une des artistes majeures de la collection du Art et marges musée, Martha Grünenwaldt, qui a commencé à créer à l'âge de septante ans, avec les crayons de couleur de ses petits-enfants, sur la table de la cuisine de sa fille. Elle répond donc à la définition de « l'art brut » de Dubuffet, mais elle est pourtant classée dans la Neuve Invention par la Collection de l'Art Brut, comme quoi !

Le fait de créer des dialogues entre des artistes découverts lors de nos recherches et des artistes du circuit de l'art professionnel a d'emblée induit des questions quant au rôle du musée. Je suis convaincue qu'il était et reste fondamental, car la prospection au sein d'ateliers en institutions pour personnes malades ou handicapées mentales et auprès d'artistes isolés le différencie d'autres institutions muséales classiques. Il faut cependant souligner que le champ de l'art *outsider* a beaucoup évolué ces dernières années. Bien qu'il s'agisse toujours d'une niche, rassemblant des défenseurs acharnés qui font un travail de fond important pour la découverte et la défense de cet art de plus en plus difficile à définir dans un monde qui évolue sans cesse, les liens avec le champ de l'art contemporain se multiplient. Mais bien que l'art *outsider* soit maintenant de plus en plus souvent présenté dans les biennales, comme à la Biennale de Venise de Massimiliano Gioni en 2013[7], cela reste encore assez rare. C'est aussi pour cette raison que des musées comme Art et marges ont un rôle à jouer et doivent

5

Si la définition que Dubuffet donne de l'art brut est mouvante, elle a pour constante de s'organiser autour de l'idée d'une distance par rapport à la culture : les créateurs de l'art brut sont exempts de culture artistique, étrangers au monde culturel. En 1970, pour les artistes de sa collection qui ne répondent pas exactement à ces critères, Dubuffet crée la « Collection Annexe », rebaptisée ensuite « Neuve Invention ».

6

La première exposition d'envergure d'art brut a eu lieu au Musée des Arts décoratifs de Paris, en 1967.

7

En 2013, le curateur italien Massimiliano Gioni fait l'événement en intégrant une quinzaine de créateurs bruts et autodidactes dans *Le Palais Encyclopédique*, exposition centrale de la 55ᵉ Biennale de Venise, dont il est le directeur.

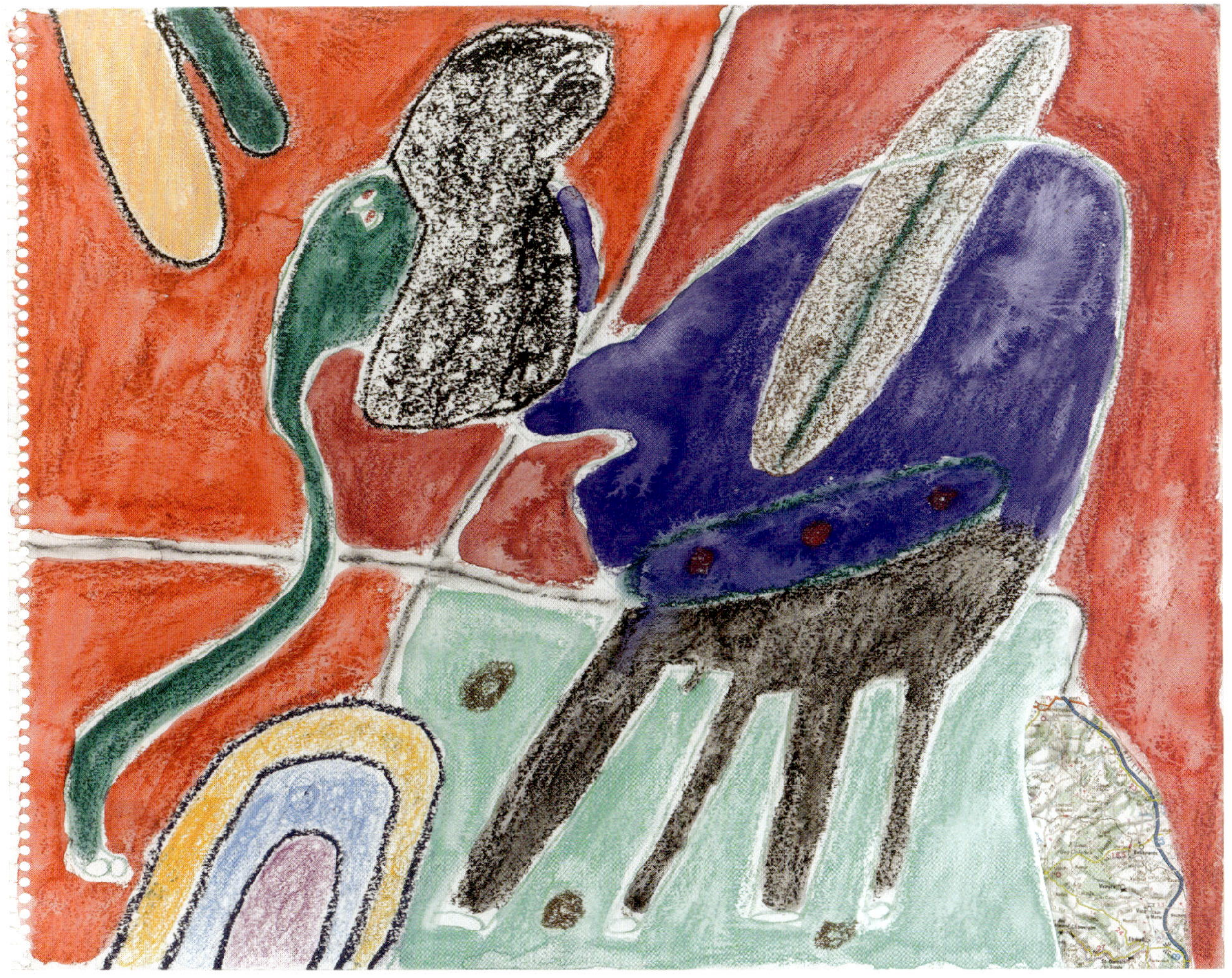

Ignacio Carles-Tolra, s. t., s. d., gouache et pastel gras sur papier, 46 x 36,5 cm.

Ignacio Carles-Tolra se lance dans l'aventure de l'art en autodidacte après avoir découvert les écrits de Jean Dubuffet sur l'Art Brut.
Il se met à dessiner la nuit, après son travail de fonctionnaire à la Croix-Rouge, un bestiaire de créatures qu'il nomme «bestioles».
Il crée en série et de façon compulsive pour se «guérir du quotidien».

permettre de créer des ponts entre le monde de l'*in-* et de l'*outsider* art, tout comme je le fais à la CENTRALE *for contemporary art* à Bruxelles, en exposant des artistes *outsiders* au sein de certaines expositions, sans accentuer qu'il s'agit d'*outsiders*.

Les œuvres de certains artistes considérés comme *outsiders* sont d'ailleurs esthétiquement très proches de l'art officiel. C'est entre autres le cas de Jeroen Hollander, Dirk Martens ou encore Franklin. La différence entre ces artistes et les professionnels réside à mon avis dans leur relation à leur œuvre et au monde de l'art, souvent impitoyable pour des personnes fragilisées. Même s'il existe aussi évidemment des artistes professionnels pour qui la création est un exutoire à la souffrance existentielle. Philippe Vandenberg[8], qui a d'ailleurs témoigné de son expérience lors d'un débat consacré à la création et à la médication chez Art et marges, se sentait de fait très proche des artistes du musée.

On parle d'art brut, on parle d'art *outsider*, on parle de la marge. Quand on aborde le sujet de l'art brut, il y a toujours une espèce de désordre terminologique, que l'on doit sans doute à celui qui a rendu cet art le plus visible à un moment, Dubuffet. C'est lui qui, dans une lettre, s'oppose à ce qu'Alain Bourbonnais, créateur de La Fabuloserie, utilise le terme « d'art brut » concernant sa collection[9]. C'est également ce qu'il écrit à Françoise Henrion quand elle lui annonce la création d'Art en marge[10]. Si Dubuffet n'avait pas empêché que des lieux utilisent le terme « d'art brut », serions-nous aujourd'hui le « musée d'art brut de Bruxelles », comme il y a un musée des Beaux-Arts ? Qu'en penses-tu ?

Oui, il a probablement créé cette situation en protégeant cette appellation et en en faisant une marque déposée. Mais il faut comprendre que Dubuffet devait définir et nommer cette création hors normes, qu'il trouvait bien plus intéressante que celle des artistes patentés, pour l'en distinguer. J'estime d'ailleurs que l'art brut commence et s'arrête avec Dubuffet. C'est sa définition et c'étaient ses choix. Toutes les collections constituées par la suite sont à chaque fois des créations. Chaque lieu a en quelque sorte revisité ou personnalisé l'art brut (tout comme les collectionneurs privés), que ce soit le LaM à Villeneuve d'Ascq, qui a créé une aile pour la collection l'Aracine, le musée du docteur Guislain à Gand, le Trinkhall à Liège (anciennement MADmusée), ou bien d'autres lieux dans le monde.

Mais je crois que la profusion de noms aurait existé même si Dubuffet n'avait pas interdit d'utiliser cette appellation. Je pense vraiment que chacun inscrit sa propre vision des choses à l'intérieur d'une collection et dans la défense d'une création dont il estime qu'elle se situe hors du circuit officiel. Et l'art brut aujourd'hui – je parle ici aussi bien des lieux d'exposition que des lieux de création – est très diversifié et de plus en plus difficile à circonscrire et à définir. L'évolution du champ de l'art brut est semblable à celle du champ de l'art contem-

8

Philippe Vandenberg (1952-2009) et Ronny Delrue (né en 1957) sont des artistes belges contemporains avec lesquels Carine Fol a collaboré en tant qu'historienne de l'art et curatrice. Ronny Delrue a notamment été invité à participer au projet *Autour de la marge* en 2002, en binôme avec l'artiste *outsider* Christine Remacle.

9

« Je suis opposé à ce que le terme d'art brut soit utilisé dans l'organisme en constitution. Il faut que l'expression soit exclusivement réservée à l'association créée en 1948 sous ce nom et à l'activité de celle-ci et ses collections. » Jean Dubuffet à Alain Bourbonnais, courrier du 31 janvier 1972. Jean Dubuffet, Alain Bourbonnais, *Collectionner l'art brut*, correspondance présentée par Déborah Couette, Paris, Albin Michel, 2016, p. 58.

10

« Il y a toujours à craindre que soient présentées sous le nom d'art brut des œuvres qui ne sont pas de même nature que celles présentées par la collection qui a pris le nom d'Art Brut et qu'il en résulte pour le public une confusion. Pour cette raison, il faut que ce nom demeure réservé à la Collection de l'Art Brut de Lausanne et ne soit pas utilisé par ailleurs. Il vous faudra trouver une autre désignation. » Jean Dubuffet à Françoise Henrion, courrier du 5 mars 1984.

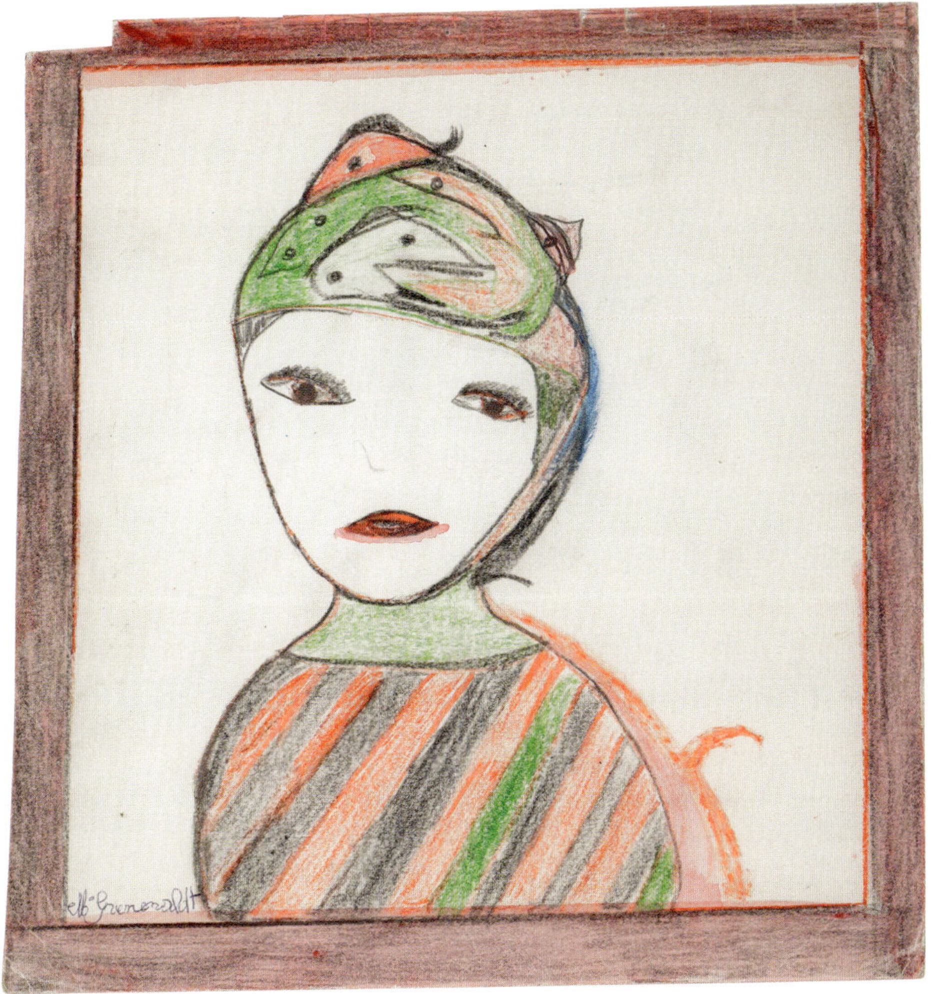

Martha Grünenwaldt, s. t., 1984, crayon de couleur, crayon gris et lavis, 30 x 28 cm.

Découverte par Art en marge en 1987, Martha Grünenwaldt est l'exemple type de l'artiste d'art brut créant dans l'isolement, en l'absence totale d'influence culturelle. Mais de nombreux artistes de la collection du Art et marges musée se situent beaucoup moins clairement à la périphérie du monde culturel, «dans la marge», ce qui justifie en partie le changement de nom de l'institution en 2009.

porain : la marchandisation, la collection, la muséification, etc. Cette évolution suscite des questions éthiques et esthétiques qui impliquent une vigilance accrue quant au respect des créateurs.

Pour revenir à la lettre envoyée par Dubuffet à Françoise Henrion lors de la création d'Art en marge en 1984, il ne s'agissait pas uniquement pour Dubuffet de protéger l'appellation « art brut », mais aussi de garantir les limites de la définition qu'il en avait faite. D'ailleurs, Françoise Henrion lui écrivant qu'elle fait des recherches au sein d'ateliers pour personnes handicapées mentales, il lui répond qu'elle ne trouvera sans doute pas grand-chose. Il considère en effet que ces ateliers créatifs ne garantissent pas une création individuelle non accompagnée, condition essentielle à l'émergence de l'art brut. Par la suite, Michel Thévoz, premier directeur de la Collection de l'Art Brut à Lausanne, écrira néanmoins dans le livre consacré à Art en marge[11] que Dubuffet avait finalement admis que des créateurs pouvaient être découverts dans ce contexte également.

Dubuffet le disait, et Prinzhorn l'écrivait déjà en 1922 : ce n'est pas parce qu'une personne est en psychiatrie ou souffre d'un handicap mental qu'elle va pour autant développer une création intéressante. Cela souligne que ce ne sont jamais les personnes elles-mêmes qui vont se dire « artistes », et de surcroît « dans la marge ». Ce sont les découvreurs qui les situent dans la marge du circuit. Ce n'est pas le choix des artistes. En outre, la notion d'art brut est souvent galvaudée, parfois au détriment de la qualité des œuvres. Chaque choix est subjectif, et c'est la personne qui va constituer une collection, organiser une exposition, qui va décider.

Cela implique un autre élément très important, que des artistes « *insiders* » comme Ronny Delrue[12] et Philippe Vandenberg m'ont souvent rappelé : le respect du créateur est fondamental et le danger d'une forme d'instrumentalisation est réel. Pour moi, s'il y a un risque d'instrumentalisation dans le fait de mettre un artiste dans une marge, il y en a tout autant dans le fait de l'en sortir totalement et de lui faire dire autre chose que ce qu'il veut dire. Les créateurs auxquels s'intéresse Art et marges n'expliquent et ne théorisent que très rarement leur démarche, à l'inverse de ce qui se passe par exemple dans le champ de l'art contemporain. Et lorsqu'il y a des textes, ils sont écrits par des tiers, et soulignent bien souvent le parcours existentiel plutôt que le contenu de l'œuvre, ou expliquent ce contenu en fonction de la vie de l'auteur. Et là réside le risque d'instrumentalisation. Respecter le créateur, c'est garder cela à l'esprit et rester très humble par rapport à ce que l'on fait en tant que commissaire d'exposition, directeur de musée, etc.

Je pense par exemple à Jeroen Hollander, dont j'ai découvert l'œuvre dans l'exposition *Y.E.L.L.O.W.* que Jan Hoet[13] a organisée dans la maison de son père psychiatre, à Geel. J'ai immédiatement eu envie de défendre son travail. J'ai exposé ses dessins dans des contextes très différents et je les ai montrés

[11]

Carine Fol (dir.),
Art en marge. Collection,
Art en marge, Bruxelles,
2003.

[12]

(Voir note 8).

[13]

Figure incontournable
du monde de l'art
contemporain belge,
Jan Hoet (1936-2014)
est le fondateur du
SMAK à Gand (1999)
et a été curateur de
nombreuses expositions
internationales dont
la Documenta IX de
Kassel (1992). En 2001,
il organise *Y.E.L.L.O.W.*,
une exposition qui investit
notamment sa maison
d'enfance à Geel
(Belgique).

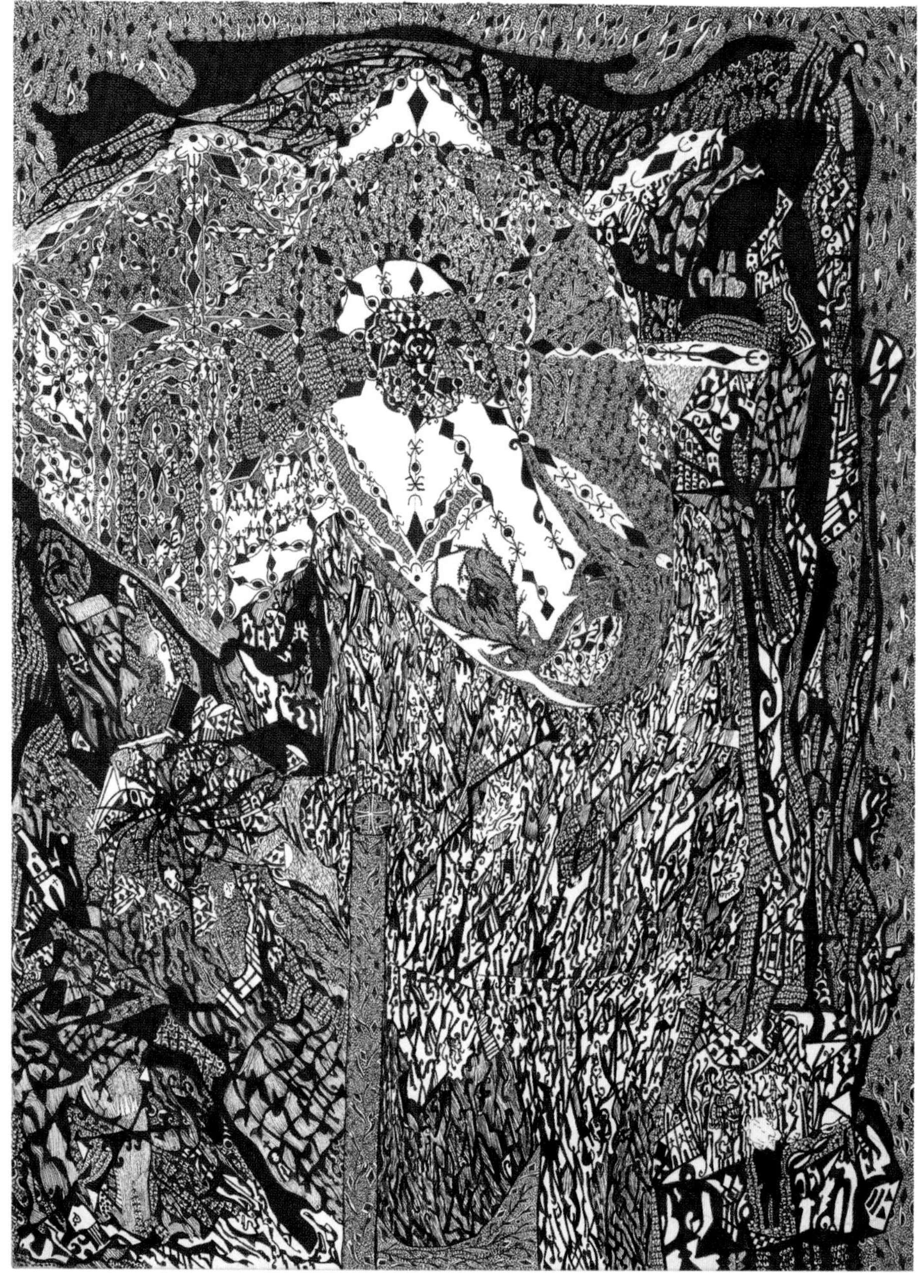

Franklin, s. t., s. d., encre de Chine sur papier, 29,5 x 21 cm.

Les œuvres de Franklin, minutieuses et précises, souvent réalisées à l'aide d'une loupe,
naissent de pensées et de poèmes. Ses dédales ornementaux doivent beaucoup aux auteurs
du 19ᵉ siècle, dont John Keats, les sœurs Brontë ou Emily Dickinson, et c'est sans doute
ce qui les rend si intemporels ; s'ils ne sont de maintenant, ils sont peut-être de toujours.

à plusieurs directeurs de musées. Bien qu'elle en ait été ravie, sa maman m'a questionnée sur l'intérêt artistique de l'œuvre de son fils, car elle la liait à son autisme. Je lui ai répondu que l'œuvre de Jeroen était conceptuellement et formellement intéressante et qu'elle transcendait l'unique lecture pathologique, ses cartographies précises entre réel et imaginaire permettant plusieurs niveaux de lecture. Bref, c'est l'un des créateurs pour qui le « et marges » est très important. Lui, et puis Seyni Awa Camara, et bien d'autres encore.

Pourquoi Seyni Awa Camara ?

Seyni Awa Camara a été exposée par Art en marge bien avant mon arrivée. Elle a aussi été exposée par Harald Szeemann à la Biennale de Venise en 2001 et dans l'exposition légendaire *Magiciens de la terre*[14] de Jean-Hubert Martin en 1989. Son œuvre, enracinée dans la culture africaine, a été présentée à la fois au sein du champ de l'art contemporain et de celui de l'art brut. Son processus de création, sous transe, peut en effet être rapproché de l'art médiumnique, mais est-ce de l'art brut pour autant ? Et rappelons que Dubuffet distinguait l'art primitif de l'art brut.

À ce sujet, Lucienne Peiry[15], à travers ses expositions d'art brut chinois, japonais… interroge également l'influence de la culture sur la création. En tant qu'Occidentaux, nous pouvons considérer une œuvre comme étant « dans la marge », alors que pour les autochtones celle-ci n'est pas du tout singulière. Le label « *outsider* » est donc uniquement donné en lien avec la condition sociale et mentale du créateur. Je reste très dubitative face à ces catégorisations d'art brut belge, chinois, français, qui ne font que souligner le paradoxe de l'art brut, avec ou sans influences culturelles. L'art, brut ou non, est universel.

Penses-tu qu'il faille rester fidèle au principe de Dubuffet selon lequel l'art brut doit être indemne de toute culture, même si paradoxalement lui-même a remis cela en cause ? Tu parles d'universalité, mais déjà dans l'œuvre d'Aloïse[16] on peut observer un lien avec la culture, son œuvre étant parcourue de références à l'opéra.

Je considère que personne n'est vraiment indemne de culture, bien qu'il y ait des gradations dans la connaissance et la conscience de la culture et de ce qui nous endoctrine, sauf peut-être des personnes profondément handicapées mentales, qui font des choses sans avoir conscience de faire une œuvre, ou sous psychose. On peut se poser la question, car elles semblent enfermées en elles-mêmes. Mais la question à mon sens plus fondamentale que celle de l'influence de la culture est celle de la limite de l'œuvre d'art, et à ce titre l'art brut est vraiment intéressant, car Dubuffet a élargi les limites de la définition de l'art.

14

L'exposition *Magiciens de la terre* a été présentée à Paris en 1989, simultanément au Centre Pompidou et à La Grande Halle de La Villette. Elle est considérée comme la première exposition en France à placer les arts « non occidentaux » contemporains sur la scène internationale de l'art contemporain. Le commissaire Jean-Hubert Martin souhaitait montrer l'universalité de l'acte créateur en provoquant un dialogue interculturel entre des formes d'art habituellement dissociées.

15

Lucienne Peiry (née en 1961) est une historienne de l'art suisse, spécialiste de l'art brut. Elle a été directrice de la Collection de l'Art Brut à Lausanne de 2001 à 2011, succédant à Michel Thévoz. Elle y a ensuite été directrice de la recherche et des relations internationales et a mené à ce titre des recherches d'artistes d'art brut à travers le monde.

16

Aloïse Corbaz, dite Aloïse (voir p. 41), fait partie des artistes emblématiques de l'art brut. Son œuvre doit beaucoup à ses souvenirs de la cour de Guillaume II (elle y travailla comme gouvernante), ainsi qu'à son amour pour l'opéra et le théâtre.

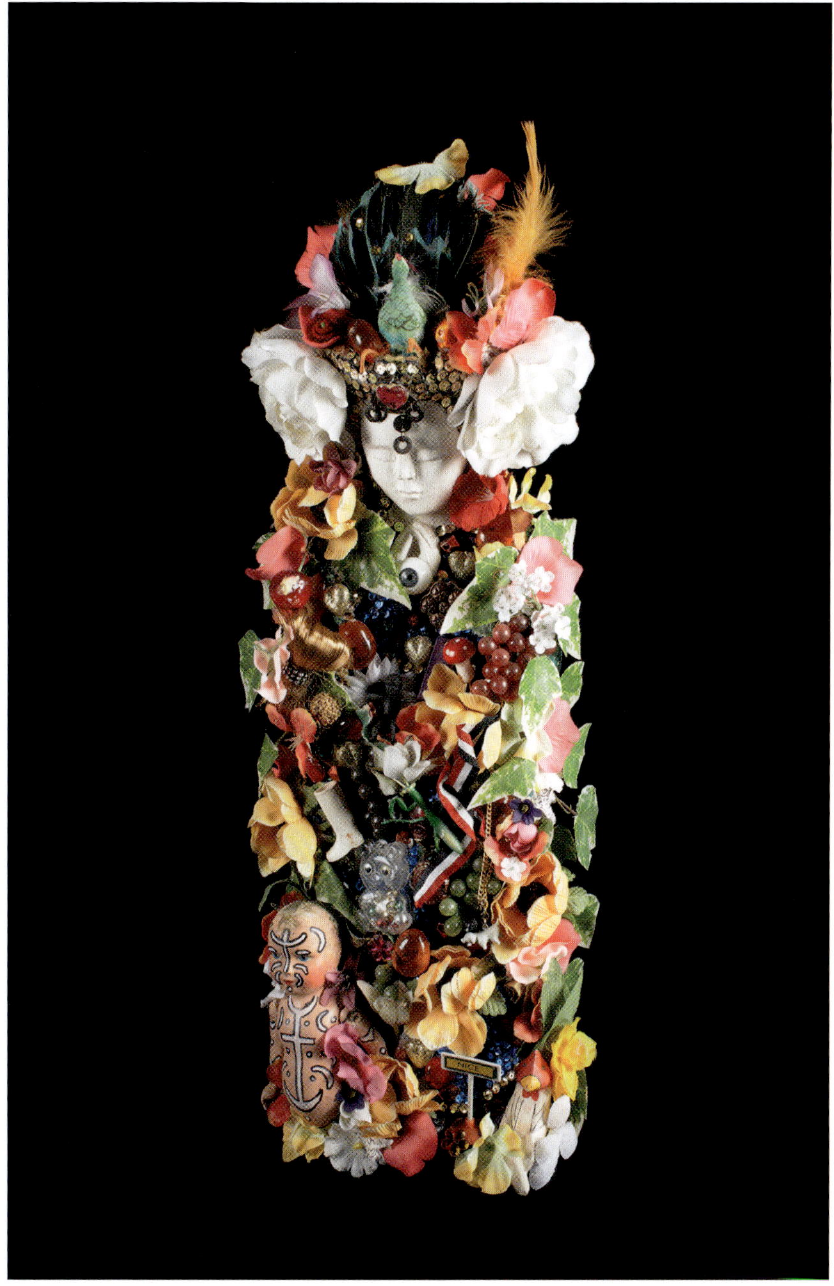

Marion Oster, s. t., s. d., assemblage de céramique, plastique, plume et tissus, 64 x 24 x 18 cm.

Artiste et collectionneuse d'art brut et singulier, Marion Oster a également été galeriste. Elle a à cœur de défendre les artistes qui lui sont chers et transmet à travers ses propres créations tout un univers de magie rituelle, née comme par condensation de la collection dans laquelle elle évolue au quotidien.

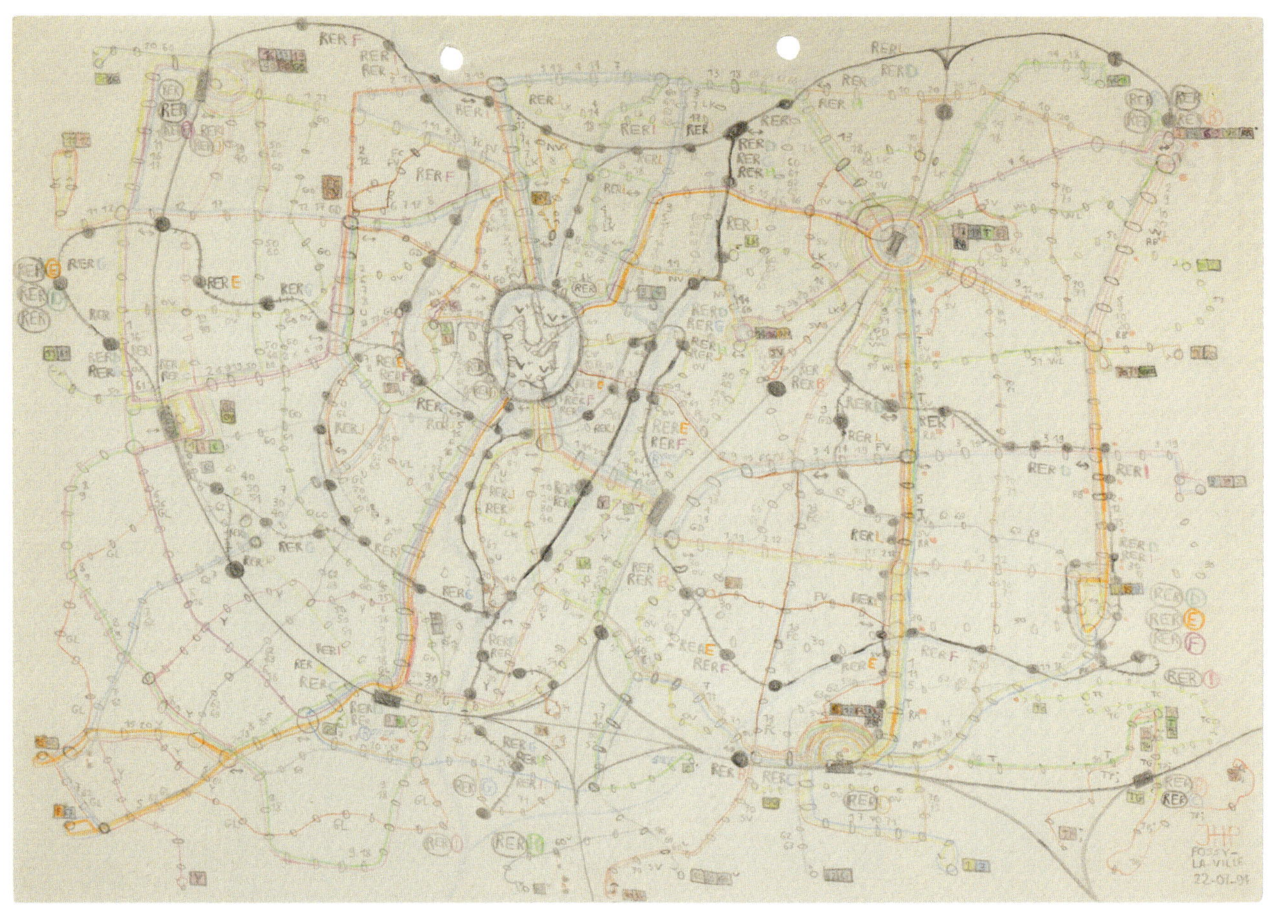

Jeroen Hollander, s. t., 1994, crayon graphite et crayon de couleur sur papier, 21 x 29,5 cm.

Jeroen Hollander dessine depuis l'enfance des cartes inventées ou inspirées de villes existantes, en se concentrant sur leurs réseaux complexes de transports en commun. Son travail a été salué par le prestigieux Prix de la Jeune Peinture belge en 2009.

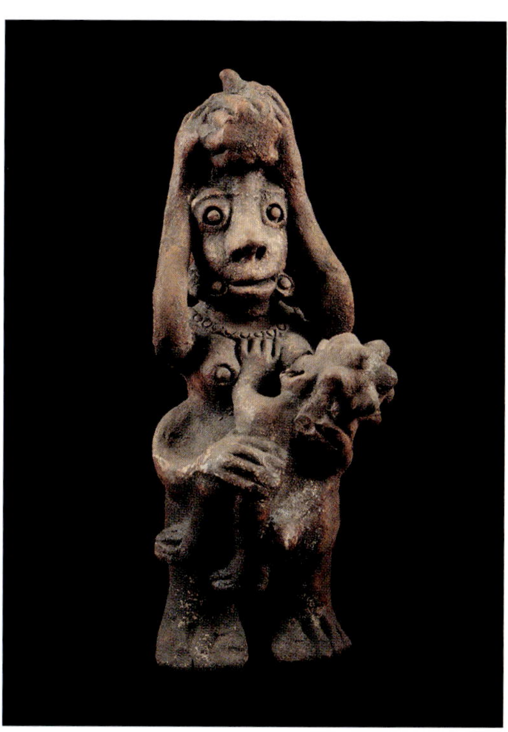

Seyni Awa Camara, s. t., s. d., terre cuite, 46 x 20 x 22 cm.

On doit à Seyni Awa Camara un nombre incalculable de sculptures gravitant autour de la thématique de la maternité. Elle les fabrique selon un savoir-faire ancestral que l'on dédie habituellement à la poterie. En sculptant la glaise dans un style si singulier et personnel, elle rompt avec la tradition tout en gardant un pied dedans puisque ce sont ses croyances animistes qui guident sa création.

Ezekiel Messou, s. t., 2017, stylo à bille et crayon graphite sur papier, 29,7 x 21 cm.

Ezekiel Messou est réparateur de machines à coudre près de Cotonou (Bénin). Pour faire l'inventaire de ses machines et de ses pièces, il les dessine, recouvrant les murs de son atelier et des cahiers entiers. C'est son enseigne atypique qui amène Lucienne Peiry, de la Collection de l'Art Brut, à sa porte. Si cet intérêt le surprend, il fait aussi évoluer son dessin vers un style plus libre, puisque celui-ci change dès lors de statut, n'étant plus simplement utilitaire, mais destiné à être vu.

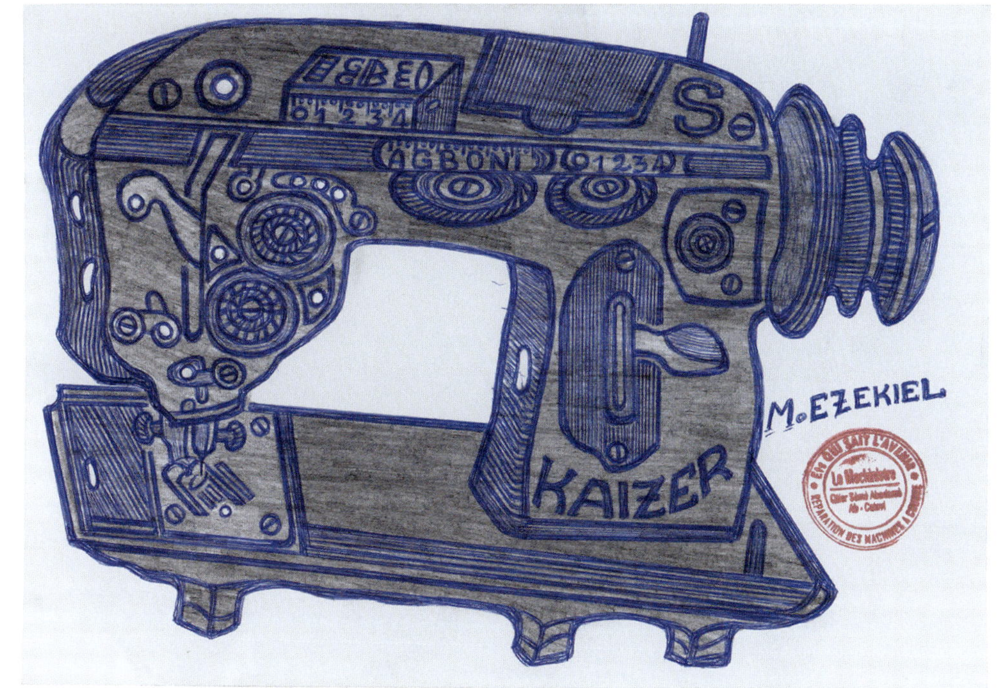

Dubuffet était double dans toute sa démarche : artiste reconnu mondialement, mais critiquant les artistes professionnels pour défendre les auteurs bruts. Malgré ces contradictions, j'estime néanmoins que son invention de l'art brut a eu le même impact sur la culture que le *ready-made* de Marcel Duchamp.

Ce qui est surtout important chez Dubuffet, et ça l'est chez toutes les personnes qui ont défendu ce type d'œuvres et se sont vraiment investies pour ces créateurs, c'est qu'il a cherché à cerner le mystère de la création. Quelle est la genèse de la création artistique ? Pourquoi certaines personnes vont-elles créer quelque chose qui acquerra une certaine valeur artistique et culturelle ? Pourquoi ont-elles des propensions artistiques ? Je ne parle pas de don, Dubuffet n'y croyait pas, car cela implique une forme de hiérarchisation des individus. Comment et pourquoi, nous, spectateurs, chercheurs, etc., nous nourrissons-nous intellectuellement et émotionnellement de ces créations ? Les écrits de Dubuffet et les œuvres d'art brut resteront, au-delà des discussions sur ce qui est « dans la marge » ou « hors de la marge », *in-* ou *outsider* art. Dubuffet nous a offert un magnifique cadeau : la découverte d'œuvres et de personnes bouleversantes et captivantes.

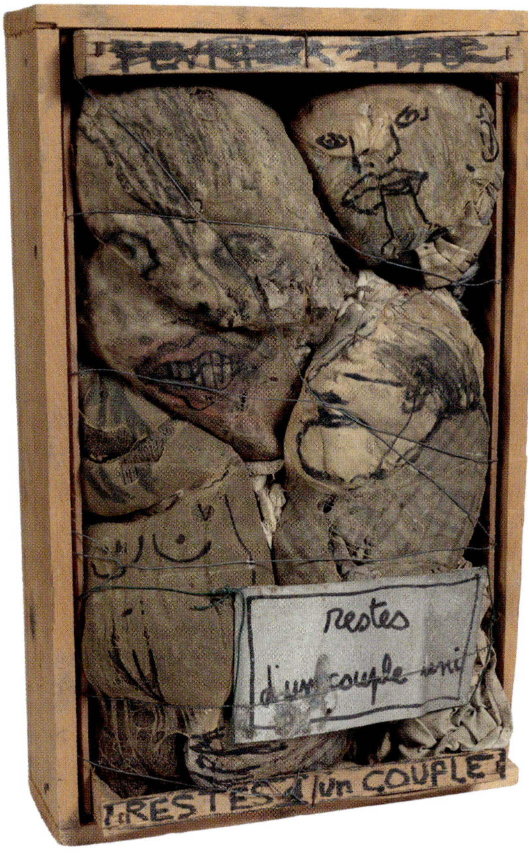

Francis Marshall, *Restes d'un couple uni*, 1995, assemblage de bois, textile, paille et chanvre et inscriptions au feutre, 53 x 33 x 11 cm.

Bien que professeur d'art, Francis Marshall se retrouve fréquemment exposé parmi les artistes de l'art brut. Ses œuvres grinçantes ou nimbées de mystère s'affranchissent des normes culturelles ; il crée ce qu'il a la sensation de n'avoir jamais vu ailleurs. Fait-il une œuvre en 3D ? Il parlera de « bourrage ». Fait-il une peinture ? Il l'intégrera dans un meuble, pour qu'elle ne soit pas vue comme une peinture. Et qu'on ne le mette, lui, dans aucune boîte.

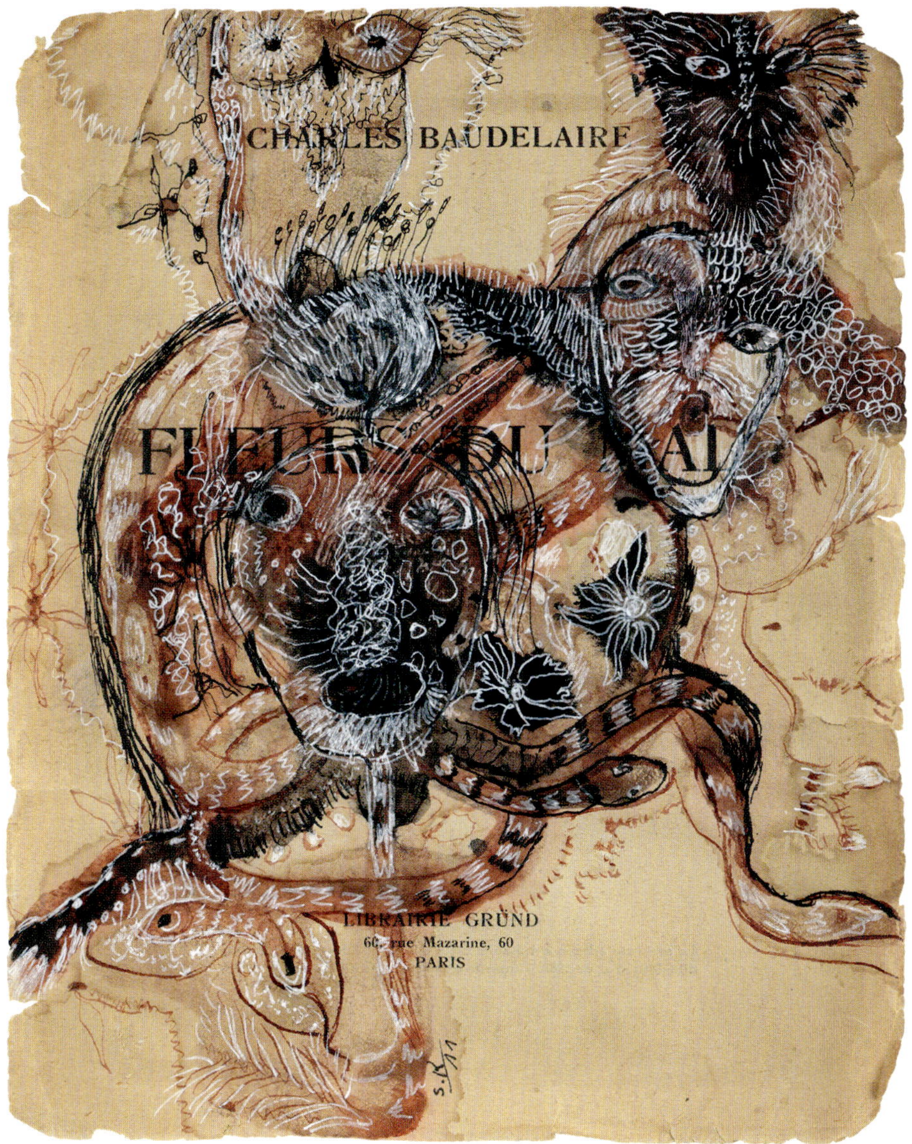

Solange Knopf, s. t., s. d., encre sur page de livre, 23,5 x 18,5 cm.

Solange Knopf a longtemps mis ses velléités artistiques de côté avant de leur laisser une place, à la fin des années 1990, lorsqu'elle traverse des épisodes de vie douloureux. Elle ne cesse depuis de nourrir une création dans laquelle on décèle une large part d'intuition.

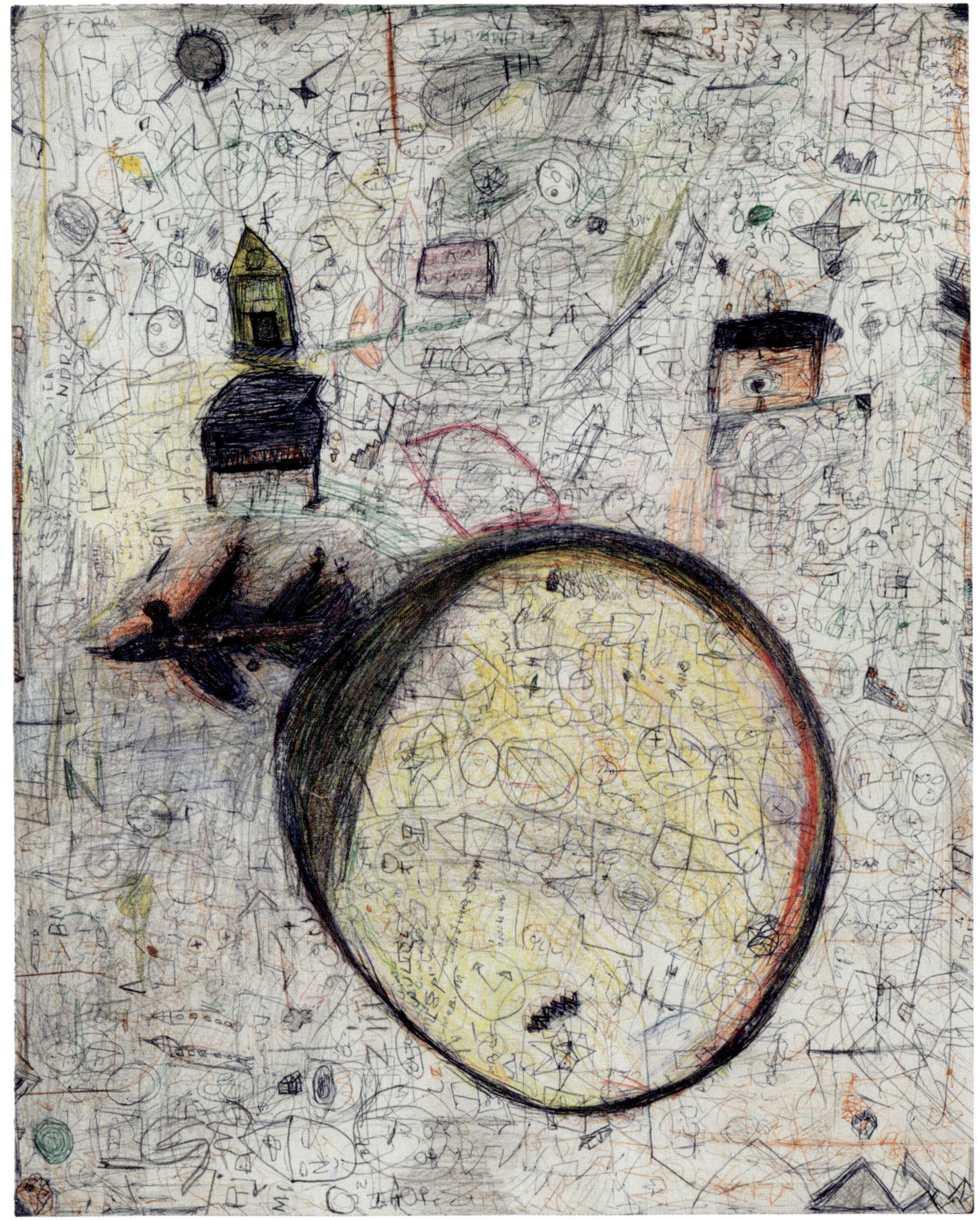

Yassir Amazine, s. t., s. d.,
stylo à bille et crayon de couleur sur papier,
36 x 28 cm.

ARTISTES EN ATELIERS

PANORAMA D'UNE CRÉATION ACCOMPAGNÉE [1]

SARAH KOKOT

GENÈSE

Les dessins de **Yassir Amazine**, qui fréquente l'atelier de l'école d'enseignement spécialisé de La Clairière (Bruxelles) sont couverts de signes, au stylo-bille souvent, au crayon de couleur parfois. Matériel et encadrement sont fournis et assurés au sein de l'atelier par Luc Mondry et Nicole Babilas. Lorsque ces derniers sont recrutés au début des années 1970, ils n'ont ni modèle d'ateliers existants, puisqu'ils font partie des pionniers en Belgique et en Europe, ni connaissance de l'art brut. Étant engagés par une école, il est tentant d'enseigner. Et pourtant, ils se rendent rapidement compte que, dans bien des cas, il vaut mieux « laisser faire ». Yassir Amazine recouvre alors ses feuilles de formes, de visages, d'écritures, qui prennent tout leur sens en arrière-plan de dessins nerveux représentant des avions, des mosquées, des planètes.

Antoine Mvumbi, lui, s'adonne à la réalisation d'architectures. Des cellules de couleur obtenues par une généreuse couche de pastel gras se juxtaposent, donnant au spectateur la sensation de regarder un écran relié à des caméras de surveillance. R.A.S. : pas de présence humaine dans ses compositions. Comment l'accompagner dans sa création ? Lui laisser le champ libre et l'encourager : « Tu continues, tu continues. »

Luc Mondry et Nicole Babilas ont également expérimenté dans l'atelier le travail de copie à partir d'une image existante : « Certains faisaient un centimètre et demi de trait de crayon sur deux heures de temps. Et puis, on s'est rendu compte qu'en donnant une image pour modèle, ça donnait des choses intéressantes[2]. » Quand Antoine Mvumbi travaille d'après modèle, il produit des synthèses justes et brutales des images qui lui sont proposées.

Bruno Gérard débute sa carrière comme animateur artistique auprès d'adultes porteurs d'un handicap mental en 1980, au Home André Livémont (Aubechies, Belgique). Proposer des images ? L'animateur est d'abord réticent, il craint qu'ils ne se mettent à copier… Et pourtant ! Il faut voir ce qui surgit de ces mises en contact. Bruno Gérard comprend très vite qu'il n'y a aucun risque à confronter les artistes de son atelier à des « modèles ». Puisqu'ils s'en affranchissent nécessairement pour en faire une réinterprétation toute personnelle.

Plus tard, dans l'atelier peinture du centre de La Pommeraie, que Bruno Gérard a ouvert en 1990, les œuvres de **Georges Cauchy** lui offrent quelques merveilleux exemples de funambulisme entre figuration et abstraction, réalisés à partir d'images piochées ci et là. L'outil de prédilection de cet artiste ? Le feutre. On peut penser qu'il ne se soucie pas de la pérennité de ses travaux, puisque ce médium s'abîme très vite à la lumière. Mais au-delà de ces problèmes de conservation, le feutre déposé sur la feuille en bâtonnets juxtaposés donne un velouté, une transparence et un rythme incomparables.

Antoine Mvumbi, s. t., 1986, crayon de couleur sur papier, 27 x 35 cm.

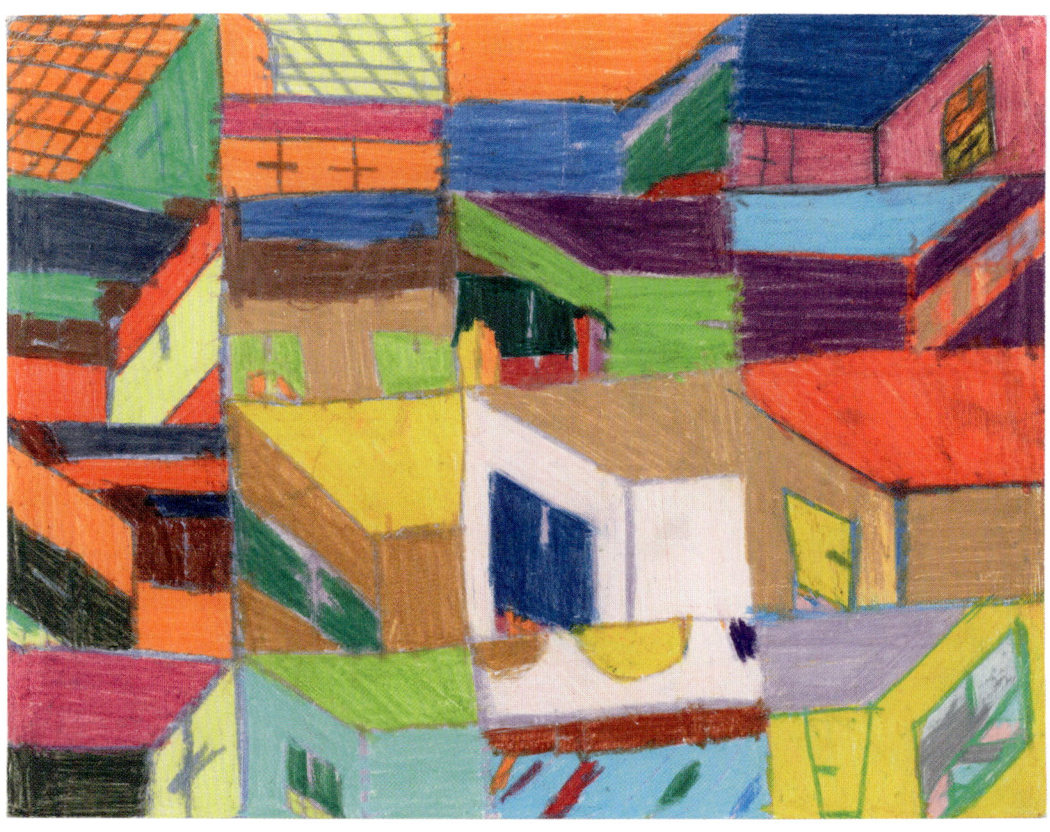

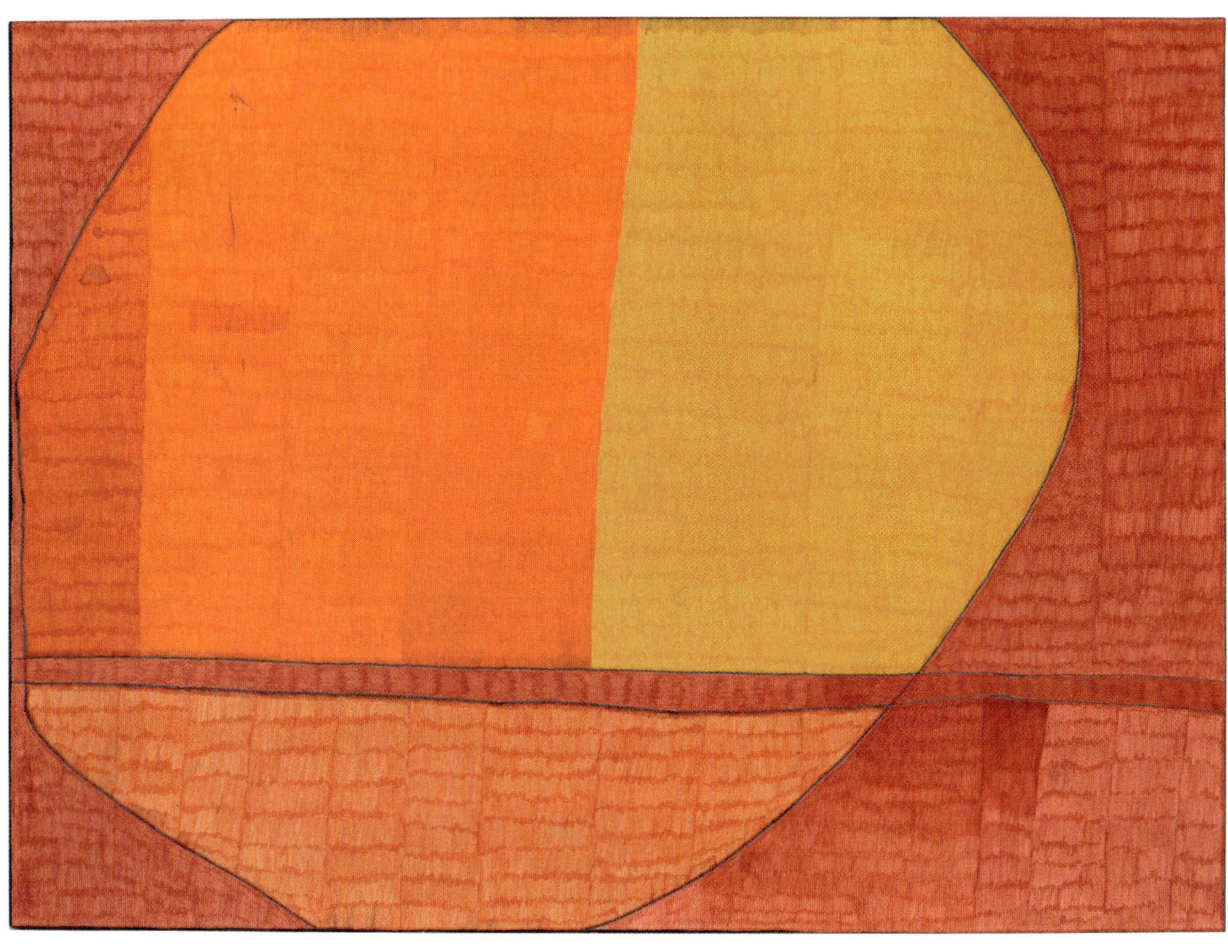

Georges Cauchy, s. t., 2005,
feutre sur papier,
55 x 73 cm.

Au centre de Hemptinne (Orp-Jauche, Belgique), **Inès Andouche** accroche au mur des pages de magazines qui servent de base à ses œuvres au style affirmé, tout en rondeur. Depuis 1988, année où elle commence à fréquenter l'atelier, sa manière de travailler est la même : un dessin au large trait noir fait tenir toute la composition, dans laquelle les règles de perspective n'ont pas cours. On pourrait penser que la formule est rôdée, que tout se passe de façon fluide, dans une logique de répétition. Mais on observe néanmoins chez Inès Andouche une extrême concentration au moment d'effectuer son tracé, et il arrive alors qu'elle sollicite l'animateur d'atelier afin d'être rassurée. Lui reste ensuite à remplir de couleur les zones délimitées. Et elle les fait vibrer avec talent, notamment grâce à un petit filet d'épargne, en bordure directe du cerne noir, laissant apparaître la couleur de la feuille servant de support. Il lui arrive de faire des « revus et corrigés » de ses œuvres. À partir du même sujet, de la même image de départ, elle pousse un peu plus loin l'inventivité des solutions qui lui permettent encore la simplification des formes.

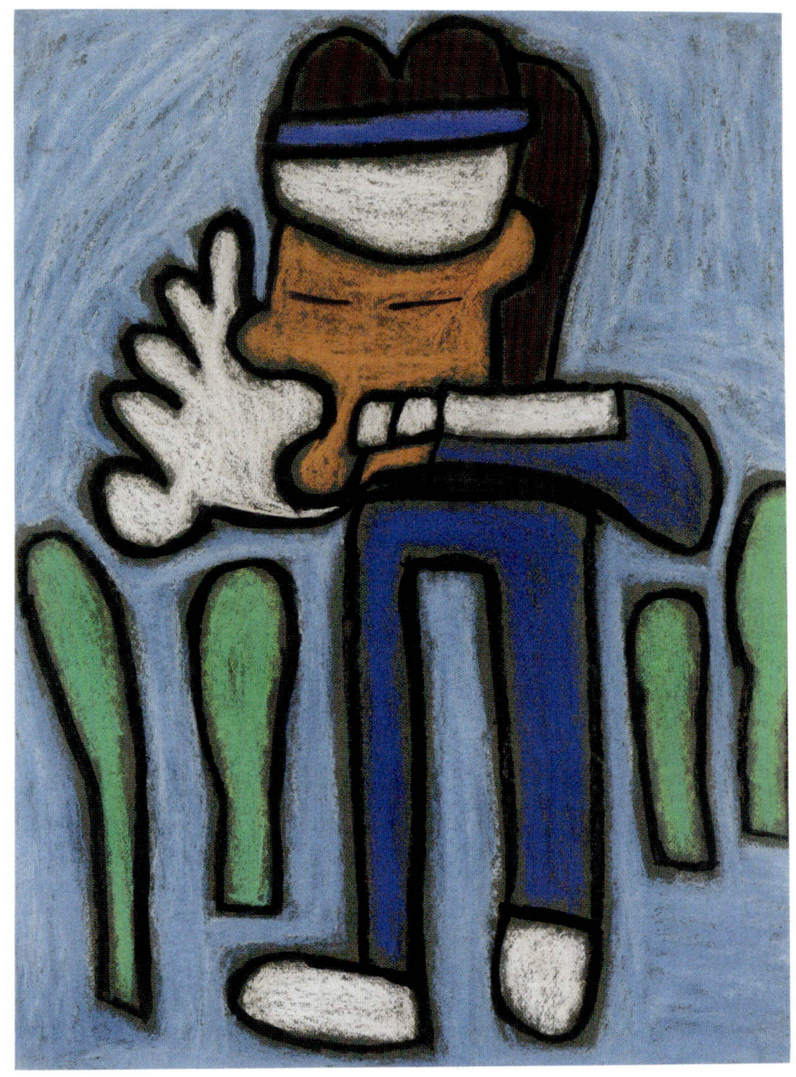

Inès Andouche, s. t., s. d.,
pastel gras sur papier,
65 x 50 cm.

De copie et de pages de magazines, il en est aussi question chez **Pascale Vincke**, qui fréquente le Créahm-Bruxelles de ses douze à vingt-quatre ans. Elle y fait rapidement preuve d'une grande maîtrise quand il s'agit de créer à partir de modèles existants. Elle se concentre sur les portraits, essentiellement féminins, puisqu'elle choisit ses images dans des numéros de *Elle* ou de *Marie-Claire*. Lorsqu'elle accompagne les animatrices de l'atelier à un cours de modèle vivant en académie, ces dernières se rendent compte très rapidement que Pascale détourne l'exercice en prenant, là encore, des modèles en deux dimensions : les dessins de ses accompagnatrices.

Les images de référence ainsi que le procédé de réinterpétation sont d'une toute autre « nature », le mot est choisi à dessein, chez **Rémy Pierlot**. En effet, celui-ci utilise régulièrement ses propres photographies, comme celles des paysages ardennais qui entourent La « S » Grand Atelier pour ses productions. Il les retravaille par la technique du monotype, distribuant ombre et lumière. Ses œuvres, qui tiennent à nouveau leur qualité des choix de simplification faits à partir de l'image originale, sont laissées en noir et blanc ou retravaillées à la couleur.

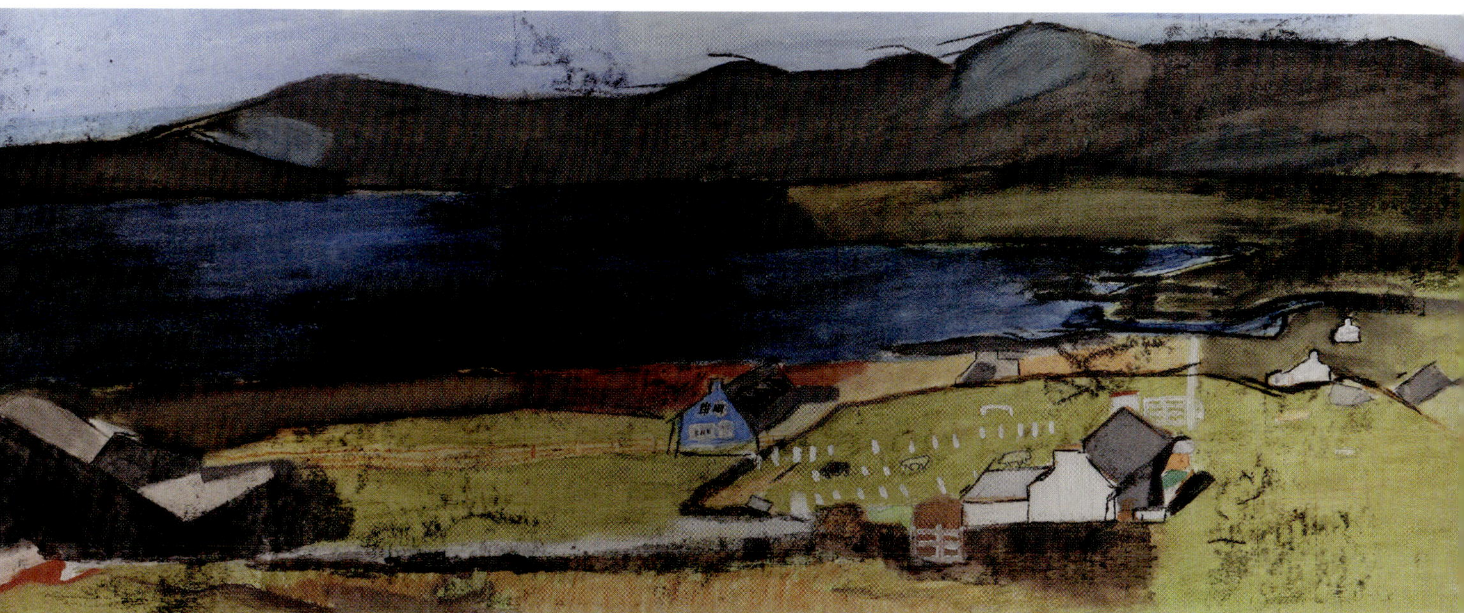

Rémy Pierlot, s. t., s. d.,
monotype et acrylique sur papier,
43 x 110 cm.

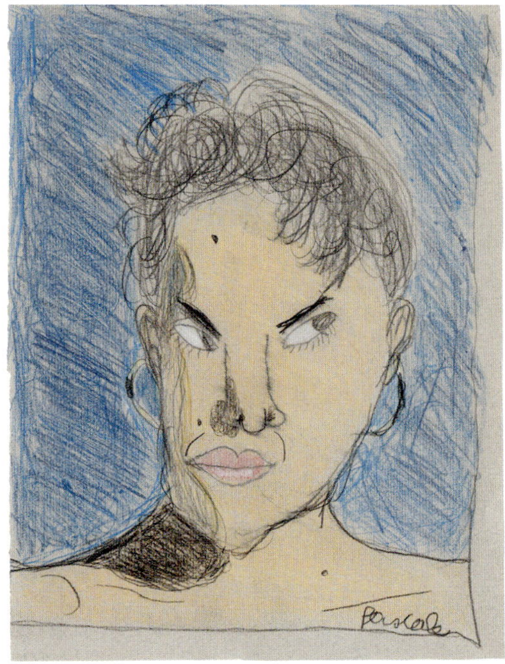

Pascale Vincke, s. t., 1991,
crayon graphite et crayon de couleur sur papier,
31 x 23 cm.

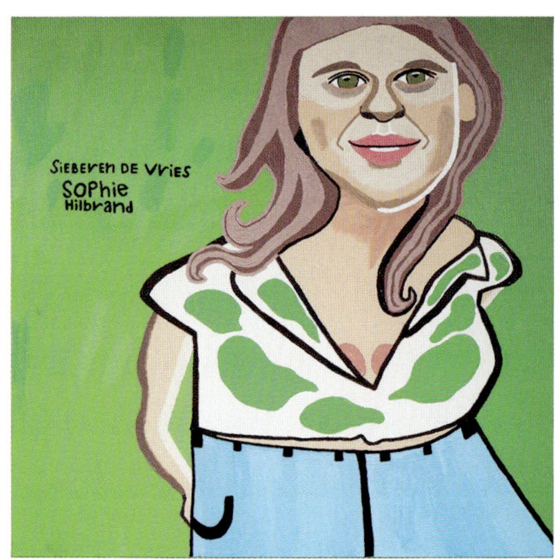

Sieberen De Vries, *Sophie Hilbrand*, s. d.,
acrylique sur toile,
100 x 100 cm.

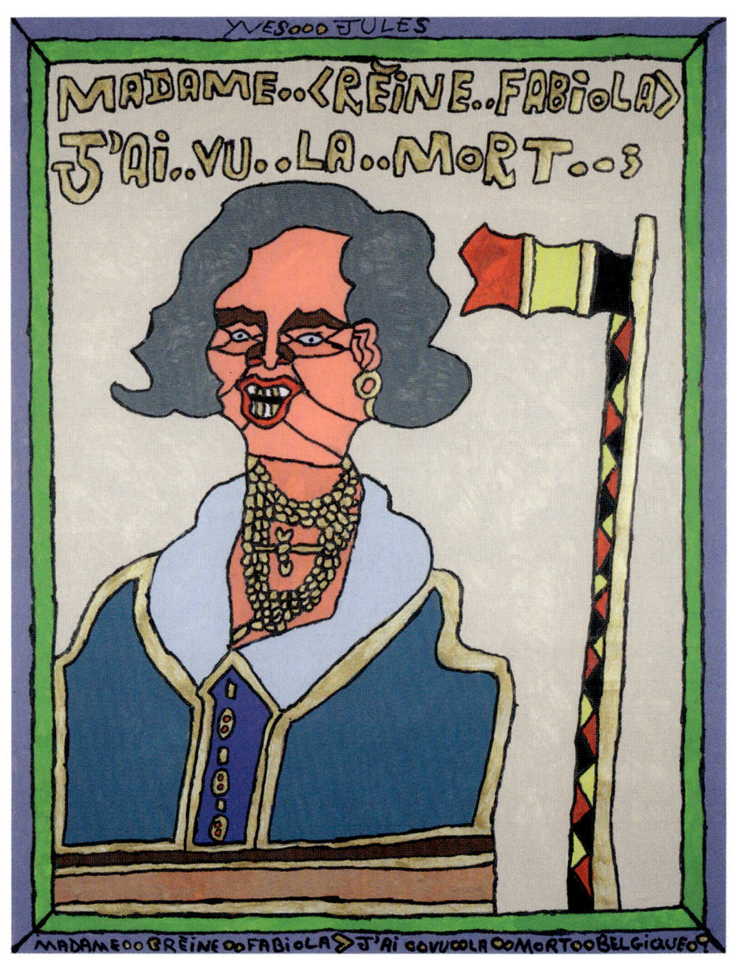

Yves-Jules Fleuri, *Madame Reine Fabiola*, s. d.,
acrylique sur papier,
73 x 55 cm.

Pour créer, ils sont nombreux, durant les ateliers, à partir d'images de référence. Non qu'il s'agisse d'une formule magique qui fonctionnerait immanquablement, mais certains montrent un véritable talent pour la réinterprétation. C'est le cas d'**Yves-Jules Fleuri** à Campagn'art ou de **Sieberen De Vries** à De Blauwe Roek (Drachten, Pays-Bas). L'un et l'autre privilégient les portraits de personnes célèbres, avec un certain penchant pour les têtes couronnées. Ils leur impriment un style propre qui tient presque du kitsch enluminé pour Yves-Jules Fleuri et de la caricature pop pour Sieberen De Vries. Yves-Jules Fleuri fréquente l'atelier depuis 1997, il fait partie des artistes qui y sont reconnus et se voit confier des commandes de collectionneurs qui lui demandent des portraits, d'eux ou de leur famille. Ses œuvres sont toujours légendées. C'est le cas également des portraits de Sieberen De Vries. Sa signature ainsi que le nom de la célébrité (souvent féminine) représentée se détachent sur des fonds aux couleurs acidulées, qui accueillent des personnages à l'allure monumentale.

La plupart du temps, les images de référence ne sont pas conservées, et l'on ne s'attarde pas à la comparaison entre le modèle et la réinterprétation. La création qui surgit est chose totalement neuve. Dans la publication consacrée à l'atelier du Créahm-Bruxelles en 2006, les animateurs Jeanne Bidlot et Didier Leemans relevaient : « En prenant comme titre le point de départ d'un travail, on risquerait d'occulter quelque peu ce qu'il y a de plus intéressant : à savoir la façon dont ils s'en sont éloignés. Car le point de départ n'est en fait qu'un prétexte pour mettre en route et alimenter le processus de création[3]. »

La copie, en art, a une réputation un peu douteuse. Ainsi, on ressent fréquemment la nécessité de justifier l'utilisation de modèles et de préciser que les images choisies subissent une transformation importante sous le crayon, le pastel, le pinceau des artistes. Toujours dans la publication que le Créahm-Bruxelles dédie à son atelier d'art plastique, Erwin Dejasse et Bénédicte Merland écrivent : « C'est devenu un lieu commun que de l'affirmer : les images sont omniprésentes dans notre société occidentale contemporaine. Il est, dès lors, tout à fait naturel de voir les artistes du Créahm-Bruxelles se réapproprier un vaste catalogue iconographique et rejoindre ainsi une tendance omniprésente dans la création plastique depuis les années 1960. Souvent, ces images recréées en atelier peuvent tout autant provenir d'un catalogue d'exposition que d'un magazine féminin. Le terme copie est d'ailleur fort peu adéquat puisqu'il ne s'agit pas d'une reproduction servile. Chacun de ces artistes, muni de sa technique, de son style et de sa sensibilité propre, "réincarne" ses "modèles" pour les intégrer à l'ensemble de son œuvre[4]. » Et Luc Mondry d'écrire : « Copie – tout est copie – le peintre copie son modèle (comme il croit qu'il est, dit Giacometti). Le modèle, qu'il soit reproduction, photo, nu, paysage, nature morte est toujours modèle. Il y a toujours copie. Copie ? Support à l'interprétation[5]. »

Qui devrait, en effet, s'excuser de permettre l'émergence d'œuvres comme celles d'**Irène Gérard** ou de **Curzio Di Giovanni** ? La première est active à

[3]
Jeanne Bidlot et Didier Leemans in : Véronique Chapelle (dir.), *Félicienne, Jules, Robert et les autres…*, Bruxelles, Créahm-Bruxelles, 2006, p. 19.

[4]
Erwin Dejasse et Bénédicte Merland dans Véronique Chapelle (dir.), *op. cit.*, p. 59.

[5]
Luc Mondry dans *Hommage à Luc Mondry. Atelier Nicole Babilas-Luc Mondry*, Bulletin Art en marge n° 60, 2000, p. 4.

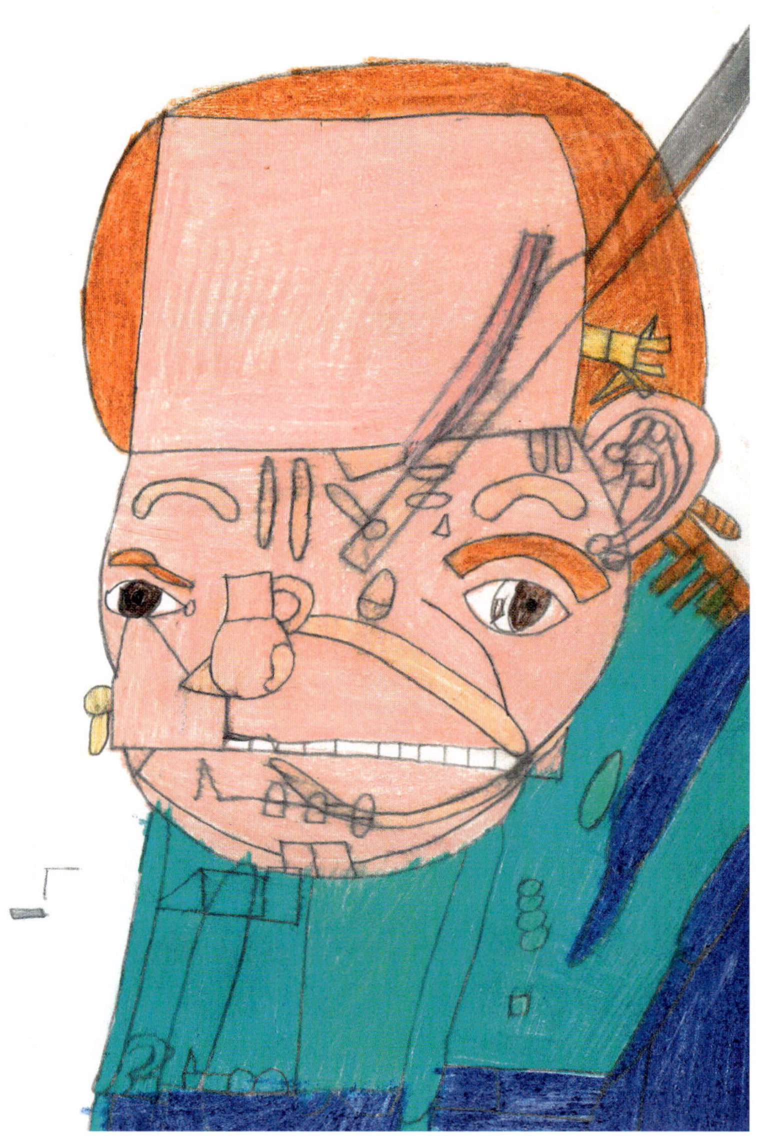

Curzio Di Giovanni, *Signorra con n La Sciarrppa Verrde*, 2010,
crayon graphite et crayon de couleur sur papier,
34 x 24 cm.

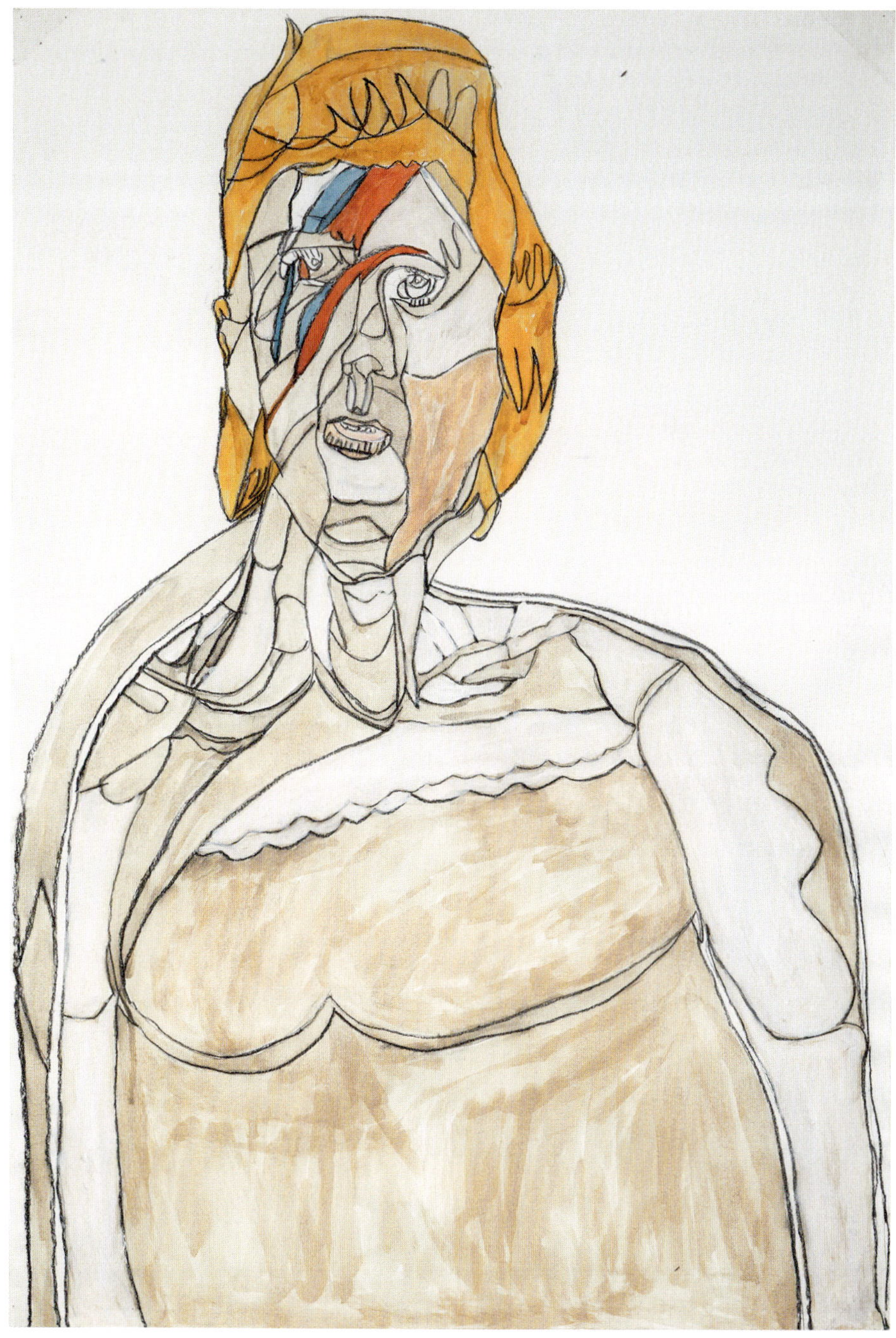

Irène Gérard, s. t., s. d.,
crayon graphite et aquarelle sur papier,
110 x 73 cm.

La «S» Grand Atelier, le second à l'atelier *Adriano e Michele* (Milan, Italie). Leur style à tous deux, tout en étant personnel et identifiable, se caractérise par la démultiplication de la surface en zones fragmentées. On prêtera peut-être des intentions de caricature à l'un ou à l'autre, on se réjouira surtout de voir le cubisme réinventé sous nos yeux, dans une totale spontanéité!

UN LIEU, UN TEMPS DONNÉS

«Créer, c'est voler.» La formule, attribuée à Picasso, peut se rattacher aux artistes venant d'être évoqués, et s'applique également à **Klaus Compagnie**, qui, dans ses œuvres, fait, entre autres, feu de tout le bois médiatique qui pénètre chez lui par la télévision. Si les artistes cités plus haut s'inspirent d'images, Klaus Compagnie part de faits d'actualités, pour réaliser, dans son coin d'atelier du Zandberg (Harelbeke, Belgique) des formes expressives accompagnées d'inscriptions. Ces dernières ne manquent pas d'évoquer la vie de l'atelier, souvent de façon humoristique. Quatre fois par semaine, il prend le train depuis Gand pour se rendre dans ce lieu et ce temps dévolus à la création.

L'atelier est un espace organisé différemment selon les associations/institutions qui en ont la charge et est occupé diversement par les artistes. Au Créahm

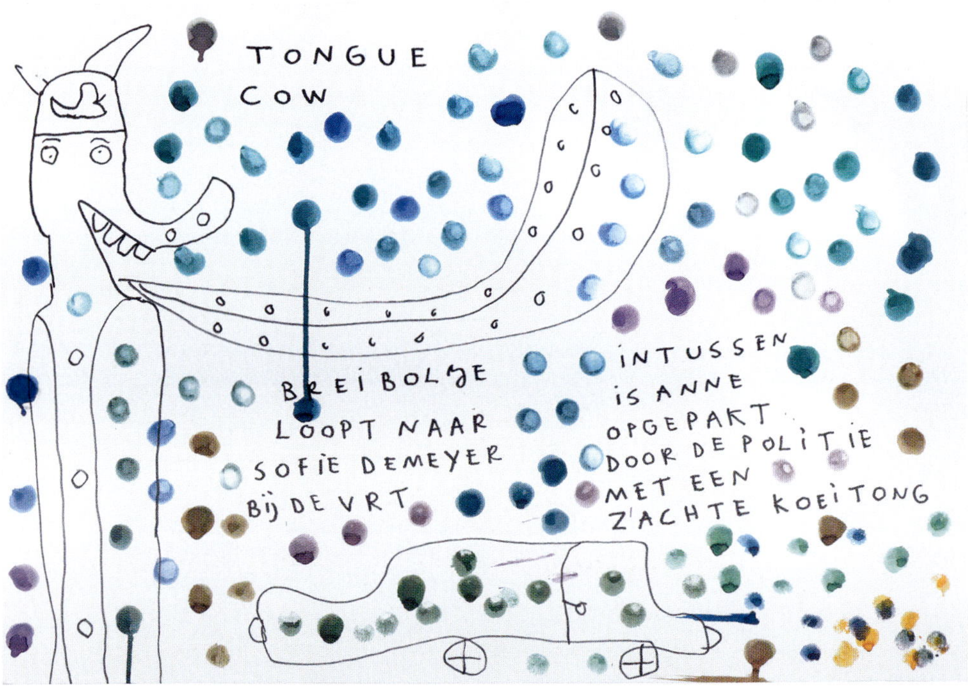

Klaus Compagnie, s. t., s. d., feutre et aquarelle sur papier, 45 x 64 cm.

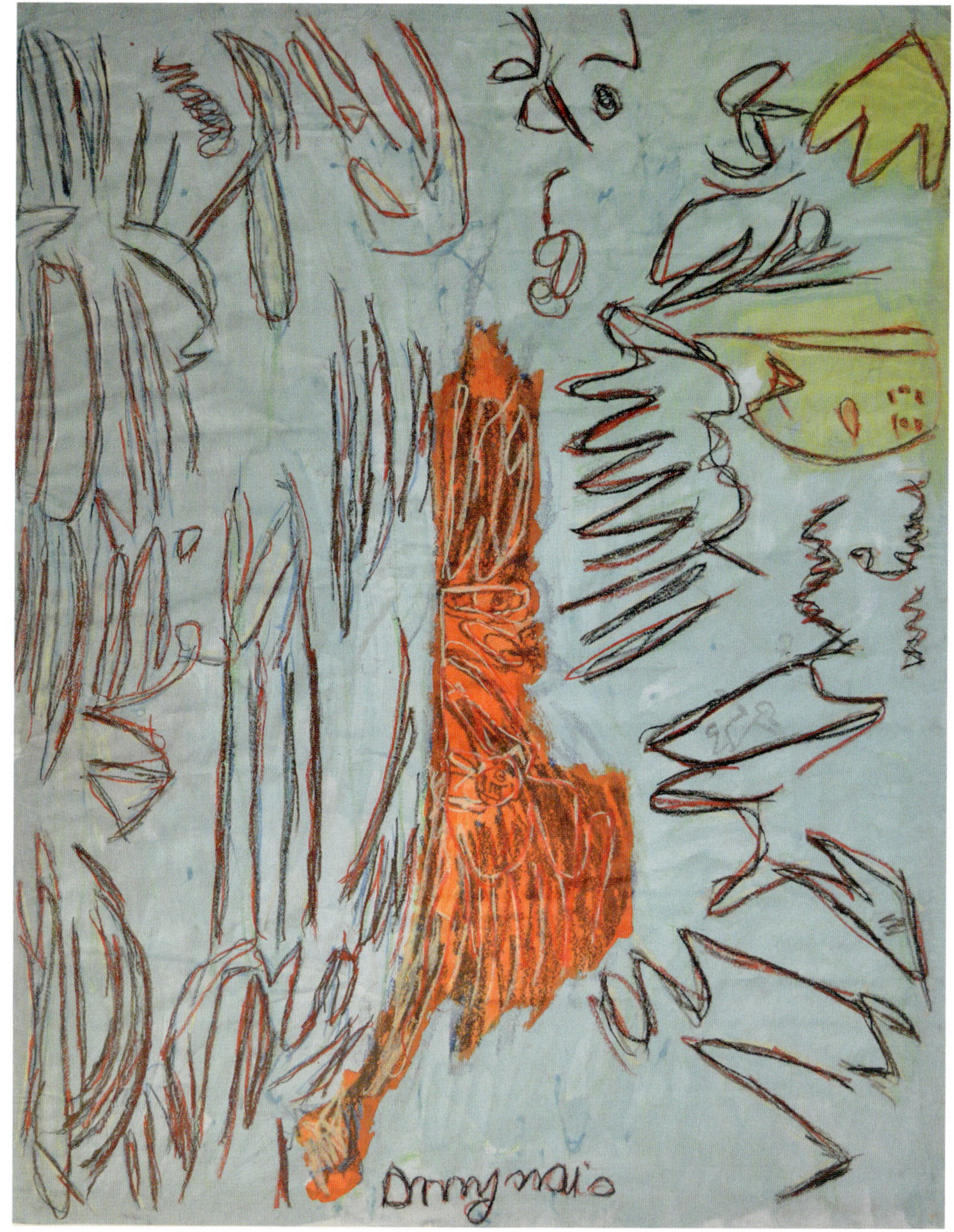

Anny Servais, s. t., 1998/2004,
acrylique et craie grasse sur papier,
156 x 116 cm.

de Liège, l'atelier d'art plastique est organisé sur un vaste plateau, mais chacun y a sa place déterminée, son territoire. L'espace occupé par **Anny Servais** (décédée en 2009) se trouvait au centre du lieu. Boulimique de création, elle était là à un point stratégique pour s'approprier tous les supports disponibles (chaises, tables, tiroirs…). Elle les recouvrait de ses abstractions gestuelles, parfois agrémentées de photos fixées au moyen d'une technique qu'elle avait mise au point, utilisant la peinture comme colle. Celle que l'on appelait dans l'atelier «la baronne» ou «la diva» avait un caractère fort (ses surnoms en sont la preuve…). Patrick Marczewski se souvient: «Anny Servais était en train de réaliser une pièce extraordinaire. Elle avait compris que j'étais enthousiasmé et que j'attendais la conclusion. Elle a senti cette attente et a foutu en l'air sa peinture[6].» On se demandera dès lors quel est le rôle de l'atelier pour les personnes qui, comme elle, inventent leurs techniques et ne souffrent aucune intervention. Peut-être est-il nécessaire ici de préciser qu'avant 1995, date de son arrivée dans l'atelier, elle avait pour seules activités quotidiennes le ménage et le tricot. L'atelier, en tant que lieu dévolu à une activité artistique, est générateur de création. L'animateur, par sa présence même, est déjà dans un acte d'accompagnement.

Karel Laenen a développé son univers artistique en toute autonomie. Il dessinait déjà quand il est arrivé à l'atelier Yellow Art (Geel, Belgique), à sa création en 2001. Pourtant, les dessins réalisés à l'atelier ne sont pas les mêmes que ceux qu'il fait chez lui, dans sa chambre, où il s'adonne au coloriage de mandalas. À l'atelier, tout un univers surgit, constitué d'êtres fantastiques, de navettes spatiales et de planètes. Le cadre est à l'action…, l'animateur, qui le stimule, le pousse à aller plus loin et à achever les œuvres entamées.

C'est également en ces termes que Chris Delville parle de son accompagnement auprès de **Véronique Declercq** dans sa pratique de la pointe-sèche: «Même si elle voit qu'il y a quelque chose à faire, elle n'irait peut-être pas plus loin si je n'étais pas là pour le lui dire.» Il s'agit ici d'un compagnonnage qui s'est affranchi du cadre institutionnel: Véronique Declercq a gravé pendant trente ans dans l'atelier personnel de Chris Delville, après que celle-ci a décelé chez elle un talent pour la gravure, au cours d'un stage au Club Antonin Artaud (Bruxelles), en 1997. Et elle ajoute: «En fait, je suis juste un cadre[7].» Un cadre qui a permis l'émergence d'une œuvre abstraite éminemment poétique, faite de formes tendues par un amas de traits, allant du gris profond à la transparence.

Éric Derkenne, par contre, décide lui-même quand c'est fini. À La «S» Grand Atelier, les animateurs lui ont proposé une diversité de techniques. Il les a testées, pour ensuite poser un choix délibéré: celui de l'utilisation exclusive du stylo-bille pour explorer la forme primaire qui l'accompagne tout au long de sa création: le cercle. Ce qu'a permis l'atelier? La formulation de ce choix. Créant de façon solitaire, pendant quinze ans, sur la même table au fond de l'atelier, Éric Derkenne consentira tout de même vers la fin à utiliser brou de noix, écoline ou encre de Chine, afin d'ajouter de la couleur et de la matière à ses

6

Patrick Marczewski in: *Jaune ciel ou blanc foncé*, Liège, Créahm Région-Wallone asbl, 2010, p. 16.

7

Chris Delville dans *Seuls & Accompagnés*, Bruxelles, Art et marges musée, 2017, p. 11.

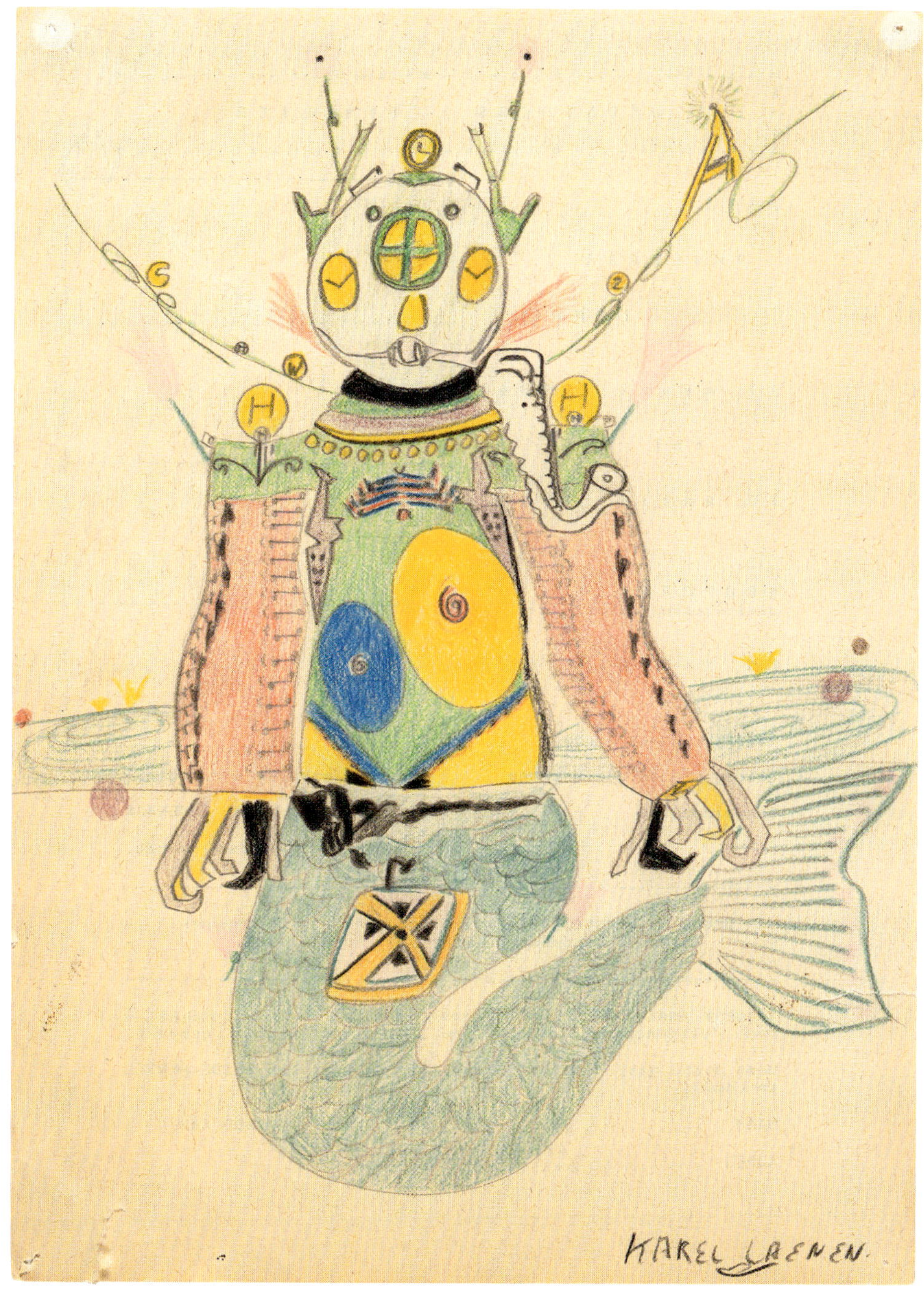

Karel Laenen, s. t., s. d.,
crayon graphite et crayon de couleur sur papier,
29,7 x 21 cm.

«œuvres-visages». En cela il suit la suggestion faite par l'animateur d'atelier Patrick Perin, avec lequel il est dans une totale relation de confiance.

On le lit entre les lignes de Luc Mondry, c'est quand l'atelier devient un lieu, avec une vie en soi, que la création est rendue possible : «Ce qui est la première puissance, c'est le dialogue qui s'est installé entre Nicole et Luc. Dialogue qui nous a permis de vivre dans ce désert où la seule satisfaction alors n'était que les relations uniquement affectives avec les élèves. Ce dialogue instaure la puissance de l'atelier, nous parlons de ce qui nous intéresse. Un dialogue sur le travail mais aussi sur la vie, le quotidien. Ce dialogue instaure dans l'atelier un autre climat. Le but n'est plus de faire mais l'espace, le temps, le lieu se mettent à vivre naturellement. Les élèves peuvent venir sans plus craindre d'avoir à entrer dans une contrainte. Le lieu devient attrayant parce que vivant ; les échanges sont enfin possibles[8]. »

D'ailleurs, la vie de l'endroit et le dialogue qui y est possible sont, avant tout, ce qui attire **Oscar Haus** dans l'atelier peinture de La Pommeraie. À la retraite, il s'y rend quotidiennement, pour parler de choses et d'autres, mais surtout de son amour pour la musique (il joue de l'accordéon depuis l'enfance). C'est à force de ces visites que l'animateur lui propose de s'installer et de prendre part à l'atelier. Il se met alors à dessiner des choses quotidiennes. Il faudra un

[8]
Luc Mondry, *op. cit.*, p. 3.

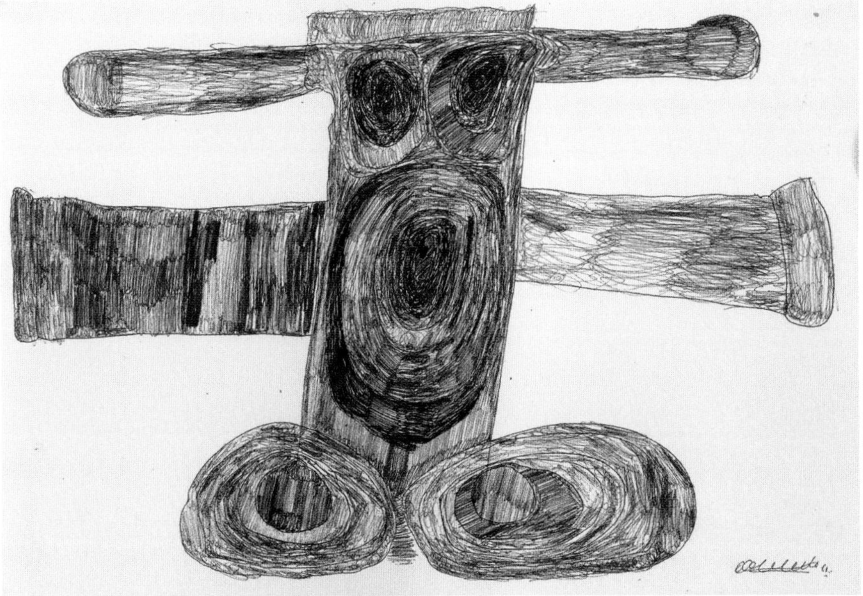

Éric Derkenne, s. t., 1995/2000,
stylo à bille sur papier,
32 x 46 cm.

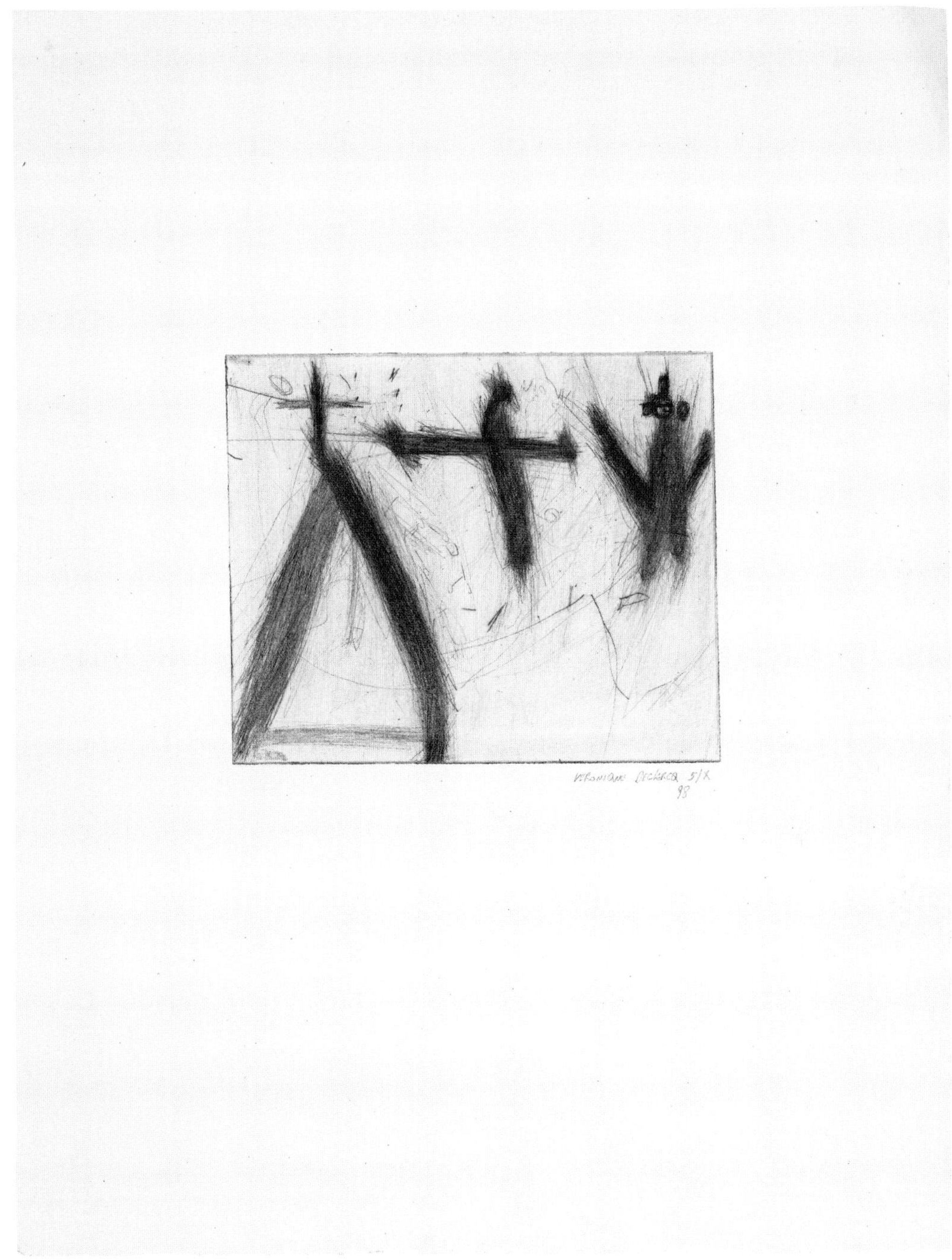

Véronique Declercq, s. t., s. d.,
pointe sèche,
32 x 23,5 cm.

certain temps avant qu'il ne développe un travail caractéristique, avec l'accordéon comme thème central et unique. Du temps, un livre sur cet instrument (qui lui est offert par un employé du centre), et la découverte de crayons de couleur à l'intensité à nulle autre pareille.

L'INFLUENCE DE L'ANIMATEUR

Qu'il s'interroge sur son utilité, face à une apparente autonomie des participants de l'atelier, ou qu'il craigne d'être trop invasif dans leurs œuvres, la question de son rôle voire de son influence s'impose naturellement à l'artiste-animateur d'atelier.

Ainsi Bruno Gérard, à propos d'**Alexis Lippstreu** : « Je me demande s'il n'aurait pas pu faire la même œuvre tout au long de ces années. En lui proposant d'autres livres, d'autres œuvres, est-ce que je l'ai influencé, voire manipulé ? Ou est-ce que cela lui a permis de s'ouvrir ? Au cours de ces deux décennies, s'il avait recopié la même œuvre, se serait-il appauvri ou au contraire se serait-il renouvelé[9] ? » Alexis Lippstreu s'est illustré par la réinterprétation des grands classiques de l'histoire de l'art au cours de la vingtaine d'années pendant lesquelles il fréquentait l'atelier de peinture de La Pommeraie. Mais son œuvre est également marquée par un caractère obsessionnel et répétitif que l'animateur pourrait être tenté de bousculer.

Le sacro-saint « pas la main », qui veut que les animateurs n'interviennent jamais sur les œuvres, revient souvent dans leur propos, comme une règle d'or dans l'accompagnement des artistes. Mais ils ont bien conscience que leurs remarques, discours, suggestions, ont déjà une part d'influence.

Willy De Smedt, qui fréquente le Créahm-Bruxelles, participe également à un atelier artistique au centre de jour La Forestière (Bruxelles). Or, il ne produit pas le même type d'œuvres dans l'un et l'autre lieu. On supposera donc que l'atelier (l'animateur ?) marque son travail. Ajoutons que quand Willy reçoit des compliments sur ses œuvres lors d'un vernissage, il va naturellement chercher Jeanne Bidlot, l'animatrice qui l'accompagne depuis son arrivée au Créahm en 1998, afin qu'elle récolte la part de louanges qui lui revient. Vigilante, celle-ci déclarait : « La difficulté dans l'animation est de savoir se positionner : se projeter dans le travail d'un autre sans s'accaparer son œuvre[10]. » Et Chris Delville de souligner, dans un entretien à propos de Pascale Vincke, que « l'accompagnement induit nécessairement une influence, que ce soit dans le cadre de ces ateliers spécifiquement ou dans le cadre de n'importe quelle académie[11]. » Le fait de discuter et de suggérer induit cela. Pourquoi la craint-on ? Sans doute par l'assimilation de ces créations à l'art brut, qui est censé être pleinement original, spontané et personnel et qui naît idéalement dans l'isolement et le secret. Aussi, parce que le public de ces ateliers n'est pas celui des écoles d'art et des académies de cours du soir, et n'est peut-être pas capable du même recul critique.

9

Bruno Gérard
in : *Débridé(e)s*,
Ellignies-Sainte-Anne,
La Pommeraie, 2009,
p. 198.

10

Jeanne Bidlot et Didier
Leemans, *op. cit.*, p. 19.

11

Chris Delville in :
Pascale Vincke, Bulletin
Art en marge n° 22,
1989, p. 18.

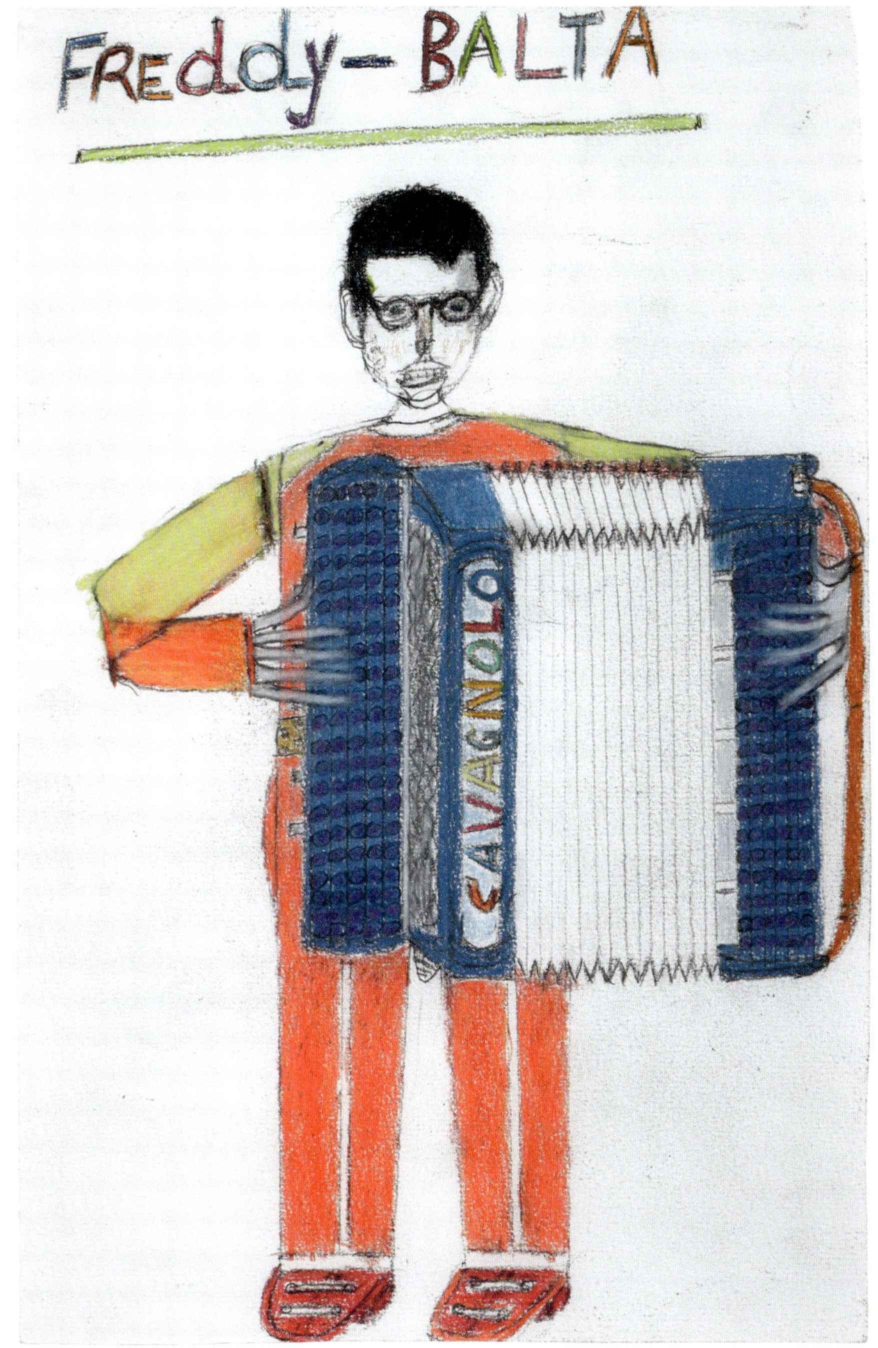

Oscar Haus, s. t., s. d.,
crayon de couleur sur papier,
40 x 30 cm.

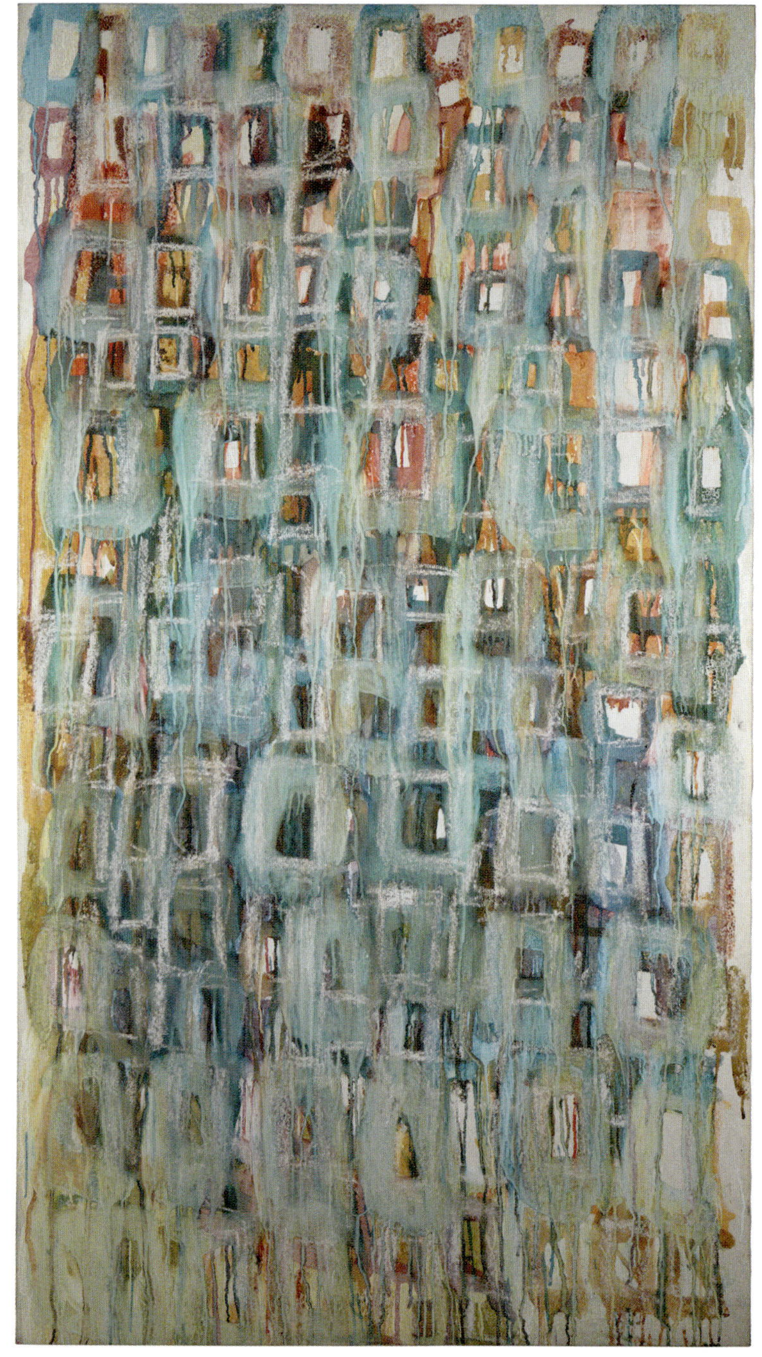

Willy Desmedt, s. t., 2013,
acrylique et craie sur papier marouflé,
165 x 90 cm.

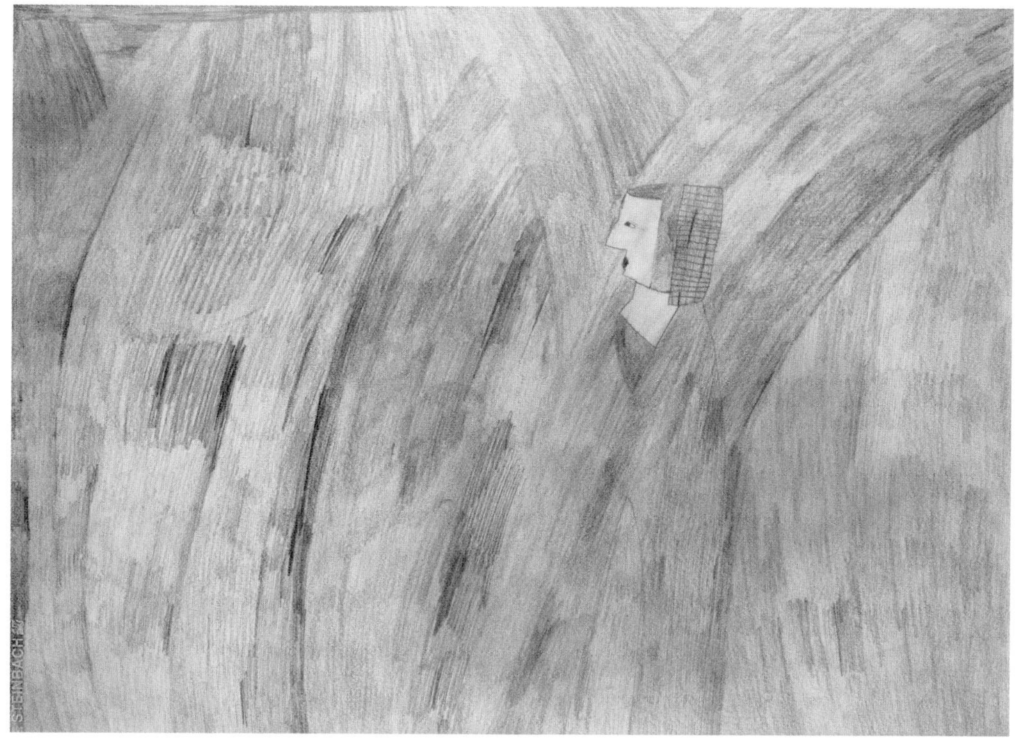

Alexis Lippstreu, s. t., s. d.,
crayon graphite sur papier,
55 x 73 cm.

La frontière à ne pas franchir serait celle de l'instrumentalisation de ces personnes par l'artiste-animateur. Pour parer à ce danger, Luc Boulangé, fondateur du Créahm-Liège (1979), puis celui de Bruxelles (1983), met dès le départ en place quelques lignes de conduite pour l'organisation de l'atelier : l'animateur doit être artiste lui-même et avoir sa propre production en dehors de l'atelier. Ceci afin de connaître l'acte créatif et d'être ainsi capable d'accompagner une autre personne dans cette démarche, mais également pour qu'il ne se serve pas de l'autre et de son œuvre pour s'exprimer artistiquement.

CO-CRÉATION

« En principe, on devrait totalement s'interdire d'intervenir, mais on le fait continuellement. Ne serait-ce que pour leur proposer des outils. Quand une nouvelle personne arrive à l'atelier, on sait souvent peu de choses de son parcours, elle a peut-être été cantonnée dans des activités très réductrices. Donc on essaie d'ouvrir[12]. »

« Au quotidien, c'est un échange permanent qui est d'abord basé sur la confiance. On fait des propositions et la personne réagit, accepte ou n'accepte pas ces propositions. On a tous des réflexes, des peurs qu'il faut parvenir à dépasser. [...] Parfois, il faudrait presque quitter l'atelier pendant un moment pour s'empêcher d'intervenir, de donner des consignes[13]. »

Des animateurs qui s'en mordent les lèvres après avoir donné une indication, qu'ils trouvent soudain trop restrictive, à un participant de l'atelier, il y en a beaucoup... Mais ils acceptent, semble-t-il, de plus en plus, la part qu'ils prennent dans l'œuvre réalisée en atelier. Ce sont justement par leurs interventions que les animateurs parviennent à faire sortir les artistes de l'exercice répétitif d'une œuvre stéréotypée pour que se développe un langage artistique radicalement original.

L'exposition *Seuls & Accompagnés*, curatée par Gérard Preszow au Art et marges musée en 2017, mettait cette problématique en lumière, notamment par un catalogue reprenant des entretiens menés auprès d'animateurs, dont Jeanne Bidlot : « Aujourd'hui les inhibitions sautent, les animateurs revendiquent aussi une part dans cette création. Tout cela change. La parole se libère sur l'importance de l'animateur, qui a toujours été là, mais qui n'a jamais été dite...[14] »

Dans ce même catalogue, Michiel De Jaeger assume le terme de « coproduction », lorsqu'il parle de son travail d'animateur auprès de **Philippe Da Fonseca**. Et il développe : « En ce moment, nous sommes dans une phase d'expérimentation. On parle beaucoup. Il me raconte ce qu'il a fait le week-end, me parle de sa vie et de sa famille, cela me donne de l'inspiration pour lui proposer des images et pour faire évoluer son travail. Ça fait tout de même un peu plus de quinze ans que Philippe vient à l'atelier, c'est important d'introduire de la variation.

12

Berga Fournier in :
Jaune ciel ou blanc foncé,
Liège, Créahm Région-
Wallone asbl, 2010,
p. 15.

13

Patrick Marczewski in :
Jaune ciel ou blanc foncé,
Ibid.

14

Jeanne Bidlot in :
Seuls & Accompagnés,
Bruxelles, Art et marges
musée, 2017, p. 12.

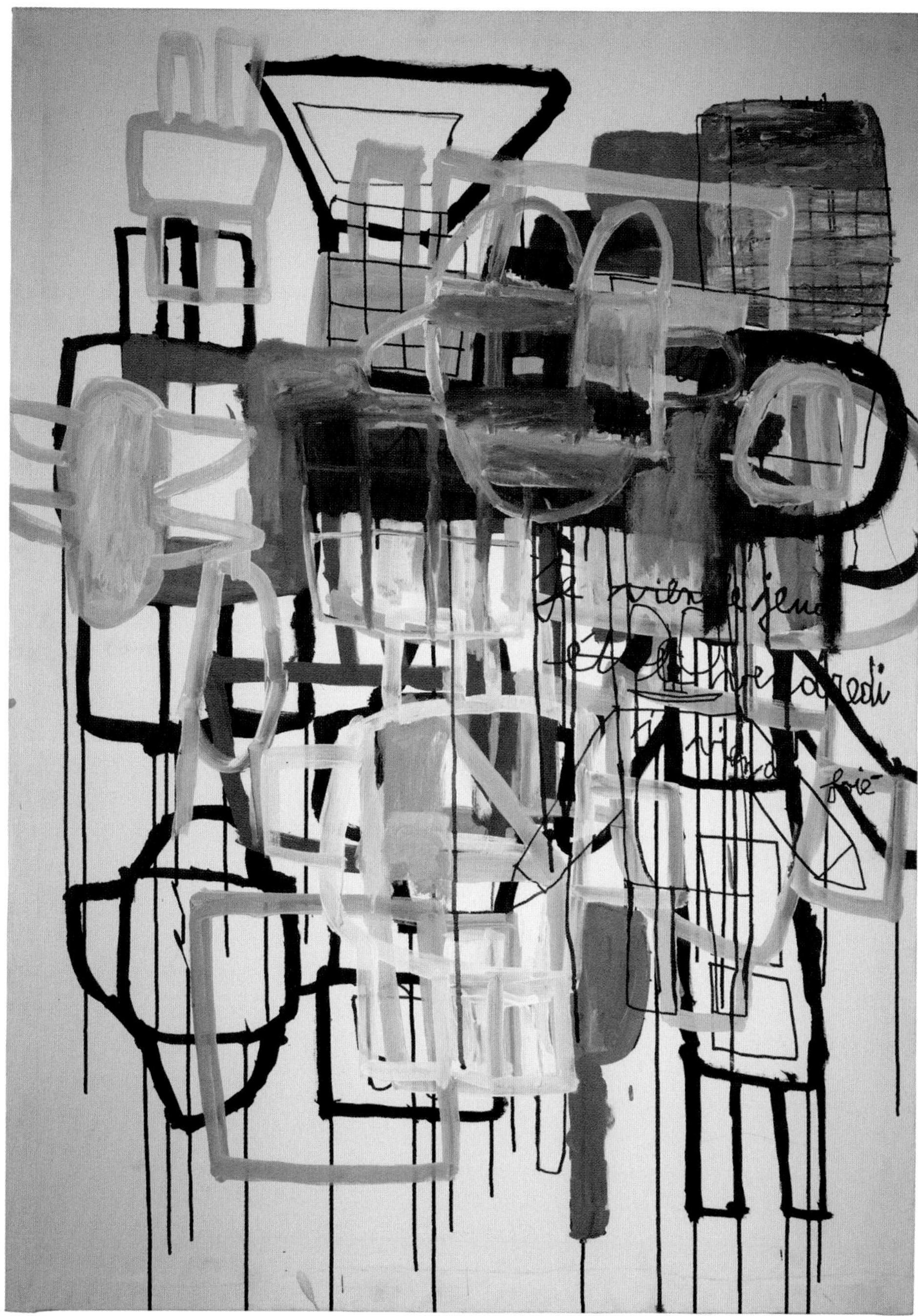

Philippe Da Fonseca, s. t., 2005,
acrylique et huile sur toile,
129,5 x 90 cm.

Cela se passe aussi au niveau des supports, du format, des couleurs, en dialogue toujours[15]. » Avant cela, Philippe était accompagné par Patrick Perin, qui l'a amené à quitter un dessin simpliste de bateaux et d'églises pour le faire glisser vers l'abstraction et développer une œuvre vraiment originale et percutante.

À l'atelier du centre de jour Le Sésame (Bruxelles), cette même problématique de la part prise par l'animateur dans la création s'est posée à propos du travail de **Pedro Ribeiro**. Si la gestualité expressive de sa peinture est totalement sienne, le choix des couleurs était au départ fait quasi exclusivement par les animatrices d'atelier, Pedro les distinguant difficilement à cause d'une déficience visuelle. Mais au moment d'exposer les œuvres la question a été la suivante : de qui l'œuvre est-elle ? Qui en est l'auteur ? Cette interrogation a entraîné la mise en place d'un protocole. Pedro Ribeiro peut à présent choisir parmi trois possiblités : peindre de façon totalement autonome, se faire assister par les animatrices d'atelier pour les couleurs ou demander à un autre participant de l'atelier de remplir ce rôle.

CRÉATION EN MIXITÉ

Dans les deux cas précédemment cités, et même si les animateurs sont conscients de leur part dans la création, un seul nom apparaît sur le cartel. Mais il est des situations où ils sont plusieurs à figurer.

Il s'agit de la « création en mixité ». Les ateliers sont de plus en plus nombreux à proposer à leurs artistes de travailler en relation avec des artistes extérieurs afin de construire des œuvres ensemble. La «S» Grand Atelier, sous l'impulsion de sa fondatrice et responsable Anne-Françoise Rouche, s'est fait une spécialité de ce type de résidences.

Et l'on se pose ici encore plus intensément la question de savoir dans quelle catégorie ranger ces créations : art brut ? contemporain ? D'ailleurs, le Art et marges musée, bien qu'il ait lui-même organisé ce type de résidence[16] et qu'il lui arrive de présenter des œuvres de cette nature dans ses expositions, n'en possède pas dans sa collection…

Le collectionneur d'art brut Bruno Decharme s'est exprimé à propos de ce type de collaboration : « Bien sûr, on se pose la question de la nature de ce dialogue entre ces artistes handicapés et ceux qui sont invités pour animer les ateliers. Les uns n'auraient-ils pas exercé un pouvoir sur les autres ? Au fond, je ne sais pas grand-chose de la façon dont cette création s'est déroulée. Je ne suis pas certain d'ailleurs d'avoir envie de le savoir et, pour répondre à la question, je préfère me référer à l'œuvre qui se suffit à elle-même. Elle en dit plus que tout discours critique sur la façon légitime ou pas de collaborer avec des artistes handicapés. Je perçois un projet cohérent, organisé, maîtrisé et, dans le même temps, je ressens une liberté, une inventivité où chacun a pu laisser aller son imagination[17]. »

15

Michiel De Jaeger in :
Seuls & Accompagnés,
Bruxelles, Art et marges
musée, 2017, p. 9.

16

Projet *Autour de la
marge*, Bruges, 2002.

17

Bruno Decharme in :
Knock Outsider!, Fremok
et La «S» Grand
Atelier, Bruxelles-
Vielsalm, 2014,
p. 170-171.

D'autres ateliers restent frileux par rapport à ce type de travail, qui rend plus grand encore le risque d'instrumentalisation. Mais que ce soit dans le cadre de la création en mixité, ou dans la configuration habituelle des ateliers, tout se joue au niveau du respect, de la rencontre de l'autre, au cas par cas, par découvertes empiriques, puisqu'il s'agit ici d'humain avant tout. Comme ce fut le cas pour ces artistes-animateurs pionniers qui ont expérimenté, inventé et mis en place, par tâtonnements, des pratiques, lorsqu'ils créèrent leurs ateliers au cours des années 1970 et au tout début des années 1980, en dehors de tout réseau et de toute connaissance de l'existence des uns des autres.

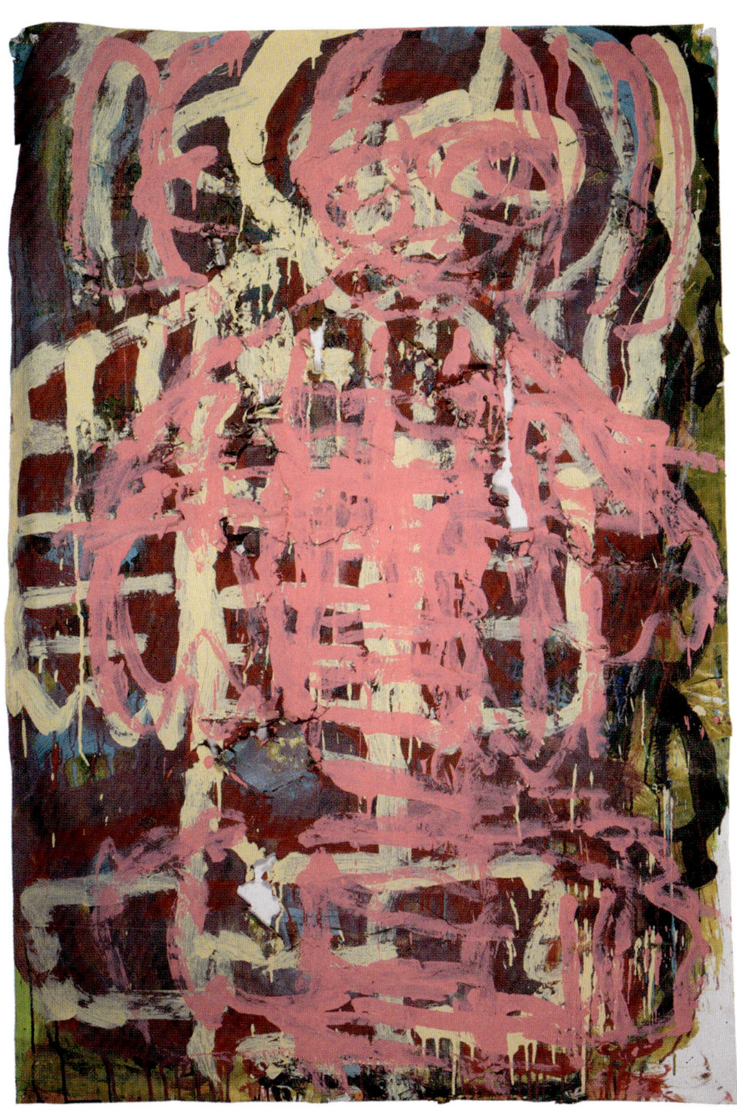

Pedro Ribeiro, s. t., s. d.,
acrylique sur papier,
149 x 99,5 cm.

LE REGARDEUR (RE)FAIT L'ŒUVRE

CAROLINE LAMARCHE

Nées de vies discrètes, parfois recluses, où le travail artistique occupe la plus grande place, de quoi ces œuvres sont-elles le signe? Comment les faire résonner dans nos existences bavardes? Dans quelle niche sensible? L'émotion personnelle ne suffisant pas (chacun aura la sienne), il m'a semblé qu'il fallait à la fois nommer l'œuvre et la laisser parler. Et que peu de mots seraient, pour cette tâche, requis.

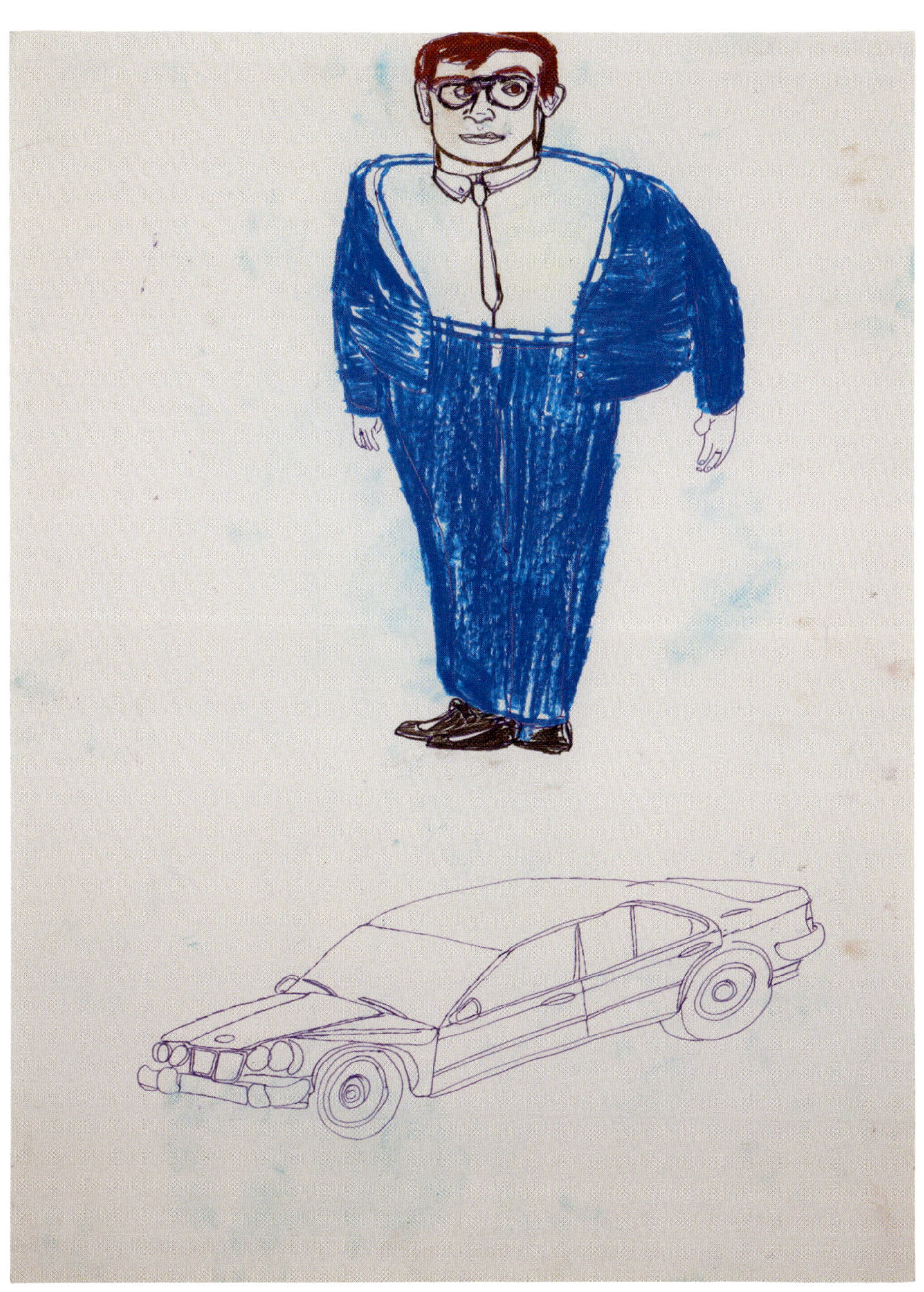

Dominique Théate, s. t., s. d.,
stylo à bille et pastel sur papier,
64 x 46 cm.

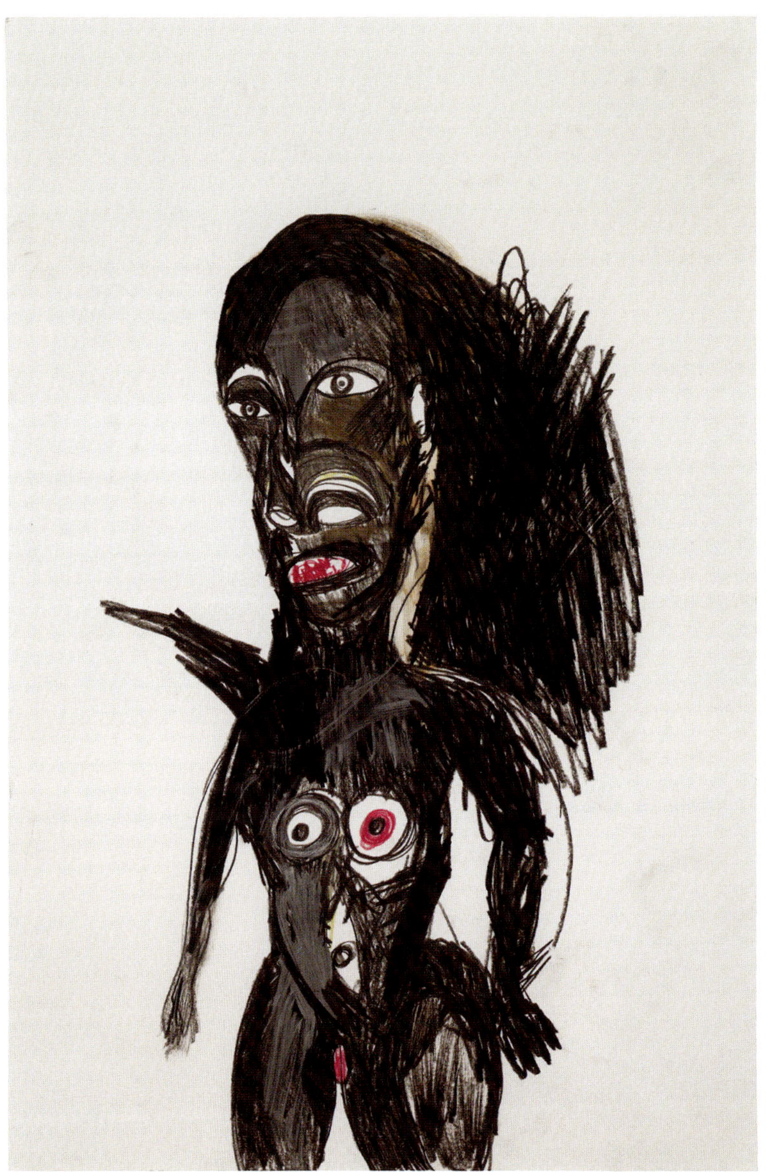

Philippe Condylis, s. t., s. d.,
crayon de couleur, craie grasse et blanc couvrant sur papier,
50 x 32,5 cm.

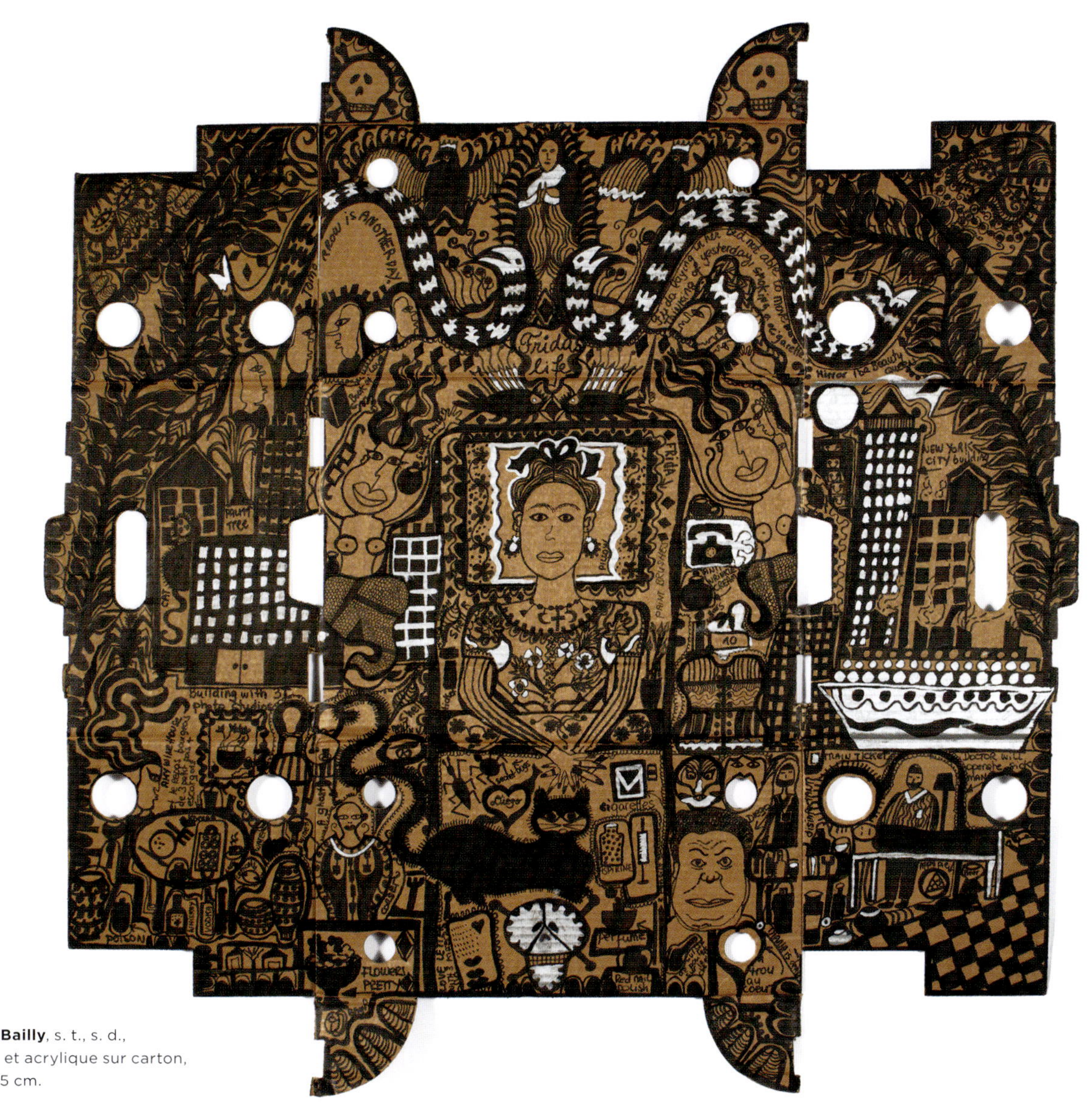

Carol Bailly, s. t., s. d.,
feutre et acrylique sur carton,
78 x 85 cm.

" Frida, gardienne des bêtes et des fleurs,
deux serpents jumeaux gardent ta maison d'ocre et d'amour.
Et deux crânes souriants, car *Viva Mexico !* "

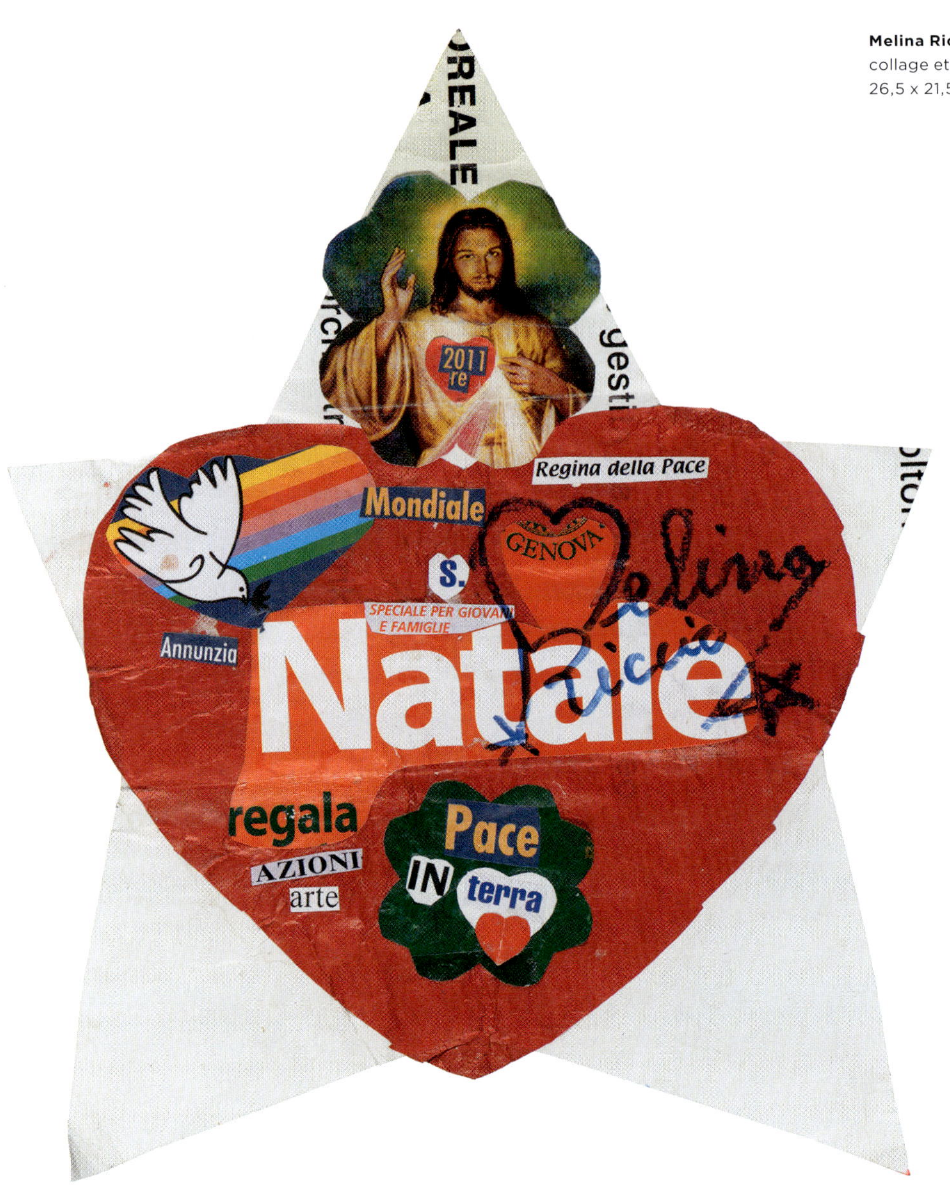

Melina Riccio, s. t., s. d.,
collage et feutre sur papier,
26,5 x 21,5 cm.

« La paix vaincra, le long des rues,
par les cœurs semés de Melina. »

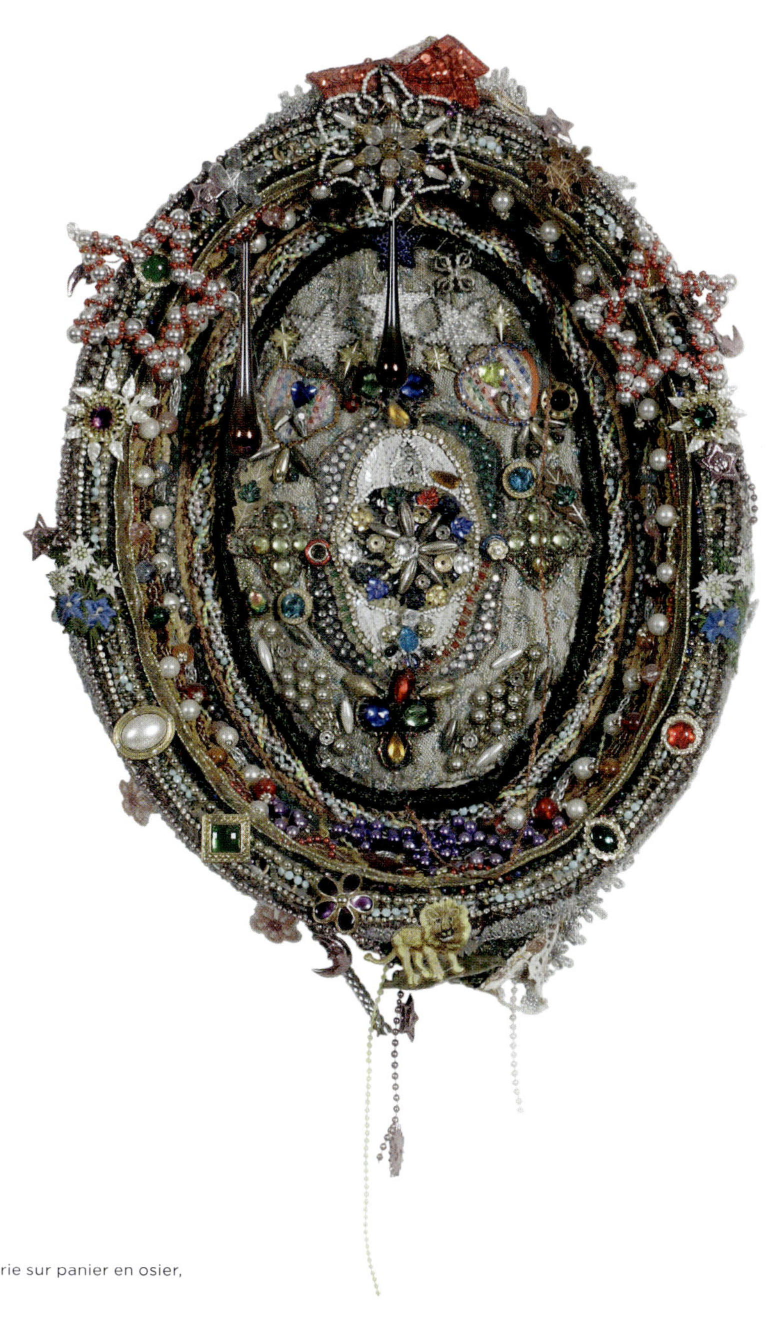

Wolfgang Marx, s. t., 2009,
collage, assemblage et broderie sur panier en osier,
52 x 35,5 x 7,5 cm.

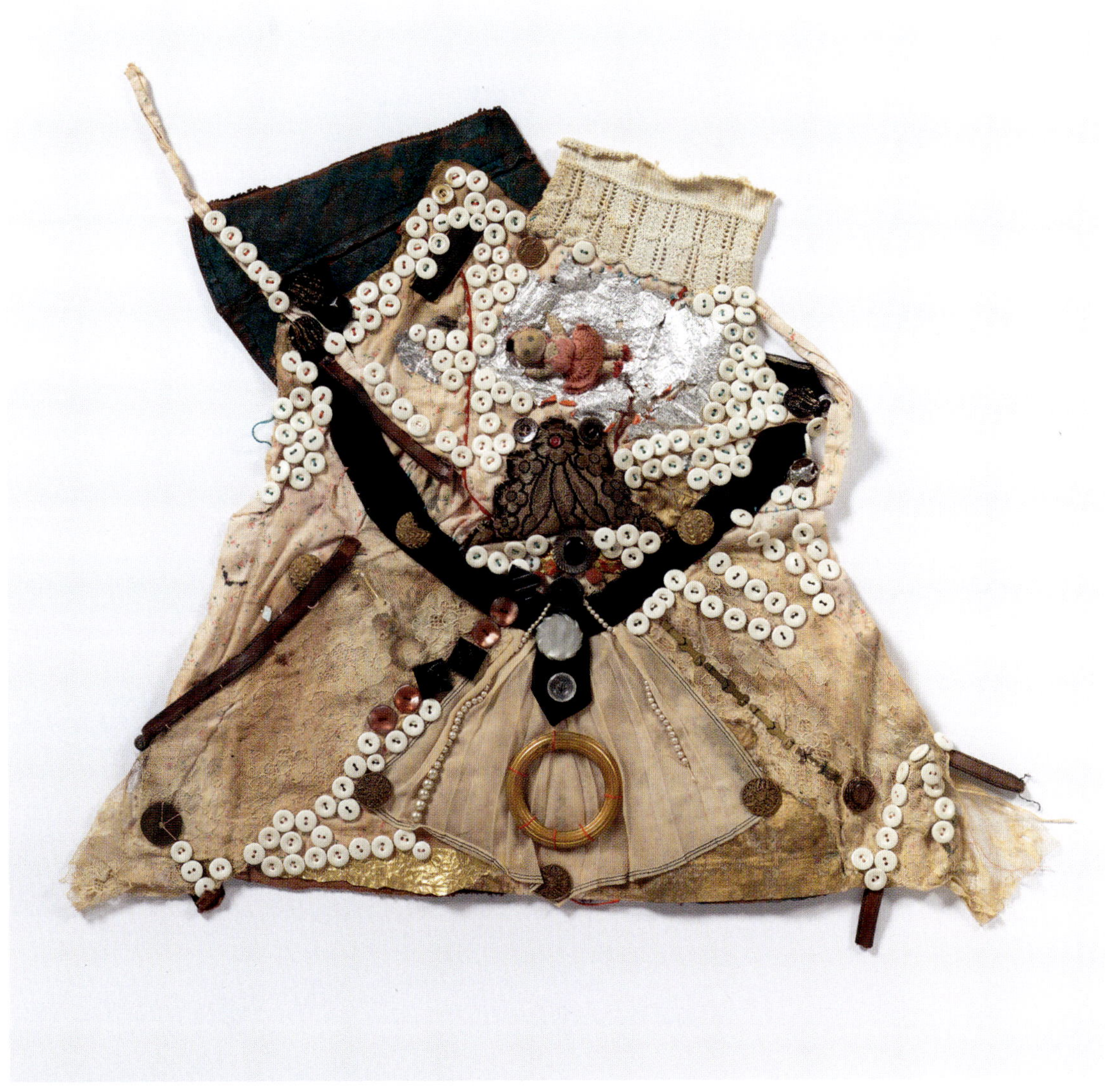

Brenda Heymans, s. t., s. d.,
assemblage de tissus et d'objets de récupération et broderie,
50 x 58 cm.

        LE REGARDEUR (RE)FAIT L'ŒUVRE

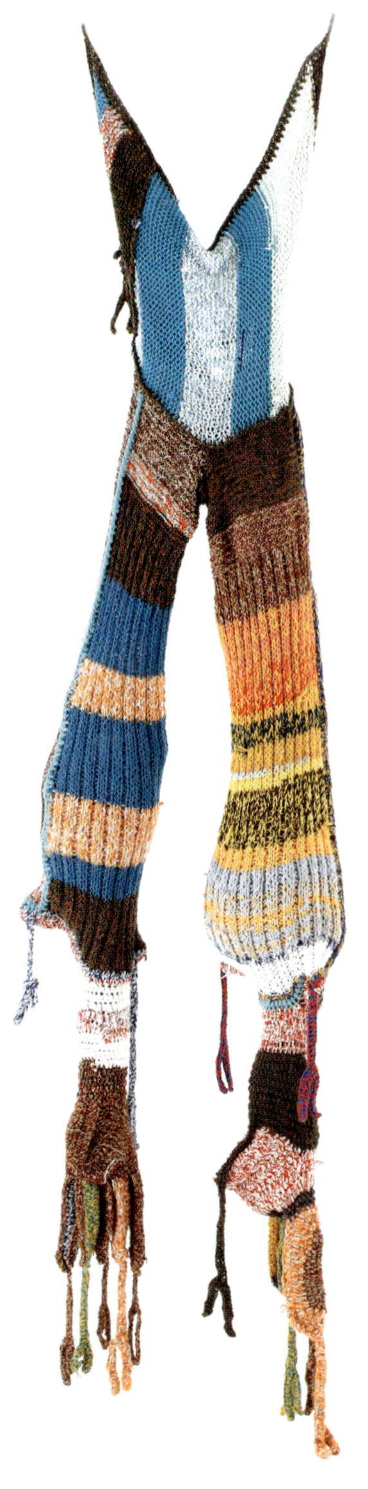

Kenneth Rasmussen, s. t., s. d.,
tricot de coton,
250 x 40 x 5 cm.

“ Attrape-rêve, bouclier des combats nocturnes.
Nid du repos, gagné sur l'ombre. „

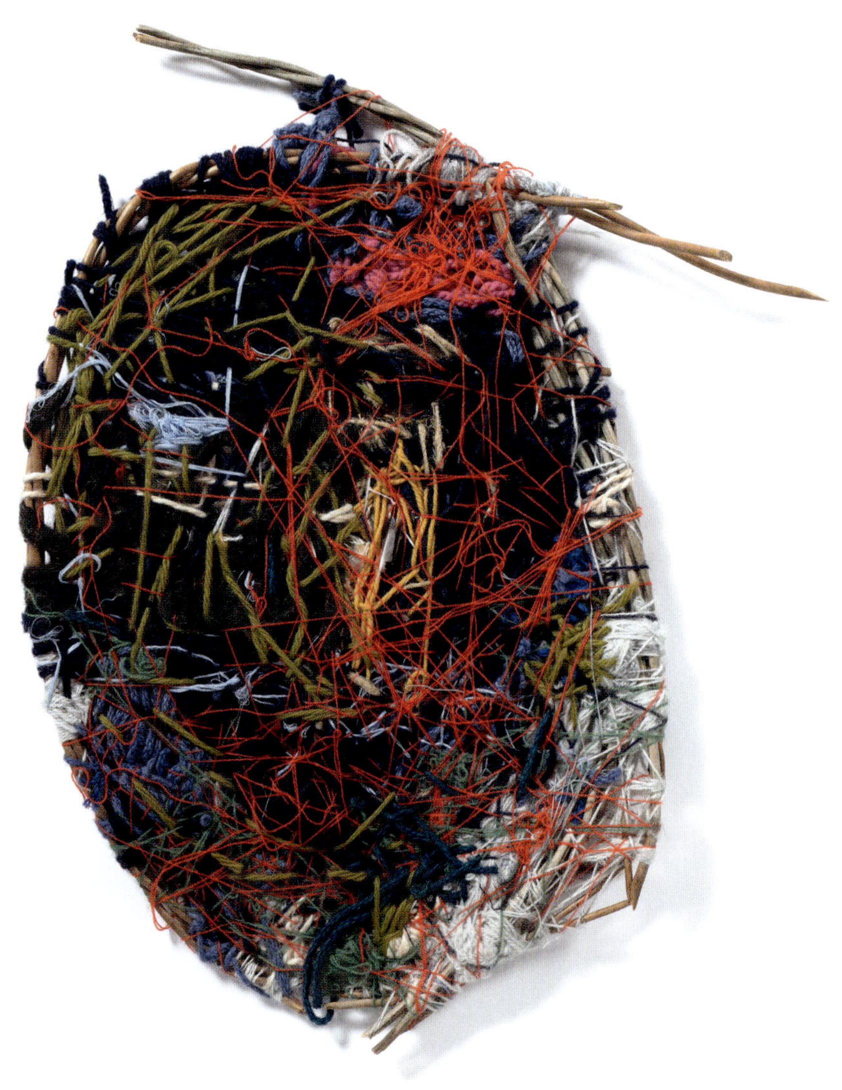

Heide De Bruyne, s. t., s. d.,
assemblage de bois, fils textiles, papier et plumes,
45 x 54 x 3 cm.

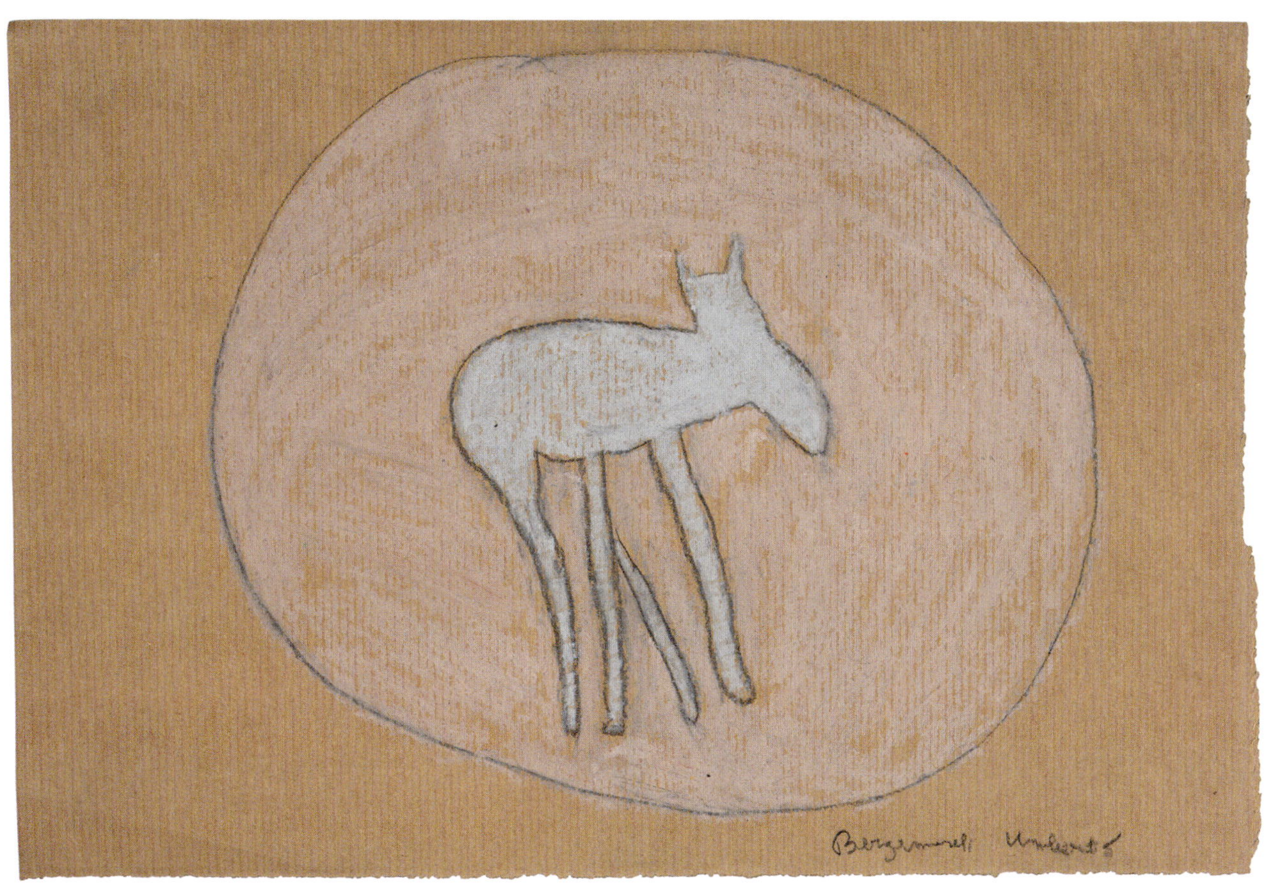

Umberto Bergamaschi, s. t., 2002,
crayon graphite et pastel sec sur papier kraft,
23 x 33 cm.

" Petit cheval, fragile
promesse en sa bulle
d'ambre douce. ,,

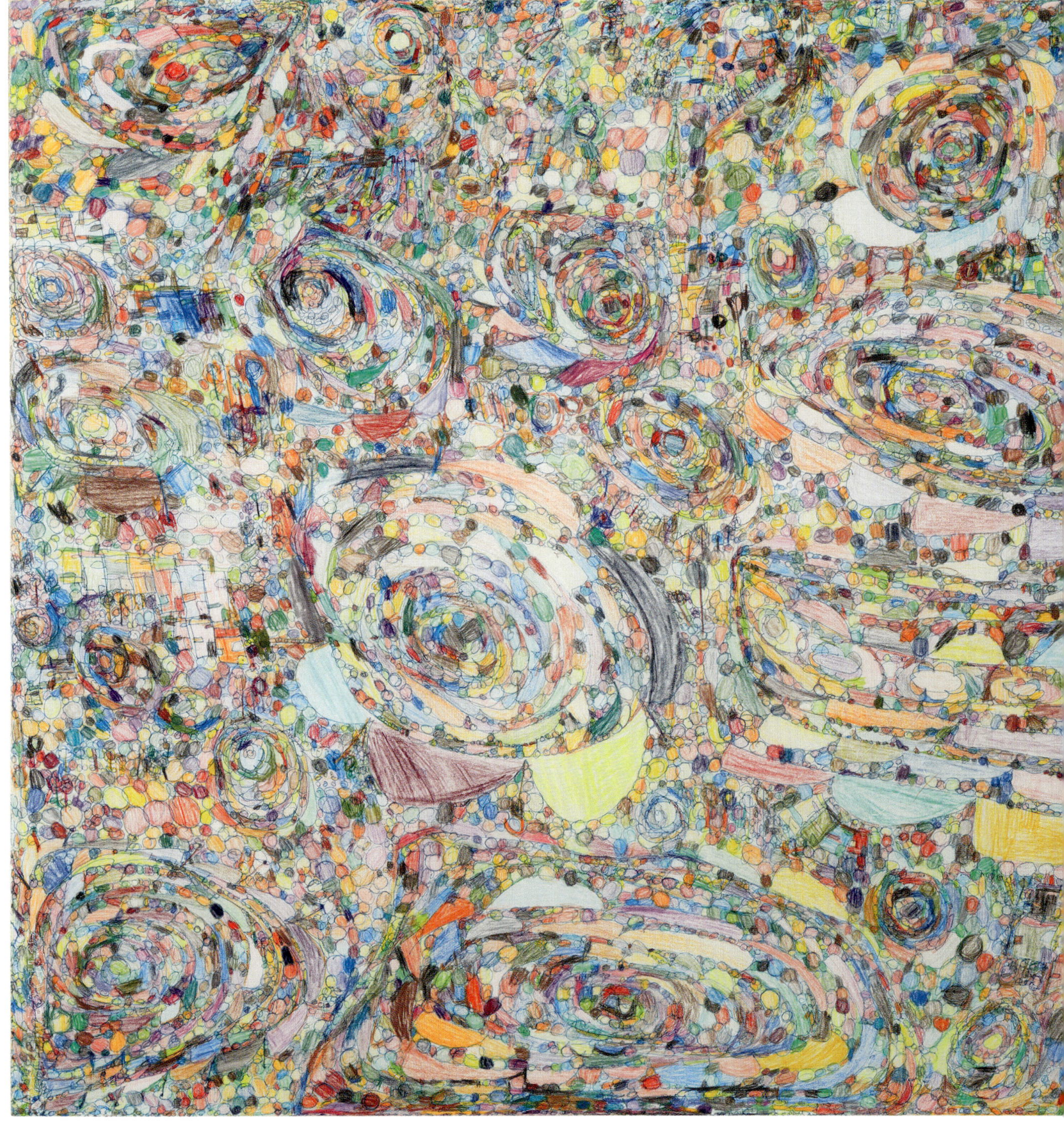

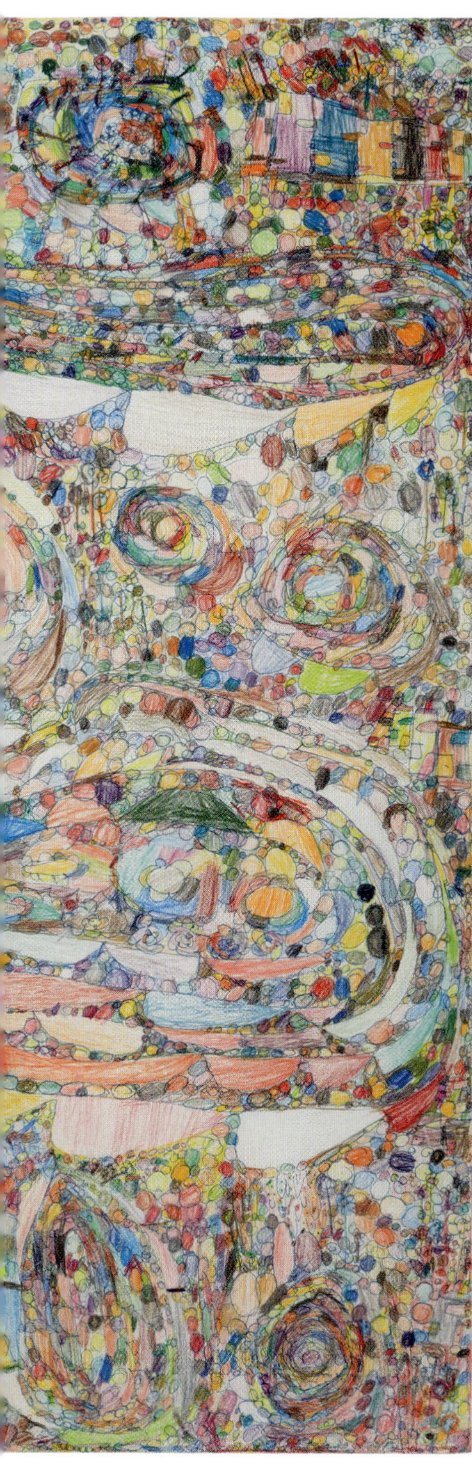

> " Au labyrinthe des couleurs,
> les galets sont rois qui,
> infiniment, nous égarent. „

Martine Copenaut, s. t., 1995,
stylo à bille et crayon de couleur sur papier,
55 x 73 cm.

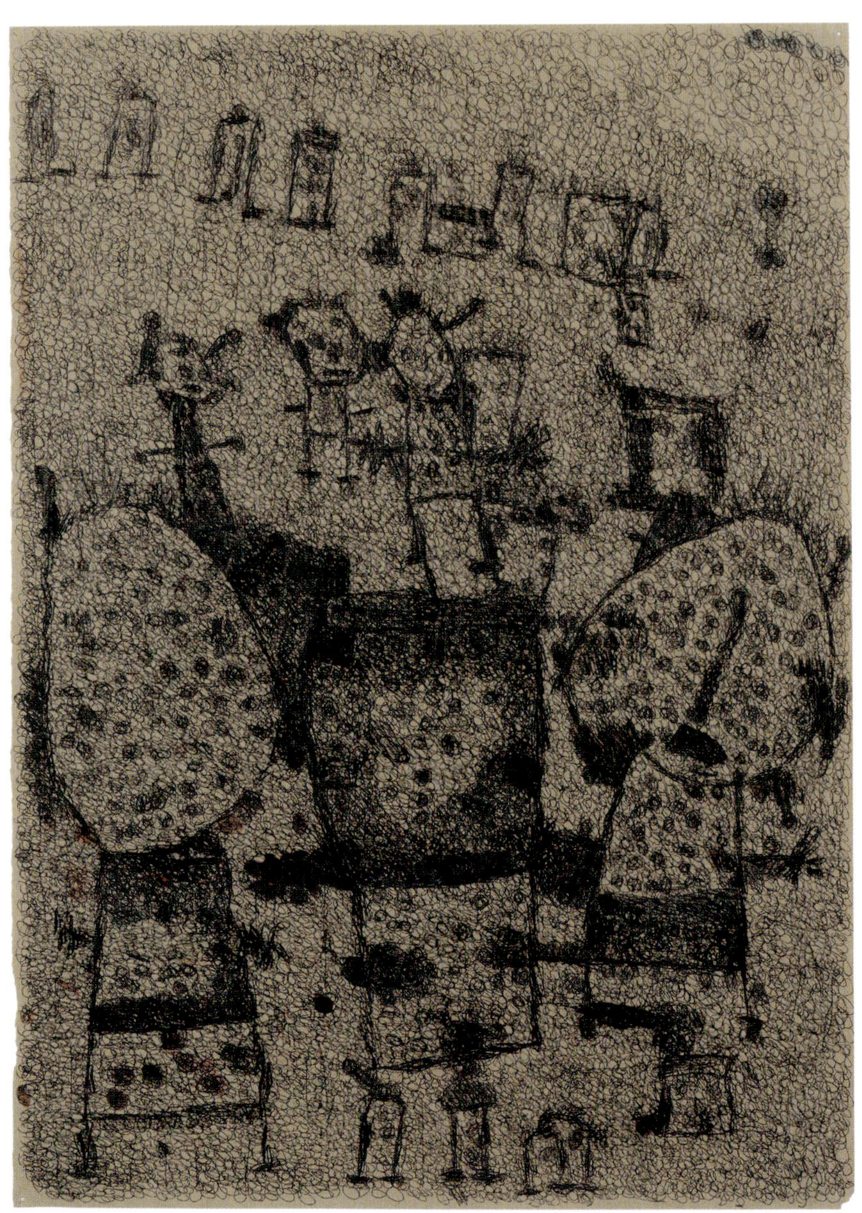

Fernanda Reyns, s. t., s. d.,
stylo à bille sur papier,
49 x 35 cm.

" Sagesse du sang, de la grenade,
de la fleur rouge confiée à la neige.
Patience du geste. "

Johan Geenens, s. t., s. d.,
acrylique sur toile,
20 x 20 cm.

" Épiderme montagneux,
voies d'en haut
ou d'en bas, chemins
délicats où se perdre. „

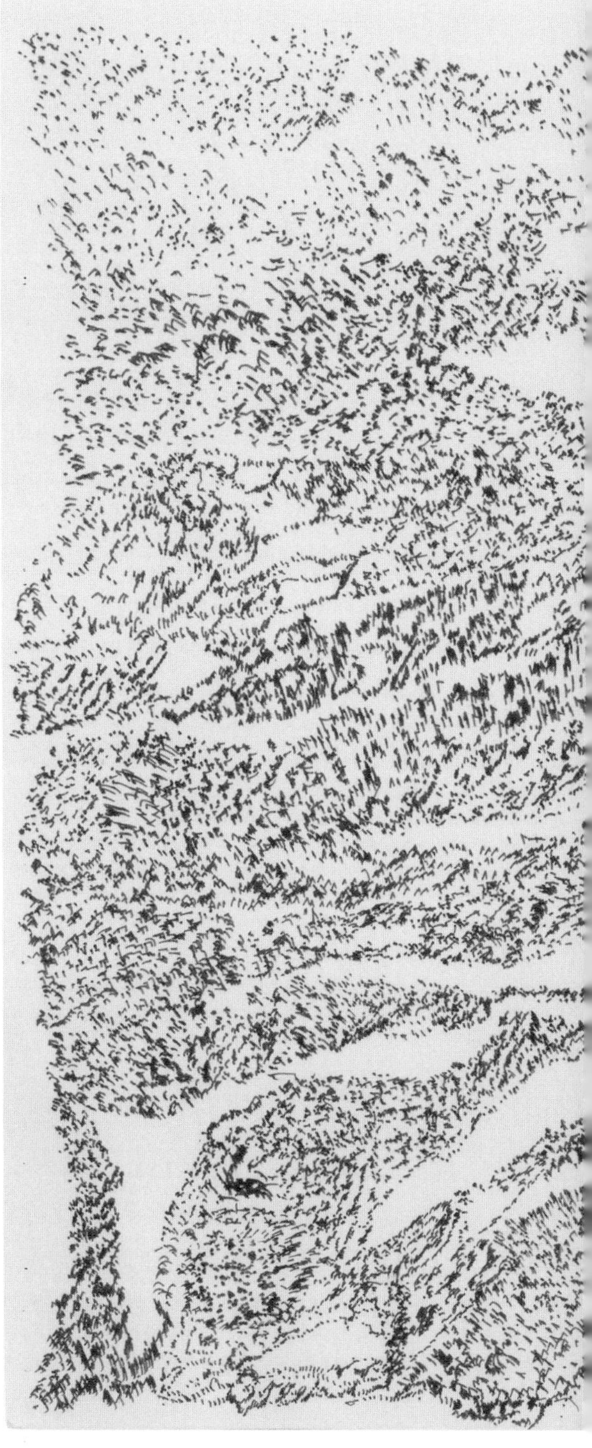

André Prues, s. t., s. d.,
feutre sur papier,
55 x 73 cm.

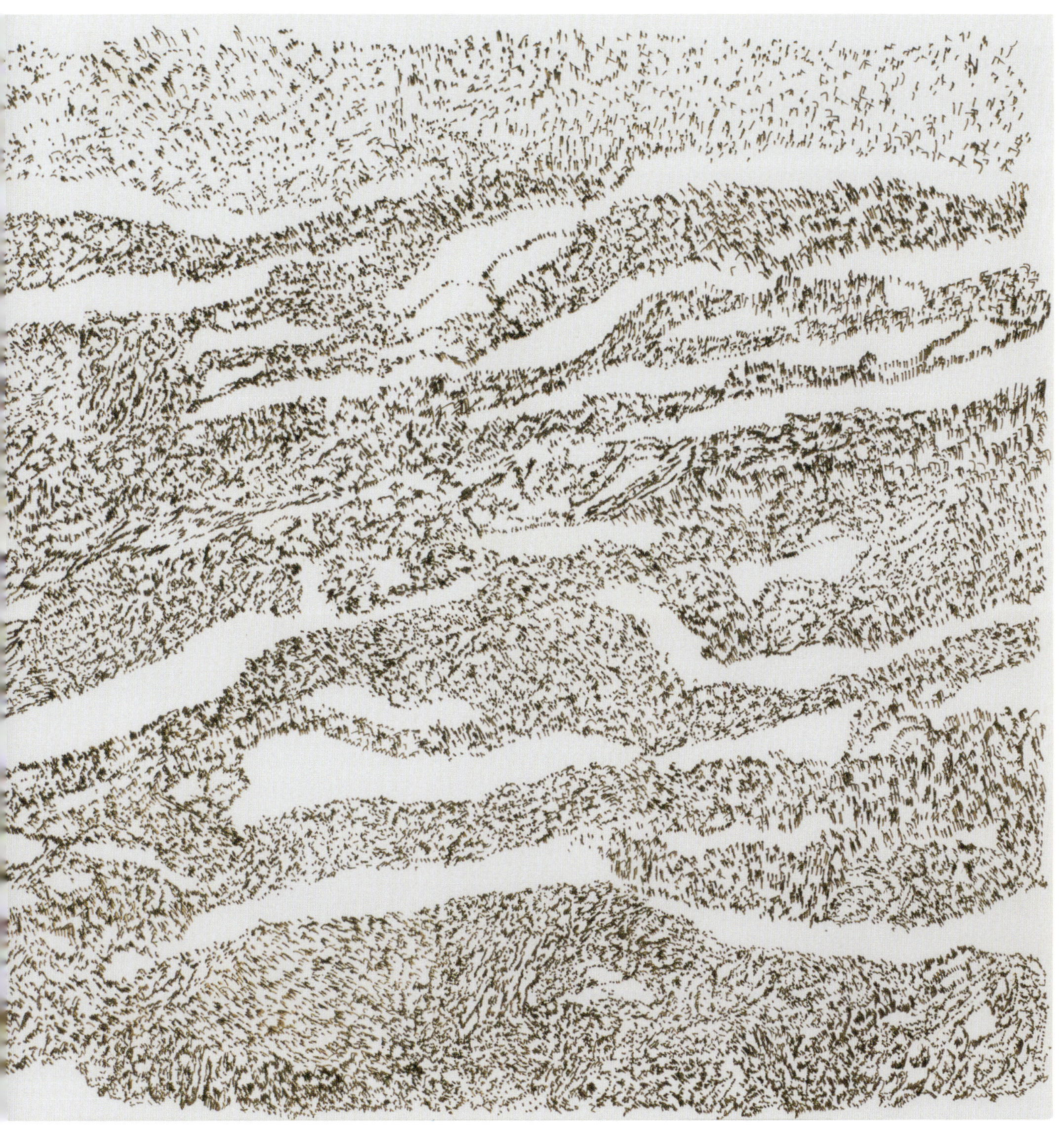

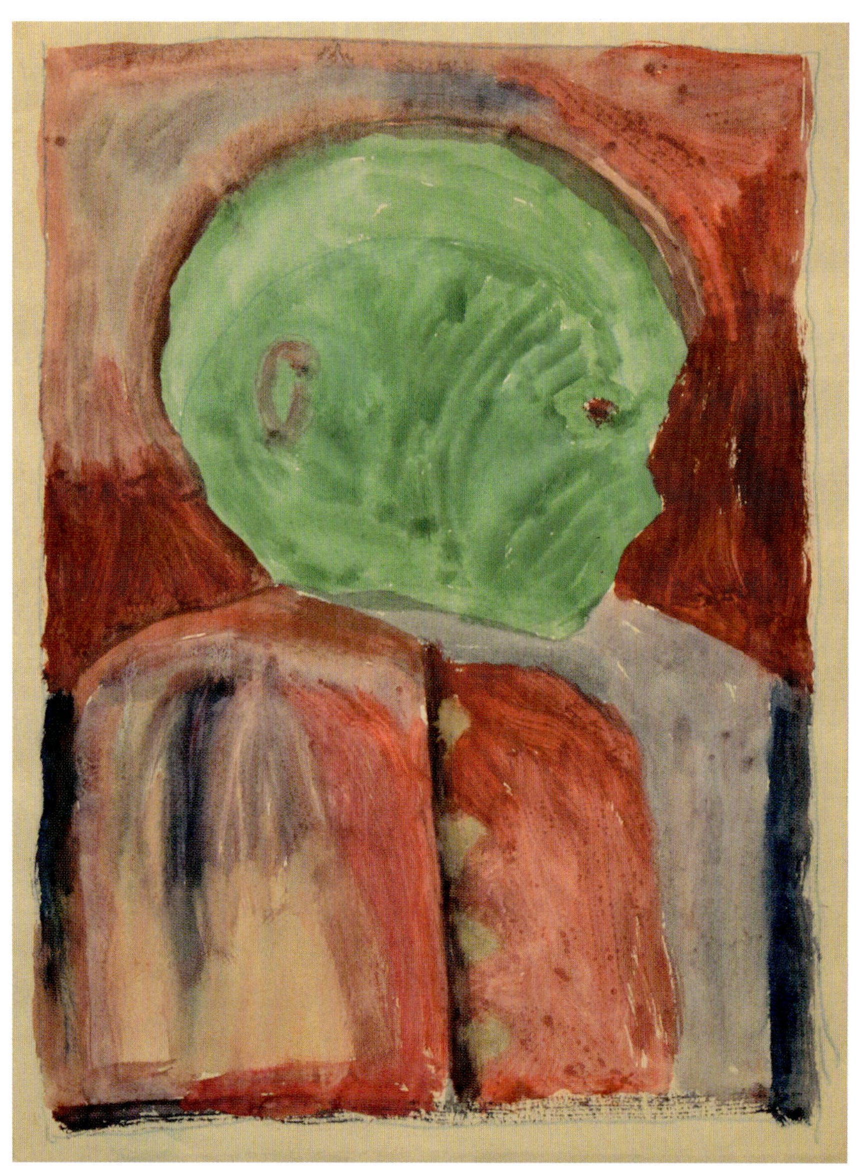

Kazimierz Cycon, s. t., s. d.,
aquarelle et craie grasse sur papier,
42 x 29,5 cm.

 LE REGARDEUR (RE)FAIT L'ŒUVRE

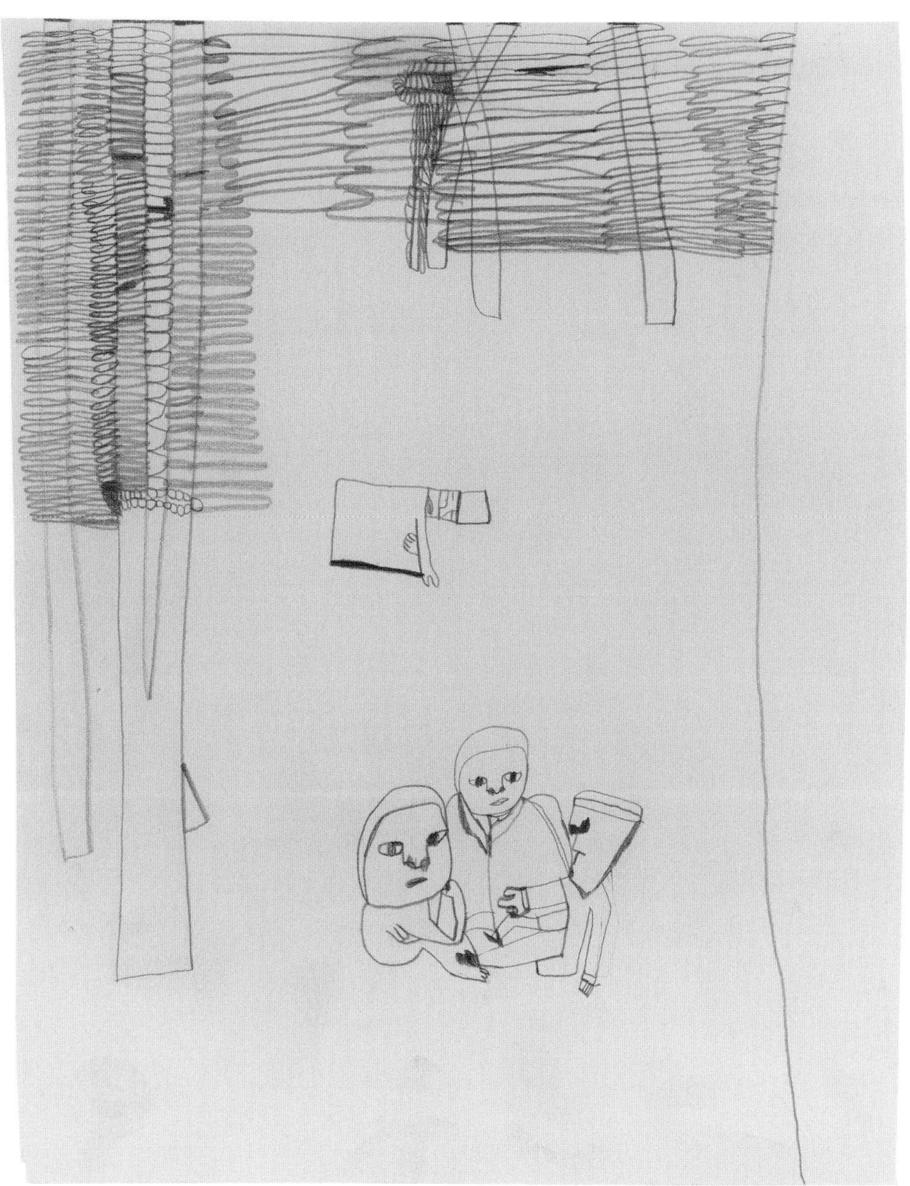

Alexis Lippstreu, s. t., s. d.,
crayon graphite sur papier,
39,5 x 30 cm.

" Le déjeuner sur l'herbe. On s'y amuse gravement, légèrement, nourris par un magicien du trait. „

ŒUVRES CHOISIES

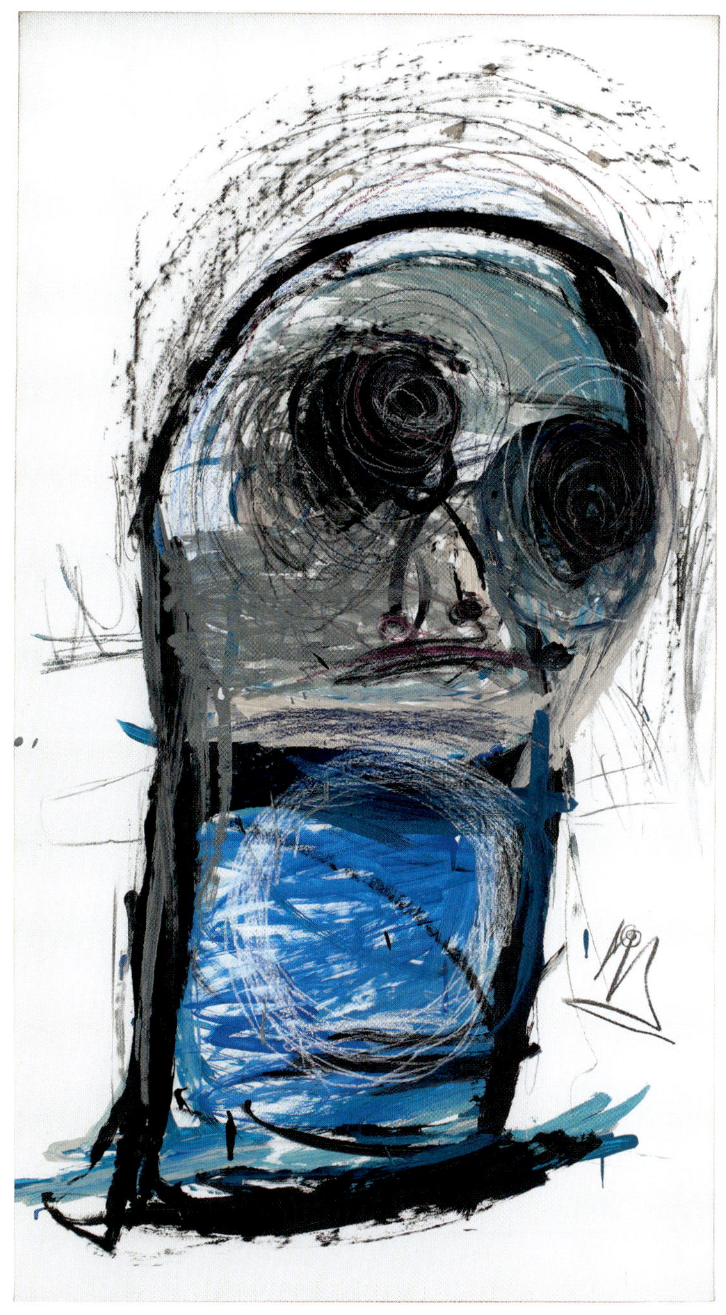

Daniel Sterckx, s. t., s. d.,
craie grasse et acrylique sur toile,
151 x 73 cm.

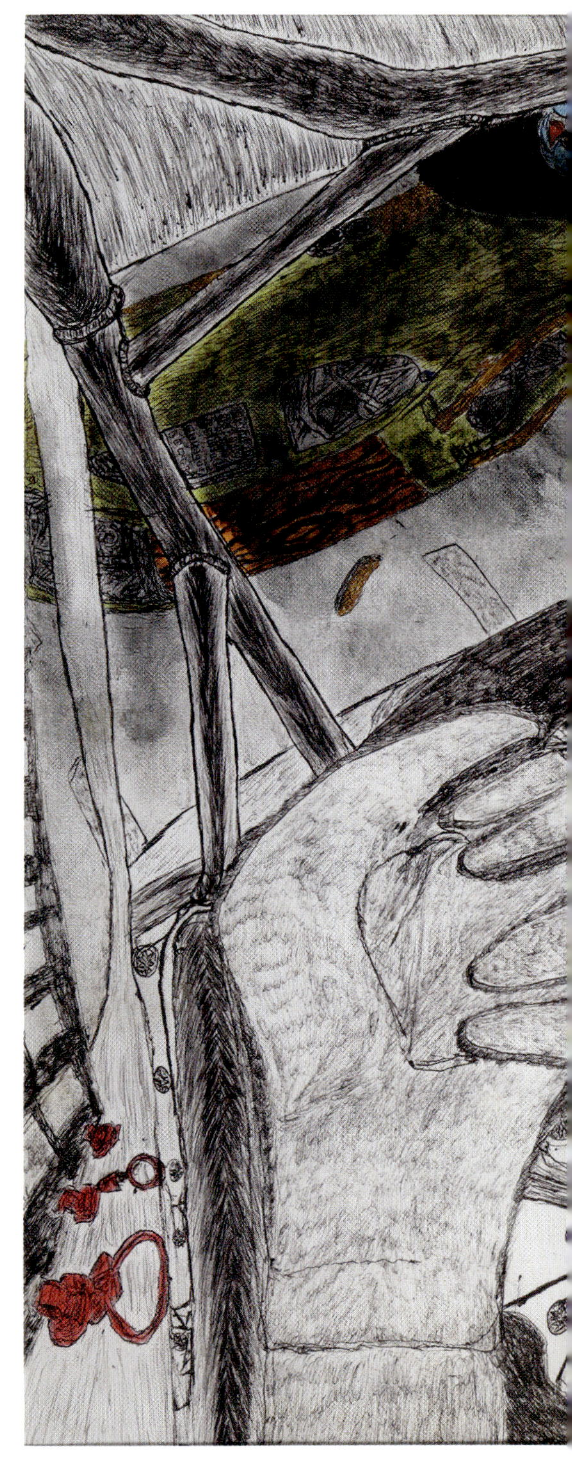

David Houis, s. t., s. d.,
crayon de couleur, craie grasse, feutre et acrylique sur papier,
62,5 x 82 cm.

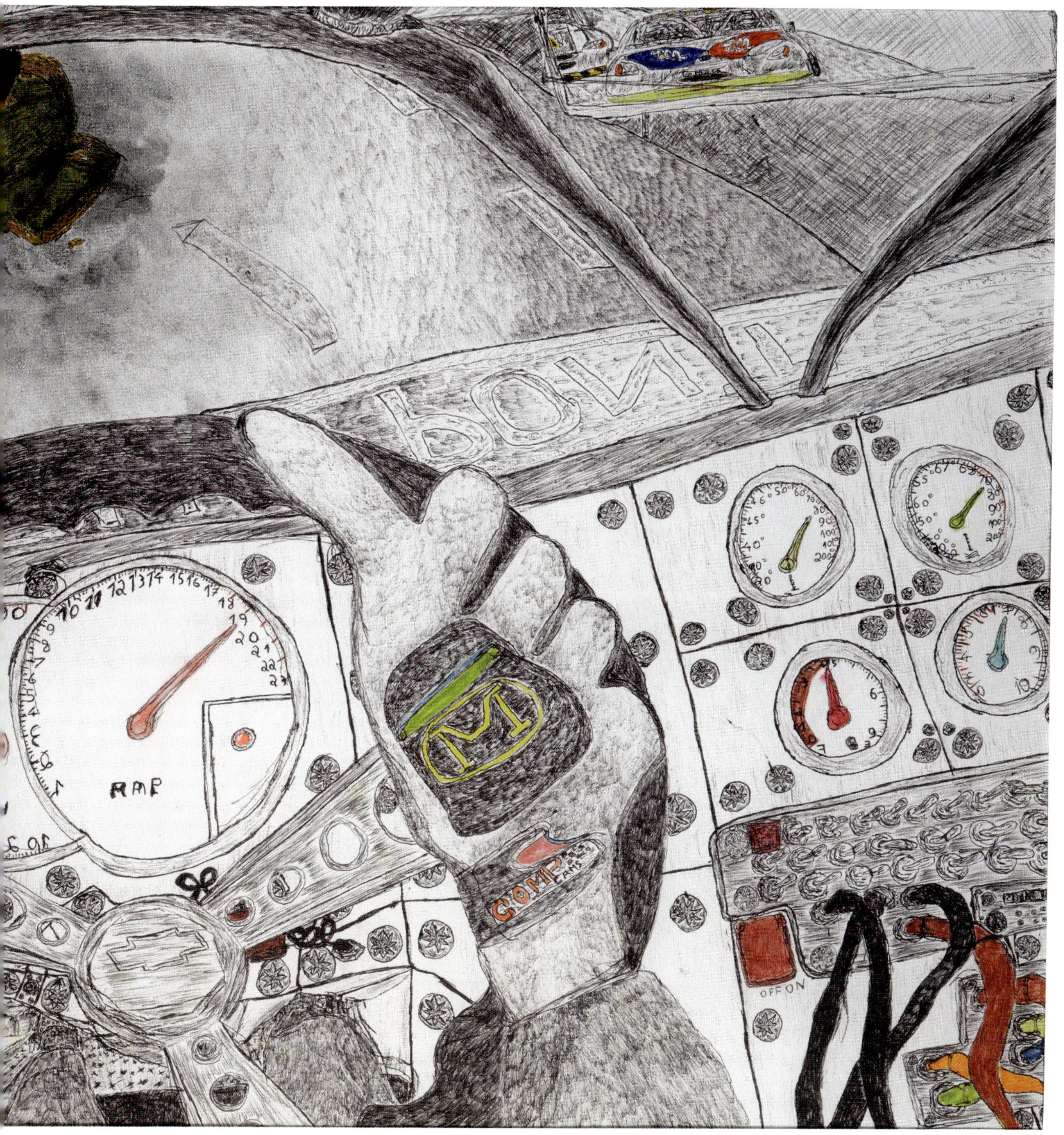

RAP
M
COMP
OFF ON

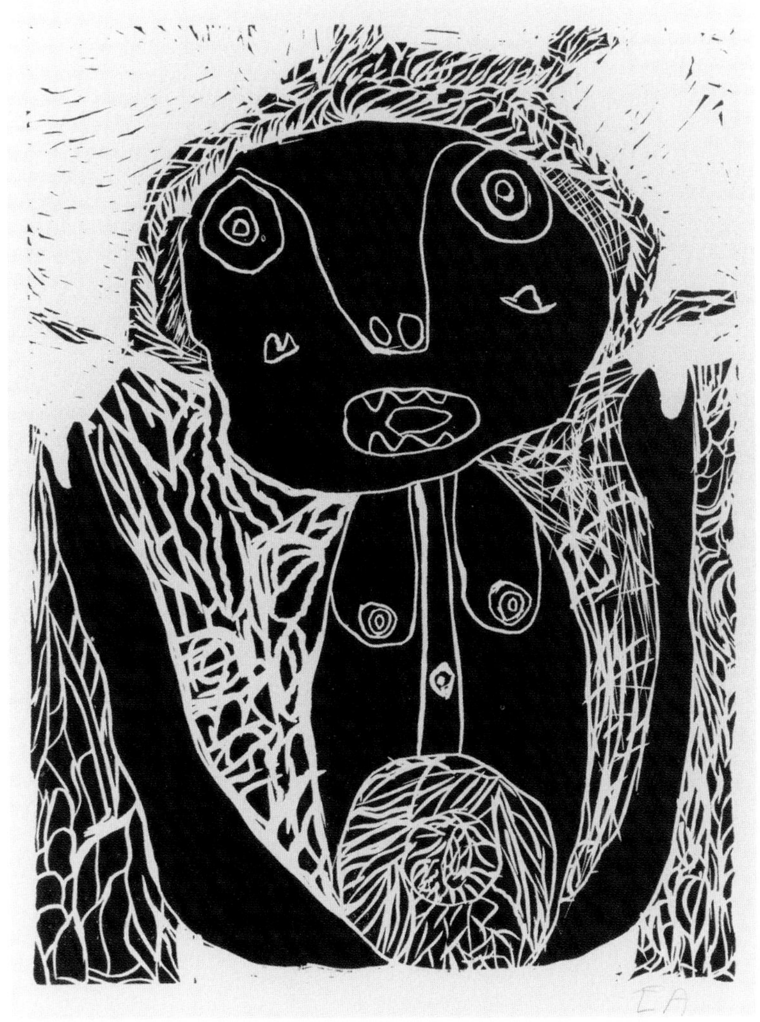

Jean-Marie Heyligen, s. t., 1986,
linogravure,
34 x 30 cm.

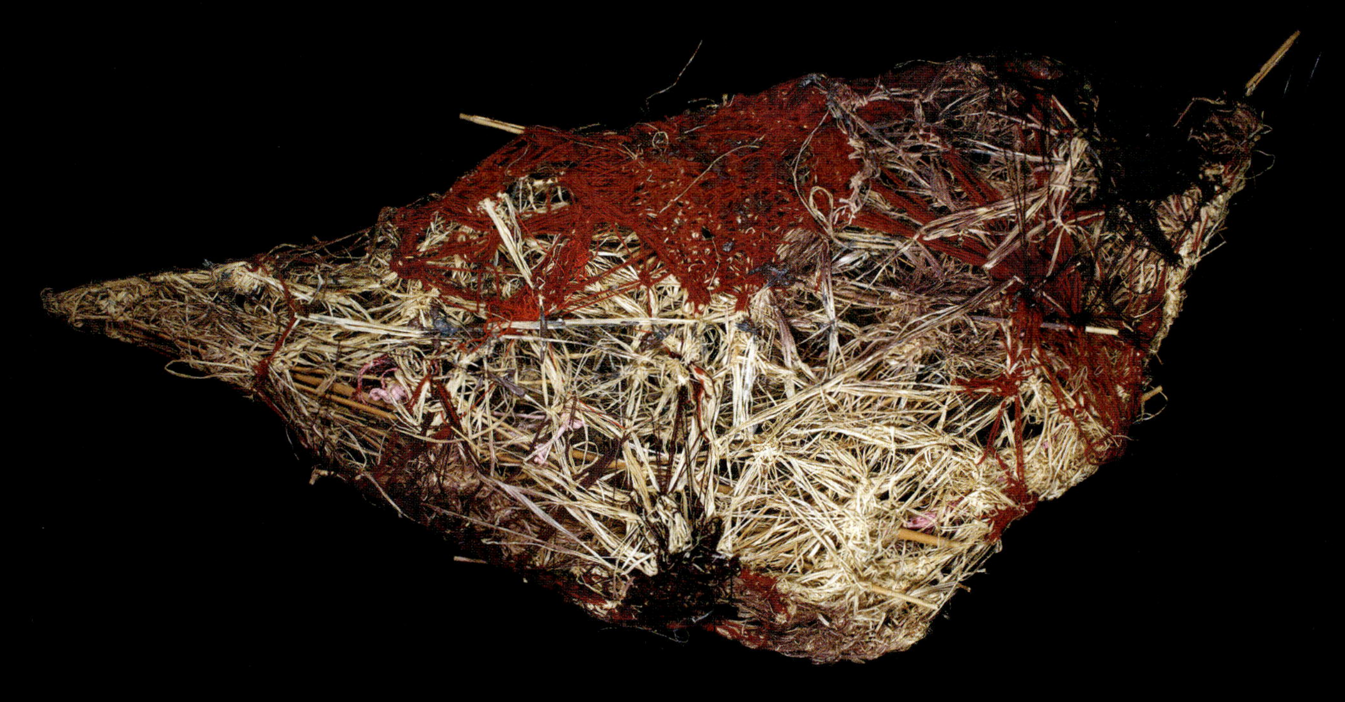

Heide De Bruyne, s. t., s. d.,
assemblage de bois, laine et raphia et acrylique,
70 x 160 x 30 cm.

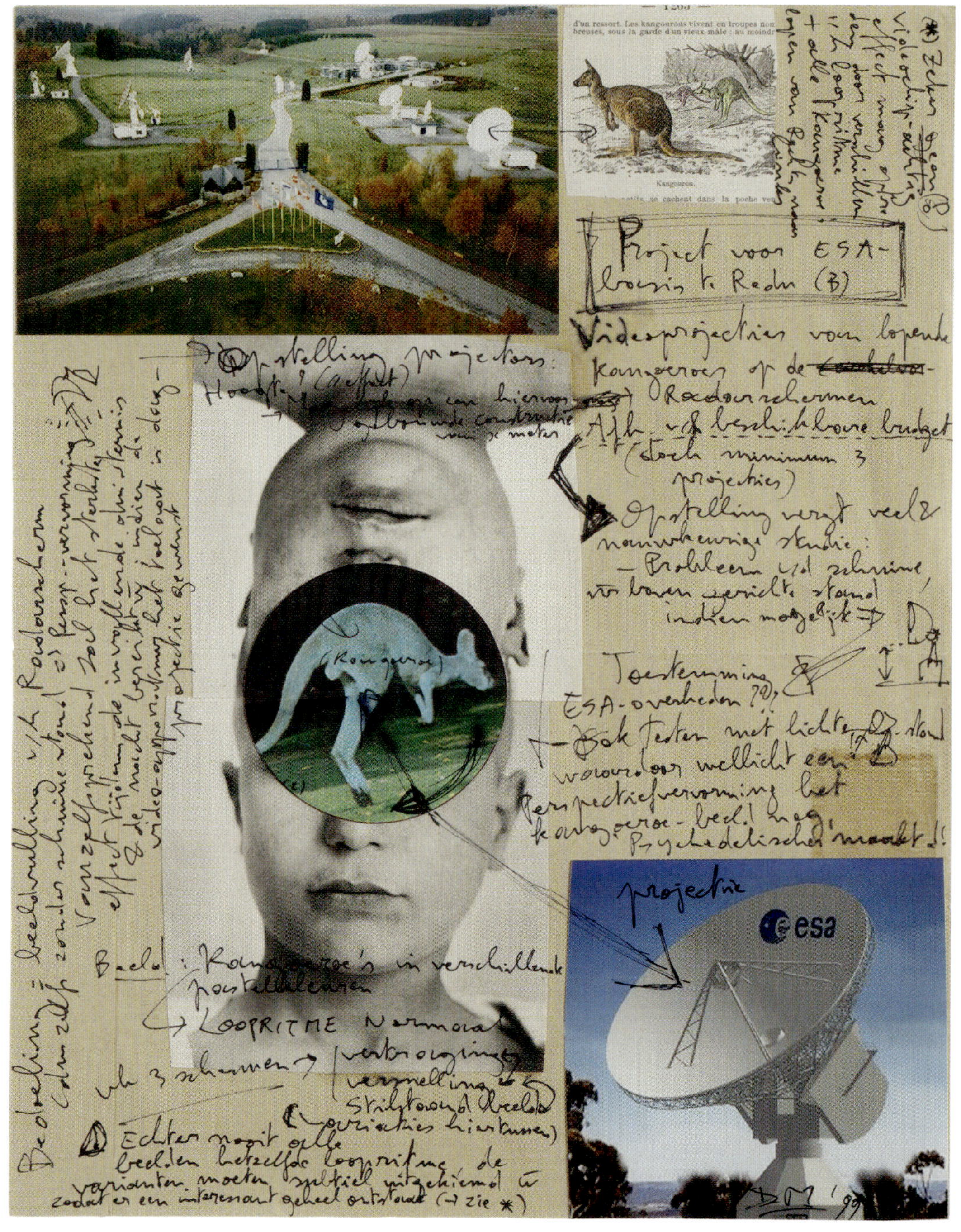

Dirk Martens, s. t., 1999,
collage et encre sur papier,
30 x 23 cm.

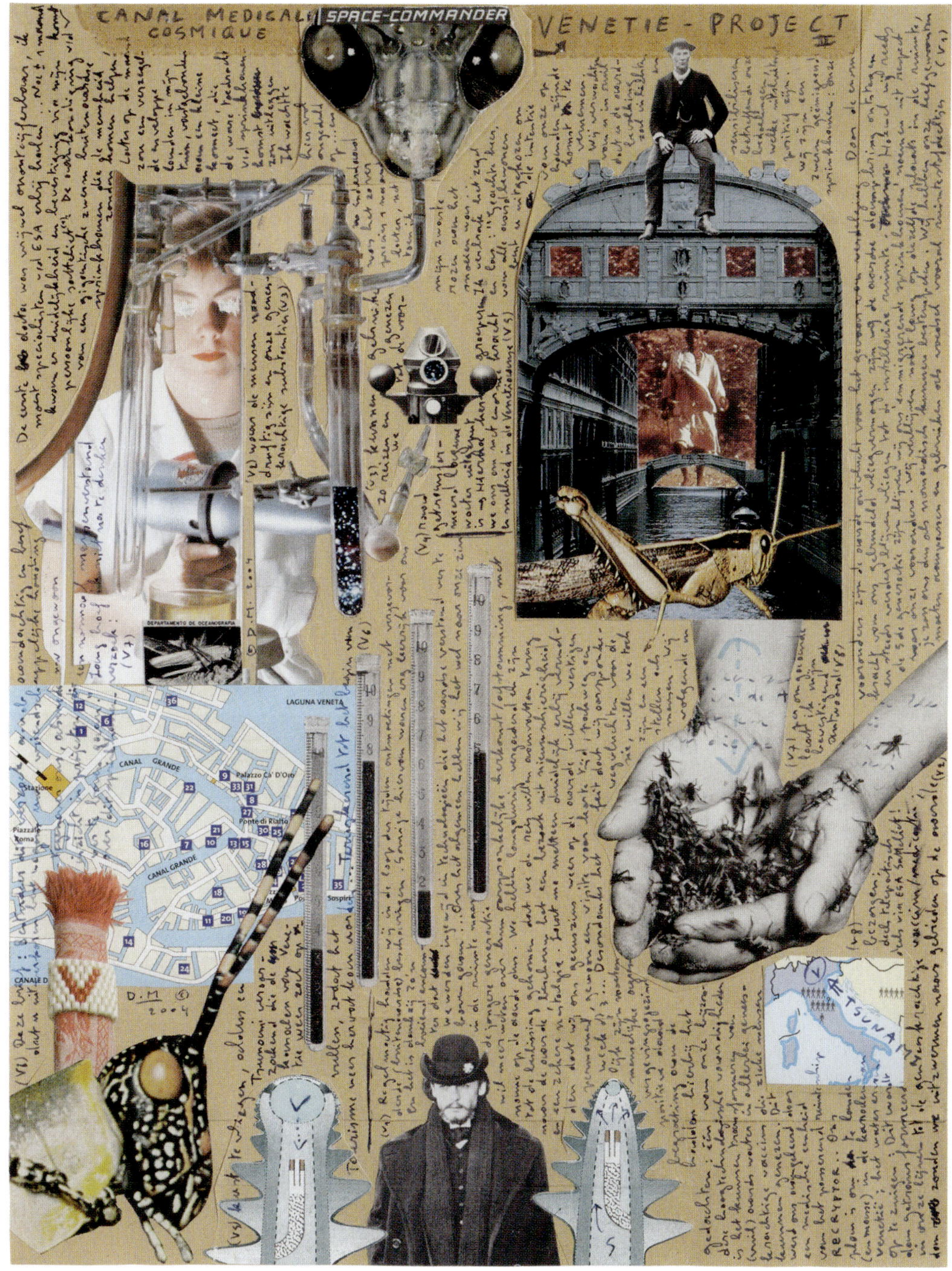

Dirk Martens, s. t., s. d.,
collage et encre sur papier,
32,5 x 24 cm.

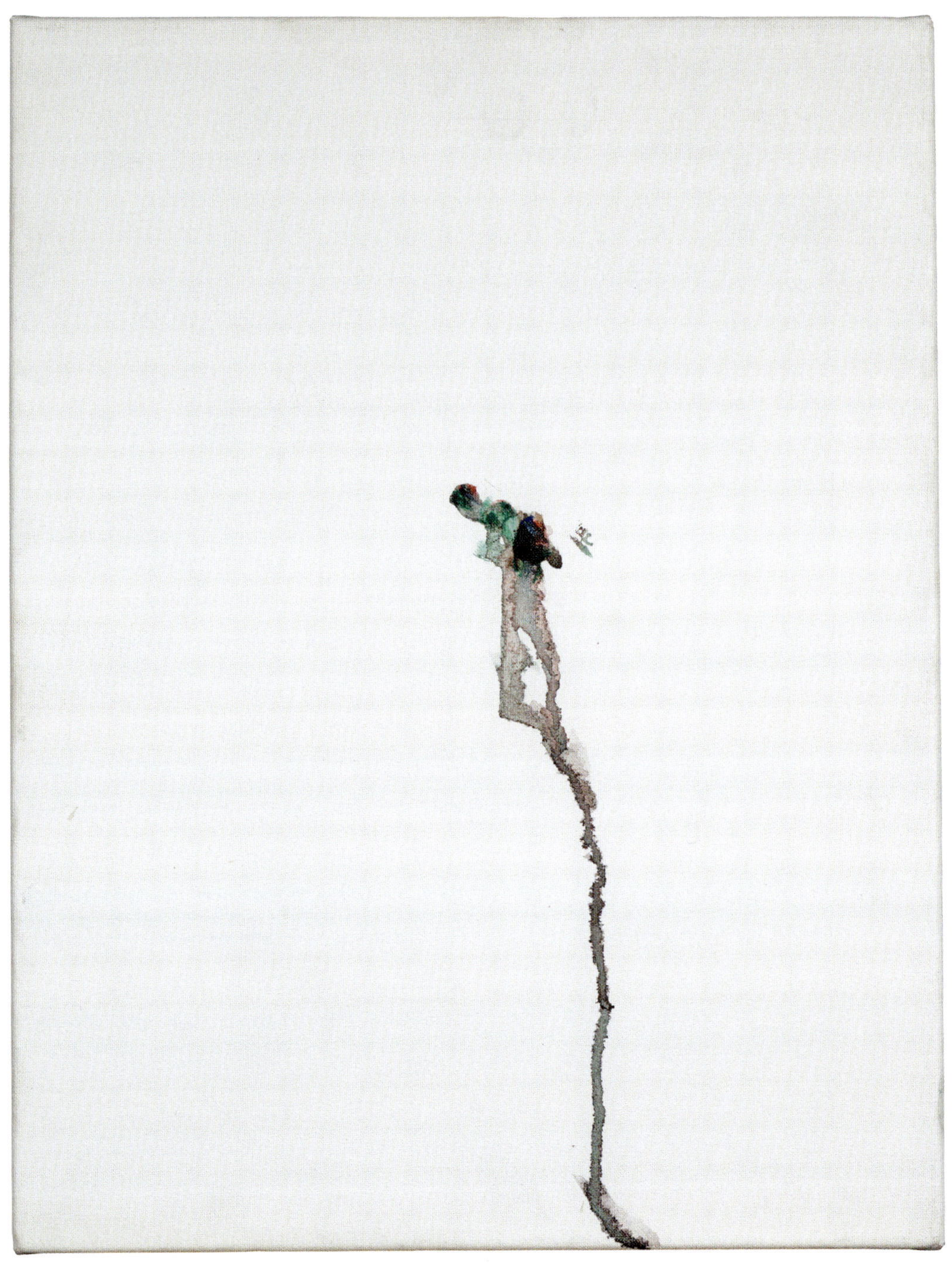

Johan Geenens, s. t., s. d.,
acrylique sur toile,
40 x 30 cm.

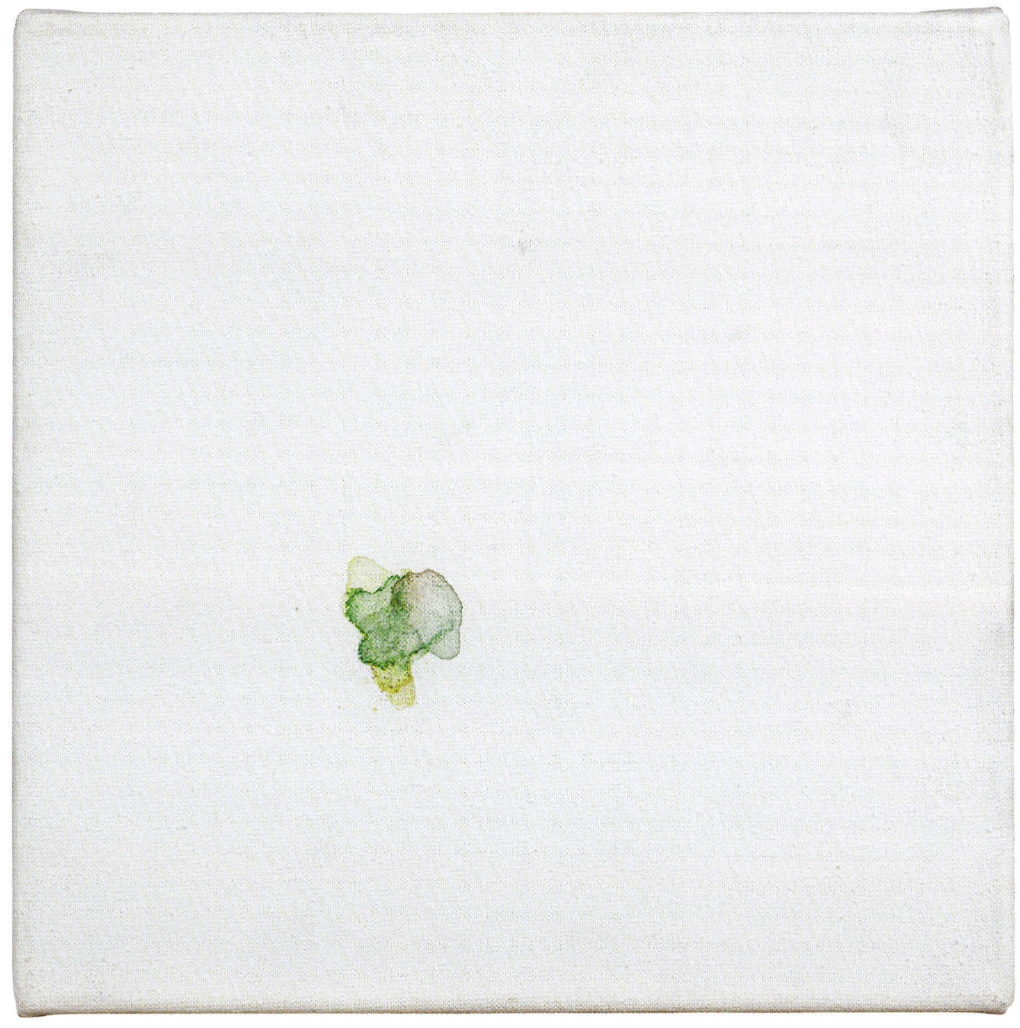

Johan Geenens, s. t., s. d.,
acrylique sur toile,
20 x 20 cm.

Jill Galliéni, *Prières à Sainte Rita*, s. d.,
encre sur papier,
20,8 x 14,8 cm.

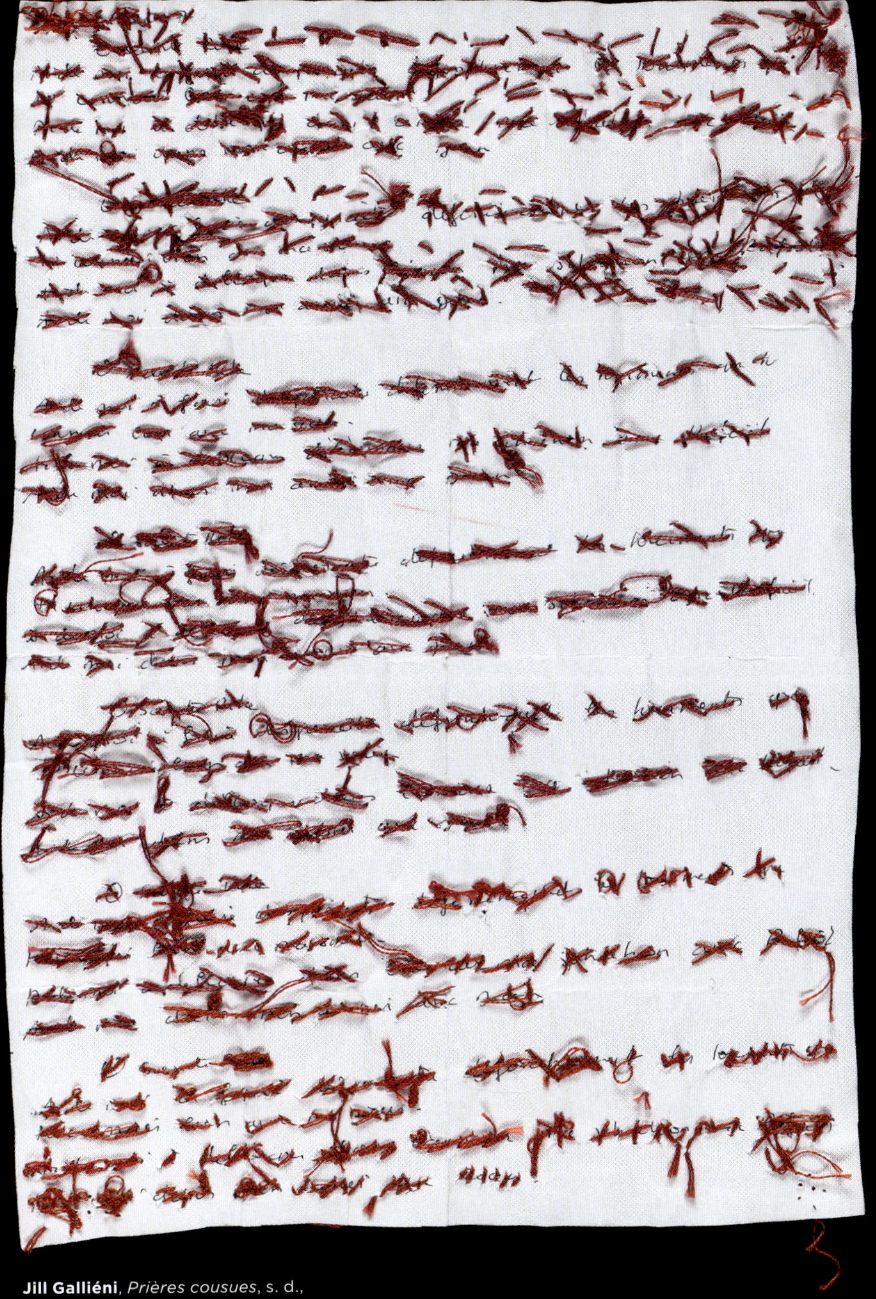

Jill Galliéni, *Prières cousues*, s. d.,
fil brodé sur papier,

Jeroen Hollander, s. t., s. d.,
feutre sur papier,
24 x 31,5 cm.

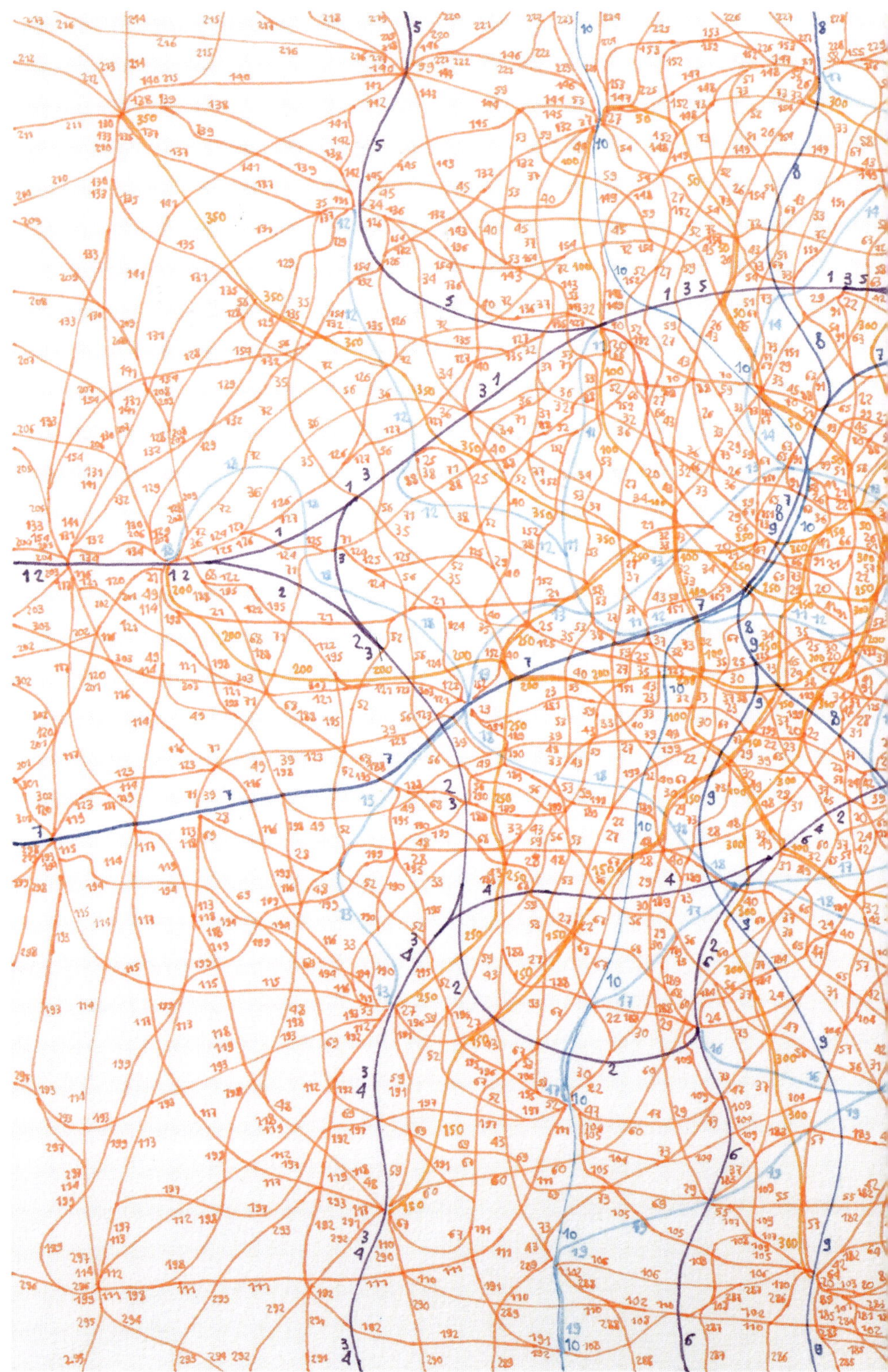

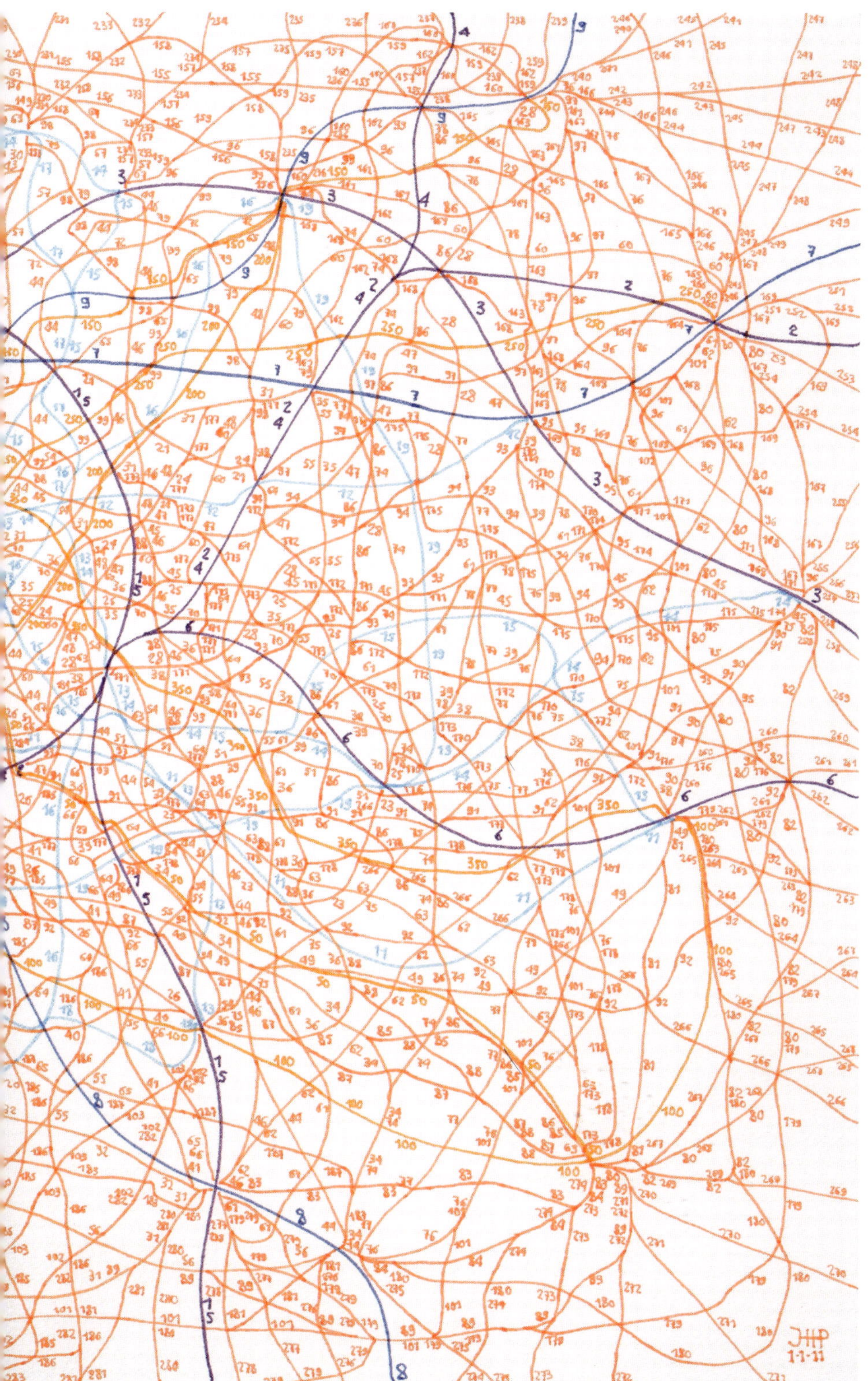

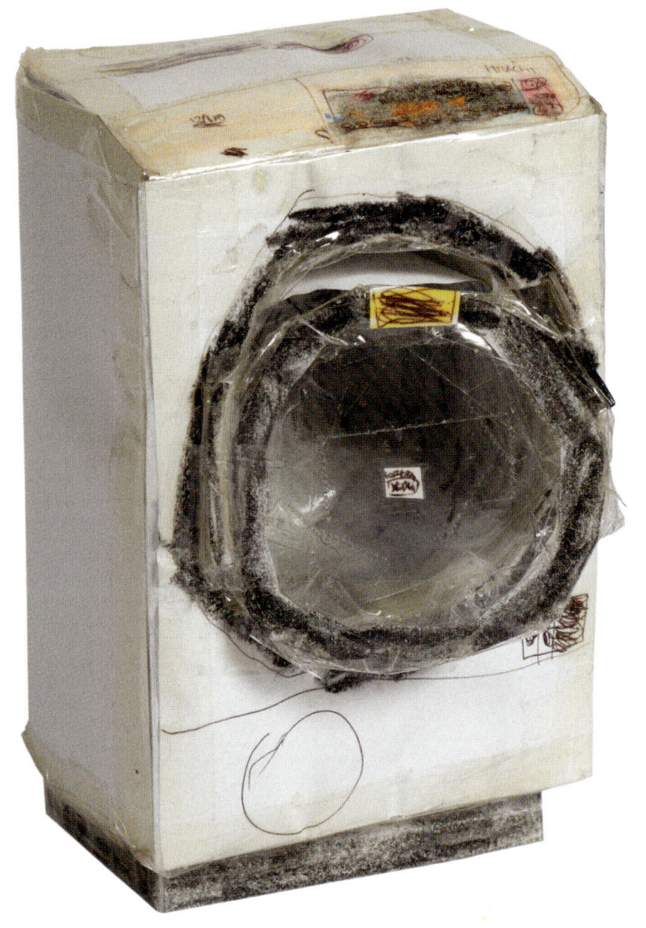

Tomoaki Sakai, s. t., s. d.,
assemblage de carton, adhésif et éléments en plastique,
16 x 9,5 x 7,5 cm.

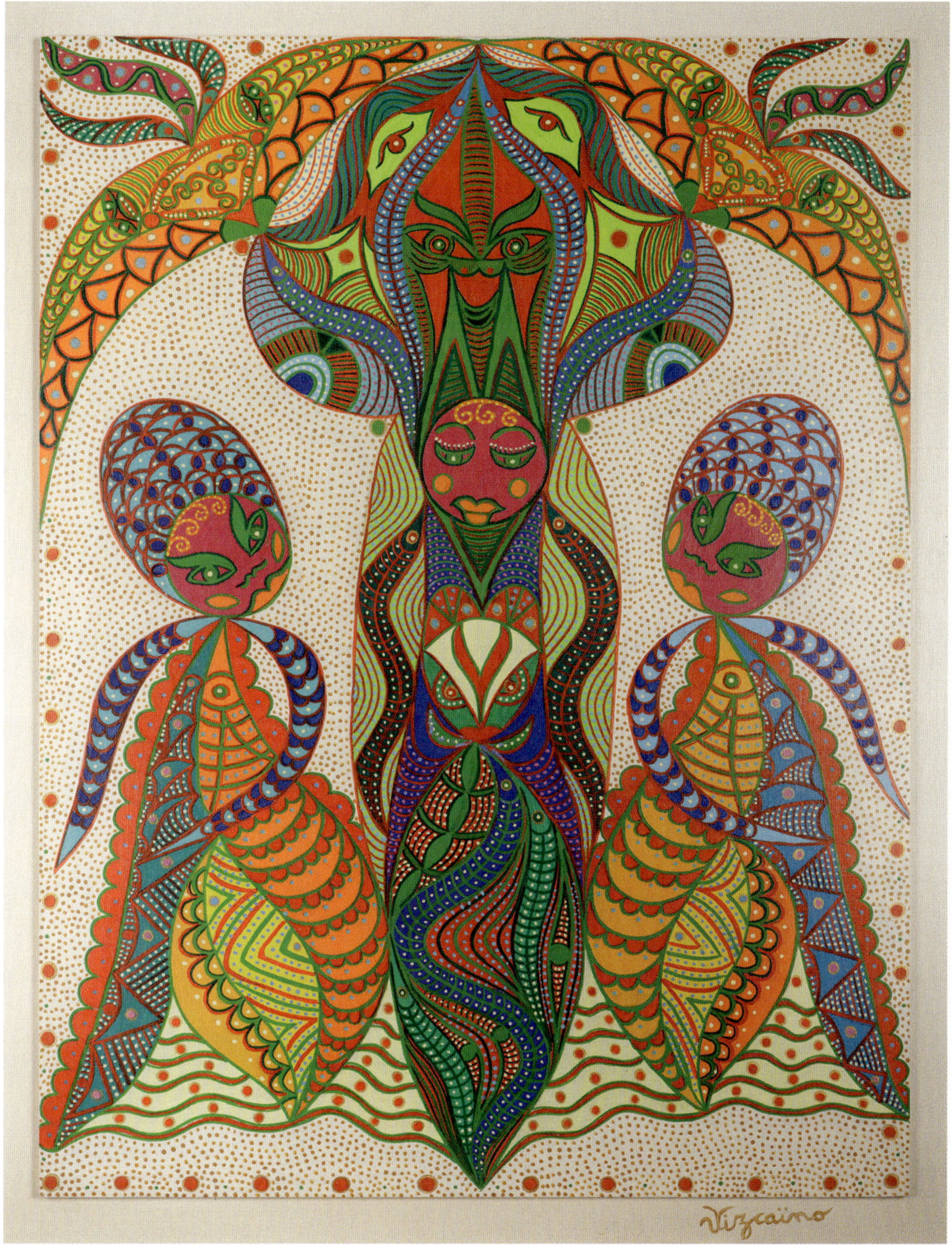

Jacqueline Vizcaïno, s. t., s. d.,
gouache sur bois,
90 x 63 cm.

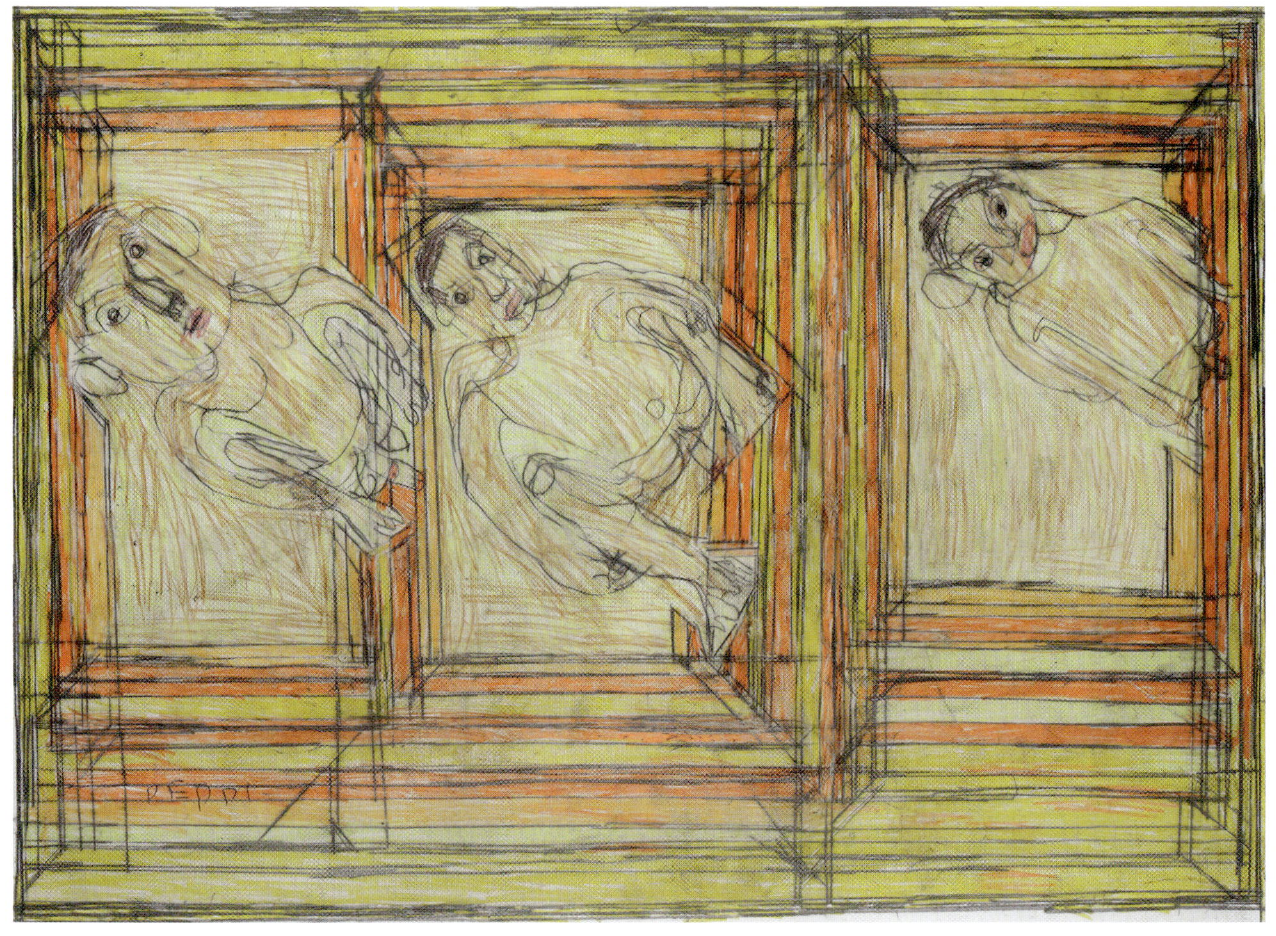

Josef Hofer, s. t., 2006,
crayon graphite et crayon de couleur sur papier,
44 x 60 cm.

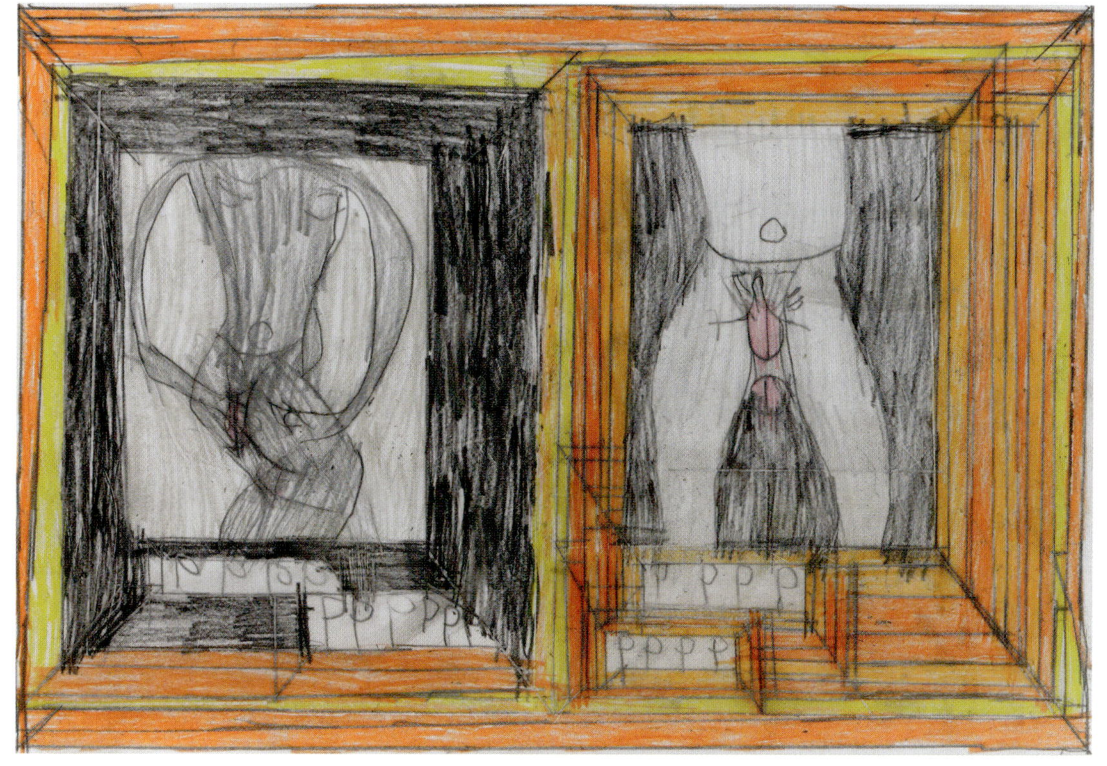

Josef Hofer, s. t., s. d.,
crayon graphite et crayon de couleur sur papier,
29,5 x 42 cm.

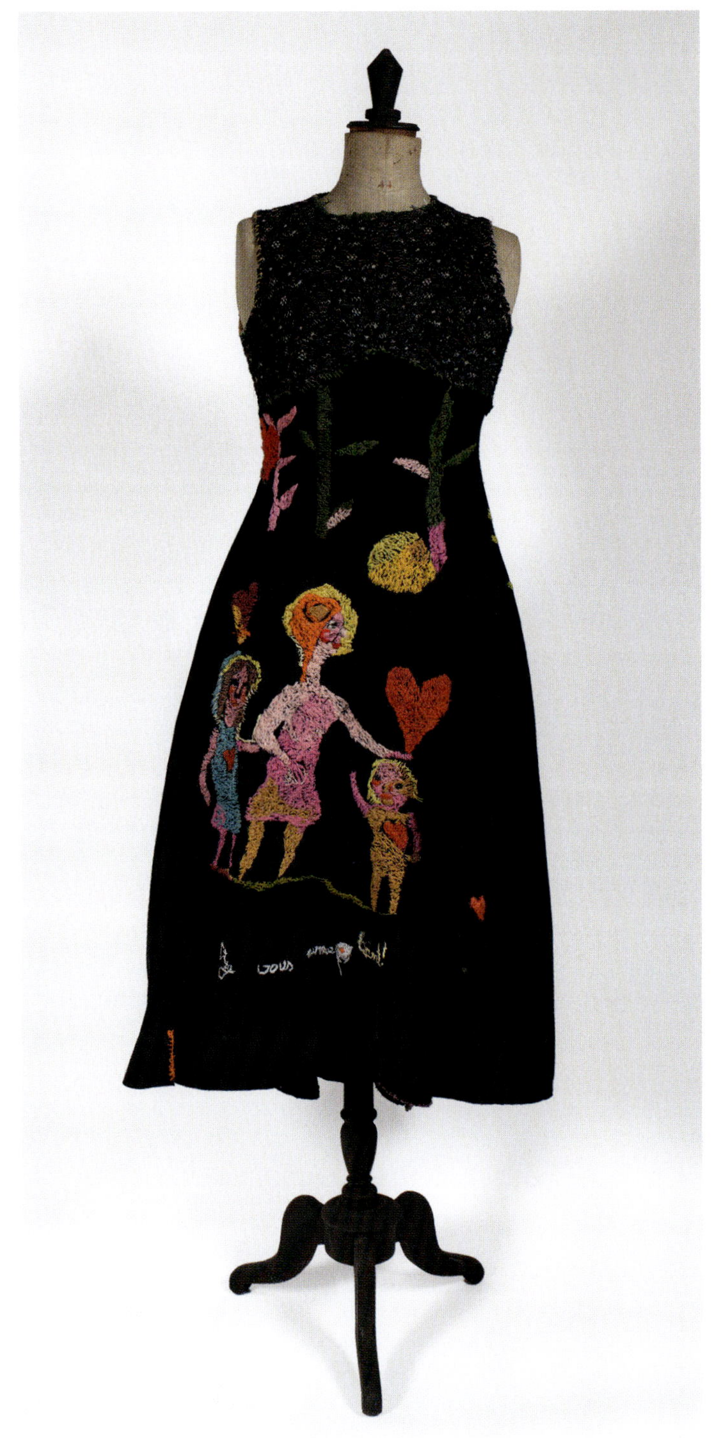

Caroline Dahyot, s. t., s. d.,
robe brodée sur mannequin,
178 x 57 cm.

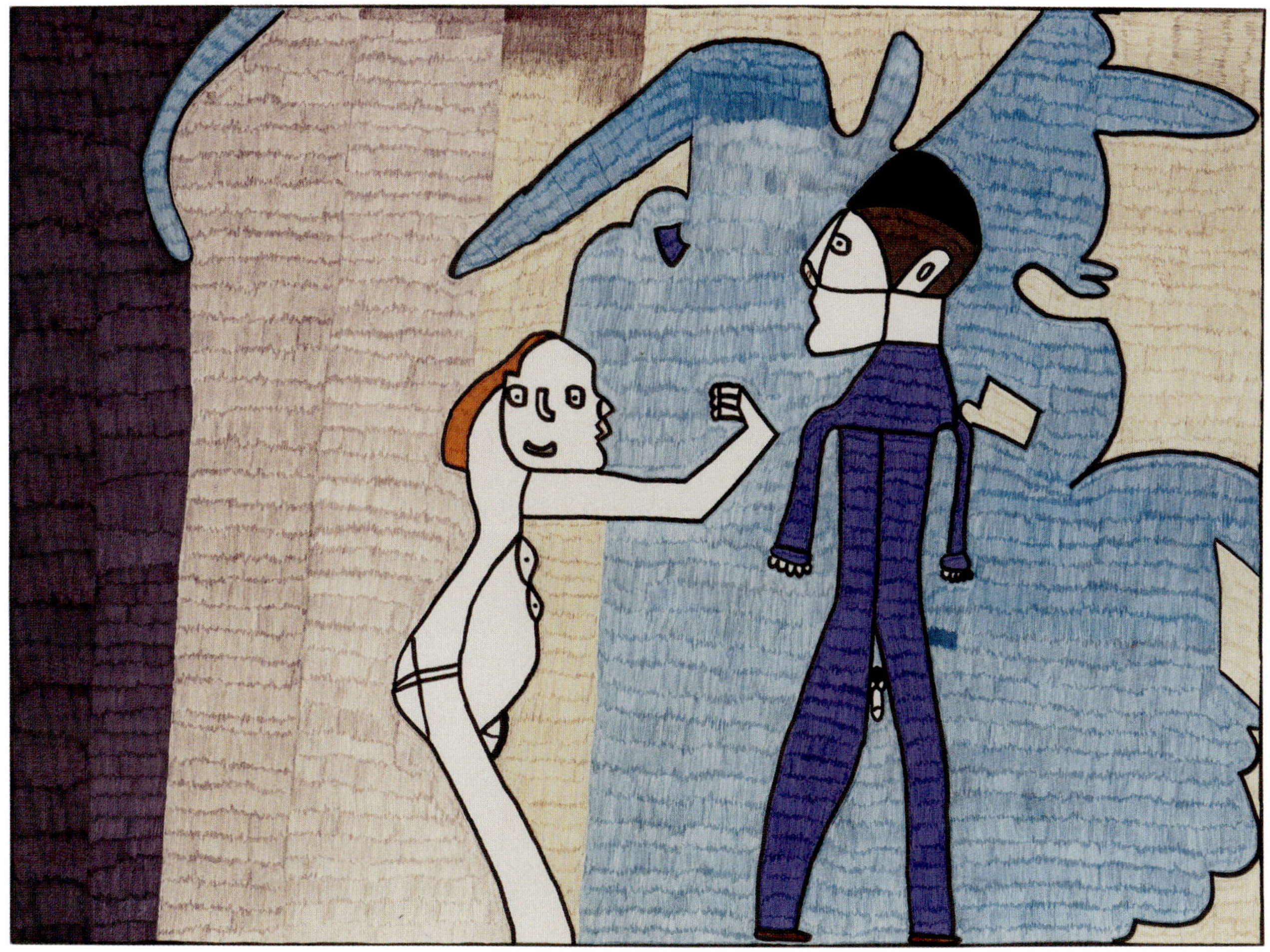

Georges Cauchy, s. t., 2004,
feutre sur papier,
55 x 73 cm.

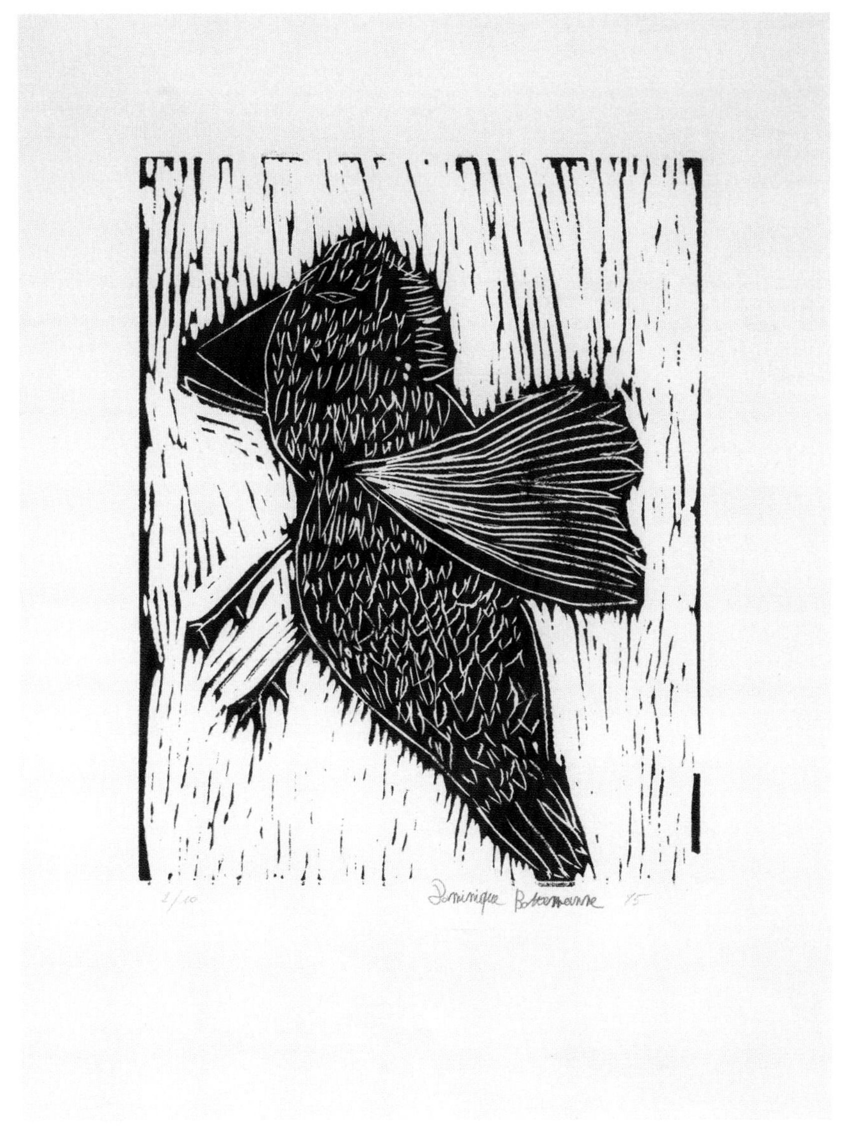

Dominique Bottemanne, s. t., 1985/90,
linogravure,
39 x 30 cm.

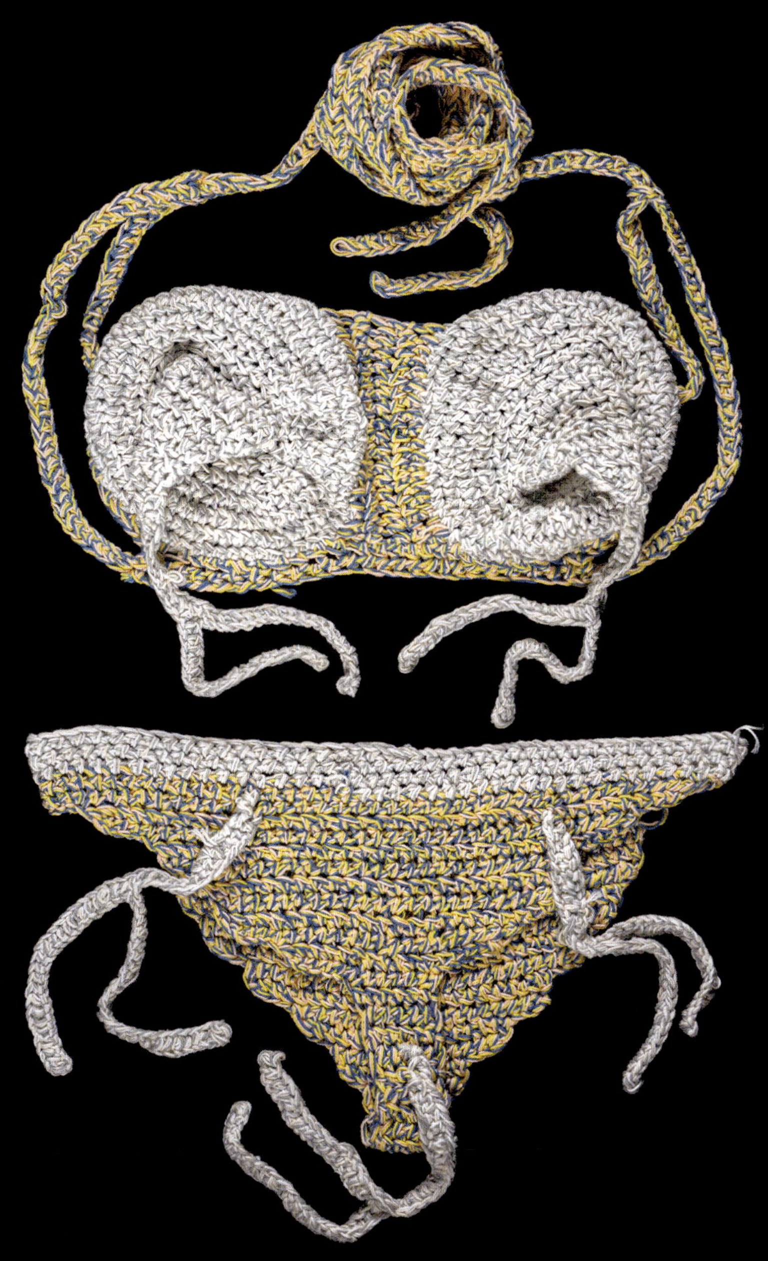

Kenneth Rasmussen, s. t., s. d.,
tricot de coton,
70 x 50 x 2 cm.

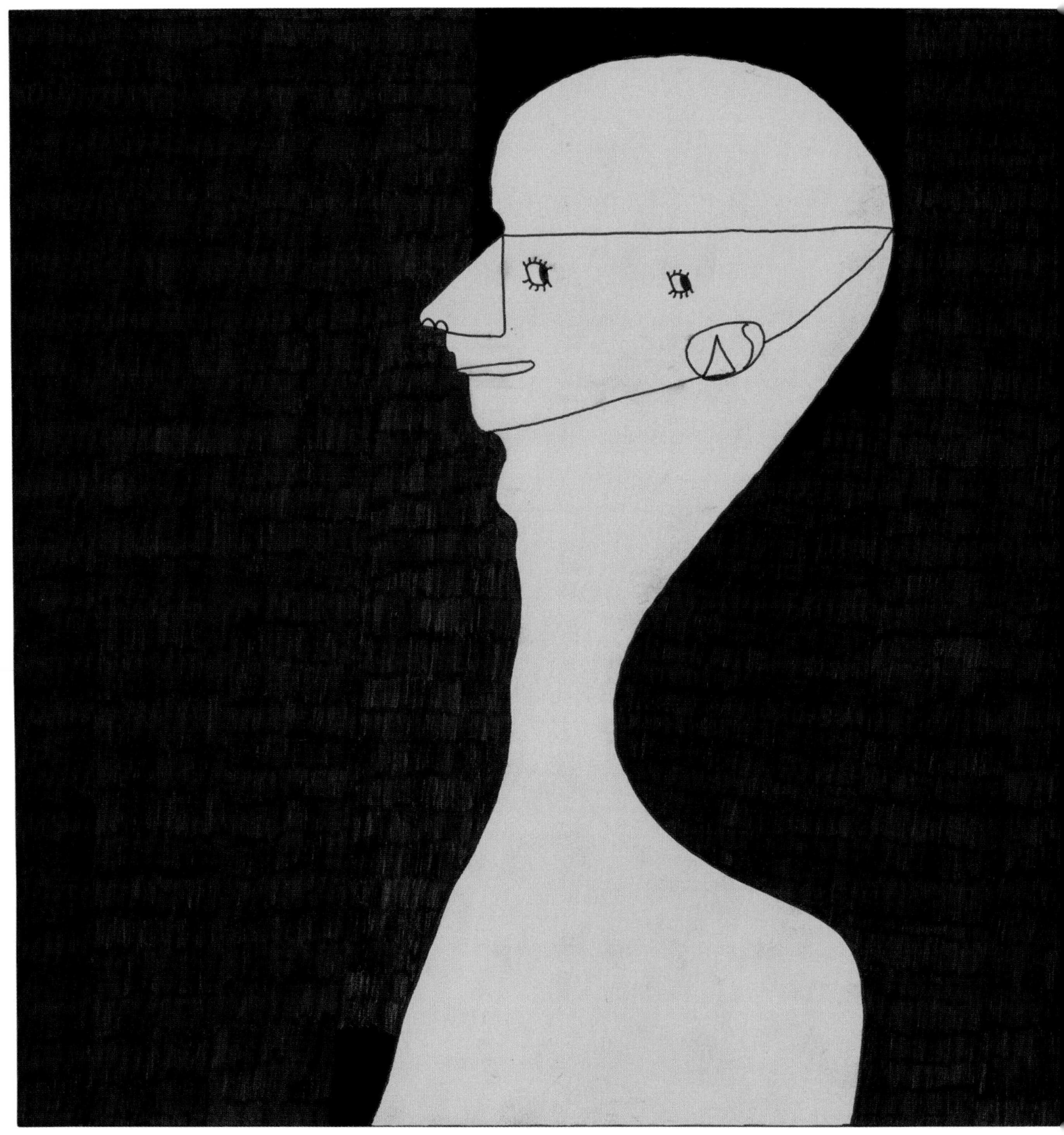

Georges Cauchy, s. t., 2004,
feutre sur papier,
55 x 73 cm.

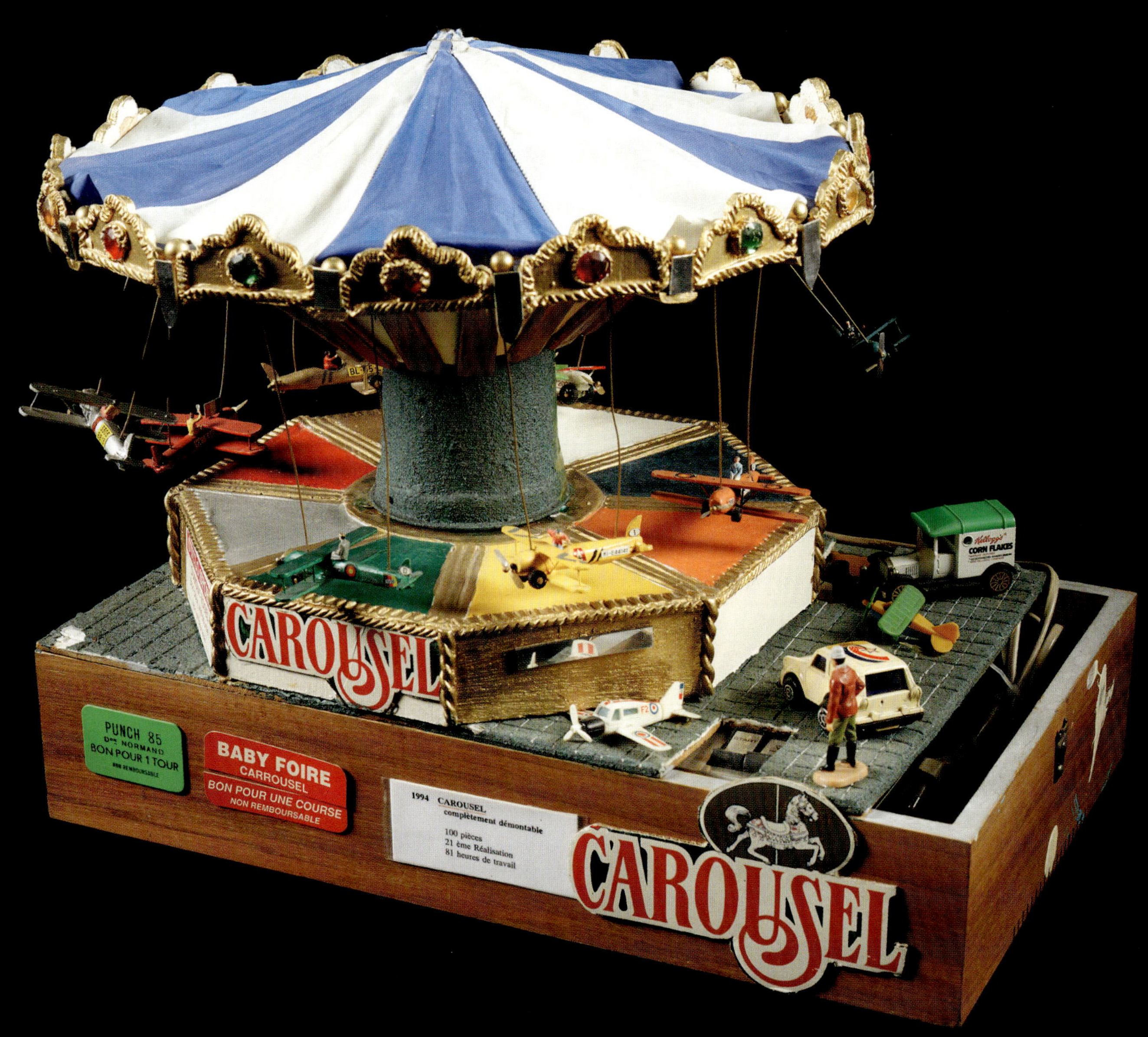

Georges Counasse, s. t., 1994,
assemblage de matériaux de récupération sur tourne-disque,
38 x 25 x 40 cm.

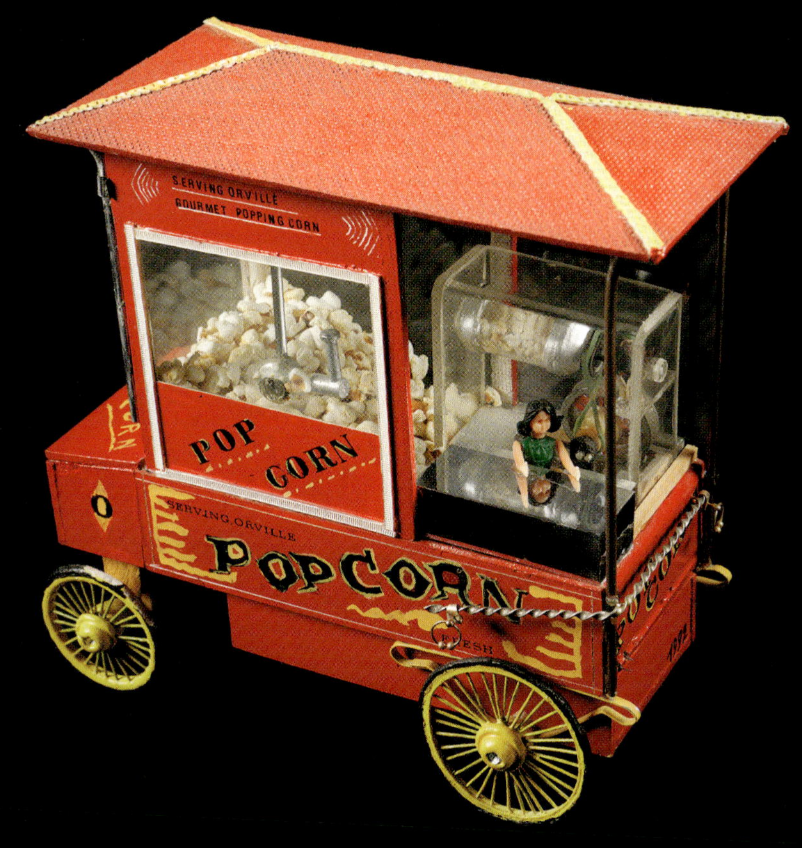

Georges Counasse, s. t., 1992,
assemblage de matériaux de récupération et pop-corn,
24 x 21 x 10 cm.

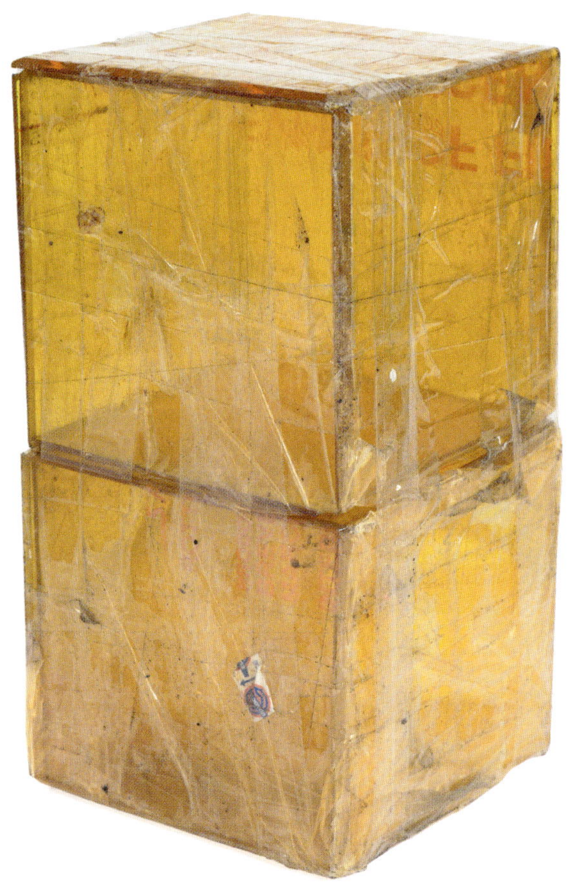

Antonio Dalla Valle, s. t., s. d.,
assemblage de papier, plexiglas et ruban adhésif,
18,5 x 9,5 x 9,5 cm.

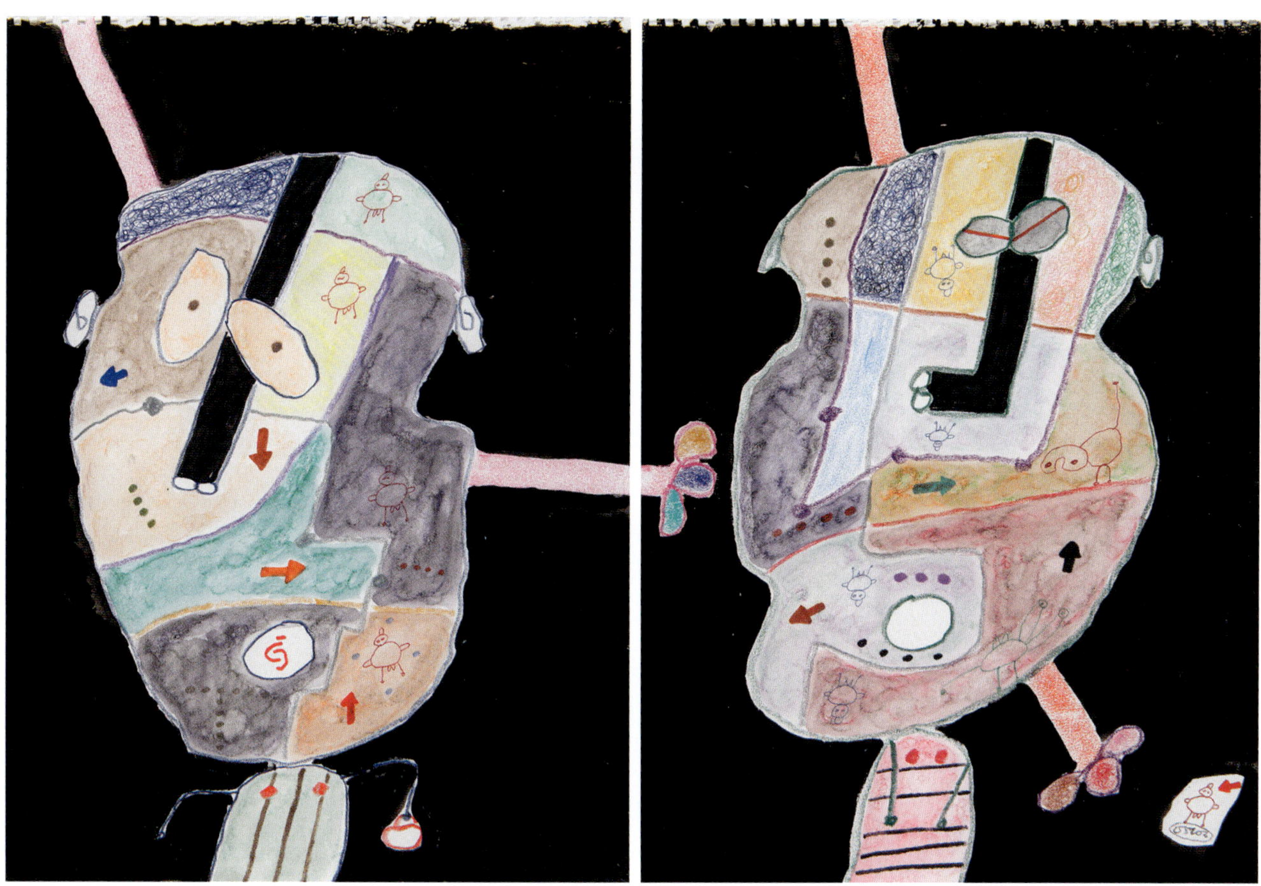

Ignacio Carles-Tolra, s. t., 2008,
aquarelle, pastel sec et peinture acrylique sur papier,
45,8 x 64,6 cm.

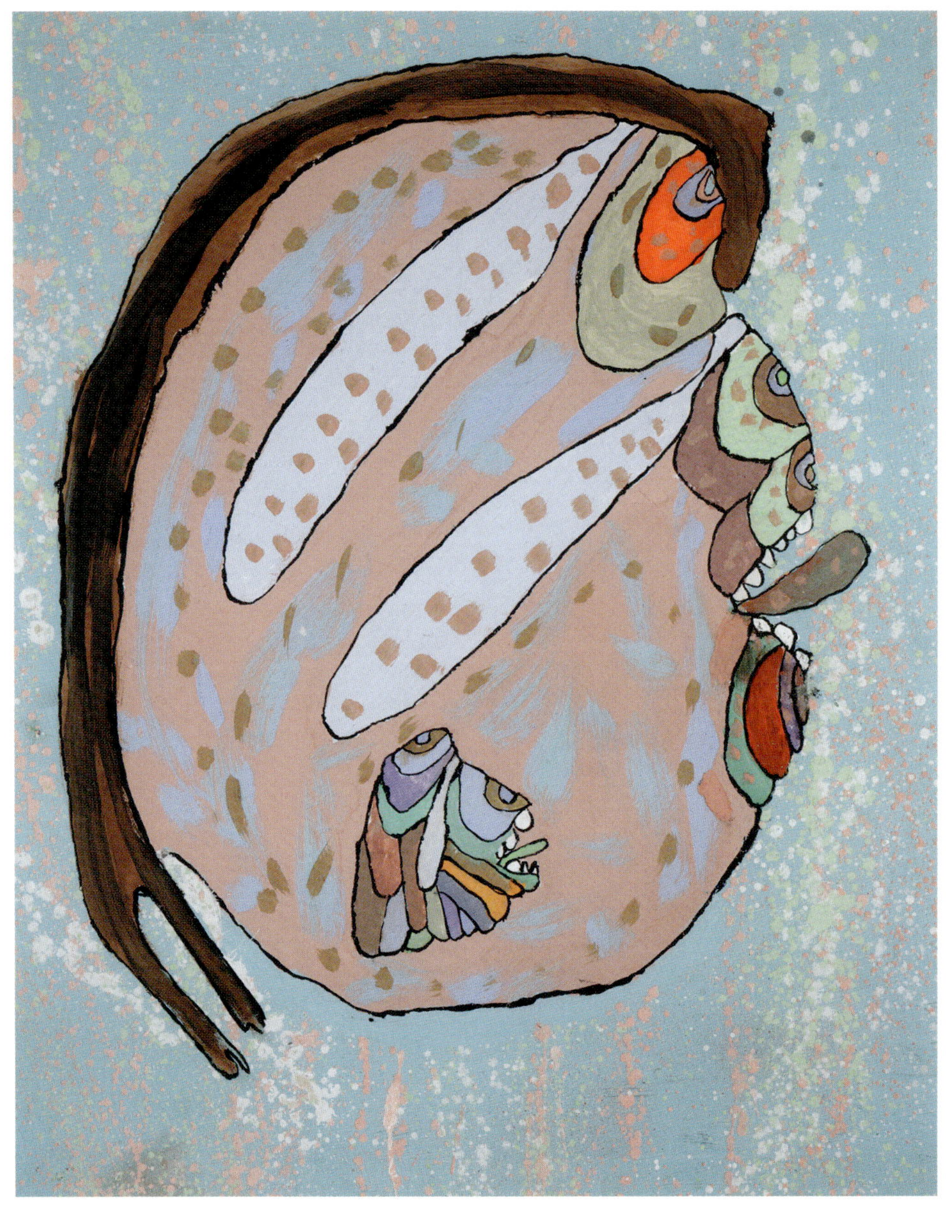

Jean-Marie Heyligen, s. t., s. d.,
gouache sur papier,
65 x 50 cm.

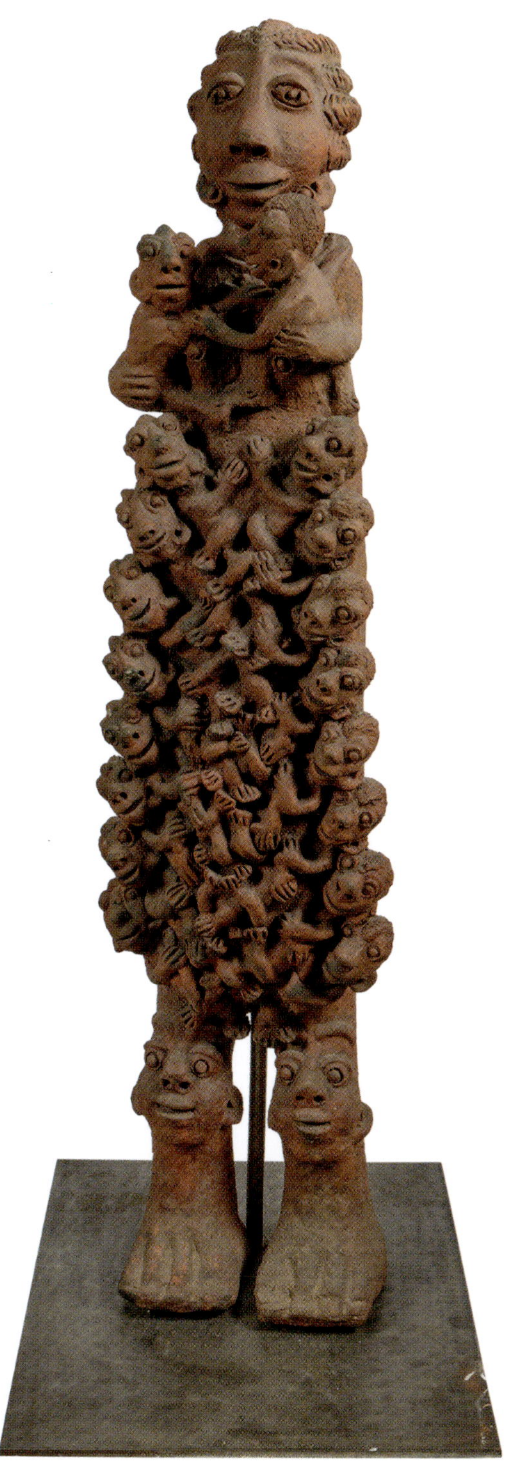

Seyni Awa Camara, s. t., s. d.,
terre cuite,
140 x 35 x 27 cm.

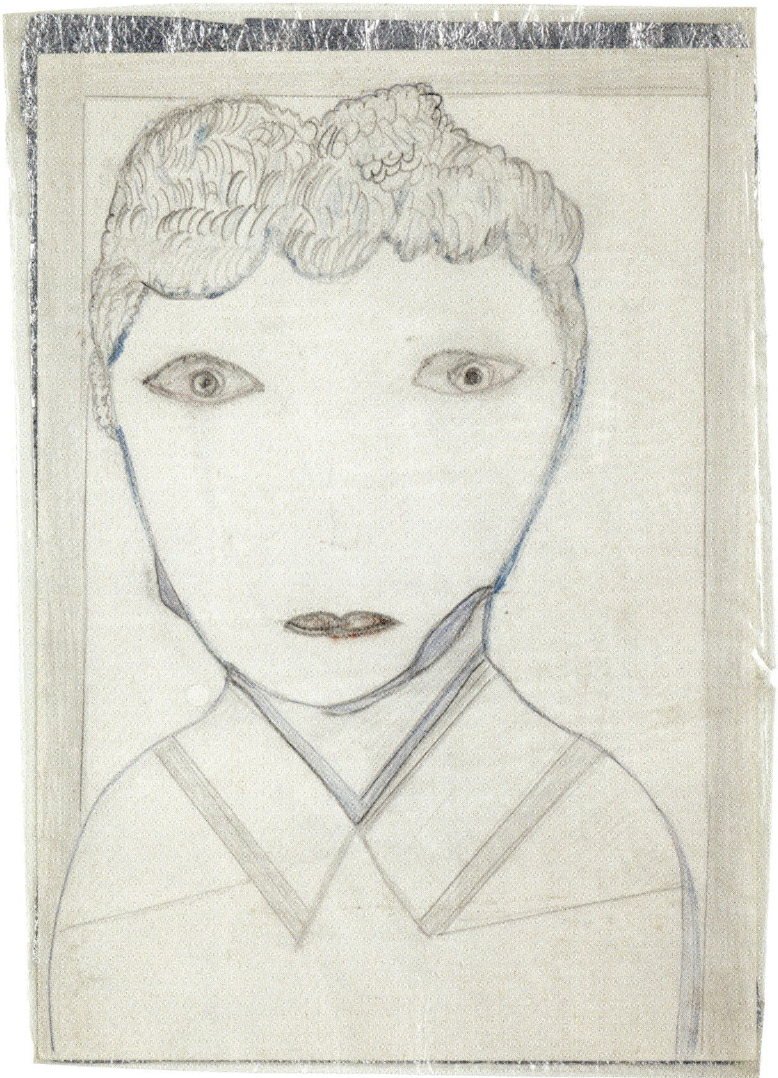

Martha Grünenwaldt, s. t., s. d.,
crayon de couleur sur papier,
31 x 21 cm.

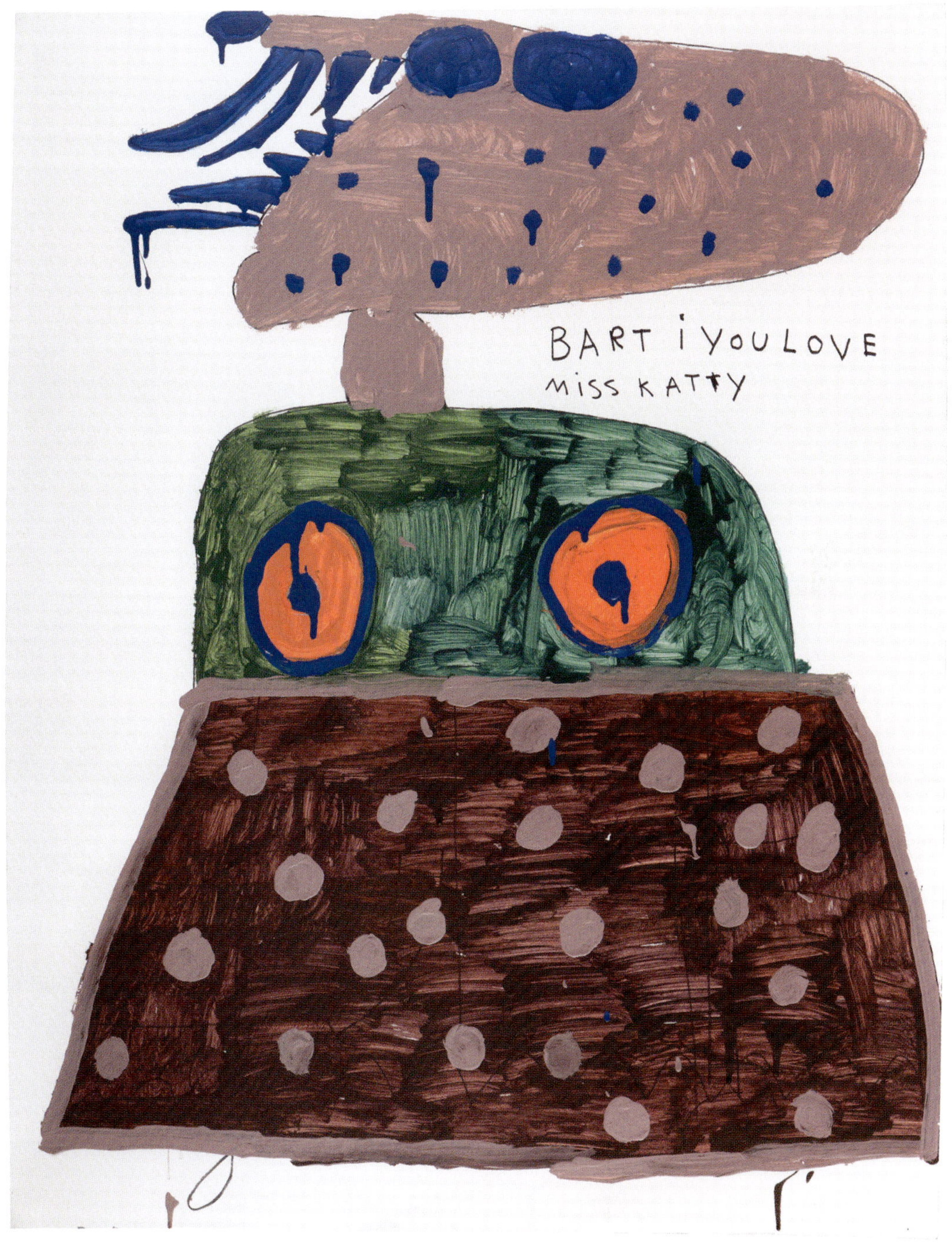

Klaus Compagnie, s. t., s. d.,
feutre et peinture acrylique sur papier,
72,8 x 55 cm.

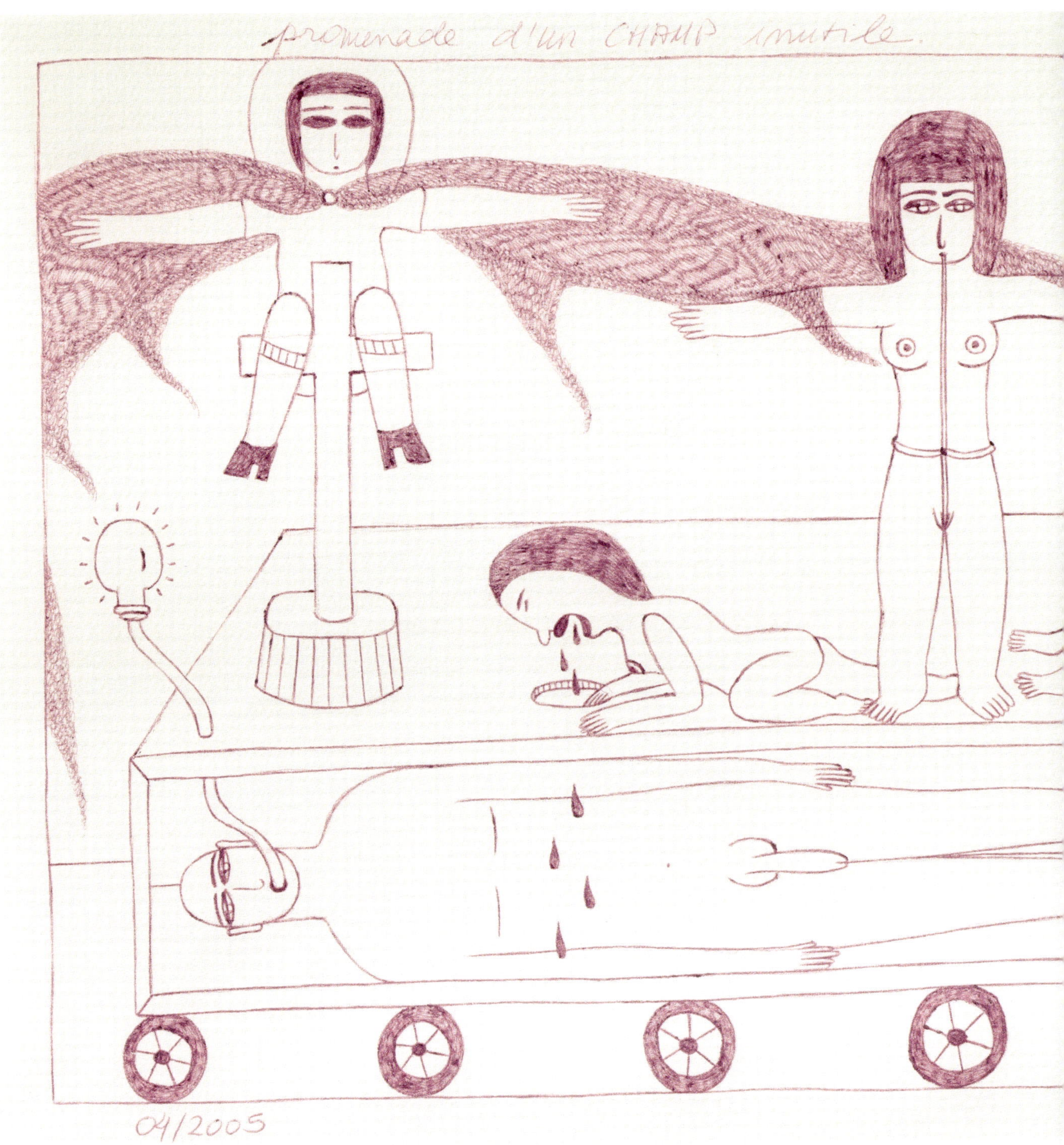

promenade d'un CHAMP inutile.
04/2005

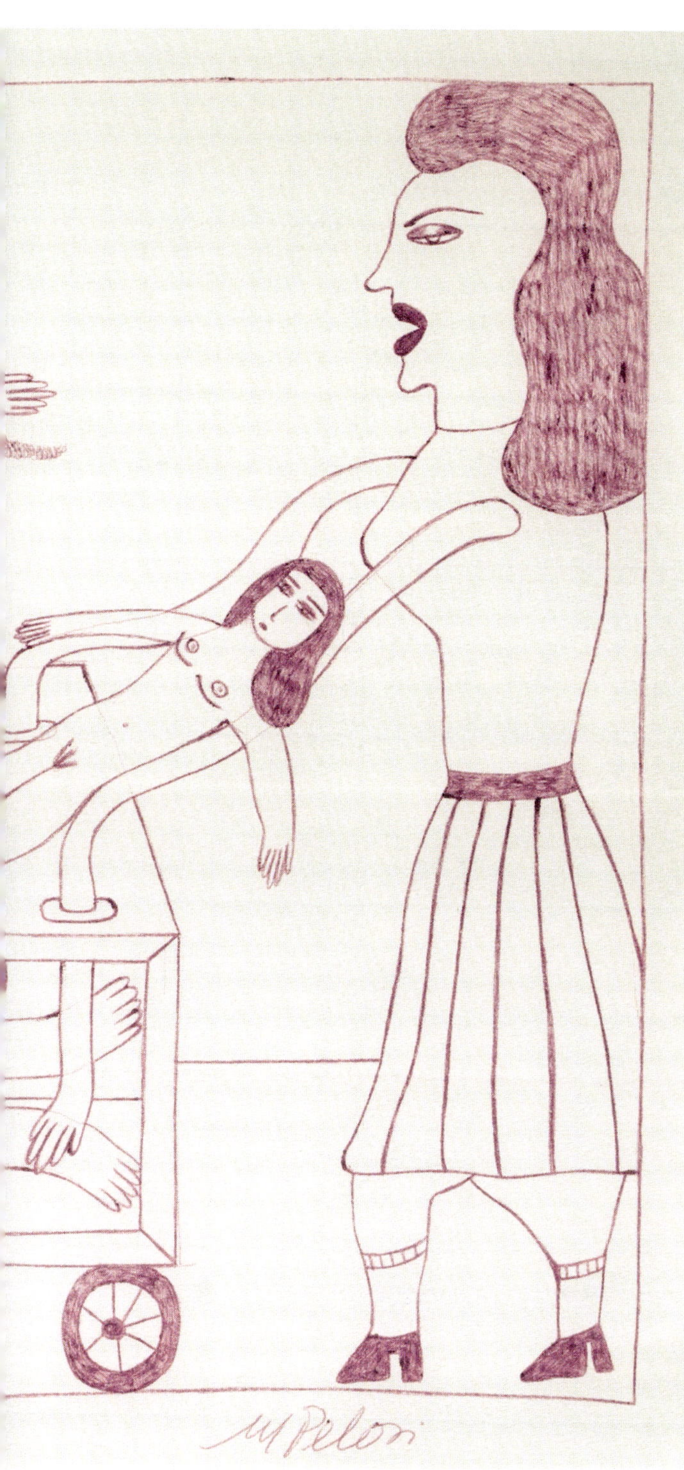

Marilena Pelosi, *Promenade d'un CHAMP inutile*, 2005,
stylo à bille sur papier,
21,5 x 31,5 cm.

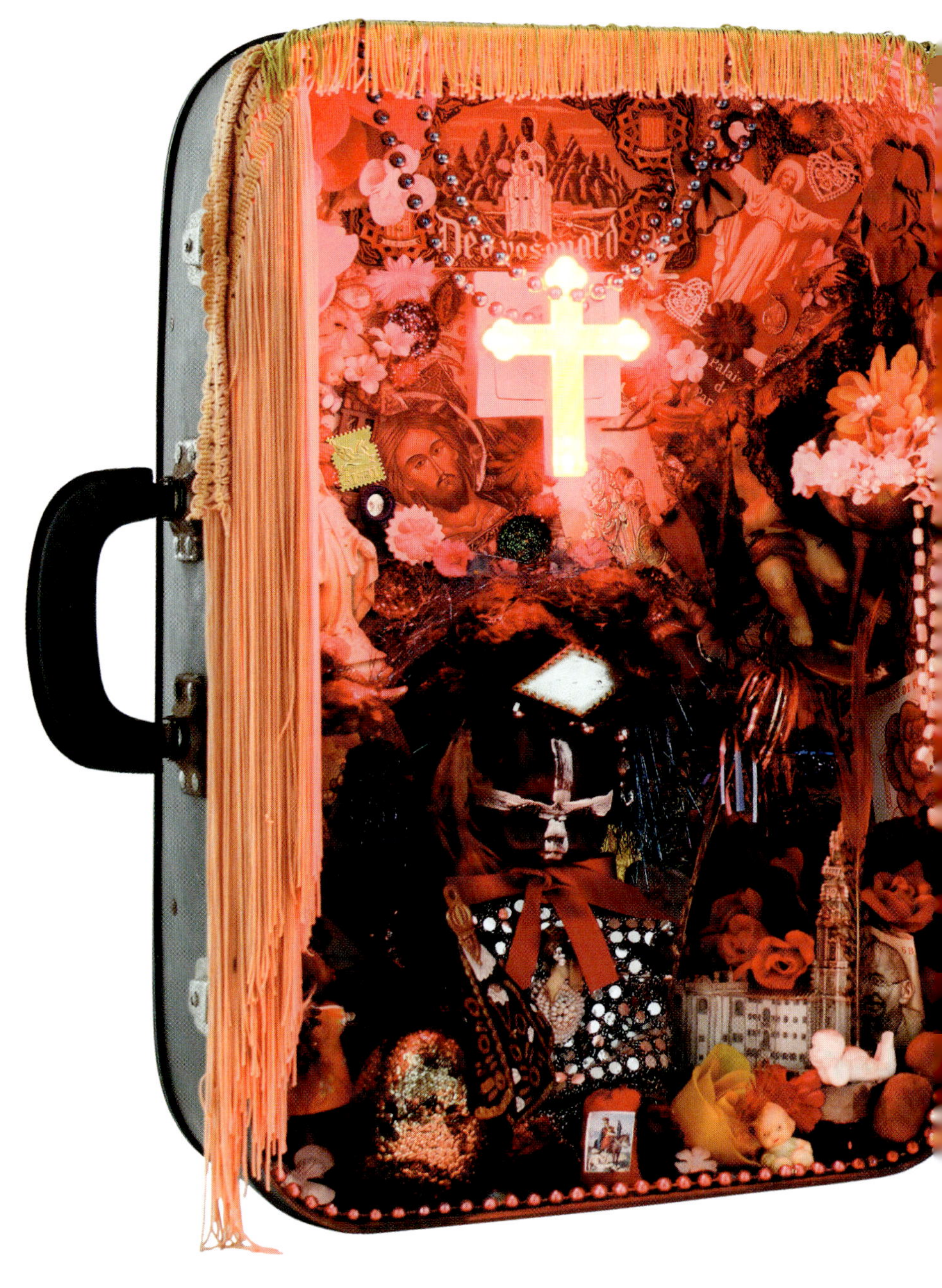

Marion Oster, s. t., s. d.,
assemblage d'objets de récupération,
68 x 55 x 32 cm.

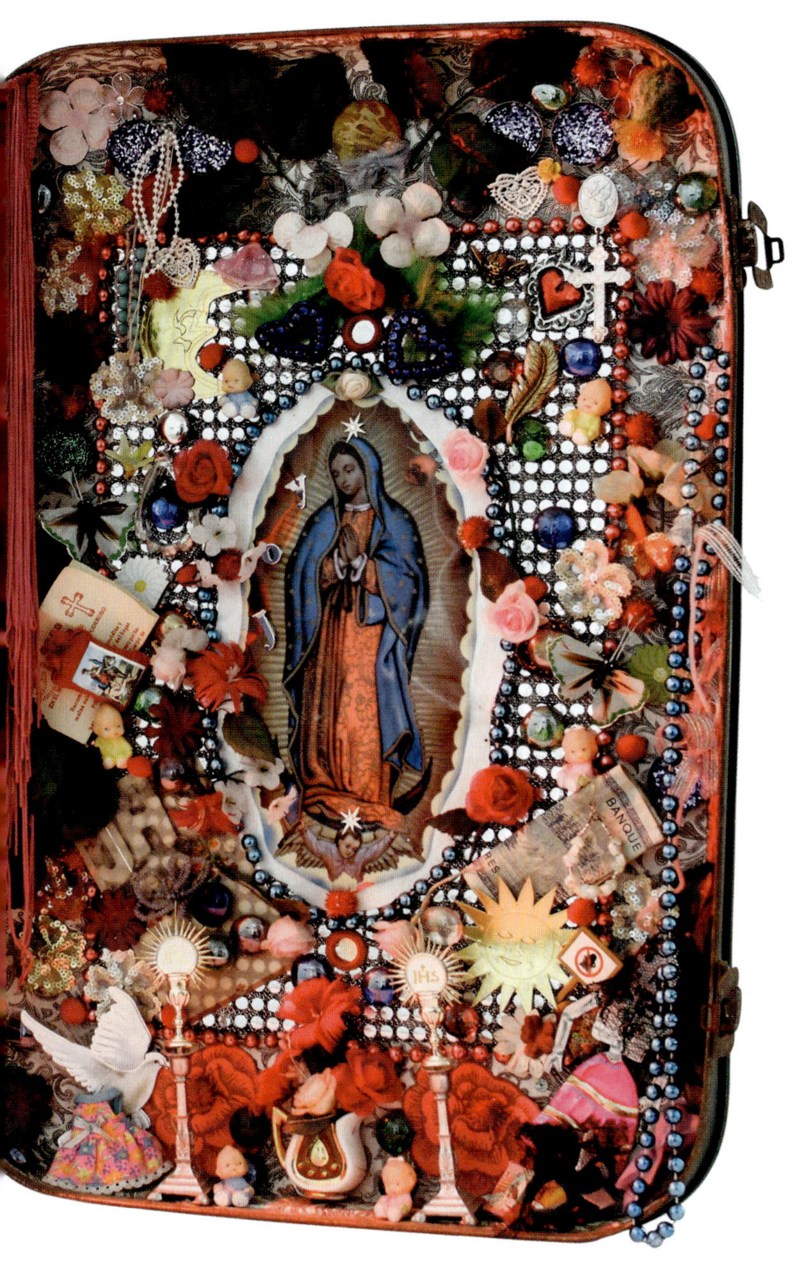

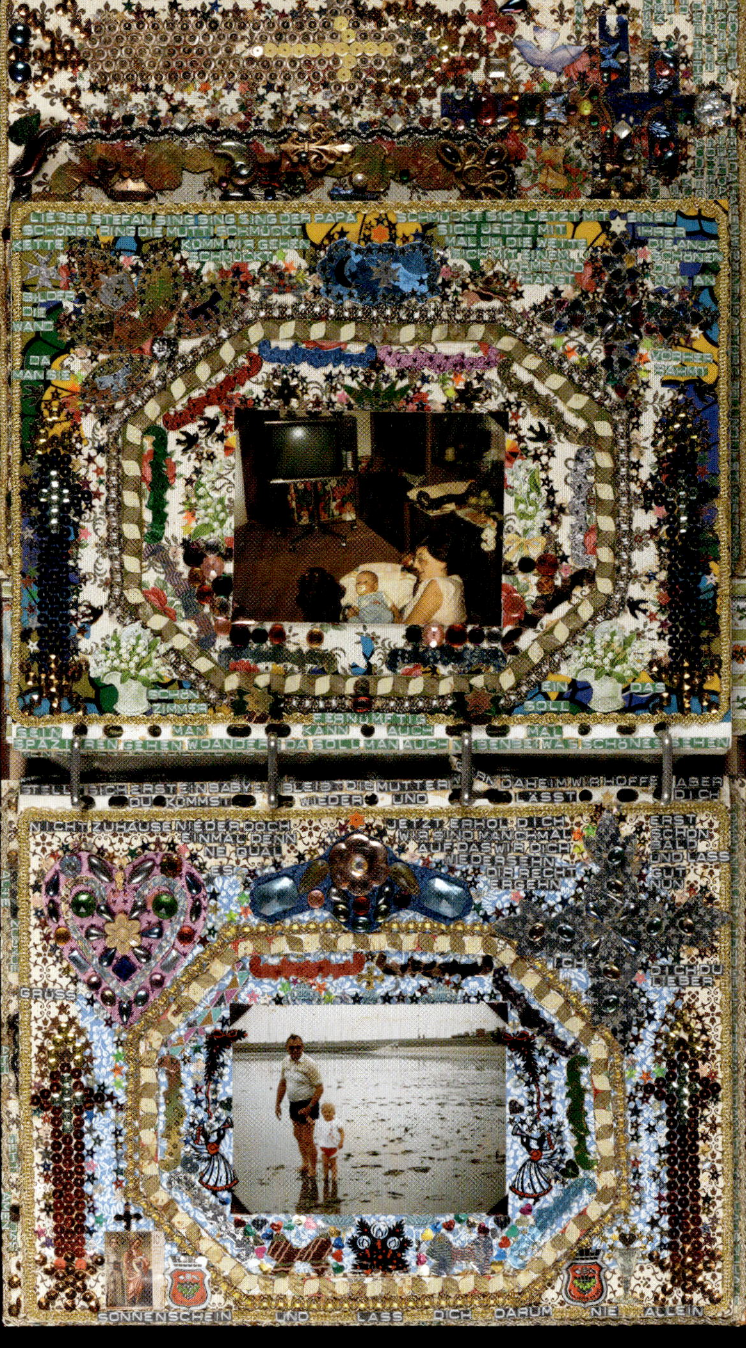
LIEBER STEFAN SING SING SING DER PAPA SCHMÜCKT SICH JETZT MIT EINEM SCHÖNEN RING DIE MUTTI SCHMÜCKT SICH JETZT MIT IHRER KETTE KOMM WIR GEHEN SCHMÜCK DICH MIT EINEM ARMBAND DIE SCHÖNEN BILDER MAN AN DIE WAND DA MAN SIE VORHER MALT MIT
SCHÖN ZIMMER ES NÜNFTIG SOLL DAS
SEIN MAN KANN AUCH MAL SPAZIEREN GEHEN WOANDERS DA SOLL MAN AUCH DANEBEN WAS SCHÖNES SEHEN
STELL DIR ERSTEN BABY BLEIB DIE MUTTER DAHEIM WIR HOFFEN ABER DU KOMMST WIEDER UND LÄSST DICH
NICHT ZUHAUSE NIEDER DOCH JETZT ERHOL DICH ERST SCHON EINMAL DENN WIR SIND MANCHMAL BALD NEI QUAL AUF DAS WIR DICH UND LASS WIEDERSEHN GUT DIR RECHT NUN ERGEHN
ICH GRUSS DICH DU LIEBER
SONNENSCHEIN UND LASS DICH DARUM NIE ALLEIN

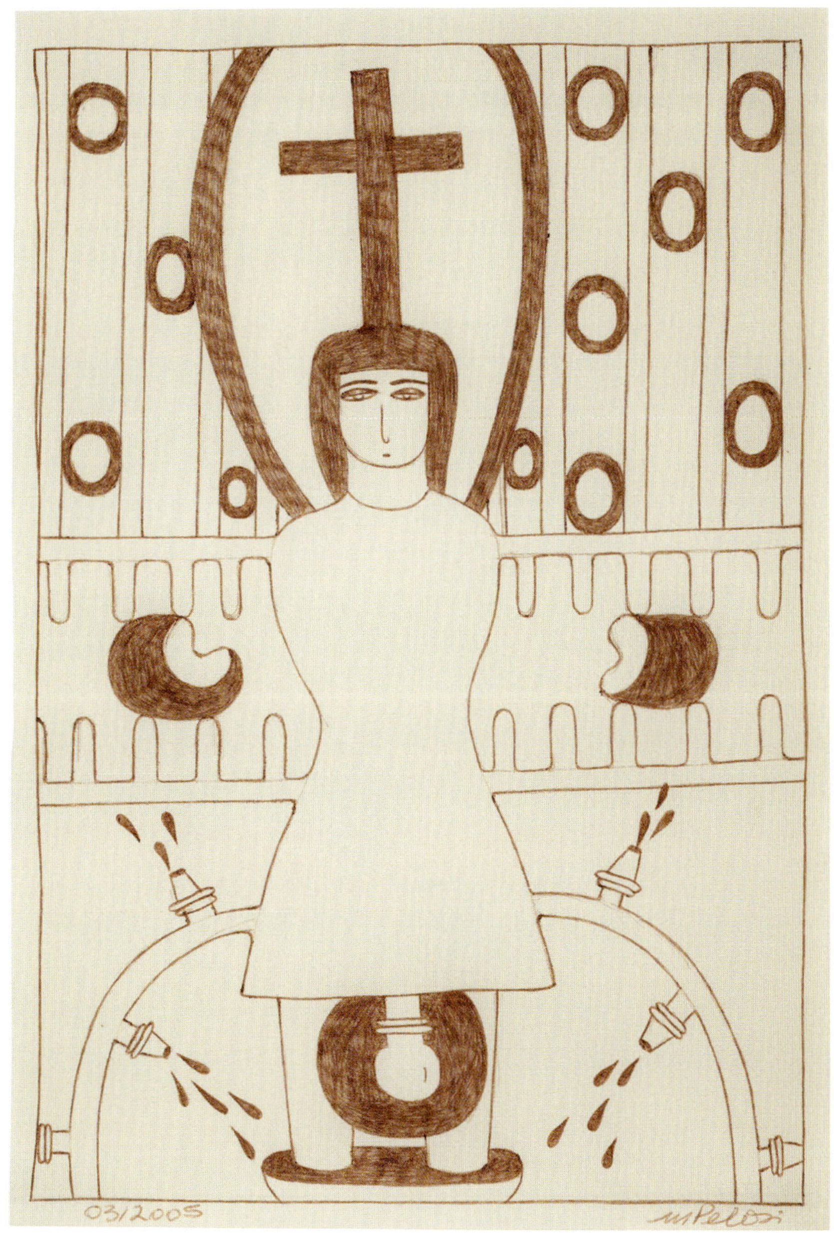

Marilena Pelosi, s. t., s. d.,
crayon de couleur sur papier,
24 x 16 cm.

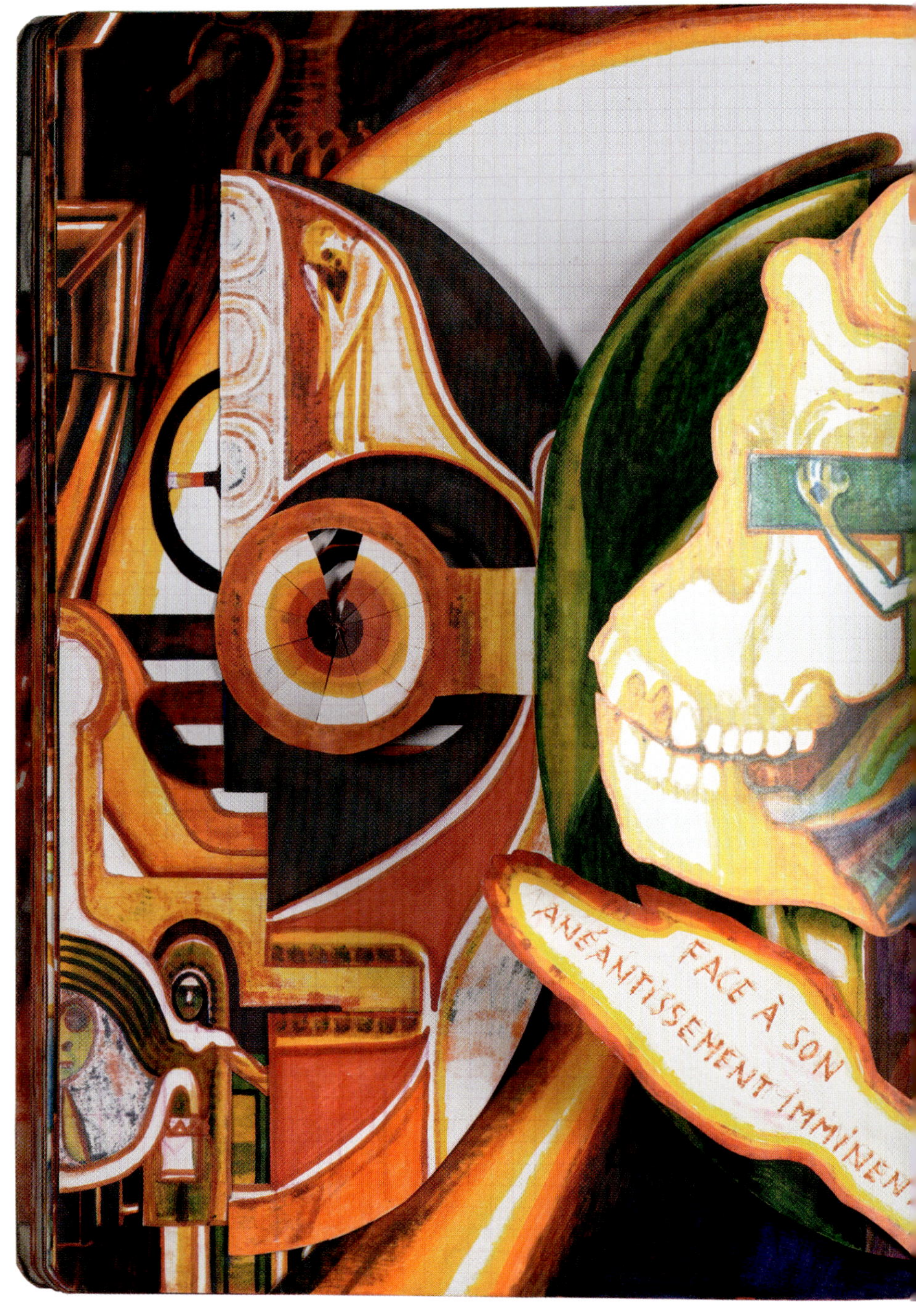

Michel Goyon, s. t., 2008/09,
crayon de couleur et feutre sur cahier,
29,5 x 21 x 1,5 cm.

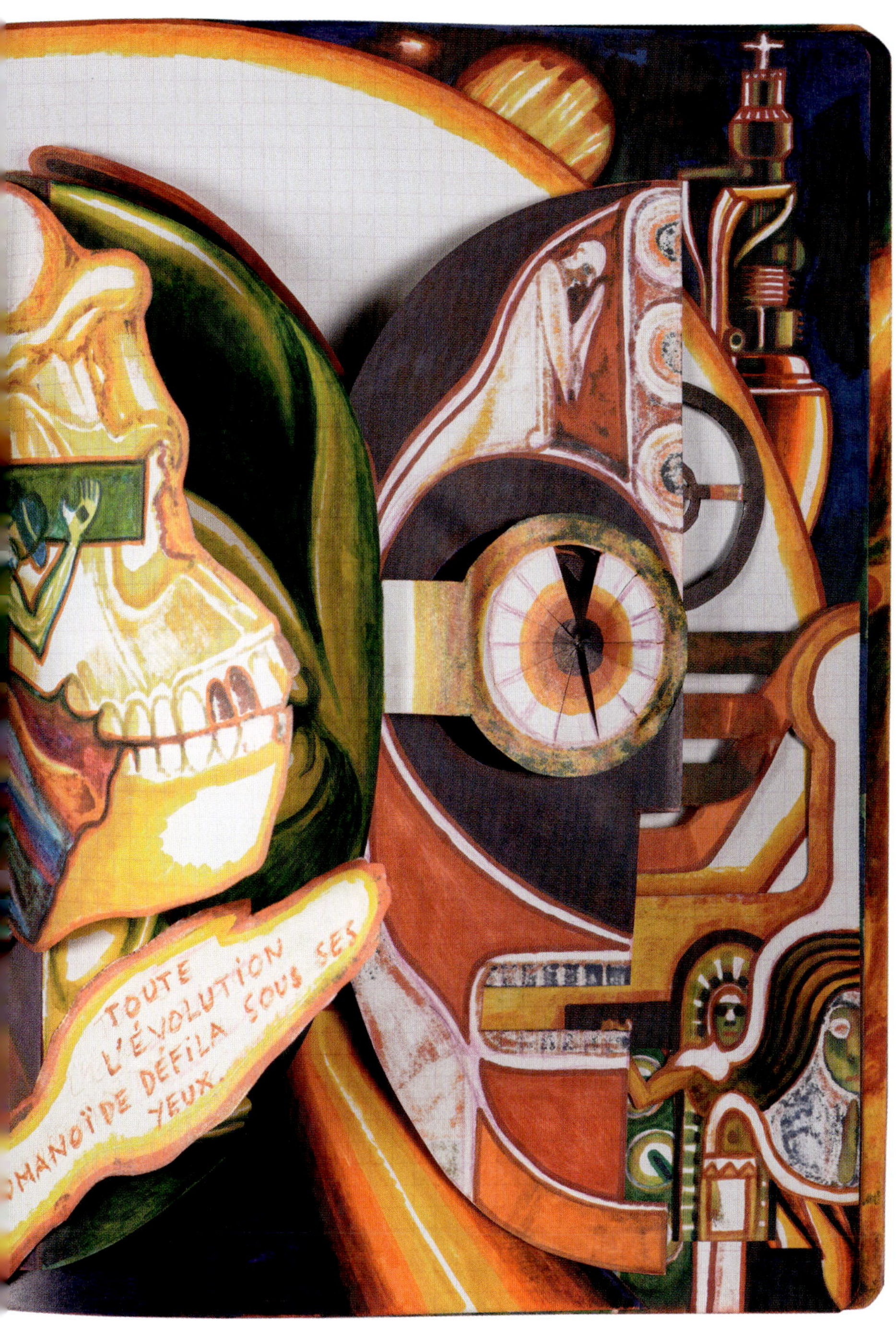

TOUTE
L'ÉVOLUTION
DÉFILA SOUS SES
YEUX.
...MANOÏDE

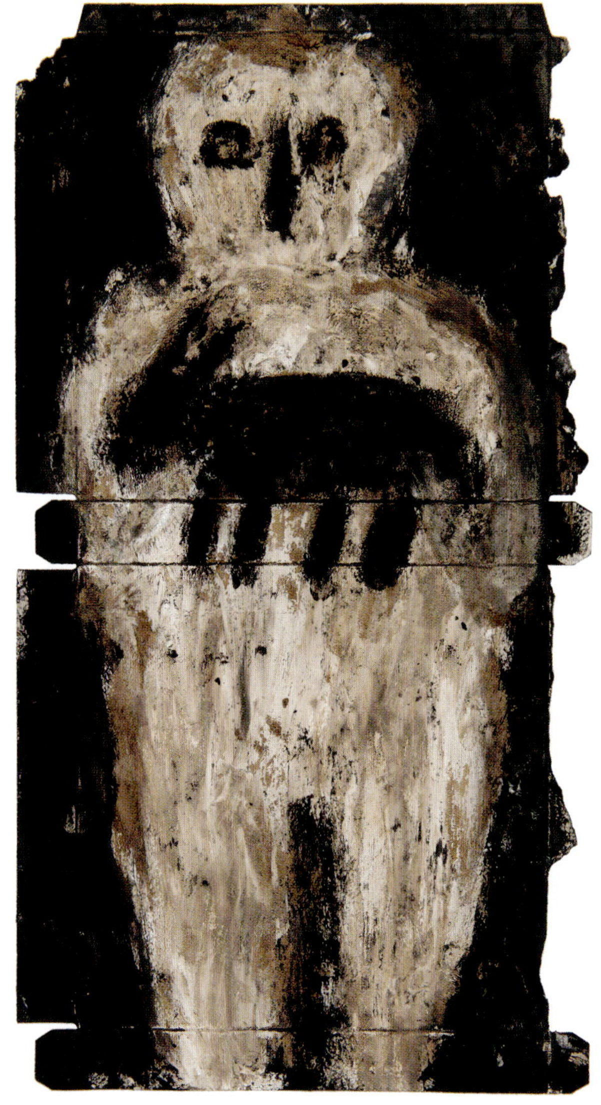

Michel Nedjar, s. t., s. d.,
encre de Chine et acrylique sur carton,
51 x 26 cm.

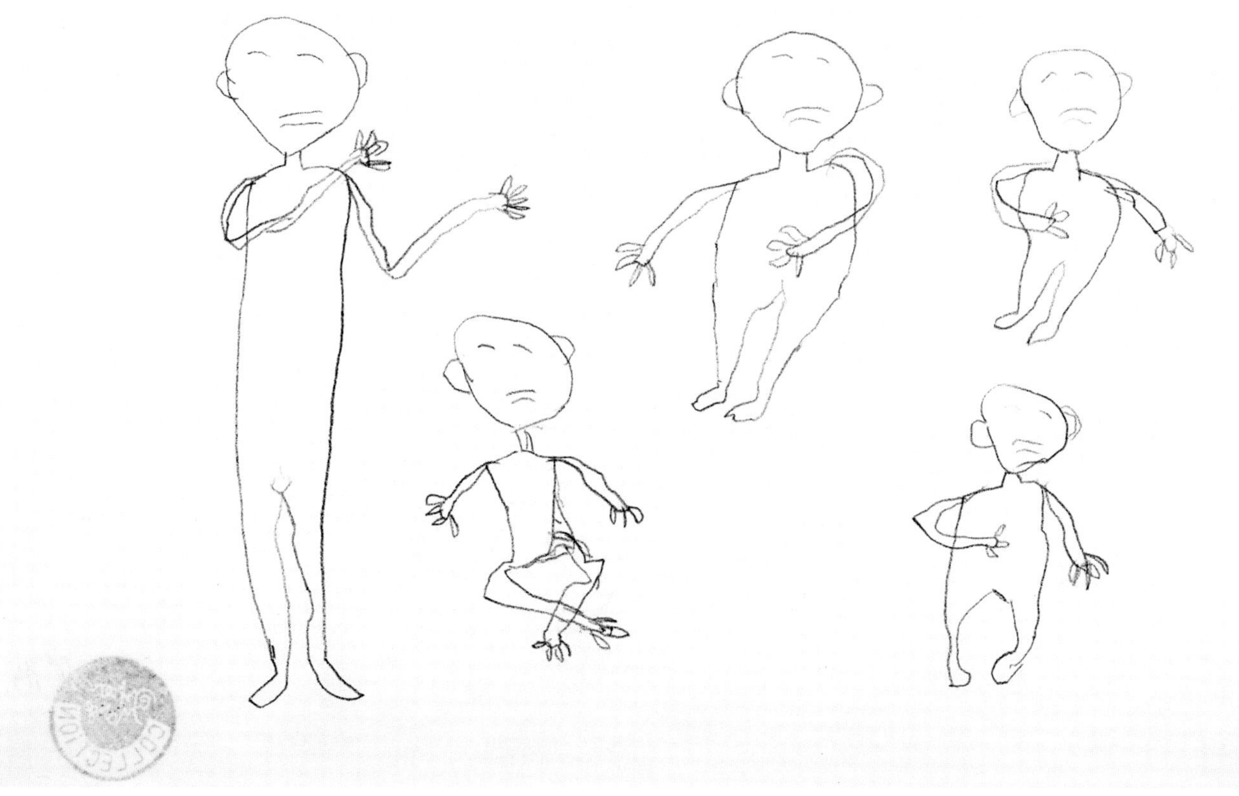

Sylvain Cosijns, s. t., s. d.,
crayon graphite sur papier,
21 x 29,5 cm.

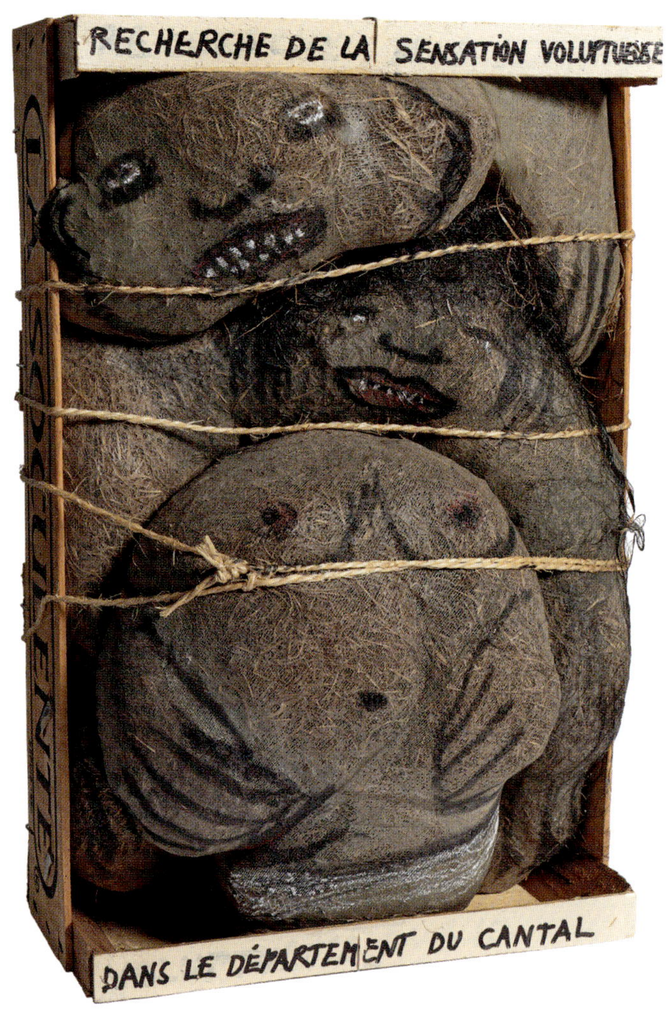

Francis Marshall, *Recherche de la sensation voluptueuse dans le département du Cantal*, s. t., 1990/99, assemblage de bois, textile, paille et chanvre et inscriptions au feutre, 50 x 30 x 18 cm.

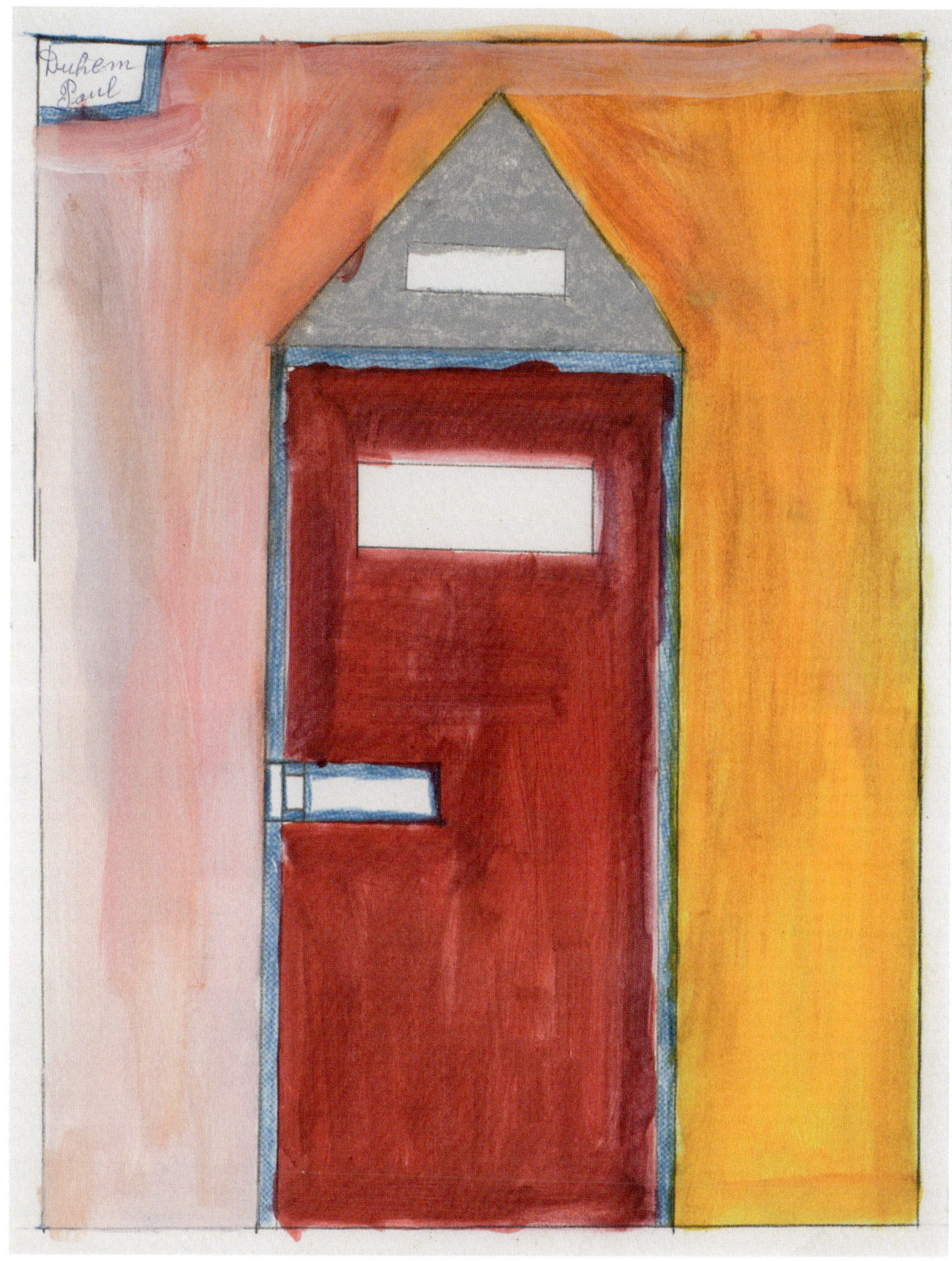

Paul Duhem, s. t., s. d.,
crayon de couleur, peinture à l'huile et stylo à bille sur papier,
40,5 x 30,5 cm.

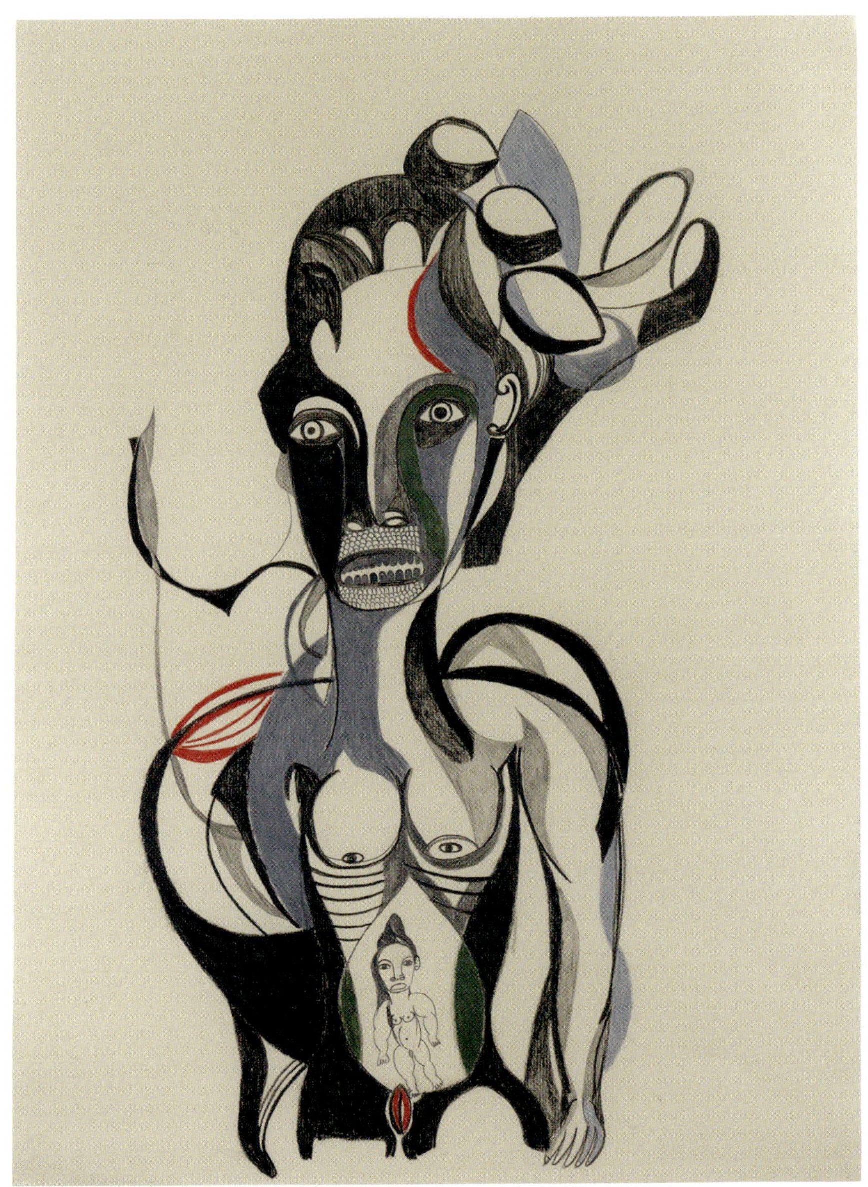

Philippe Condylis, s. t., 2007,
crayon graphite et craie grasse sur papier,
55 x 40 cm.

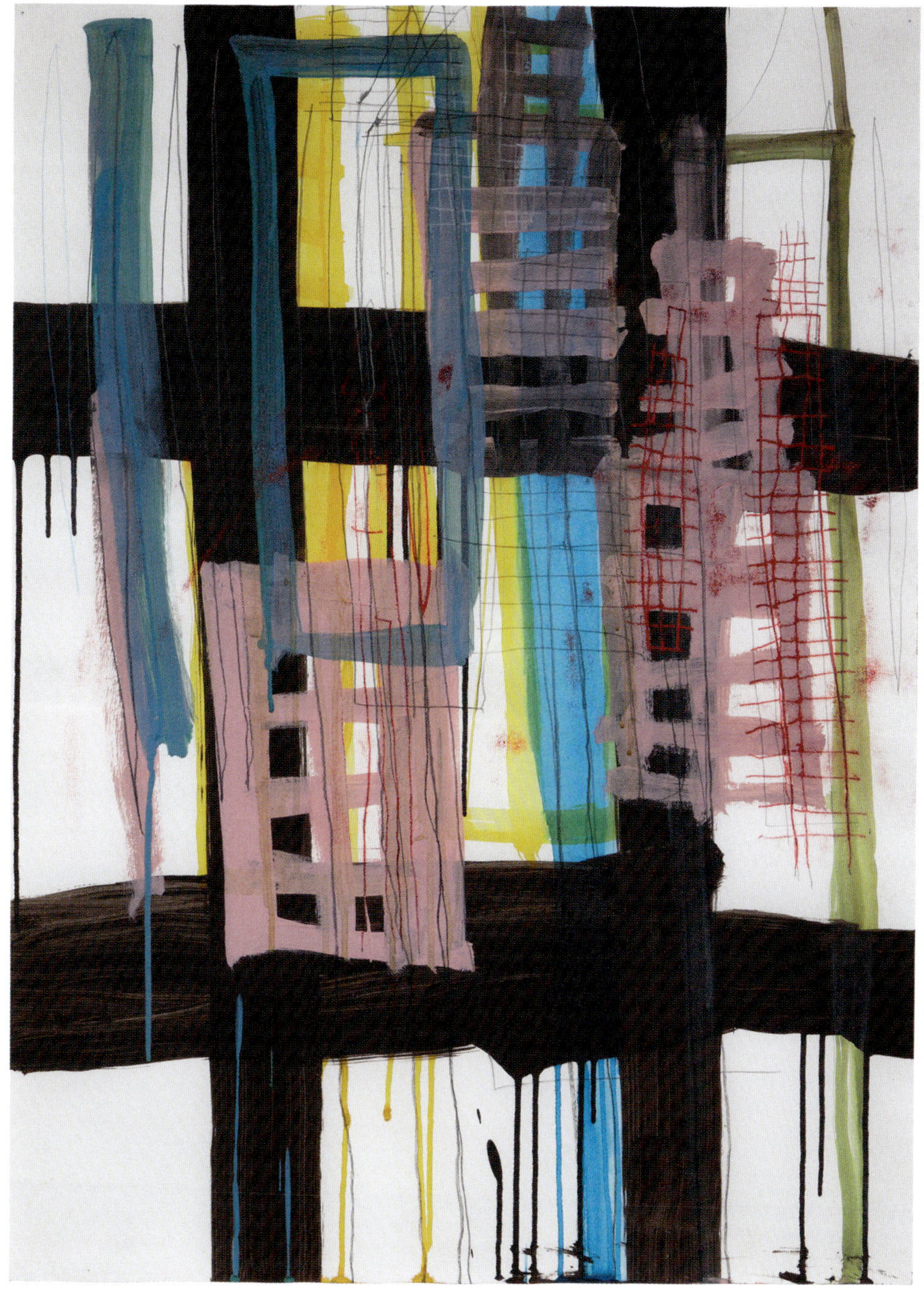

Philippe Da Fonseca, s. t., s. d.,
acrylique et feutre sur papier,
83 x 59 cm.

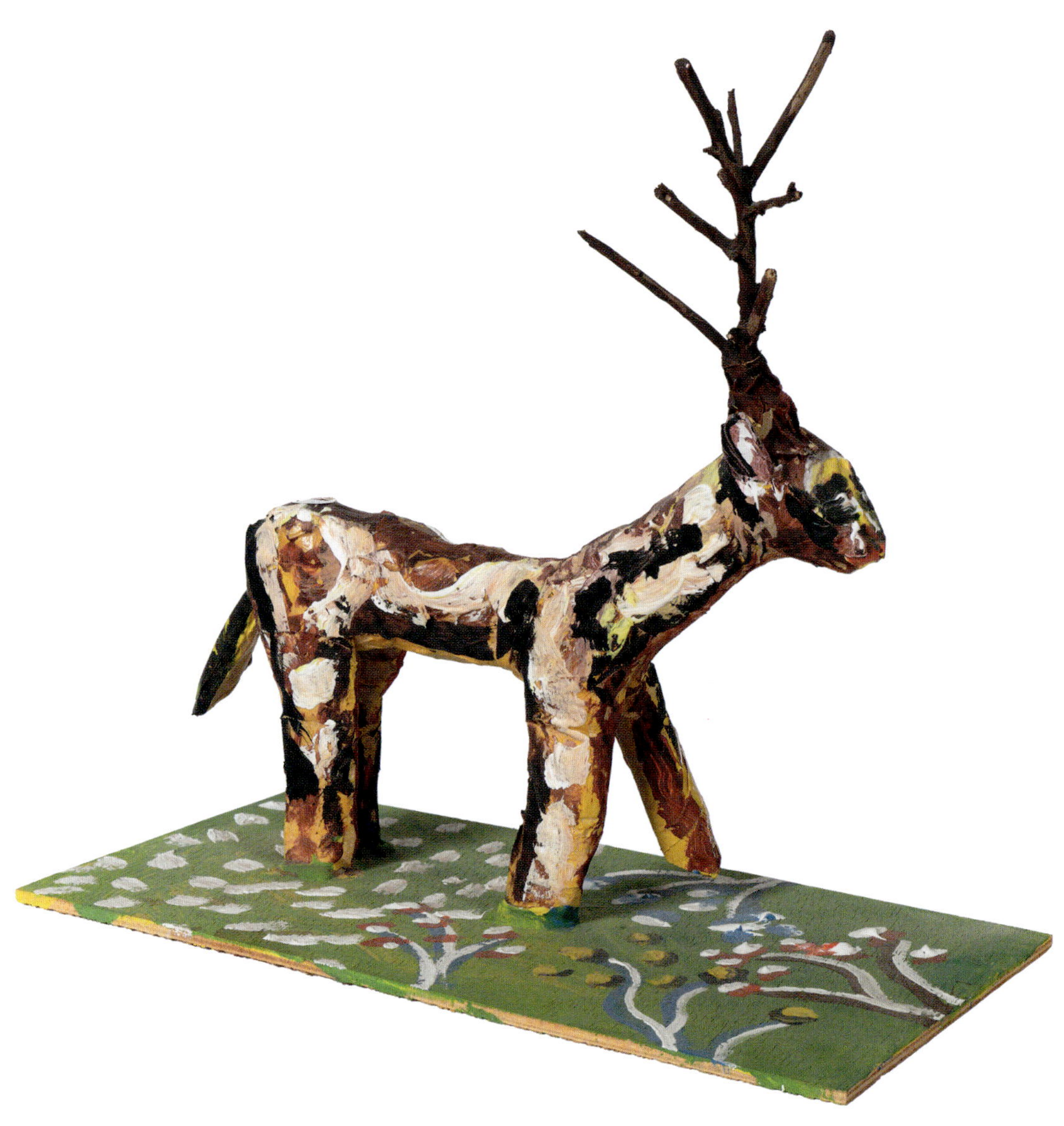

Anacleto Borghi, s. t., s. d.,
assemblage d'adhésif, bois et papier mâché,
23 x 25,5 x 7 cm.

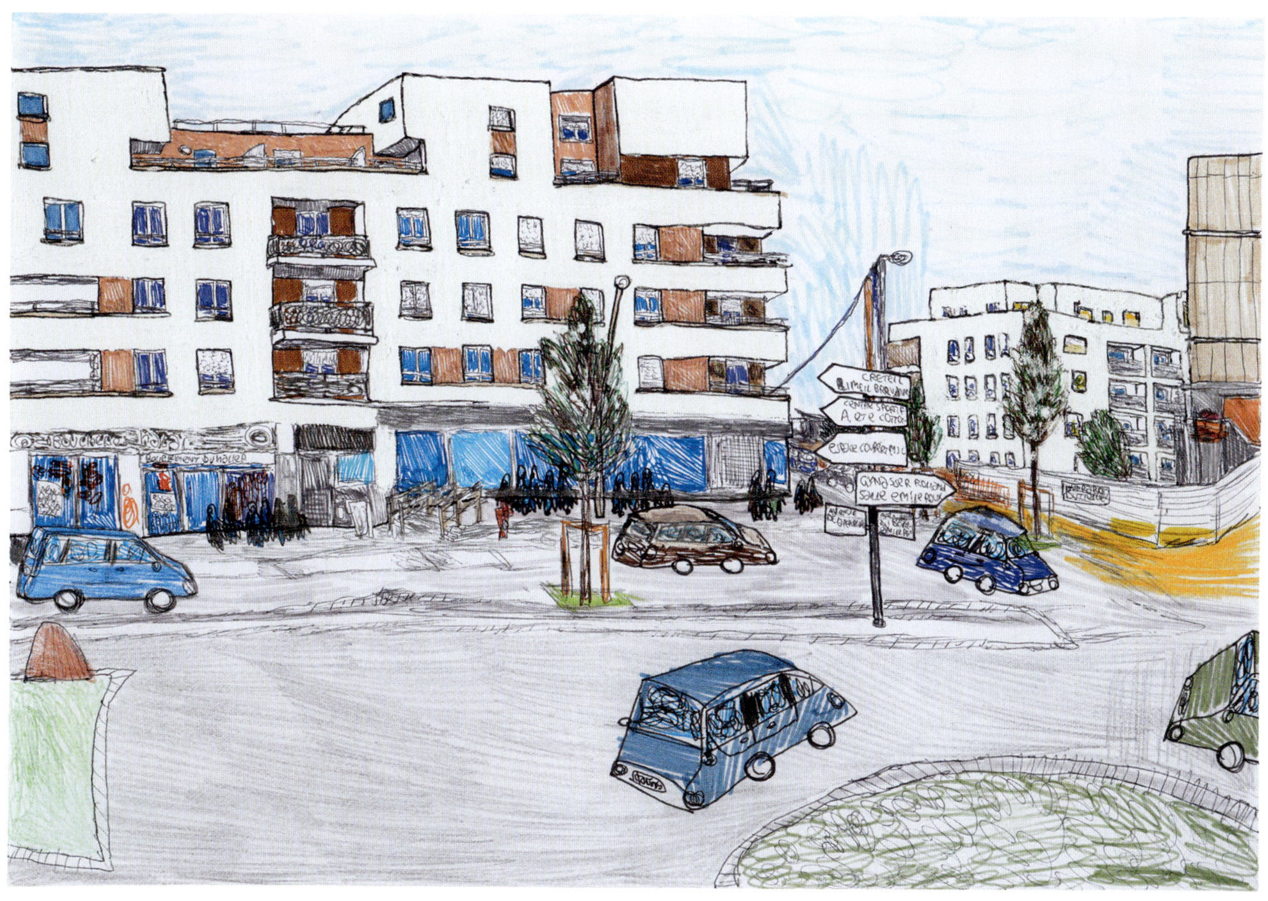

Raphaël Michel, s. t., 2014,
stylo à bille, feutre et crayon de couleur sur papier,
21 x 29,7 cm.

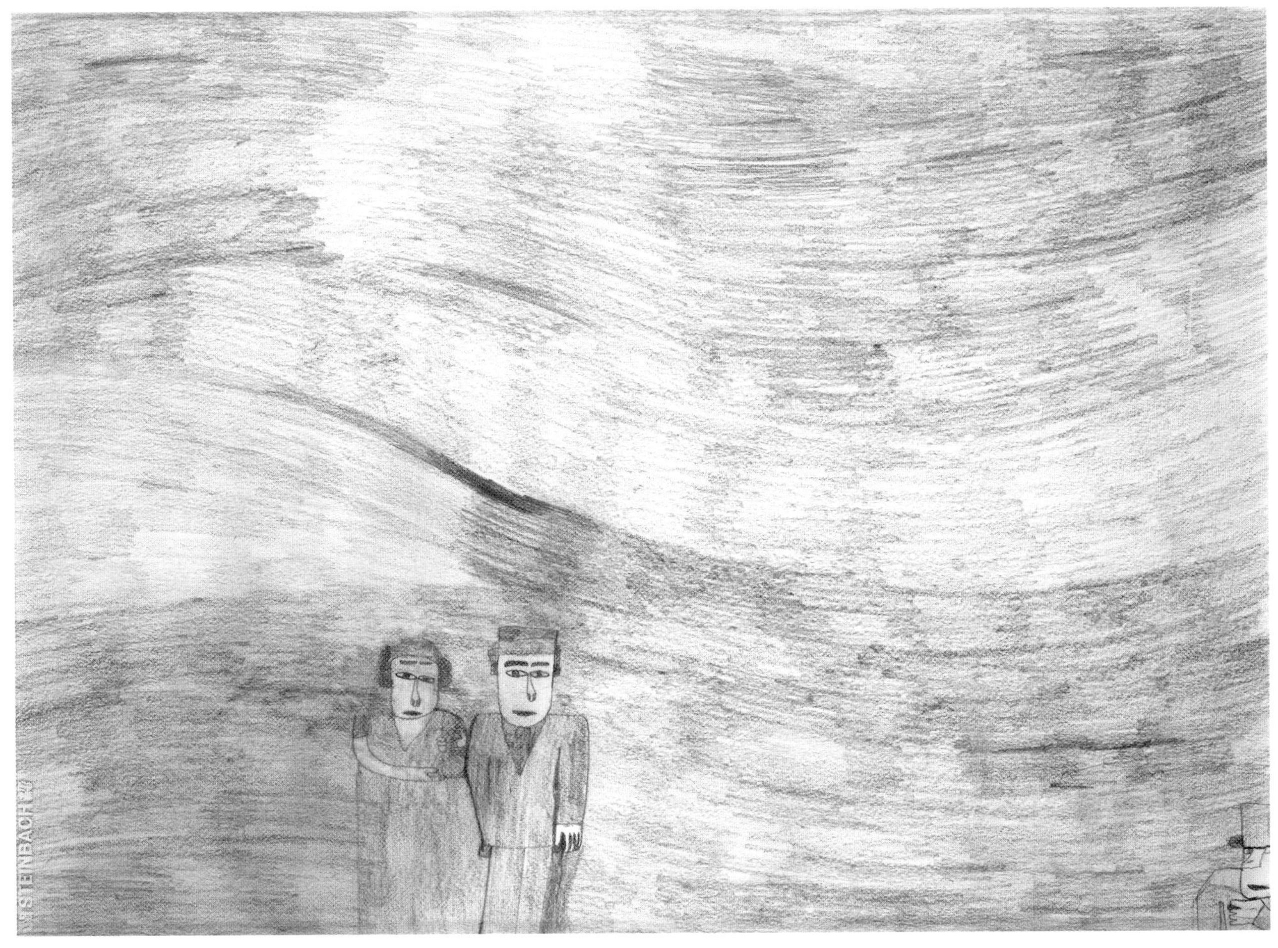

Alexis Lippstreu, s. t., s. d.,
crayon graphite sur papier,
55 x 73 cm.

Fernanda Reyns, s. t., 1990/99,
stylo à bille sur papier,
64,5 x 50 cm.

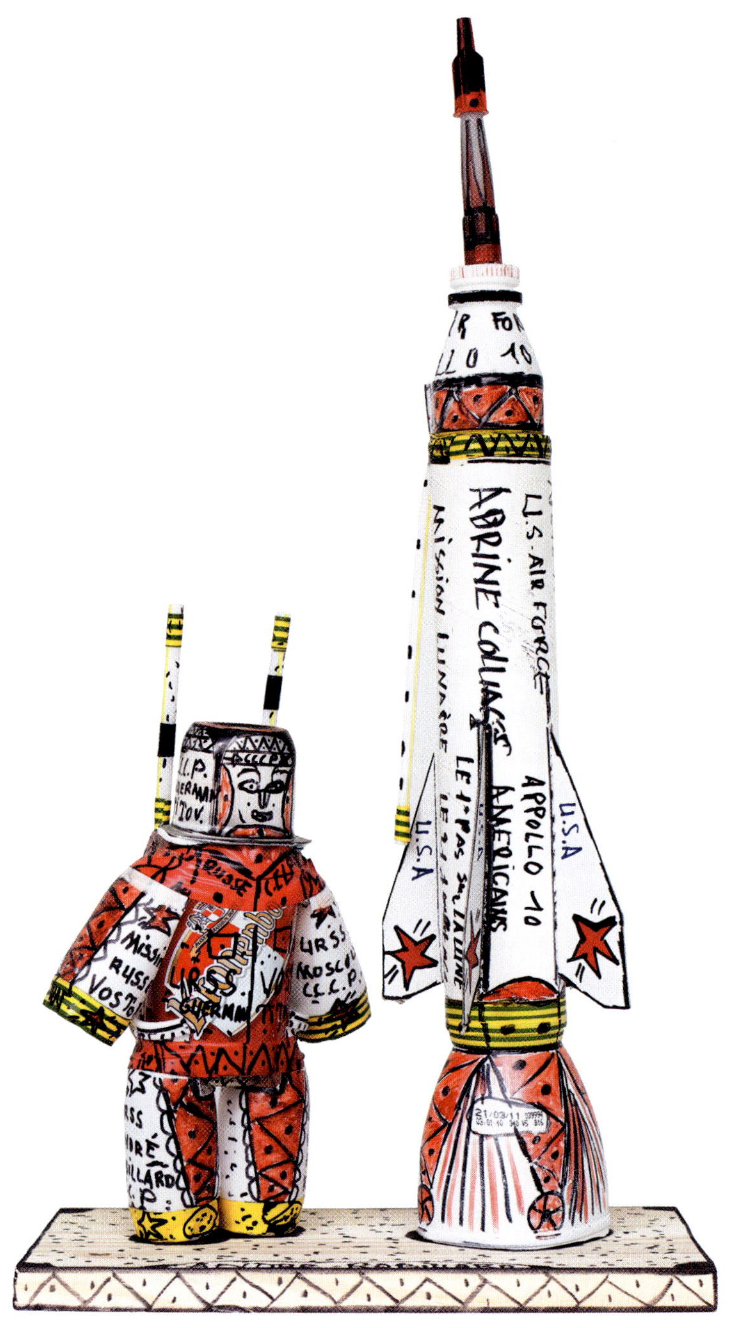

André Robillard, *Fusée Apollo 10 USA et Cosmonaute*, 2012,
assemblage d'objets de récupération et de bois et inscriptions au feutre,
60 x 31 x 22 cm.

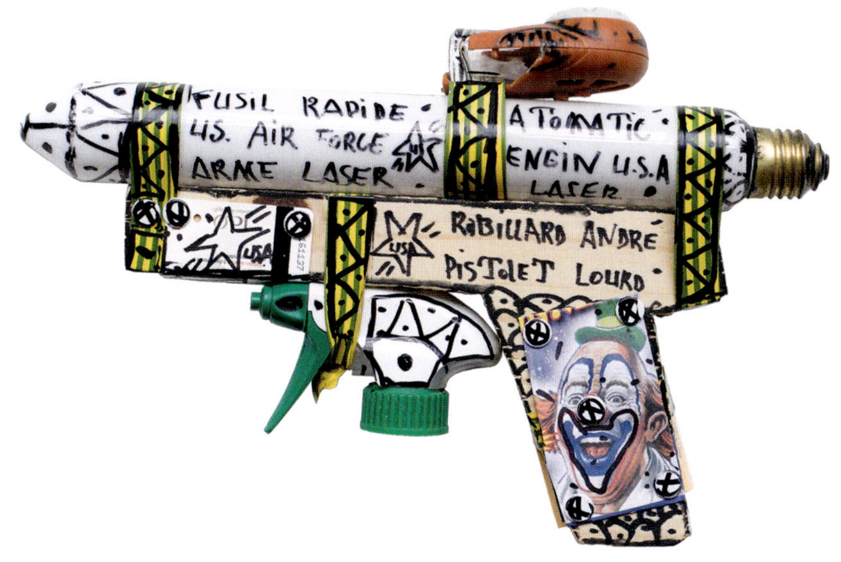

André Robillard, *Pistolet Lazer*, 2014,
assemblage d'objets de récupération et de bois et inscriptions au feutre,
19 x 30 x 5 cm.

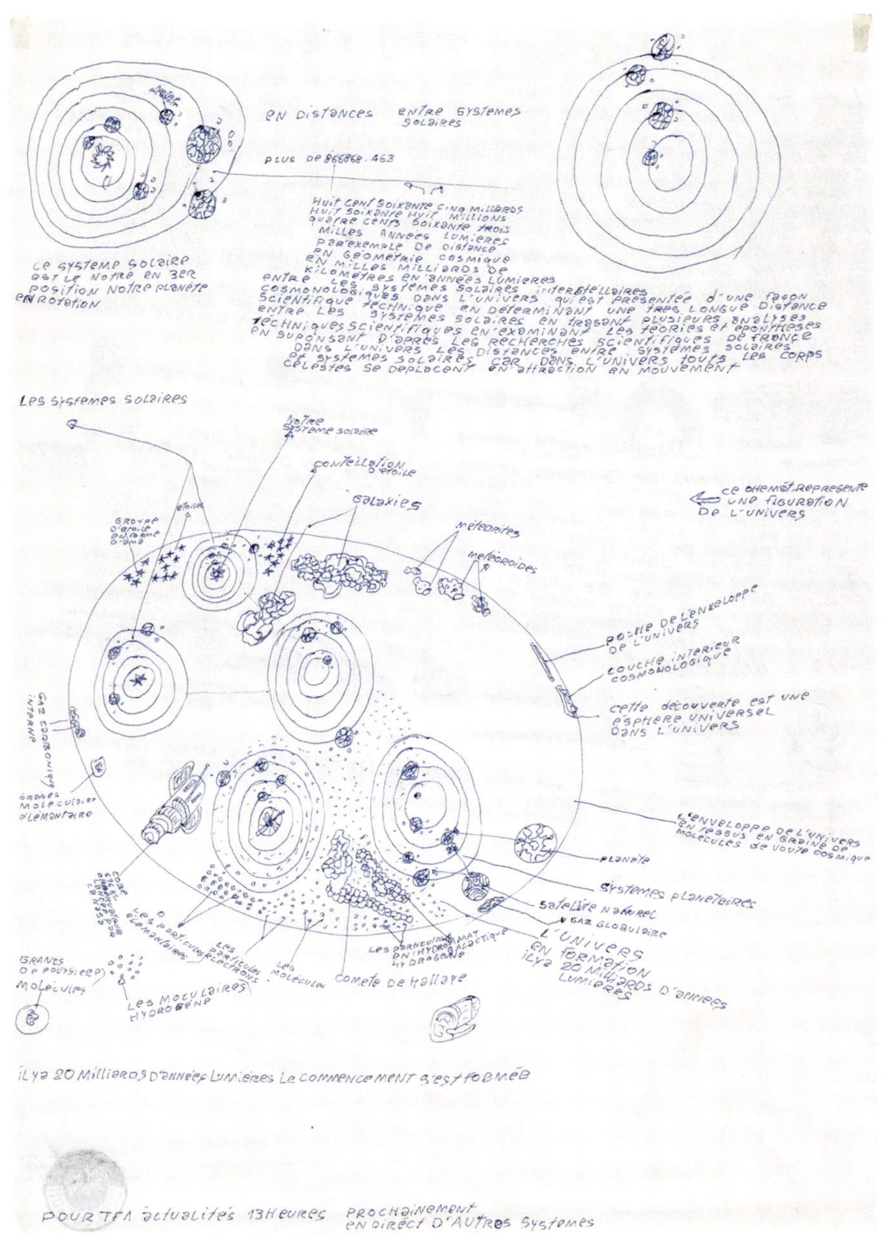

Serge Delaunay, s. t., s. d.,
crayon graphite sur papier,
29,5 x 21 cm.

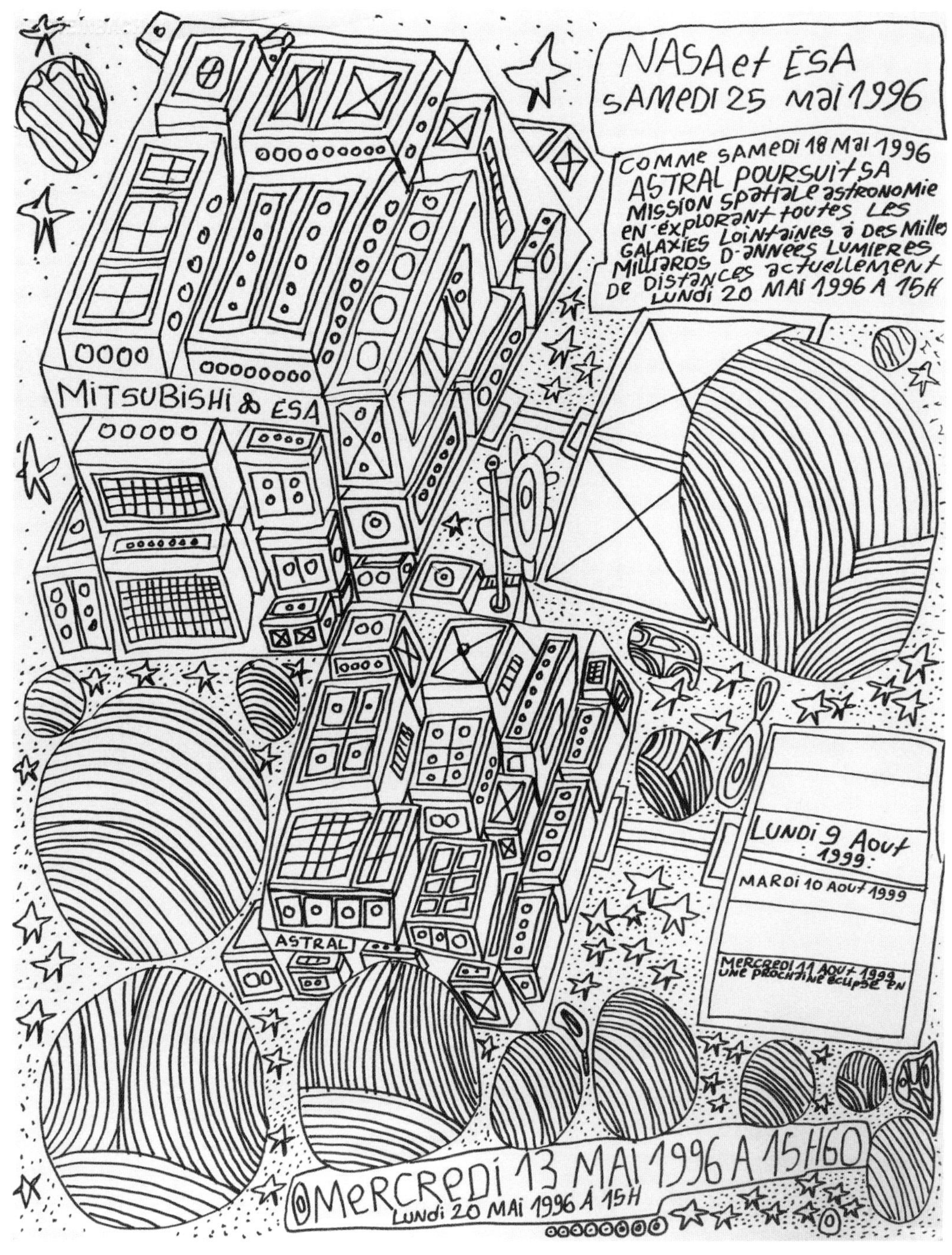

Serge Delaunay, s. t., s. d.,
feutre sur papier,
73 x 55 cm.

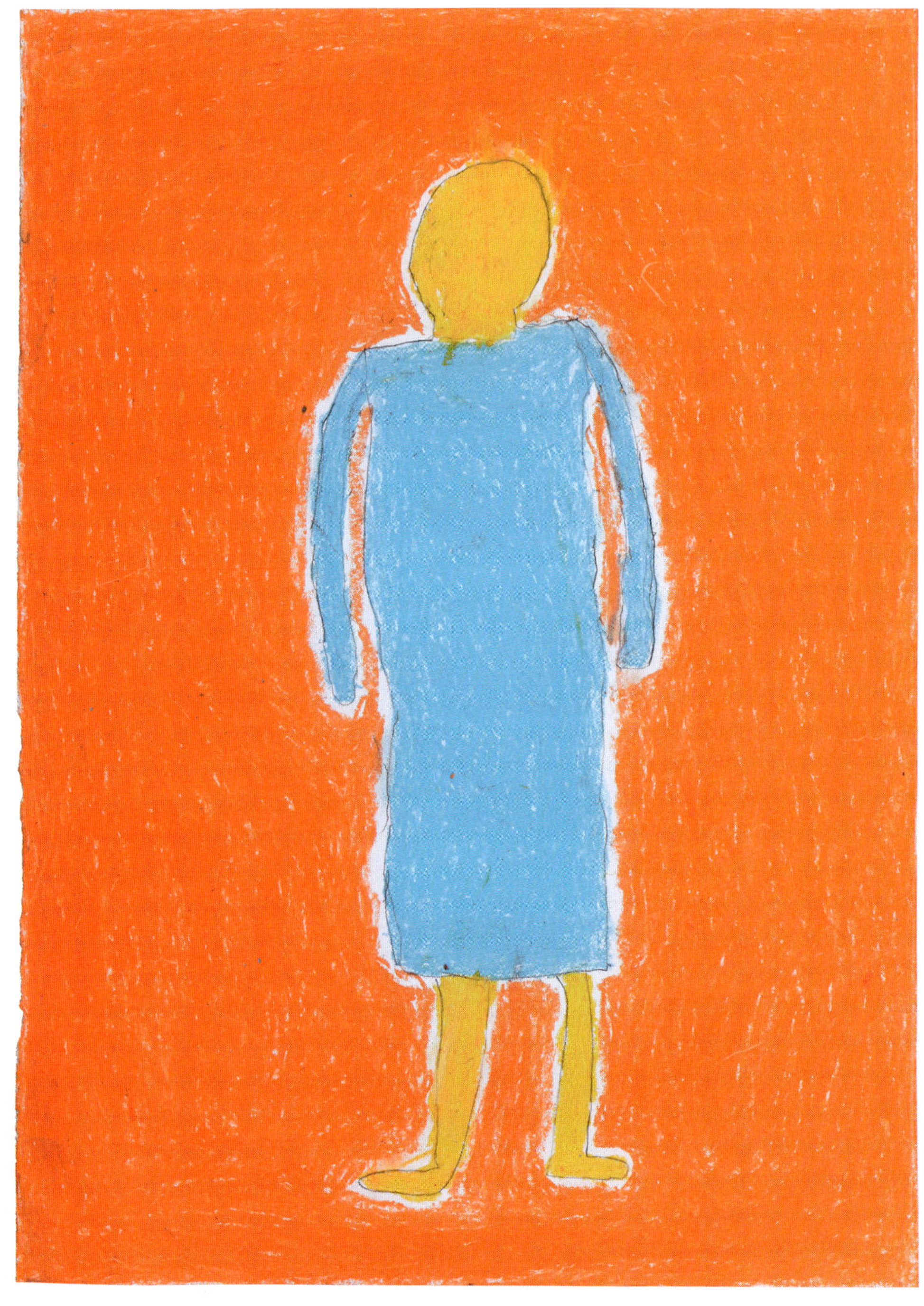

Sylvain Cosijns, s. t., s. d.,
pastel gras sur papier,
29,5 x 21 cm.

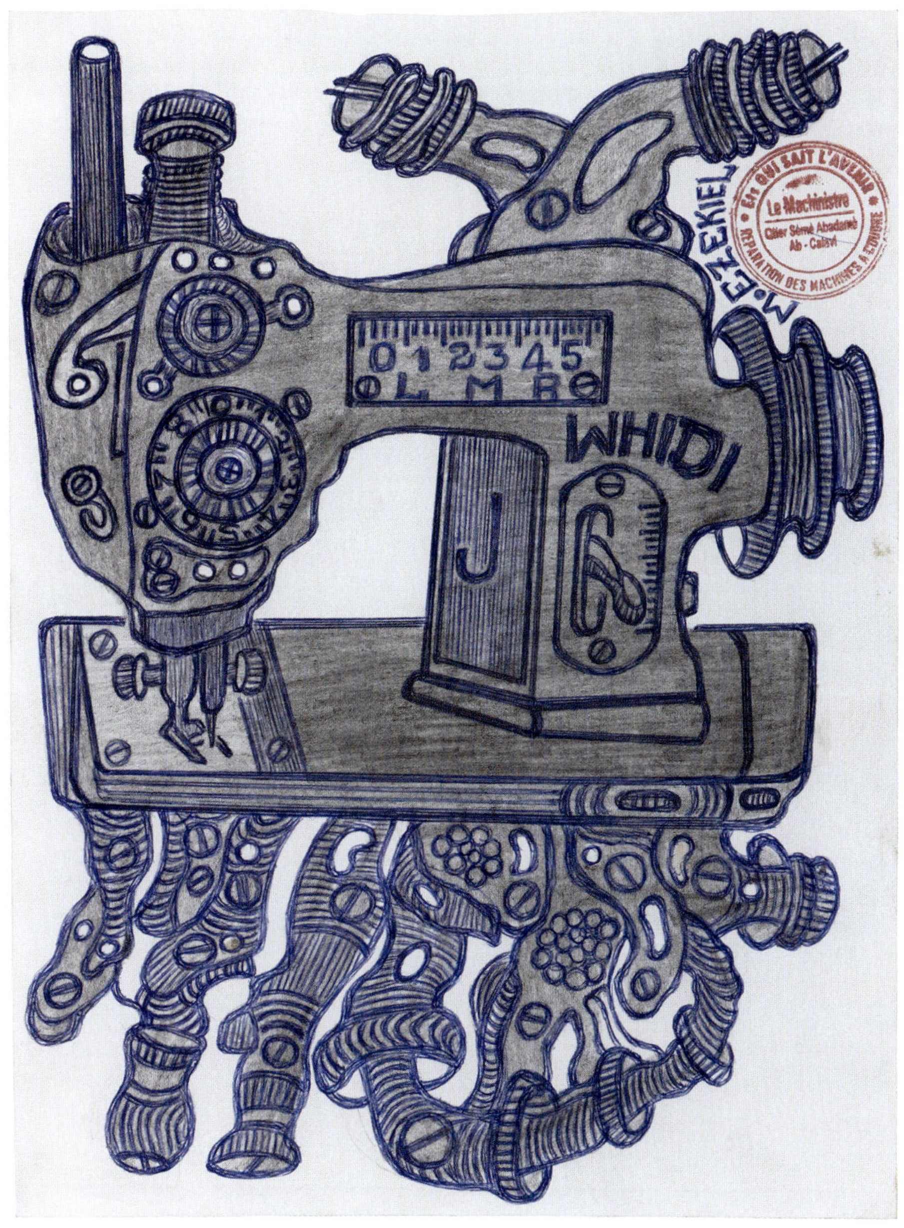

Ezekiel Messou, s. t., 2017,
stylo à bille et crayon graphite sur papier,
29,5 x 21 cm.

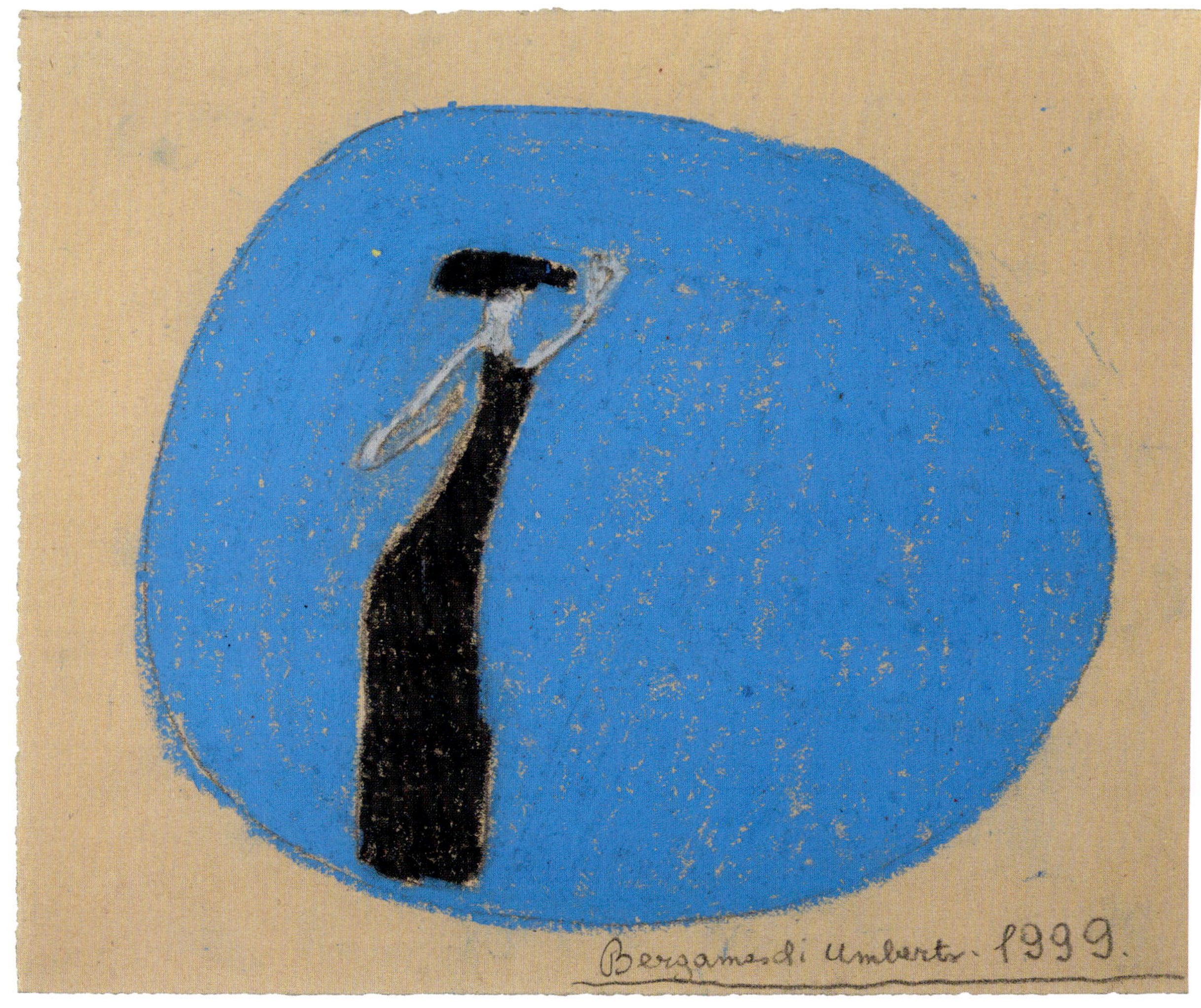

Umberto Bergamaschi, s. t., 1999,
pastel sur papier,
22 x 26 cm.

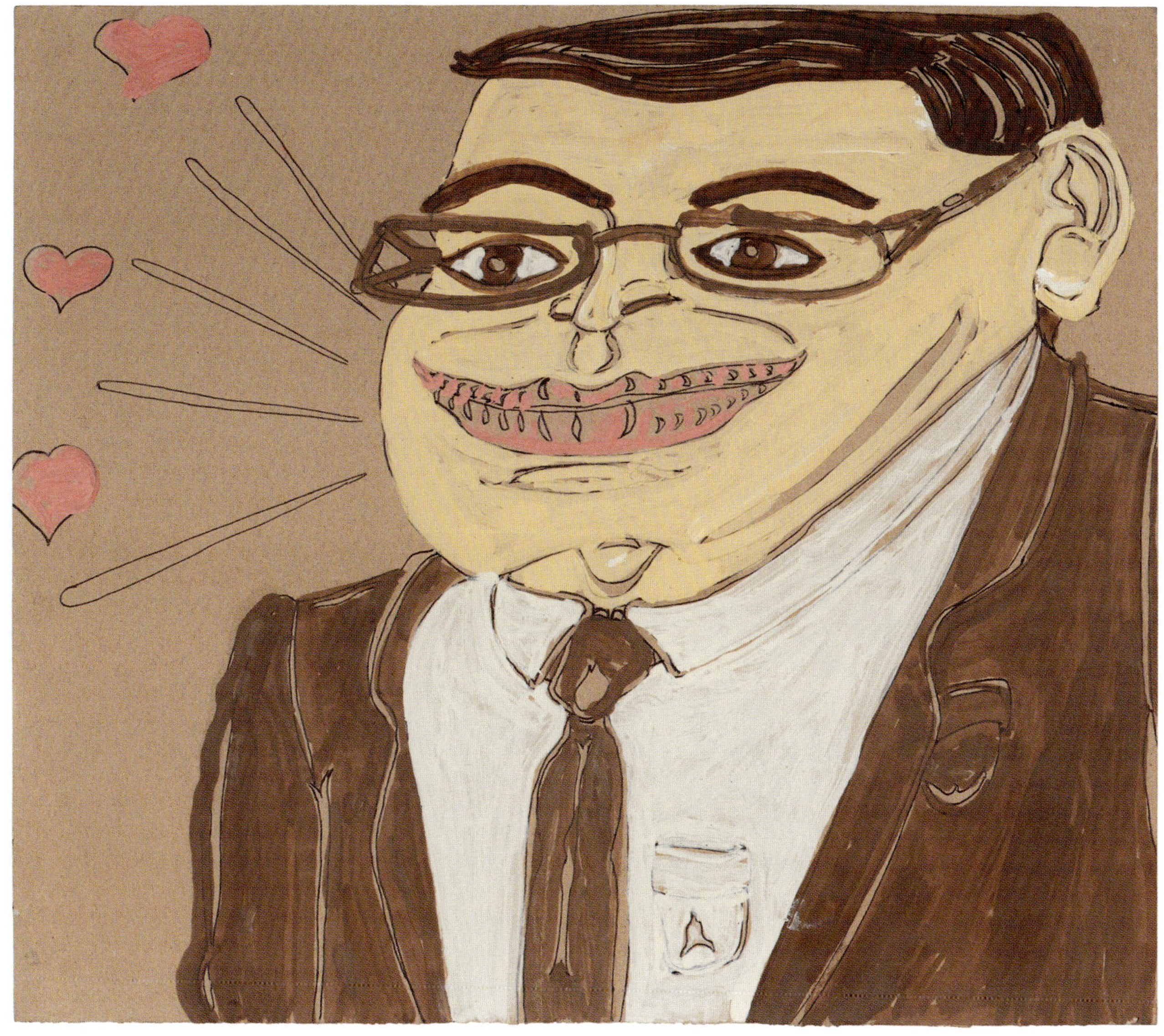

Dominique Théate, s. t., s. d.,
crayon graphite et peinture acrylique sur papier,
32 x 35,5 cm.

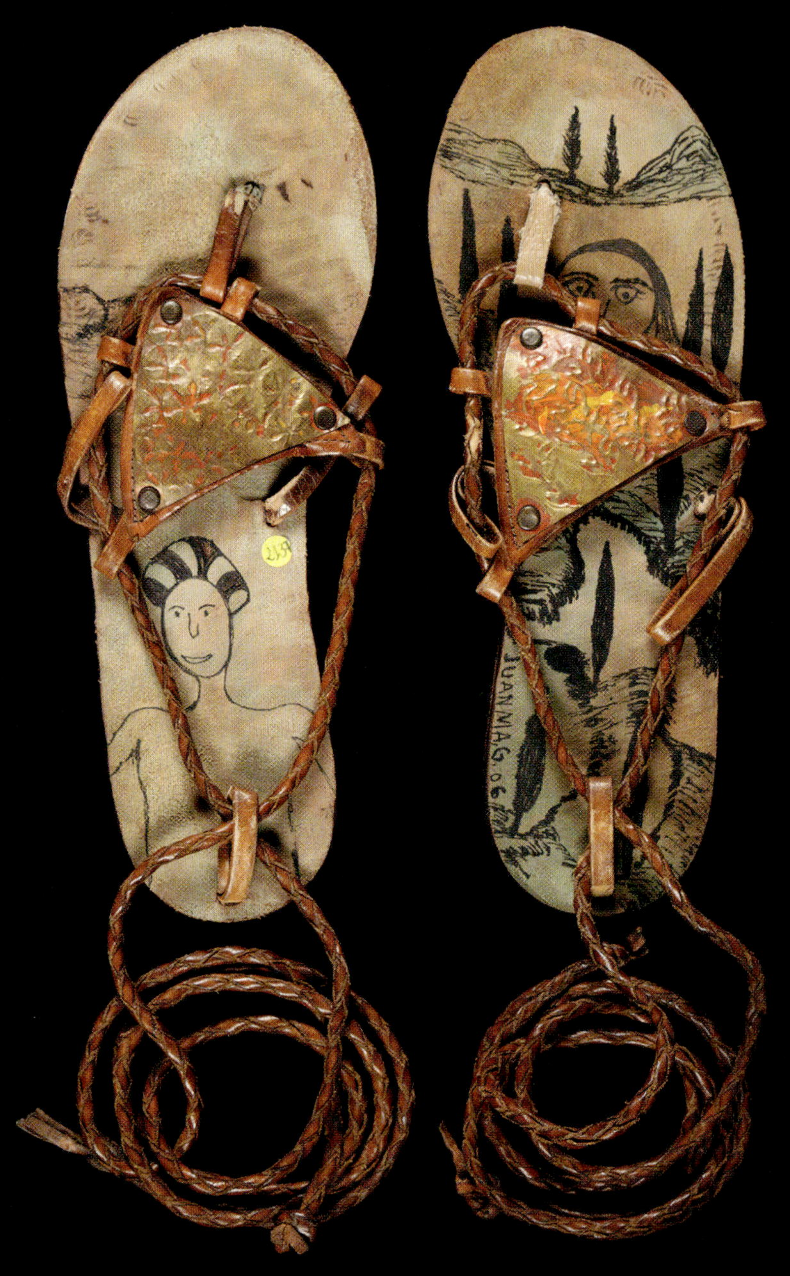

Juanma Gonzalez, s. t., 2006,
encre de Chine et aquarelle sur cuir de vache,
25 x 9 x 1,5 cm.

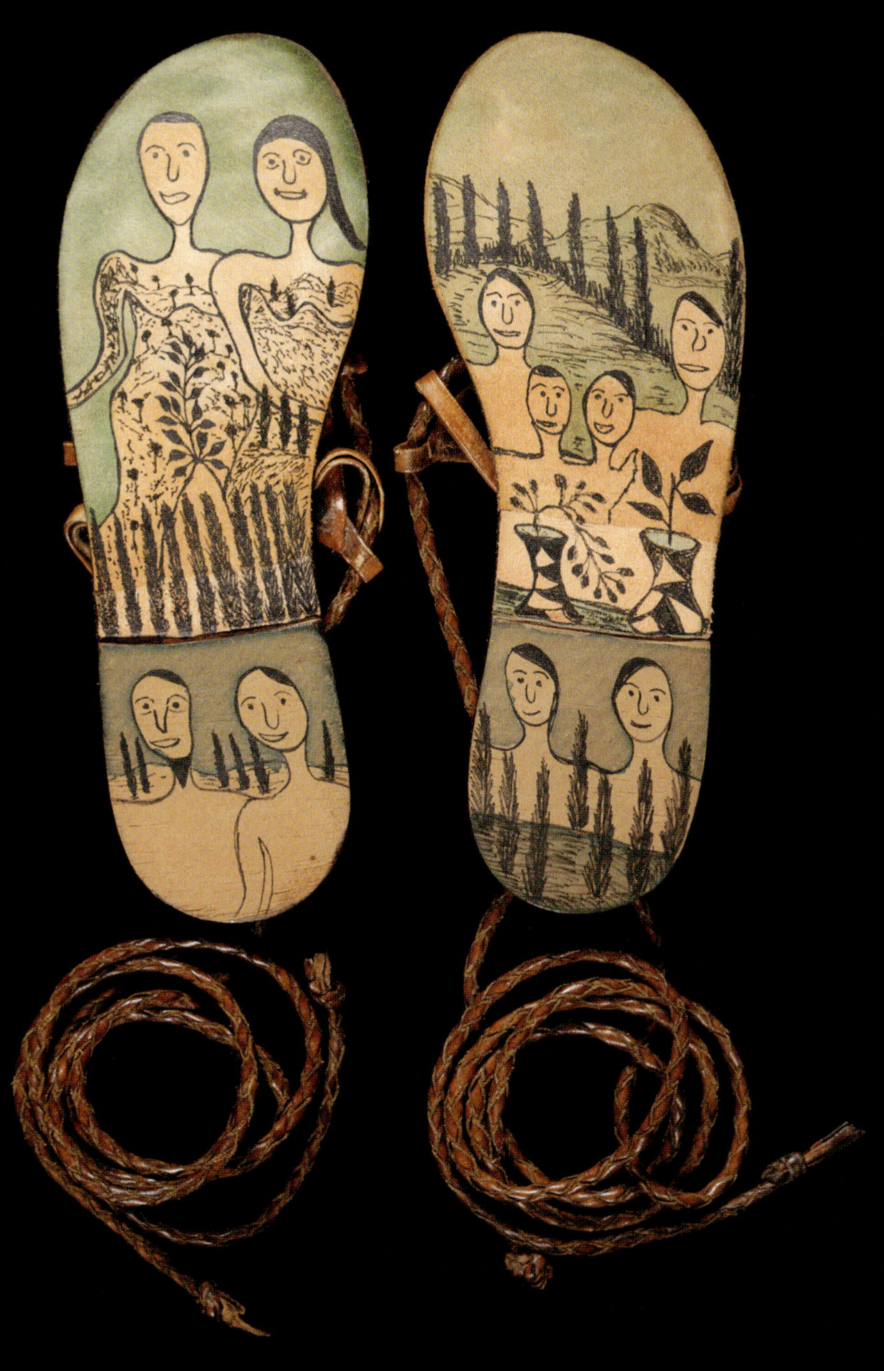

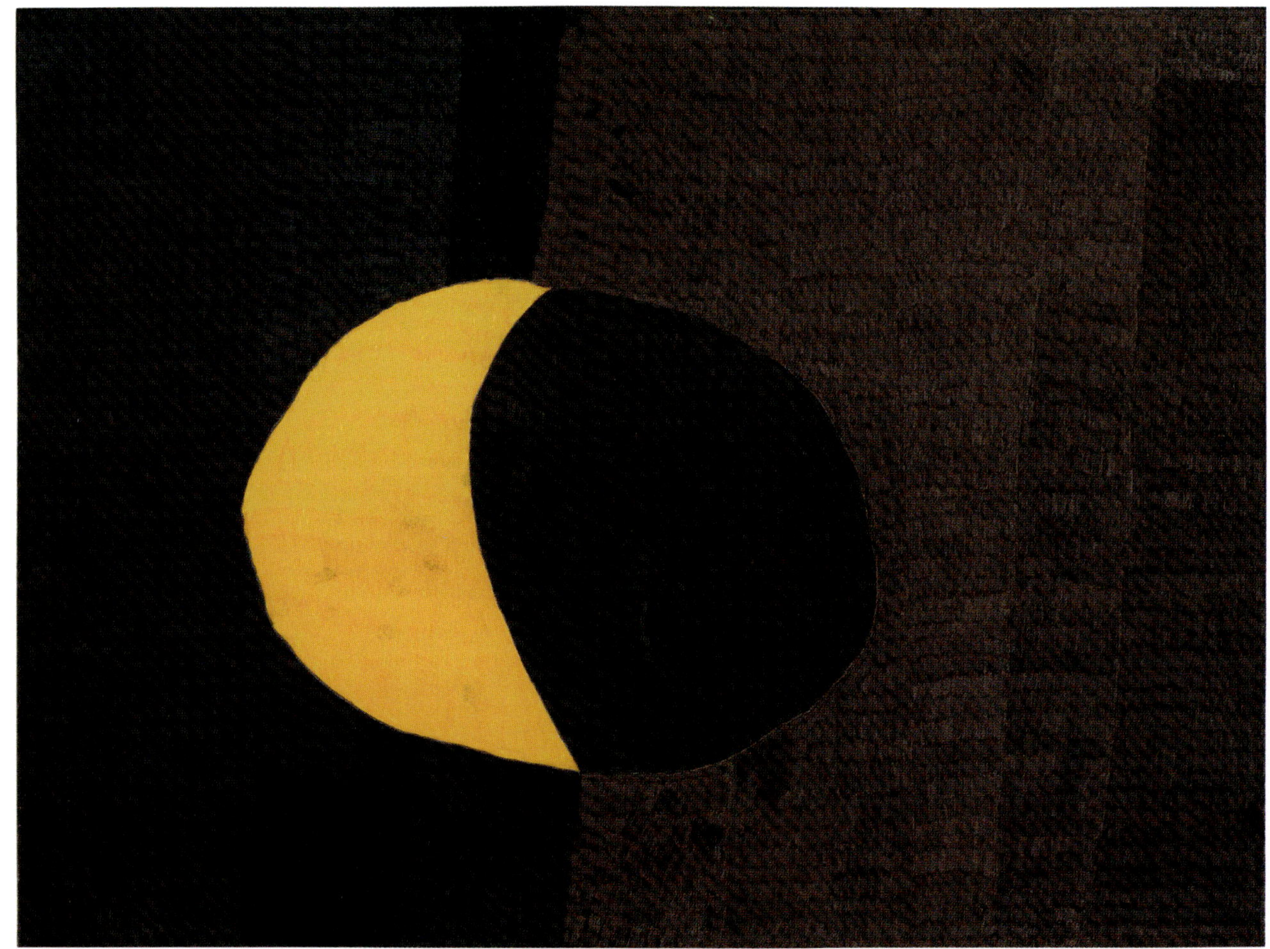

Georges Cauchy, s. t., 2003/06,
feutre sur papier,
55 x 73 cm.

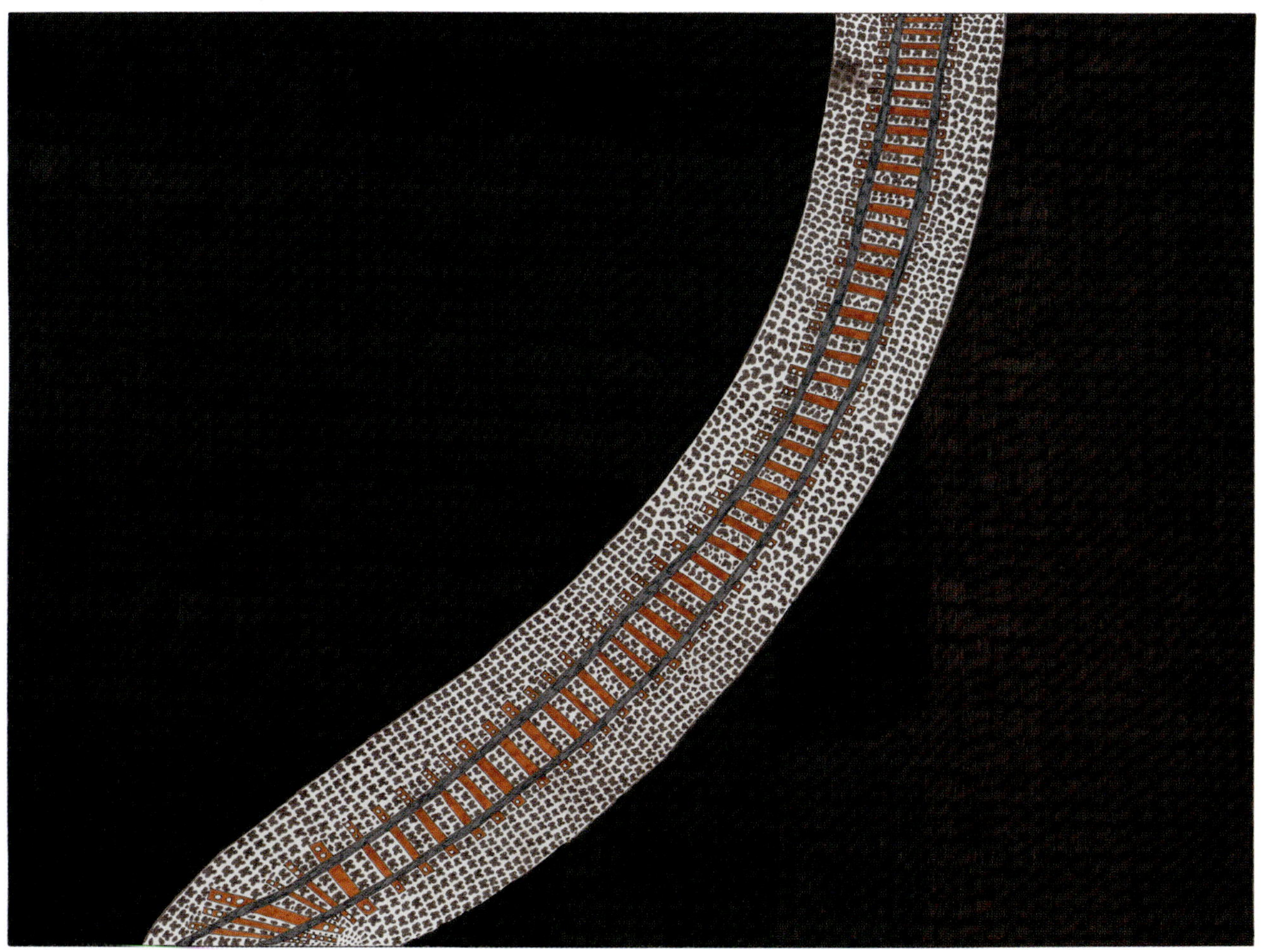

Georges Cauchy, s. t., 2003/06,
feutre sur papier,
55 x 73 cm.

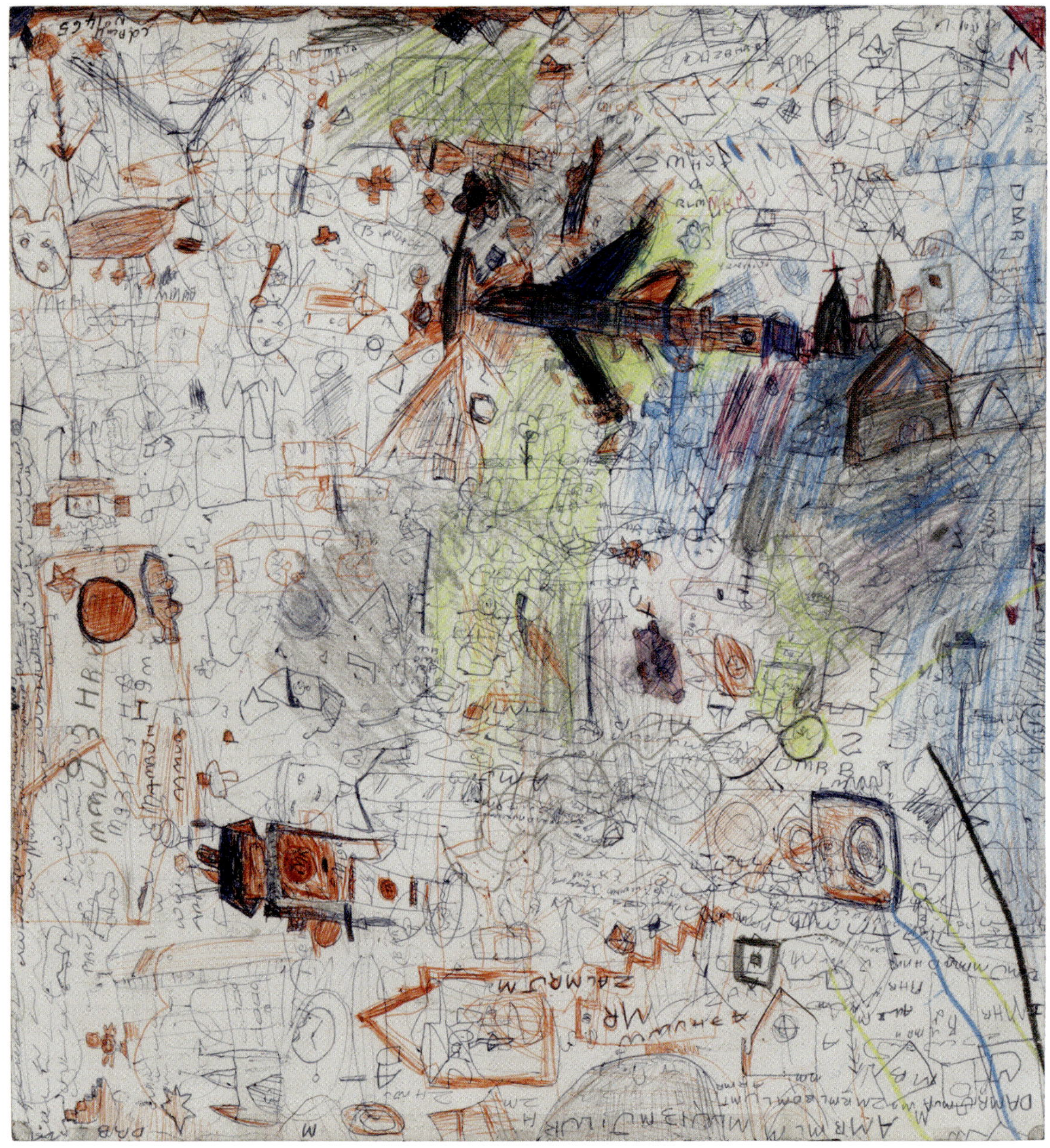

Yassir Amazine, s. t., 1996,
crayon de couleur et stylo à bille sur papier,
31 x 28 cm.

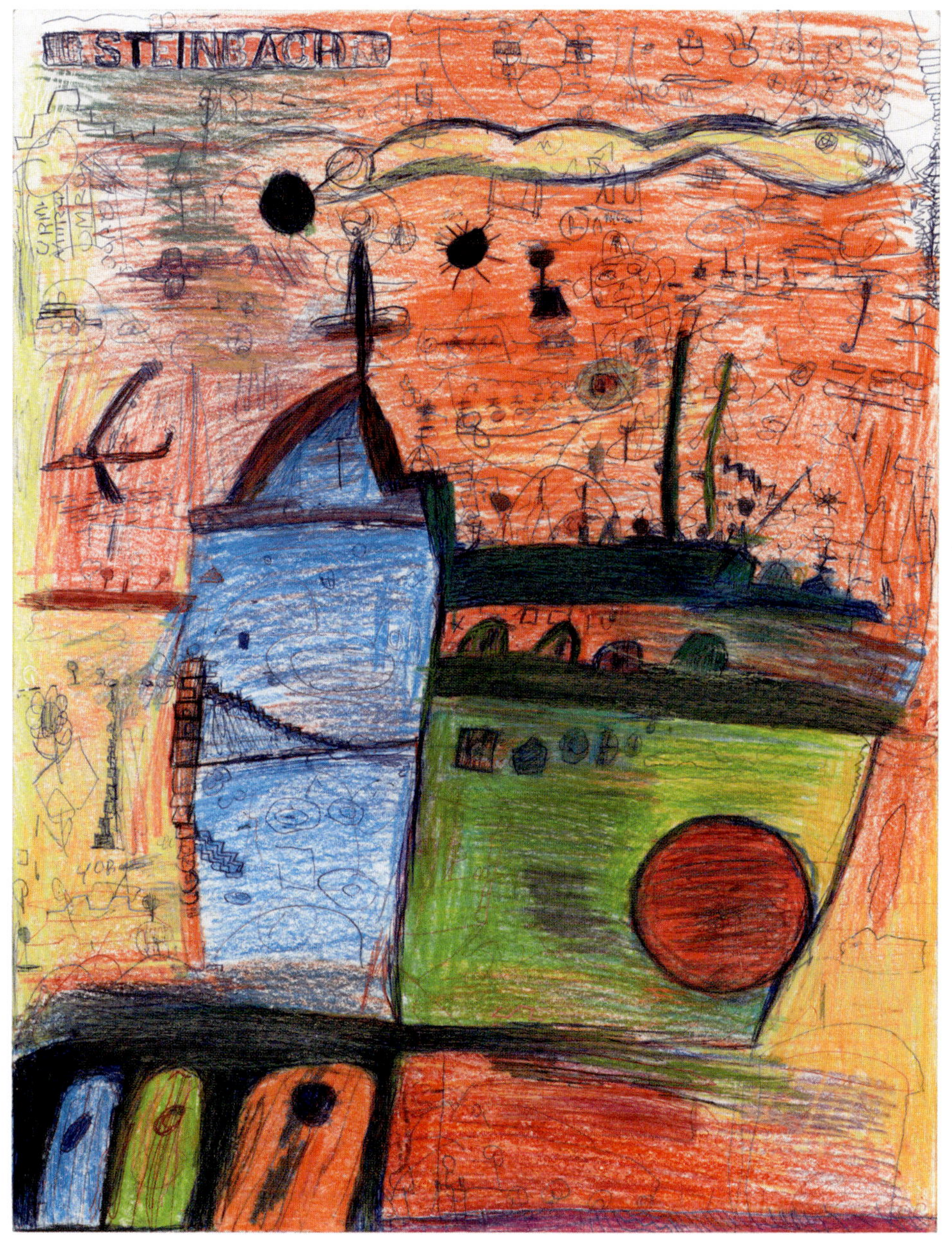

Yassir Amazine, s. t., s. d.,
pastel gras et stylo à bille sur papier,
29 x 22 cm.

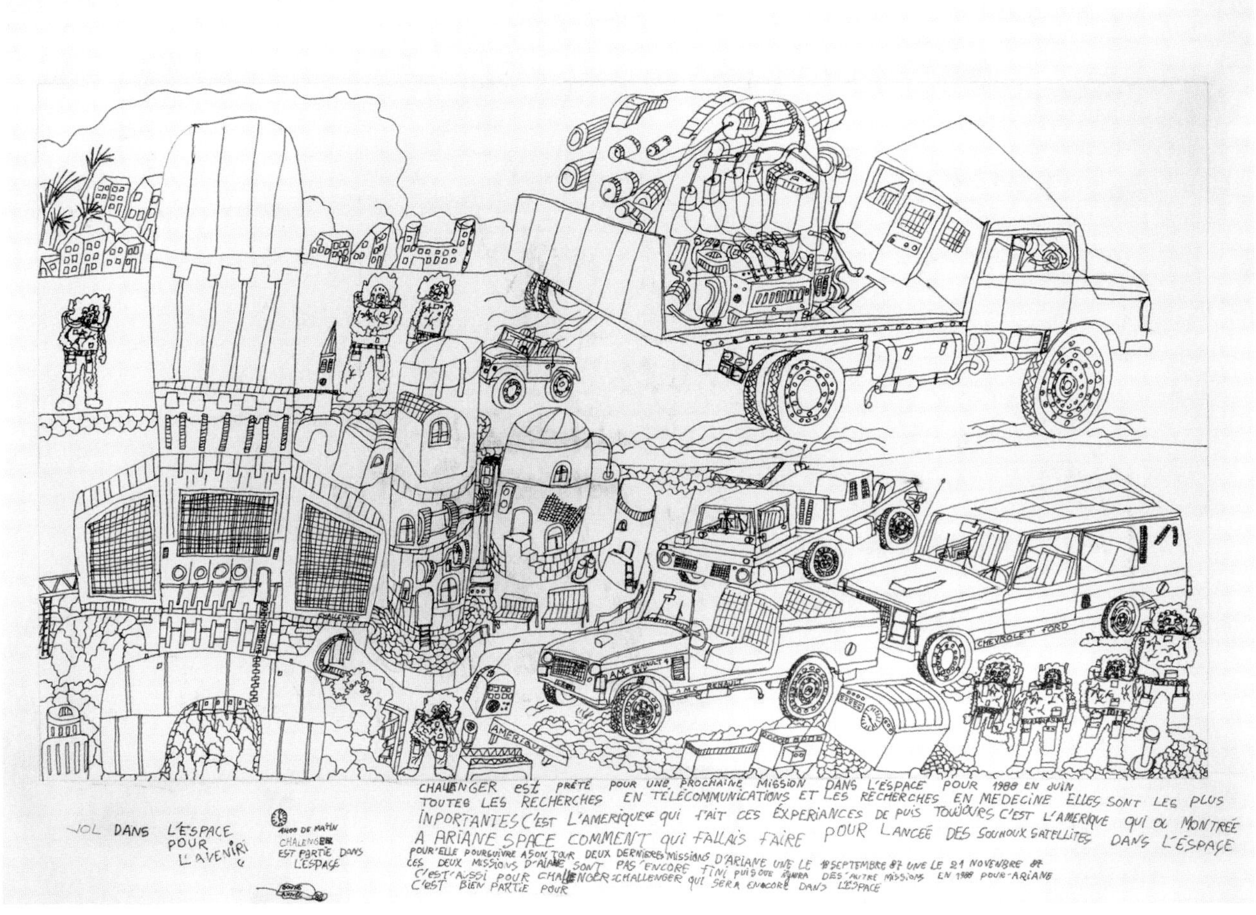

Serge Delaunay, s. t., s. d.,
feutre sur papier,
72 x 96,5 cm.

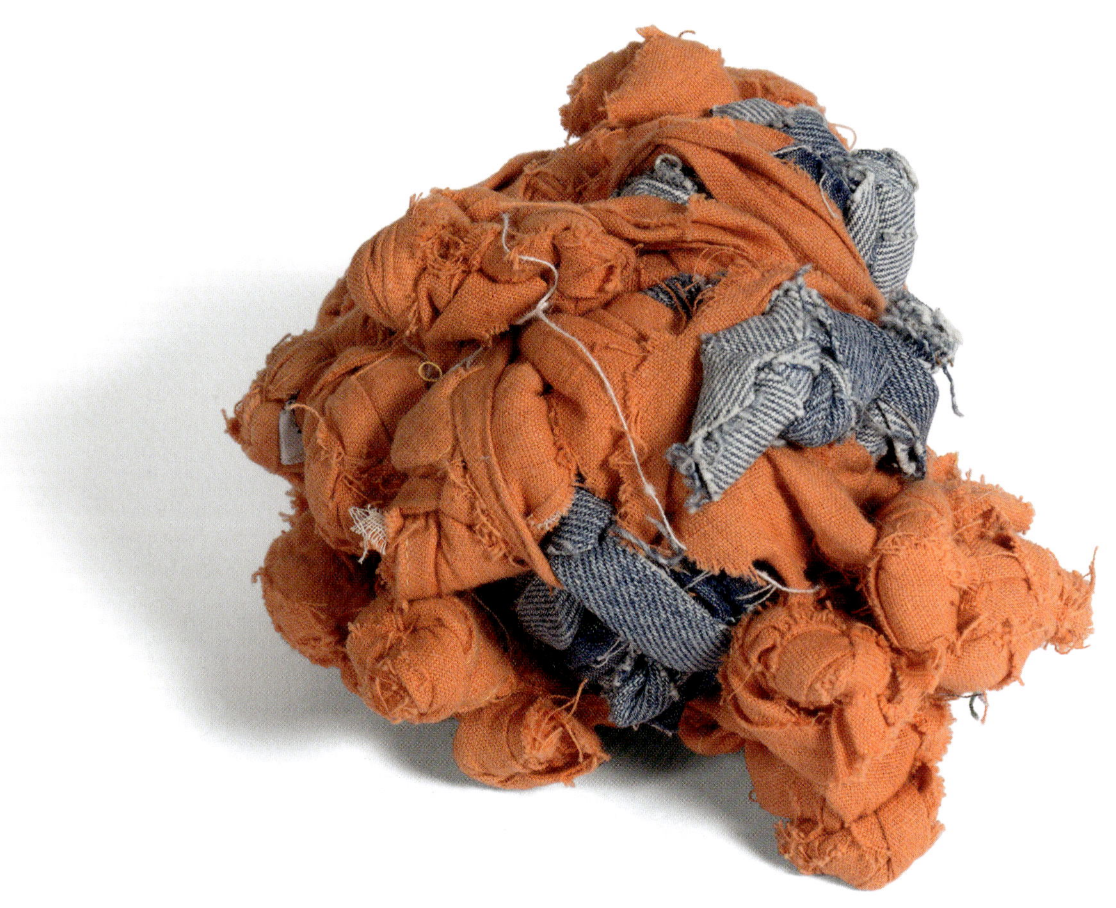

Pascal Tassini, s. t., s. d.,
assemblage de textiles,
14 x 14 x 16 cm.

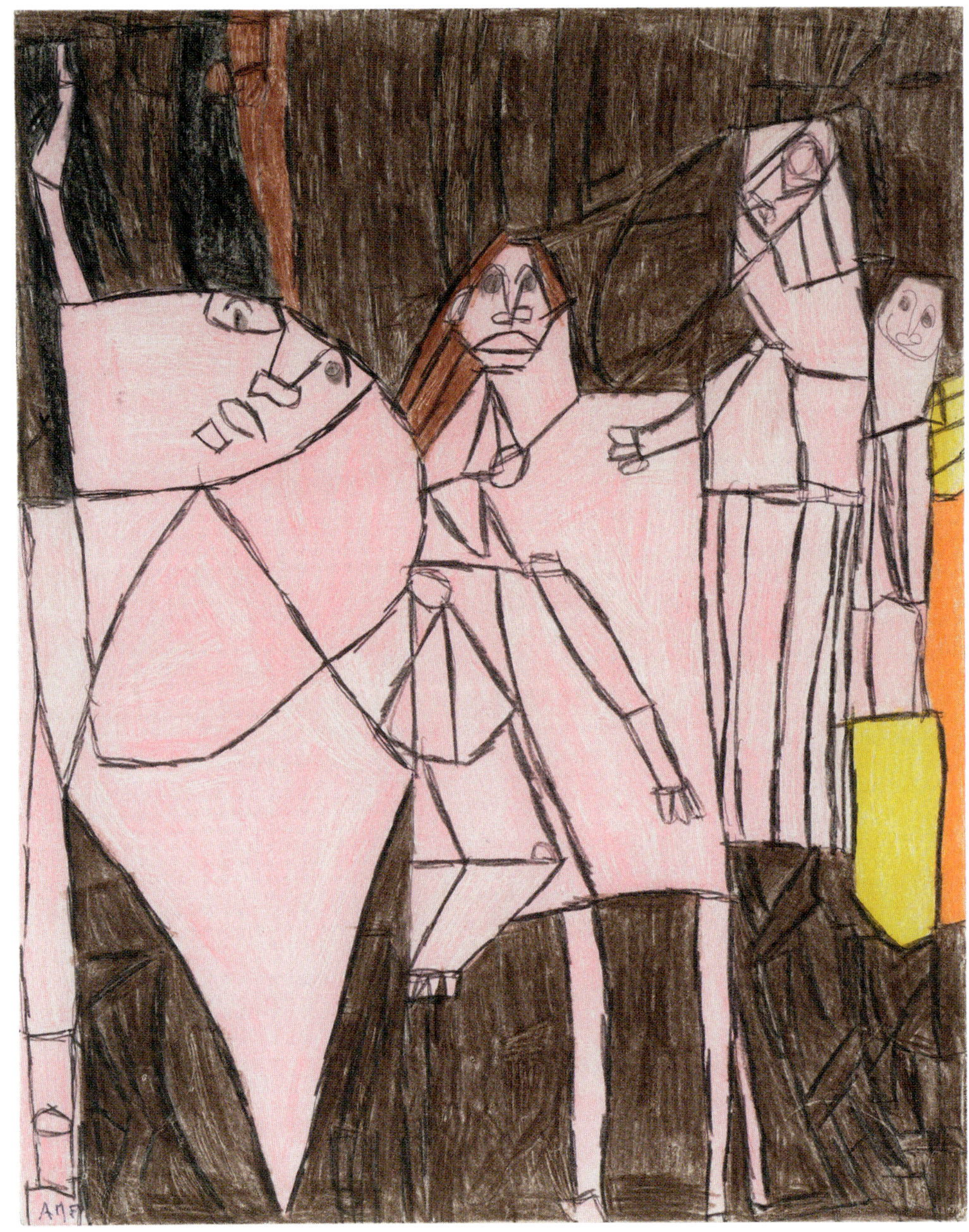

Anne-Marie Potvliege, s. t., 1965,
crayon de couleur sur papier,
30 x 23,5 cm.

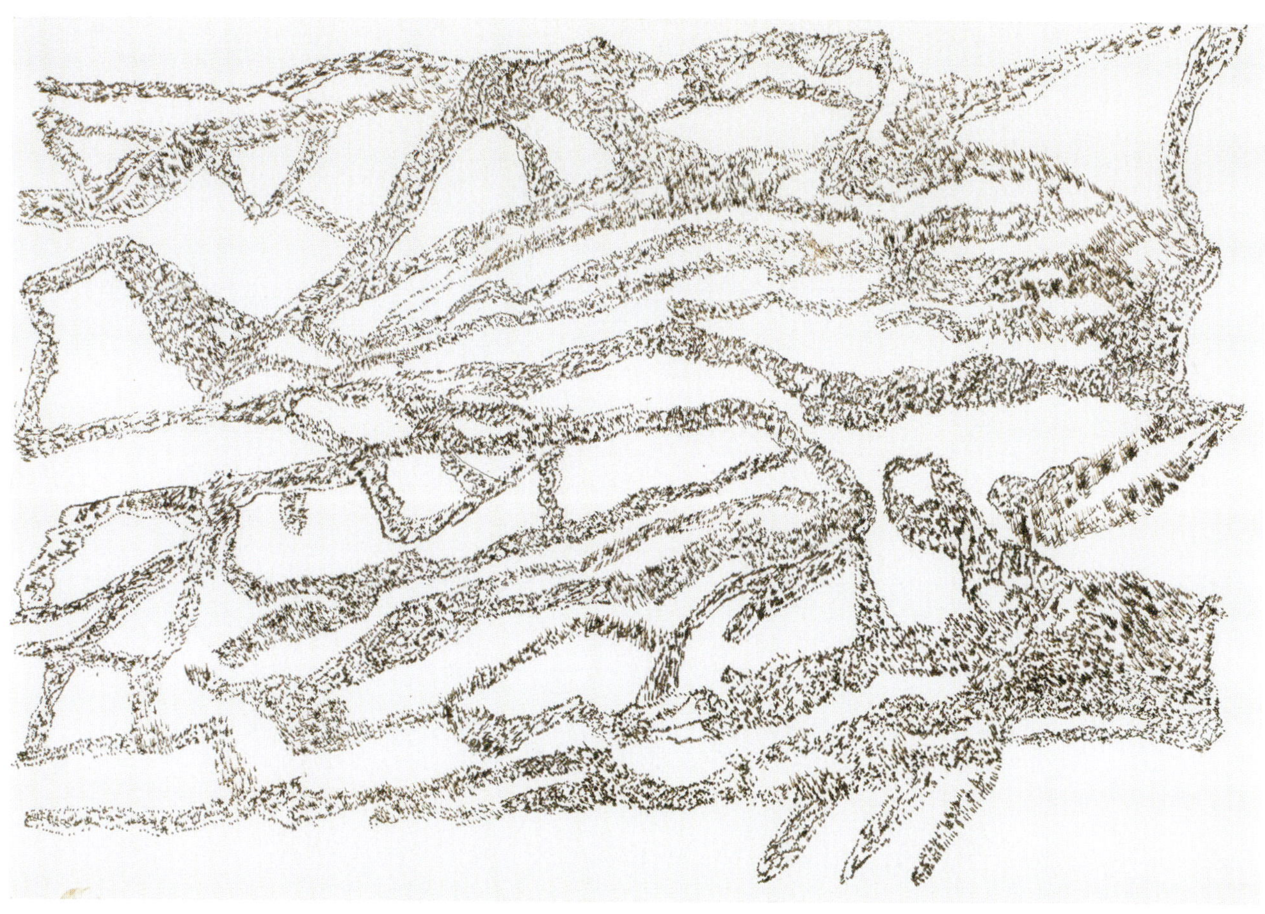

André Prues, s. t., s. d.,
feutre sur papier,
29,7 x 42 cm.

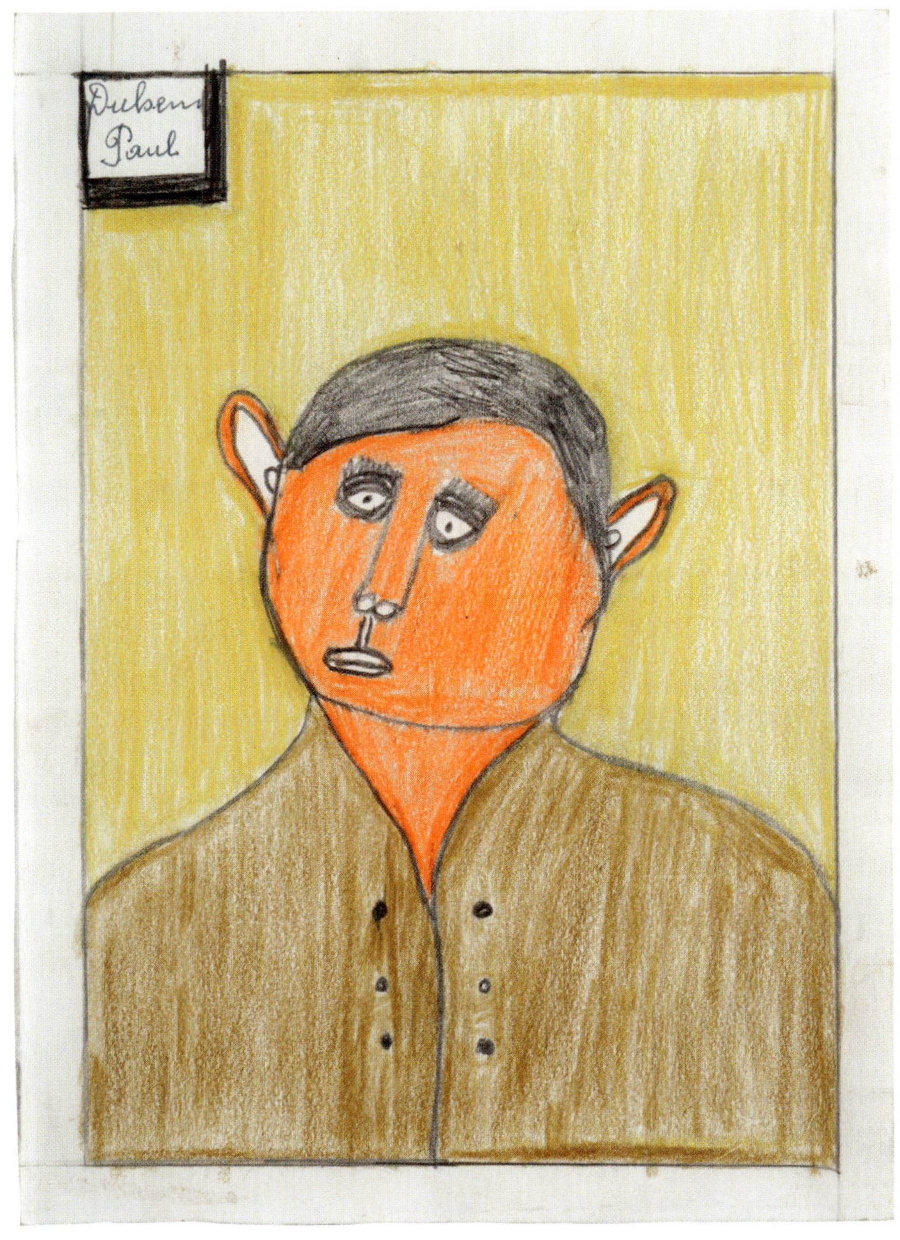

Paul Duhem, s. t., 1998/99,
crayon de couleur sur papier,
37 x 26,5 cm.

INVOERING

TATIANA VERESS,

Directrice van het Art et marges museum

Alles begint met een paar tekeningen van een jong meisje dat deelneemt aan een kunstatelier in het begin van de jaren 1980. Hun originaliteit trekt de aandacht van Françoise Henrion, de animatrice en de toekomstige oprichtster van Art en marge dat uit zal groeien tot het Art et marges museum. Deze tekeningen vormen de katalysator van haar zoektocht en actie. Françoise Henrion begint dergelijke werken op te sporen en te verzamelen en schuimt de kunstateliers af. En dat zijn er veel in de jaren 1970 in België. De ateliers worden meestal omkaderd door kunstenaars die de deelnemers creatief begeleiden, een aanpak die hen onderscheidt van therapeutische of bezigheidsateliers.

In tegenstelling tot de asielkunst ("de kunst van de gekken") is dit een onontgonnen gebied dat nog niet erkend wordt als een potentiële bron van artistieke creativiteit[1]. Niettegenstaande een zeker voorbehoud vanwege het milieu van de *art brut* – meer bepaald van Michel Thévoz[2], die deze activiteiten beschouwt als "therapiekunst" en meent dat er niets echt inventiefs uit deze ateliers voortkomt[3] – is Françoise Henrion onder de indruk van de hoeveelheid en kwaliteit van de werken die zij ontdekt en spant zij zich in om deze te valoriseren.

In 1984 richt zij met de steun van de Commission communautaire française (COCOF) het centrum voor onderzoek en verspreiding "Art en marge" op, even later gevolgd door de galerij met dezelfde naam, die in 1986 opent in de Maagdenstraat in Brussel. Haar durf wordt uiteindelijk op prijs gesteld door Michel Thévoz die verklaart: "Het is wel degelijk de verdienste van Art en marge dat het zich waagde op dit creatiegebied zonder theoretische referentiepunten, en dat met een combinatie van flair, gulheid en passie die leidden tot de ontdekking van werken van een verbluffende finesse en rijkdom[4]."

Art en marge is een plek waar de werken de aanleiding vormen voor een artistiek en politiek debat. De tentoongestelde kunstenaars hebben een ding gemeen: het zijn autodidacten. Sommigen werken alleen of in de marge, anderen zijn actief in ateliers voor personen met een mentale handicap of in psychiatrische instellingen. Voor Françoise Henrion en Gérard Preszow, medestichter en eerstelijnsmedewerker, is de marge net zoals het blad "een plaats van reacties, opmerkingen, rebellie en enthousiasme[5]".

Vanaf 2002 brengt Carine Fol, die de leiding van het centrum overneemt, *insider*- en *outsider*kunstenaars samen in zogenaamde "laboratoriumprojecten" en thematische tentoonstellingen, naar het voorbeeld van Harald Szeemann[6]. Carine Fol wak-kert ook de ambities van het centrum aan, namelijk om een museum te worden. Vermits de verzameling van de galerij op het ritme van de ontmoetingen en ontdekkingen flink uitgegroeid is, acht zij het nood-zakelijk om de duurzaamheid daarvan veilig te stel-len door het statuut van het centrum aan te passen. Dat gebeurt in 2009 wanneer Art en marge erkend wordt door de Fédération Wallonie-Bruxelles en het "Art et marges museum" wordt. Deze nieuwe naam, waarin "en" in "et" verandert en "marge" voor de meervoudsvorm gaat, weerspiegelt de wil om meer openheid te creëren en af te rekenen met de hokjes-mentaliteit.

Met de steun van het OCMW en de Stad Brussel krijgt het museum ruimere lokalen, maar ook zijn uitstraling stijgt exponentieel. Carine Fol spant zich in om het museum een internationale dimensie te geven door projecten en tentoonstel-lingen te organiseren in samenwerking met heden-daagse- en *outsider*kunstinstellingen in België en het buitenland.

Altijd vertrekken van de creatie om pas daarna naar de kunstenaar te kijken, naar het voorbeeld van Françoise Henrion, die altijd vroeg om eerst de opgeslagen werken te zien wanneer zij op prospectie ging[7]. Weerstaan aan de verleiding – die nochtans sterk is — om de vaak afwezige toelichting van de kunstenaars zelf te vervangen door hun biografie. Tot op vandaag verbindt het Art et marges museum zich ertoe om het slechts over het leven van de kun-stenaars te hebben in de mate dat dit belangrijk is voor hun werken: die beelden zonder uitleg "vereisen een beschikbaarheid van het oog[8]", zodat de emoties de vrije loop krijgen.

De verzameling van het Art et marges museum telt inmiddels meer dan vierduizend werken inclusief bijna driehonderd kunstenaars van diverse nationali-teiten en het beschikt nu over alle attributen van een museum[9]. Erop toezien dat het niettemin een ruimte op mensenmaat blijft, waarin de dialoog en uitwis-seling eerder dan de grote debatten aangemoedigd worden en waarin iedereen uitgenodigd wordt om zijn emoties de vrije loop te laten, dat is de kern van mijn werk sinds ik in 2012 de leiding overnam. En in dat opzicht blijft het Art et marges museum trouw aan zijn oorsprong als Art en marge.

---

[1] Carine Fol, *De l'art des fous à l'art sans marges*, Milaan-Brussel, Skira-Art en marges museum, 2015, p. 174.

[1] Michel Thévoz was de eerste directeur van de Collection de l'Art Brut, het museum dat in 1976 opgericht werd op basis van de werken die Jean Dubuffet schonk aan de stad Lausanne.

[3] Michel Thévoz, in een brief aan Françoise Henrion, 27 maart 1984.

[4] Michel Thévoz in *Art en marge, Collection*, Brussel, Art en Marge, 2003, p. 47.

[5] Françoise Henrion in *Art en marge, Collection*, Brussel, Art en Marge, 2003, p. 8.

[6] Harald Szeemann (1933-2005) is een Zwitserse curator die pionierde met de introductie van art brutwerken in de wereld van de hedendaagse kunst en een dialoog op gang bracht tussen *insider*- en *outsider*kunst. Hij stelde in 1963 de Prinzhornverzameling voor in de Kunsthalle van Bern, waarvan hij toen de leiding had. In 1972 stelde hij tevens de werken van Adolf Wölfli voor op de Documenta V in Kassel.

[7] Françoise Henrion, interview van 12 december 2018.

[8] Gérard Preszow in *Bulletin Art en marge* 1, 1985, p. 3.

[9] Wetenschappelijke studie van de collectie, geprofessionaliseerd beheer, internationale verspreiding, deelname aan externe symposia, enz.

DE KIJKER MAAKT HET WERK

DE OGEN OPENEN

LAURENT BUSINE

Men denkt terecht dat een kunstwerk verlengd wordt in de blik van de kijker en volgens sommigen vindt het werk zo zelfs zijn voltooiing. Dit artikel wil eerder onderzoeken hoe en wanneer de kijker het werk maakt. Met andere woorden, hoe en wan-neer de kijker met hetzelfde respect naar *outsider*-kunst, kunst van de waanzin, buitengewone kunst, willekeurige kunst… begint te kijken als hij dat al zo lang doet naar de traditionele kunst.

In een poging om hierover verslag uit te brengen ga ik logischerwijze uit van mijn kijk op dergelijke werken toen ik hiermee voor het eerst geconfronteerd werd.

Ik groeide op in een familie waarin de beel-dende kunst een belangrijke rol speelde. Ik vermeld dat niet om mijn beweringen te rechtvaardigen op basis van mijn familiale achtergrond, maar om aan te geven hoe ik van jongs af aan ondergedompeld was in de kunstwereld en talrijke tentoonstellin-gen en musea bezocht maar ook veel kunstboeken doorbladerde. Zo had ik naïeve, expressionistische, surrealistische werken, het oeuvre van Paul Klee, Max Ernst en vele anderen gezien lang voor ik geconfronteerd werd met de werken waarover we het hier hebben. De ontdekking van de werken van geesteszieken bijvoorbeeld, met hun geweld-dadige of ongebruikelijke elementen, was voor mij eigenlijk niet zo bevreemdend. Integendeel, zij bevestigden de intuïtie of de vastberadenheid van die kunstenaars via werken die mij "bevriend" leken met de werken van Paul Klee of Max Ernst, maar die afkomstig waren uit een milieu dat niet dezelfde gecultiveerde aanpak had. De vreemd-heid was afkomstig van een zekere frisheid die mij overviel zonder dat het evenwel mogelijk was om de aanpak te vergelijken of te verduidelijken.

Door te verwijzen naar die fase van mijn jeugd wil ik alleen dit mij niet ongebruikelijk leek, en dit mogelijk in tegenstelling tot de kijkers uit de twintiger jaren die geconfronteerd werden met het expressionisme, het surrealisme en tegelijkertijd de "werken van de waanzin" ontdekten via de verzameling van de psychiatrische instelling van de universiteit van Heidelberg, of tijdens de talrijke tentoonstellingen over heel Europa waar grote delen daarvan[1] getoond werden, of nog via de illustraties van het boek *Bildnerei der Geisteskranken* van Hans Prinzhorn[2]; Paul Klee en Max Ernst bijvoorbeeld.

Maar de intrigerende vraag daarbij blijft: wanneer heeft men naar de tekening van een geesteszieke persoon gekeken als naar een kunstwerk afkomstig van een kunstenaar?

Het zou ons te ver voeren om hier dieper in te gaan op de vele gedetailleerde studies die de trage transformatie van de waardering van de werken afkomstig van geesteszieken volgen en ik ga hier niet proberen om de chronologie daarvan op te stellen, dat valt buiten mijn competenties. Ik wil alleen deze vaststelling illustreren met enkele voorbeelden die ons meer inzicht kunnen geven in de manier waarop men de tekeningen van geesteszieken in een gegeven maatschappij bekeek of voorstelde wat ze zouden moeten zijn.

Wij hebben slechts weinig of geen voorbeelden van die werken die weggegooid of vernietigd werden. Ik vertrek dus van een ets, een karikatuur van James Gillray die op het einde van de 18e eeuw een verschrikkelijk beeld schetste van de Franse sans-culottes, getiteld: *Un petit Souper à la Parisienne* – or *A family of Sans Culotts refreshing after the fatigues of the day*[3] (blz.13). Zoals men kan verwachten speelt Gillray in op de term "*sansculottes*" en stelt hij de familieleden voor zonder broek, rond een tafel, waarbij er een zit op een zak met het opschrift "*Propriété de la Nation*" (eigendom van de staat) boordevol gestolen schatten, een ander zit op het naakte lichaam van een dode vrouw. Ze verslinden een hart, een arm, een oog… Een oude vrouw roostert een baby aan het spit terwijl drie kinderen zich volproppen met de darmen van aristocraten. Andere lijken of stukken van lijken hangen klaar om opgegeten te worden. Het hele tafereel (dat extreem karikaturaal is) illustreert voor Gillray en zijn landgenoten dat het hier gaat om ontaarde, duivelse personen die volledig het verstand verloren hebben. En alsof dat nog niet genoeg is, voegt de kunstenaar nog tekeningen toe op de muren van de kamer, die zogezegd gemaakt werden door diezelfde *sans-culottes*. Op de schoorsteenmantel staat een figuur met in de ene hand een bijl en in de andere een afgehakt hoofd; links van hem staat "*Vive la Liberté*" (leve de vrijheid) en rechts van hem: "*Vive le Egalité*" (sic) (leve de

gelijkheid) en daarboven "*Petion*". De tekeningen zijn onhandig, of eerder kinderlijk – wellicht een van die menseters waardig. Hetzelfde geldt voor een andere schets op de muur: een figuur met een dikke buik, zonder hoofd, met het opschrift "*Louis le Grand*" (Lodewijk de Grote).

Deze ets geeft een idee van de manier waarop men indertijd dacht dat gekken zouden kunnen schilderen. James Gillray, die deze graffiti uitvindt, onderlijnt de onhandige trekken en schaarse uitbeeldingsmiddelen als de veronderstelde karakteristieken van de waanzin, bekeken door de ogen van zijn tijdgenoten. Ze kunnen vergeleken worden met de lijnen die nog ongevormde hersenen produceren, dicht bij kindertekeningen en ver van alle regels die men aanleert. Vandaag weet men hoezeer dit er naast kan zitten wanneer men bijvoorbeeld de werken van Georges Focus (1639 of 1641-1708)[4] ziet – een Franse schilder die dicht bij Charles Lebrun stond en die op het einde van zijn leven opgenomen werd in *Petites Maisons* – of nog de werken van Carl Lange[5], die in 1910 geïnterneerd werd in het asiel van Schwertz in Oost-Pruisen. Men stelt inderdaad vast dat die kunstenaars tijdens hun ziekte niets verloren hebben van hetgeen zij leerden over de tekentechnieken.

Mijn tweede voorbeeld is een ets van William Hogarth die in de période van 1732 tot 1734 eerst in een reeks van acht schilderijen en vervolgens in een reeks van acht etsen de avonturen van een losbandige illustreert: *A Rake's Progress*. Hierin wordt het leven van Tom Rakewell en zijn geleidelijke ondergang in beeld gebracht, door spel, alcohol, prostitutie, bedrog, schulden en gevangenis tot en met waanzin. Het is dat laatste beeld[6] (blz.15) dat ons interesseert want het toont een asiel, Bedlam, The Bethlem Royal Hospital. Naast de verschillende personages die in het schilderij aanwezig zijn – uiteraard gekken die zich met zinloze dingen bezighouden - zijn er een hond, dames van goede afkomst, een bewaker, zijn verloofde die hij afwees, de trouwe Sarah Young die in tranen en op haar knieën naast hem nogmaals probeert om hem ter hulp te schieten.

Het asiel is hier een gevangenis: de gang is afgeschermd met tralies, net zoals de ramen. Naar buiten vluchten is totaal onmogelijk. Een bewaker klinkt Tom Rakewell in de kettingen. Maar op een muur tussen twee cellen tekent een man, half verborgen achter een deur, een verbluffende tekening. Eerst en vooral is er een wereldbol die bondig voorgesteld wordt aan de hand van meridianen en parallelle lijnen. Deze wereldbol is geboeid, de schakels van de ketting zijn vastgemaakt aan de deuromlijsting. Verder is er links een enorme bombarde die een zware kanonskogel afschiet die volgens een bepaald traject op de wereldbol valt. Onderaan bevinden zich geometrische figuren, een driehoek, een spiraal, rechte gekruiste lijnen en tot slot een driemaster die met volle zeilen vaart, met daarboven een maansikkel.

We zijn hier ver van de onhandige tekening die men gewoonlijk gebruikt om personen die in een asiel voor geesteszieken verblijven te typeren. We kunnen de tekeningen op de muur op twee manieren verklaren.

De eerste mogelijkheid is dat het wel degelijk gaat om een "weergave" van een tekening die William Hogarth gezien zou hebben en die uitgevoerd zou zijn door een patiënt die opgesloten was *in the madhouse*. Dit valt te betwijfelen, ook al zou dat best gekund hebben zoals we hierna zullen zien.

De tweede mogelijkheid is dat het hier gaat om een aanval van William Hogarth op de geleerden die indertijd ruzieden met elkaar over de manier waarop men zo nauwkeurig mogelijk een lengtegraad kon bepalen. Maar wat er ook van aan is, net als James Gillray die aan zijn tafereel meer realiteit wil toevoegen door het aan te vullen met onhandige tekeningen, net zo heeft William Hogarth op de muur van Bedlam geometrische, astronomische tekeningen uitgevoerd die verslag uitbrengen van een waanzin van wetenschappelijke aard.

Zoals men kan vaststellen wordt de waanzin in deze werken niet op dezelfde manier voorgesteld. Ik ben zo vrij hier even een anekdote aan te halen die aantoont in welke mate – zoals wij dat gezien hebben in omgevingen waar "gek" verklaarde personen verblijven – volgens de doorsnee mens, het werk de waanzin van zijn maker weerspiegelt en de beoordeling dat tot doel heeft zo'n werk te denigreren gaat ermee gepaard.

In 1843 beschrijft de Franse kunstcriticus Léonce de Lavergne in de *Revue des Deux Mondes* de werken van William Turner die in Londen tentoongesteld worden: "De beruchte Turner heeft bijvoorbeeld een graad van excentriciteit bereikt die elk idee mist. Zijn schilderijen zijn een echte knoeiboel van geel en rood waarin men onmogelijk nog om het even wat kan onderscheiden. Het is net alsof een kind een palet vol verf genomen heeft en het fijn vond om alle kleuren door elkaar te mengen."[7] In dezelfde trant verklaart William Hazlitt: "Iemand beweerde dat deze landschappen beelden van niets zijn, en heel gelijkend."[8]

Het vreemde en excentrieke zijn dus voorbeelden van waanzin, of worden althans zo beoordeeld, net zoals het onhandige en ongerijmde, of het nu gaat om een onhandige tekening, een nauwkeurige tekening van het "wetenschappelijke" type of een ongebruikelijke schilderstijl.

DE KIJKER MAAKT DE KUNSTENAAR

De weg naar de erkenning van de kwaliteit van de werken van deze opmerkelijke kunstenaars was lang. Zonder dat ik hier de evolutie daarvan wil beschrijven – want dat zou een lange en historische studie moeten zijn van de evolutie van de tekening die getuigt van een pathologie naar de tekening die getuigt van een artistieke creatie

– zou ik toch enkele passages willen aanhalen van een studie van dokter Simon *Les écrits et les dessins des aliénés* gepubliceerd in 1888[9] en die in veel opzichten getuigt van de bewustwording van een heldere geest, dat er in degelijke werken inherente kwaliteiten bestaan.

Sommige woorden die Paul-Max Simon gebruikt – en laten we niet vergeten dat dit in 1888 was – getuigen van de nieuwsgierigheid en de menselijkheid van deze dokter die het openbaar asiel van Bron leidde. Ik weet niet of hij de eerste was die de term "kunstenaar" gebruikte voor een van zijn patiënten, maar dit lijkt duidelijk te getuigen van een andere en aandachtige kijk op deze werken: "dat alles vormt zoals ik al zei afwisselende taferelen die, afgezien van de gebruikelijke ongeschiktheid van de kunstenaar, soms een duidelijk dramatische intensiteit bezitten". Men voelt in die zin het oprechte respect voor de mens-kunstenaar en de belangstelling voor zijn werken. Ik werd hierdoor echt diep geraakt bij het lezen van deze studie.

Naast deze kijk, hoe opmerkelijk ook, interesseert dokter Simon zich ook specifiek voor werken die niet overeenstemmen met het gekrabbel en de onhandigheid die tot dan toe beschouwd werden als de karakteristieken van de kunst van geesteszieken. Om deze werken te definiëren gebruikt hij het woord "uitvinder" dat hier zijn volle betekenis krijgt (zijn oorspronkelijke betekenis), want het gaat wel degelijk om iets in het licht te laten zien, in een technische taal iets te tonen dat zelf al even technisch is.

Zo beschrijft Paul-Max Simon verschillende gevallen: "in andere gevallen stellen de figuren die door onze patiënt getekend worden een soort plan voor, bijvoorbeeld het plan van een machine die hij uitgevonden heeft. De tekening is dan duidelijker, beter omlijnd alhoewel het idee meestal excentriek blijft." of nog: "Ik heb op dit moment een tekening voor ogen die te maken heeft met de uitvinding van een kanon. De lijnen zijn perfect duidelijk en precies." (Vermakelijk toeval: we hebben net nog de bombarde gezien in de ets van William Hogarth.) En: "Er is op dit moment een patiënt in mijn afdeling die hetgeen ik hier verklaar volledig rechtvaardigt. Het is een uitvinder en sinds hij hier in het asiel van Bron verblijft heeft mij al talrijke plannen overhandigd, tekeningen van machines, die samen een lijvig boek kunnen vormen. Vermits deze patiënt een bedreven tekenaar was, worden deze tekeningen doodrongen van volstrekt geraaskal, zeer correct uitgevoerd en bieden zij een eerder harmonieus beeld voor het oog. Ik vermeld hier enkele bijschriften die zijn tekeningen vergezellen: "Wonderbaarlijke rattenval om olifanten te vangen"; "Fysische lamp met eindeloze atmosferische hef-sifon"; "Nieuw kruiwagensysteem…"

HET WERK MAAKT DE KIJKER

De aandacht van dokter Simon, die verder kijkt dan de eigenlijke tekeningen zelf, confronteert ons met een andere en moeilijke vraag die deze *uitvinders* of *ingenieurs*, om het met een andere term te zeggen, oproepen. Te weten dat er volgens mij niets ingewikkelder is dan technische tekeningen bekijken als men geen idee heeft van de wetten van de mechanica of de wetenschap die zij volgen. Hoe kan men dan een oordeel rechtvaardigen dat een bepaald plan het werk is van een persoon die de regels van het vak volgt, of niet? Onze onwetendheid (mijn onwetendheid) voert ons terug naar het basisprincipe van de blik, waarover ik het in het begin van dit artikel had, en dat is dat men slechts ziet wat men in staat is om te zien.

In de algemene productie die ons hier bezighoudt, zijn er veel meer tekeningen dan men zou kunnen denken, en om dat te ondervinden keren we terug naar de Prinzhornverzameling van de universiteit van Heidelberg waar prachtige voorbeelden van dergelijke werken bij elkaar gebracht werden: Friedrich Bedürftig, *De bouwsteiger van het water*; *Automobiel voor op het water en het land*; Alfons Frenkl, *Kar met rad*; *Slee met zeil*; Joseph Alois Gottfried Maier, *Tekening voor een simpele radiografie*; *Tekens en opmerkingen gebaseerd op de uitstoot en evenementen*; Jakob Mohr, *Bewijzen*, enz. waaronder ik een absoluut buitengewone tekening van L. Heintzen[10] wil citeren (blz.17). Deze kunstenaar waarvan men slechts weet dat hij geïnterneerd werd in het asiel van Düren in 1919 en die in de vergetelheid van het asielsysteem van die tijd onderging, realiseerde op officieel papier een pen- en potloodtekening, *Allegorie van mijn ziekte*. Het werk ziet eruit als een netwerk, een tegelijk ingewikkeld en simpel plan. Rechte en kromme lijnen, magneten, armen die eindigen op punten, ontvangers of verspreiders, geometrische figuren die elkaar kruisen; netten die enkele daarvan verbinden; het gebruik van twee kleuren, zwart en rood, voor zowel de tekening als voor de nota's, de cijfers en de opmerkingen die duidelijk gekalligrafeerd worden… Dat alles is zeer ordelijk en het geheel geeft een dynamische indruk omwille van de "stromingen" die de elementen aandrijven of tegenwerken. Niets dramatisch, integendeel, een soort van sereniteit die voortvloeit uit de voorstelling op papier van een mechaniek die alleen de maker kent: een *uitvinding*. Hijzelf, L. Heintzen, weet waarover het gaat, kent de raderen en spanningen die hij uitbeeldt en hij brengt ze in kaart. Wat is uiteindelijk evidenter, hij kent zijn onderwerp en tekent het uit om het kenbaar en zichtbaar te maken. De uitvinder-kunstenaar trekt zijn didactische aanpak door op de achterkant van het blad met een *Beschrijving van mijn ziekte en Verklarende nota's bij de schets "Allegorie van mijn ziekte"* die beginnen met deze vreselijke woorden: "Niets zal moeilijker voor mij zijn dan de kwellingen die mijn ziel ondervindt in de volheid van hun marteling weer te geven. Ik wil hier, door middel van de schets die erop betrekking heeft, met korte verklaringen proberen om de voorstelling van mijn ziekte begrijpelijk te maken."[11]

Niets zal voor mij even moeilijk zijn als de emotie die men voelt bij dit enkele werk dat gekend is van L. Heintzen, en waarvan hijzelf preciseert dat het om "een schets" gaat, in al zijn volheid weer te geven. Hij heeft meer dan gelijk: hoewel zijn tekening strenge regels en een complexe, onverbiddelijke logica volgt, die blootgelegd wordt in een elementaire naaktheid, beleeft hij wel degelijk zijn ziekte!

"… en in mijn slapen voel ik dagen- en nachtenlang hamers kloppen…"[12]

[1] Bettina Brand, *La collection d'œuvres de malades mentaux de la clinique psychiatrique universitaire de Heidelberg, des origines jusqu'en 1945*, in: Catalogus van de tentoonstelling *La Beauté insensée. Collection Prinzhorn – Université de Heidelberg*, Charleroi, Palais des Beaux-Arts, 1995-1996, p. 33.

[2] Hans Prinzhorn, *Bildnerei der Geisteskranken, Ein Beitrag zur Psychologie und Psychopathologie der Gestaltung*, Berlin – Heidelberg, Springer-Verlag, 1922. *Expressions de la folie. Dessins, peintures, sculptures d'asile*, uit het Duits vertaald door Alain Brosse en Marlène Weber, voorwoord van Jean Starobinski, Paris, NRF Gallimard, 1984.

[3] James Gillray, *Un petit Souper à la Parisienne – or – A family of Sans Culotts refreshing after the fatigues of the day*, 20 september 1792, ets.

[4] De werken van Georges Focus werden in 2018 tentoongesteld in de École nationale des Beaux-Arts de Paris. De tentoonstelling ging gepaard met een boek van Emmanuelle Brugerolles (dir.) *Georges Focus. La folie d'un peintre de Louis XIV*, Paris, Beaux-Arts Éditions, 2018.

[5] Catalogus van de tentoonstelling *La Beauté insensée. Collection Prinzhorn – Université de Heidelberg*, Charleroi, Palais des Beaux-Arts, 1995-1996, p. 267-271.

[6] William Hogarth, *The interior of Bedlem (Bedlem Royal Hospital)*, achtste en laatste ets in de reeks van *A Rake's Progress*, na 1734. Een tweede exemplaar van deze ets verscheen in 1763 waarbij een medaillon "Britania - 1763" een groot deel van de wereldbol die afgebeeld werd op de muur verbergt. De etsen werden voorafgegaan door acht schilderijen die tussen 1732 en 1734 uitgevoerd werden door William Hogarth. Zij worden nu allemaal bewaard in het *Sir Johns Soane's Museum* in Londen.

[7] Léonce de Lavergne, *Le mois de mai à Londres*, in: *Revue des Deux Mondes*, Paris, deel twee, dertiende jaar, nieuwe reeks, 1843, p. 947. p. 24.

[8] Geciteerd door Ian Warrell, *Introduction*, in: catalogus van de tentoonstelling *J.M.W. Turner – Aquarelles et dessins du leg Turner*, Charleroi, Palais des Beaux-Arts, 1994,

[9] Paul-Max Simon, *Les écrits et les dessins des aliénés*, in: *Archives de l'Anthropologie criminelle et des Sciences pénales*, Parijs, 9. derde deel, 1888, p. 318-355.

[10] *La Beauté insensée, op. cit.*: Friedrich Bedürftig, p. 91-93; Alfons Frenkl, p. 153-157; L. Heintzen, p. 193-195; Joseph Alois Gottfried Maier, p. 295-299; Jakob Mohr, p. 323-325.

[11] *La Beauté insensée, op. cit.*: L. Heintzen, p. 193-195.

[12] *Ibidem.*

Kijk op de verzameling

SARAH KOKOT

De getuige maakt het werk…

De wezens die het werk van Sylvain Cosijns (blz. 10) bevolken zijn ongetwijfeld fragiel. Het zijn lijnen, slanke lijnen. Net zoals hun maker slank is. Zelfportretten, dubbelgangers, tweelingbroers? Soms zijn het er meer, soldaten van een vredig leger, zonder wapens. Ze zijn niet geïnspireed door de grote meesters uit de boeken van het atelier. Ze ontstaan uit een gebaar dat eindeloos herhaald wordt.

Jan Geldhof, de animator van het atelier De Bolster in Mariaheem, weet niet wat zijn aandeel is in het werk van Sylvain Cosijns, maar hij voelt dat zijn nabijheid de kunstenaar geruststelt. Het is aan Geldhof te danken dat het werk van Cosijns bekend werd. Net aangeworven als hoofd van het crea-atelier in 1993 was hij inderdaad de eerste die een kracht, een aanwezigheid en een identiteit ontdekte in de werken van Cosijns – kenmerken die deze duidelijk onderscheiden van de andere creaties die tot stand komen in het atelier.

De context maakt het werk?

Jean-Marie Heyligen (blz. 19) maakt zijn debuut in de kunst met een reeks van zes naakte vrouwenfiguren – daarmee maakt hij niet alleen komaf met een taboe, maar hij verkent het eveneens. Hij stelt ons krachtige, verrassende werken in opmerkelijke kleuren voor… kleuren waarvan hij de namen niet kent.

Al snel worden zijn werken tentoongesteld, dankzij de tussenkomst van de animator die het atelier van Livémont leidt, waarin Heyligen actief is. De zes naakte vrouwenfiguren worden verkocht tijdens de vernissage in de galerij, maar een bezoeker eigent zich het recht toe om met een werk onder de arm te vertrekken, onder het voorwendsel dat hij "lange tijd gepraat heeft met Jean-Marie". Volgens deze bezoeker zou het werk van Jean-Marie minder "kunstwerk" zijn dan een werk gemaakt door iemand die de namen van alle kleuren kent en die geen moment zou aarzelen om zijn creatie "kunst" te noemen.

De intensiteit maakt het werk!

Uit het gebaar van Cécile Franceus (blz. 20) ontstaan bestaansfragmenten van een pakkende intensiteit. Haar lijnen bewegen over het blad, soms tot scheurens toe, soms tot er geen inkt meer in haar pen is. De balpen wordt herleid tot een schraper, de papiervellen schuiven steeds weer achter het bovenste blad en vullen de "kwetsuren", zorgen voor meer materie.

De intensiteit, diepgang en expressieve kracht waarvan zij getuigen, maken van haar creaties ongetwijfeld "kunstwerken". Putten zij hun kwaliteiten specifiek uit het feit dat dit het enige expressiemiddel is waarover hun maakster, die niet met woorden communiceert, beschikt? Dat kan men denken.

Een opgeëiste kunst

Hendrik Heffinck (blz. 21), kunstenaar-installateur, kwam terecht bij de assemblage via de schilderkunst. Geleidelijk aan integreert hij voorwerpen en krijgen zijn werken het uitzicht van *combine paintings*, naar het voorbeeld van Rauschenberg. Uiteindelijk zijn er alleen nog voorwerpen die vastgehecht of gekleefd worden met de middelen die hij vindt.

"Kunst": ziedaar de naam die Hendrik Heffinck geeft aan elk van zijn werken. Geen enkele wet kan van toepassing zijn op alle *outsider*kunstenaars: de werkelijkheid is veelzijdig. Terwijl sommigen geen toegang hebben tot het concept van de kunst gaan anderen er prat opdat zij wel degelijke kunst maken.

Wanneer het werk ontstaat

Bij zijn aankomst in het atelier van La Pommeraie heeft Michel Dave (blz. 22) weinig belangstelling voor de tekenkunst. Hij tekent zonder veel overtuiging. Op een dag schrijft hij een woord op het papier. De animator verklaart: "Dat is ook tekenen!". Zo begint Michel Dave aan zijn grote reeks geschreven beeldende werken. De externe tussenkomst was hier van een essentieel belang voor het ontstaan van het werk. De kijker (in dit geval de getuige) "maakte" het werk, of maakte tenminste zijn bestaan mogelijk.

Daarop volgenden rijke jaren gevuld met geschreven lijsten die een duidelijk herkenbare grafische identiteit bezitten en waarin geluids- en betekenisassociaties vermengd worden. Min of meer duidelijke stippellijnen leiden de blik van de kijker. De blik… waar alles zich afspeelt?

De kijker (her)maakt het werk

Sinds Daniel Sterckx (blz. 25) in 1986 aan de slag ging in het atelier voor beeldende kunst van het Créahm in Brussel, creëert hij ogen, monden, neusgaten… gezichten! Het lichaam wordt slechts rudimentair aangegeven, de nadrukkelijke blikken trekken de volledige aandacht.

Zijn werken kunnen overkomen als woelig, gekweld… gewelddadig. De kijker projecteert; hij beeldt zich misschien in dat de maker van die werken dat allemaal is. Maar Daniel Sterckx heeft altijd een glimlach op zijn gezicht en is meestal de zachtheid zelf. Maar wat maakt het

uit, wij projecteren sowieso iets in het werk. Wij projecteren onszelf. De kijker maakt het werk en het werk moet gevuld worden met de blik van de kijker; laat de kijker eraan beginnen en frontaal geconfronteerd worden met emoties die uiteindelijk alleen van hem zijn.

Wanneer is het werk voltooid?

Hilde D'Hondt (blz. 26) realiseerde lange tijd textielcollages voor zij plantaardige elementen begon op te nemen in haar creaties. Ze baanden zich een weg via de draad in de begrafeniskransen die haar troosten voor het verlies van haar ouders en ons onderdompelen in het intieme.

"Wanneer zij haar kransen maakt herhaalt ze steeds weer dezelfde gebaren, zij bouwt en breekt af. Ze schijnt niet te wensen dat er een einde komt aan het proces, geen afstand te willen nemen van haar werk. Wanneer ik haar ondervraag over haar werk kan ze mij geen antwoord geven; haar impulsieve creatiegebaar is compulsief geworden." (Brigitte Vandersmissen, animatrice van het Atelier Zonnelied)

Wanneer de afstand tussen de maker en het werk ontstaat, wanneer een andere persoon het in bezit neemt, al is het maar voor korte tijd, en de doorgever wordt van het werk naar elders, naar een andere plek en een nieuw werk begonnen wordt, dan "is" het werk.

De geschiedenis van de *art brut* is het werk van kijkers

Antonio Dalla Valle (blz. 27) wandelt door de gangen van het Sospiro-hospitaal in Italië, met in zijn hand zijn eeuwige plastic zak. Daarin zitten vooral voorwerpen die met plakband omhuld zijn, maar ook agglomeraten van verschillende kleine dingen die samengesmolten zijn. Vredespijpen, geluksbrengers, notaboekjes gevuld met enigmatische schrijfsels die doen denken aan wetenschappelijke geschriften…

Als het zo is dat de kijker het werk maakt, dan speelt ook de periode waarin hij leeft daarin een rol. Zouden wij de voorwerpen van Antonio Dalla Valle kunnen beschouwen als kunstwerken voor het ontstaan van de conceptuele kunstenaars? Er is geen geschiedenis van de *art brut*, alleen maar de geschiedenis van de manier waarop men daarnaar kijkt. En men kijkt er pas naar wanneer de ogen gevormd zijn om dergelijke uitdrukkingen, die al gevalideerd werden als "kunstwerken", te zien. Men kan deze notaboekjes die samengekleefd zijn met plakband vergelijken met het werk van Marcel Broodthaers[1], en de gids zal de verwantschap onderlijnen alsof hij de *outsider*kunstenaar wil valideren eerder dan de kijker de kans te geven om zichzelf vragen te stellen, verrast te worden en emoties te ervaren. En wat vindt Antonio Dalla Valle van dit alles? Beschouwt hij zelf die voorwerpen als kunstzinnige creaties of is dat zuiver een kwestie van kijkers?

<u>Het museum maakt het werk?</u>

Als men bij het zien van de werken van Antonio Dalla Valle verwijst naar Broodthaers dan kunnen wij hier Marcel Duchamp[2] citeren, aan wie wij het concept van "de kijker maakt het werk" te danken hebben. De gelegenheid om even aan te stippen dat binnen de wereld van de *art brut* zowel als in de wereld van de officiële kunst, sinds de komst van de moderne kunstenaars, de grenzen en de definitie van de kunst in vraag gesteld worden. Uiteraard heeft het fietswiel van Duchamp of diens urinoir, dat een kunstwerk wordt naargelang de context waarin ze getoond wordt, niet dezelfde geschiedenis als het wiel van Georges Counasse (blz. 29) dat omgevormd wordt tot het "mini-reuzenrad". Merk op dat we ons hier niet ver van het conceptuele bevinden…

Wanneer Art et marges de carrousels van Georges Counasse tentoonstelt voltrekt zich een verschuiving van de artisanale creatie naar het domein van de kunst. De carrousels worden gemaakt van allerlei gerecupereerde materialen die geduldig geassembleerd en vernuftig gemotoriseerd worden. Elke carrousel krijgt een etiket waarop staat hoeveel onderdelen en werkuren nodig waren om hem te maken. Georges werkt als een ambachtsman, een arbeider die noteert wat hij gedaan heeft en verslag uitbrengt van het geleverde werk. Als een gewone mens die wil dat men zijn verdienste erkent, ongeacht de context, of het nu gaat om een museum of niet.

[1] In 1964 realiseert Marcel Broodthaers (1924-1976) zijn eerste beeldend kunstwerk: *Pense-Bête*, een assemblage van vijftig exemplaren van een van zijn dichtbundels, die hij onleesbaar maakt door ze in gips te gieten. Met dit werk springt hij meteen naar het voorplan van de conceptuele kunst in België en geeft hij het startschot voor een werk waarin hij de zin van de kunst, haar intrinsieke waarde en haar statuut in de hedendaagse maatschappij in vraag stelt.

[2] *Fietswiel* (1913) is de eerste *ready-made* gerealiseerd door Marcel Duchamp (1887-1968), de voorloper van de surrealistische beweging. De kunstenaar gooit onze culturele principes om en maakt van een fietswiel, geplaatst op een kruk, een beeldhouwwerk. Dit werk draagt bij tot de desacralisering van de kunst en probeert de begrippen van schoonheid, authenticiteit en de illusie van het reële omver te gooien. Hij opent de deur van de conceptuele kunst waarin de creatie een puur avontuur van de geest wordt.

INSIDE OUT

RETROSPECTIEVE…

GÉRARD PRESZOW

Van *On a perdu le Nord* in 1990 tot *E.T.A. (Espace de Travail Artistique)* in 2015, hebben een aantal films die ik realiseerde in meerdere of in mindere mate te maken met de galerij Art en marge eerst en met het Art et marges museum daarna. Zij begeleiden het veranderende landschap van de *art brut* in de loop van de laatste decennia en weerspiegelen tegelijk mijn biografie; deze transformaties vormen even zoveel uitbreidingen van het begrip van *art brut*, tot en met de samensmelting daarvan. Naast het monopolistische gebruik van de term *"art brut"* door Lausanne, leidden de talrijke toepassingen en de groeiende aanvaarding tot het gebruik van verschillende termen om deze kunst te benoemen: *Art Brut, Neuve Invention, art en marge, art et marges, outsiderkunst, raw art, art hors les normes, art différencié…*

In 1990 heeft *On a perdu le Nord* veel weg van een *road movie* langs de Frans-Belgische grens, van de ene persoon naar de andere, van de ene stad naar de andere: Lille, Roubaix en Tourcoing langs de Franse kant en Doornik, Moeskroen en Kortrijk langs de Belgische kant van de grens. De kijker valt van de ene verbazing in de andere en weet nooit op voorhand bij wie hij zal uitkomen. De getuigen worden benaderd voor wie ze zijn, er wordt geluisterd naar hetgeen zij te vertellen hebben over hun streek, die versmelt met hun leven.

In Moeskroen verschijnt er tussen de geaquarelleerde vrouwengezichten het geanimeerde gelaat van Martha Grünenwaldt (blz. 30), in de zeventig op dat moment, in al haar tedere schoonheid en met haar absoluut unieke woorden. Haar verrassende en zo juiste commentaar bij haar beeldend werk blaast ons omver; als een echte Pythia vertelt ze ons: "Het is dat wat niet gemaakt is dat waardevol is… dat is wat je moet zoeken!" En dat weerklinkt in elk van ons! Martha, overleden in 2008 op een zucht van haar honderdste verjaardag, is het letterlijke voorbeeld van een pure en mythische visie op de Art Brut, het levende voorbeeld van de (zeer persoonlijke) definitie die Jean Dubuffet daarvan gaf, de essentie zelf… Autodidact, een moeilijk leven en vooral een kunstenares die volledig autonoom werkt. Op het einde van de tachtiger jaren brengt een vriend, Robert Flamant, die dicht bij haar familie staat, mij op de hoogte van Martha's bestaan en het soort tekeningen die zij dagelijks maakt. Vanaf dat moment beginnen de tentoonstellingen elkaar op te volgen, gaande van een verenigingscafé vlakbij haar woonplaats tot het Art en marge in Brussel en uiteindelijk belan-

den haar werken in de belangrijkste verzamelingen van art brut. Van dan af wil iedereen Martha's werken kopen! Goed? Niet goed? Martha blijft er onbewogen bij tot aan haar dood. Maar wat er zonder enige twijfel veranderd is, is de manier waarop men naar haar en naar hetgeen uiteindelijk haar oeuvre werd, kijkt.

In 1993 brengt *La Sainteté Stéphane* (1961-1986) een "klaagzang" voor een bevriende schilder die vermoord werd, Stéphane Mandelbaum. Stéphane had een tweeledig œuvre. Men zou kunnen zeggen dat het ene luik, dat goed beheerst was, bestemd om gezien te worden en te verleiden, "voor de galerij" was, terwijl het andere deel bijna automatisch ontstond en volledig in zichzelf gekeerd was. Enerzijds was er een figuratief œuvre bestaande uit voornamelijk tekeningen en dat men neo- of post-expressionistisch kan noemen. Deze werken getuigen van een zeldzame, verbluffende virtuositeit en vormen een galerij van portretten uit de galaxie van zijn verbeelding. Zij tonen zowel vader- als voorbeeldfiguren, zowel familieleden (Arié, zijn vader, Szulim, zijn grootvader) als artistieke wapenbroeders (Bacon, Pasolini, Rimbaud) of lotsgenoten (Pierre Goldman). Portretten van nazi-hoogwaardigheidsbekleders en seks in alle toonaarden voltooien zijn galerij.

Anderzijds tekent Stéphane dagelijks met een balpen ontelbare bladzijden vol, meestal A4-tjes, die aan een dagboek doen denken (blz. 33). Dit luik, dat aanvankelijk geen enkele artistieke bedoeling heeft, maakt een groot deel uit van zijn oeuvre. Het resultaat van een dagelijkse productie, gaan deze bladzijden een eigen leven leiden. Maar wat moet men ermee doen? Waar moet men ze bewaren? Hoe kan men ze tonen? Hoe kan men ze noemen? Dagboek, de A4-tjes, de Opslagplaatsen, de Krabbels…?

In 1988 worden er twee tentoonstellingen aan hem gewijd. In de Botanique wordt een belangrijke retrospectieve (toegang verboden voor personen onder de achttien jaar!) gewijd aan zijn figuratief werk, terwijl in de galerij Art en marge simultaan de A4-tjes getoond worden.

Ieder zijn deel van het werk en van de persoonlijkheid van Stéphane, kortom, hij werd in twee geknipt! Dertig jaar later is die esthetische spagaat sterk geëvolueerd.

In 2019 bracht het Centre Pompidou in Parijs de twee luiken van zijn werk samen in één tentoonstelling; beide delen worden erkend als even belangrijk en voorgesteld in dialoog. Artbrutkunstenaar? Neo- of post-expressionistisch kunstenaar? Zowel het een als het ander.

In 1997 leest in *William Cliff, poëte* een dichter in zijn zolderkamer uittreksels voor uit twee gedichtenbundels. De ene heeft te maken met zijn kindertijd – *Autobiographie* – en de ander is gewijd aan een bevriend schrijver, *Conrad Detrez*. De film bestaat voornamelijk uit voorlezen uit die bundels voor de camera, afgewisseld met enkele zeldzame intermezzo's. Een daarvan is een close-up van de *Archives* van Philippe Vindal, een autodidactische kunstenaar die voortdurend vervallen bouwsels maakt met recuperatiematerialen. Alsof hij zijn hele korte leven lang de dood in beeld wou brengen aan de hand van paradoxale gebouwen.

Philippe Vindal was de eerste kunstenaar die in 1886 tentoongesteld werd in de galerij Art en marge, in het gezelschap van Dominique Bottemanne en Jean-Marie Heyligen, twee kunstenaars met een mentale handicap. En we moeten meteen vaststellen dat Art en marge van bij zijn oprichting het statuut en de definitie van *art brut*, en van de kunstenaars die daar deel van uitmaken, in vraag stelt. Die invraagstelling vormt van meet af aan de speel- en creatieruimte van Art et marges. Maar ook zijn kwetsbaarheid en kracht.

In 2002 is Brugge de culturele hoofdstad van Europa. Op initiatief van Carine Fol, toenmalige directrice, en van Pierre Muylle, die het project *Kanttekening* bedenkt, neemt Art en marge hieraan deel. Ik film het project op dagelijkse basis en realiseer *Couples en résidence*.

Dit project brengt "koppels" samen, bestaande uit een "normale" kunstenaar en een kunstenaar met een mentale handicap. Het is de bedoeling dat hun samenwerking op het einde van de week leidt tot een publieke tentoonstelling. De koppels worden niet lukraak gekozen, er is een zekere resonantie tussen het werk van de een en de ander: Jacques Charlier en Alexis Lippstreu, Frédéric Gaillard en Hendrik Heffinck, Ronny Delrue en Christine Remacle (blz. 35).

Hoewel de *art brut* aanvankelijk veel belang hecht aan het feit dat een kunstenaar volstrekt alleen werkt, worden samenwerkingen steeds frequenter. We verwijderen ons van een strikte *art brut* en worden vertrouwd met hybride vormen. Wat dat betreft is de "S" in Vielsalm het strijdvaardigst en neemt zij het voortouw.

2005: *Voyage aux Tropiques*. Hier gaat het om negen individuele kortfilms die gerealiseerd werden in het kader van een video-atelier in het dagcentrum *Les Tropiques*. Het uitgangspunt is simpel: ik ontwikkel een kort scenario op basis van de wens van de deelnemer.

Mots, fruits et légumes wordt gerealiseerd door Stéphane Van Izeghem, die veel belangstelling heeft voor de natuur. Ik stel hem voor om in een moestuin tussen Kortrijk en Moeskroen te gaan filmen. Ter plaatse geef ik hem de camera – hij hoeft alleen maar de knop in te drukken die op "automatisch" staat – en ik laat hem alleen met de eigenaar van de tuin, een hechte vriend, die hem gidst door de grote tuin. Het is pas tijdens de montage dat ik deze beelden ontdek. En groot is mijn

verrassing. Tijdens het bezoek vraagt Stéphane aan zijn gids of hij nog een ander beroep heeft dan dat van tuinier.
— Natuurlijk, dit is een hobby; ik ben psychanalyticus…
— Wat is het verband tussen een moestuin en de psychanalyse? vraagt een verbouwereerde Stéphane.
— Het leven, de dood… hoort mijn vriend zichzelf antwoorden.

Bij dit antwoord duikt de camera naar beneden en filmt de grond en de aarde. Stéphane is perplex, zijn armen vallen letterlijk naar beneden. Welke professionele regisseur zou aan dat geniale en onvrijwillige beeld gedacht hebben? Verbouwereerdheid kon moeilijk beter gefilmd worden.

Audiovisuele producties maakten tot voor kort geen deel uit van de *art brut* realisaties. Maar nu de productietechnieken veel eenvoudiger geworden zijn beginnen zij op te duiken in de creaties.

In 2015 vormt de titel *E.T.A. (Espace de Travail Artistique)* (Artistieke werkplaats) (blz. 37) een knipoog naar de naam van "Entreprise de Travail Adapté[1]" (Beschutte werkplaats). De film begeleidt een project van het Créahm-Bruxelles, *À titre provisoire*, dat externe deelnemers (kunstenaars en studenten van kunstopleidingen) en de deelnemers aan de ateliers van het Créahm samenbrengt. Dit project wordt afgerond met een tentoonstelling die de verdiepingen inpalmt van een groot industrieel gebouw, waar zich een *E.T.A.*, een beschutte werkplaats bevindt!

Ik film het atelier "beeldende kunst" waaraan Richard Moszkowicz deelneemt, een kunstenaar waarvan ik al een tijdje het werk op prijs stel. Uit ervaring ben ik bijzonder aandachtig voor de relatie tussen de animator en de kunstenaar. Meestal ontkennen de animatoren een zeker interventionisme, maar wanneer zij de beelden van *E.T.A.* zien worden zij onomstootbaar geconfronteerd met hun actieve aanwezigheid. Niet dát zij het "in hun plaats doen" maar ze zijn aanwezig als leerkrachten in een academie. Zij geven raad, suggereren, stellen voor. De film droeg ertoe bij om het taboe te doorbreken rond de mythe van het "ik, helemaal alleen" in de ateliers en verzachtte het schuldgevoel van de animatoren.

Deze filmuittreksels dekken allerminst de transformaties die het landschap van de *art brut* de afgelopen decennia onderging. Het aantal galerijen en musea die hieraan gewijd worden neemt exponentieel toe. De complexen met betrekking tot betaling en marktwaarde zijn verdwenen. Met andere woorden, de kunst van de "gekken" is nu normaal. Op een eeuw tijd is ze geëvolueerd van de psychiatrische diagnose naar het statuut van de vrije verbeelding en esthetiek.

Maar gaat het daarom beter met de geestesziekte zelf?

[1] De naam "Entreprise de Travail Adapté", het vroegere "Atelier Protégé" verwijst in Franstalig België naar een beschutte werkplaats, hetgeen men nu een "maatwerkbedrijf" noemt, met andere woorden een bedrijf waarvan het hoofddoel is om personen met een fysische of mentale handicap te introduceren op de arbeidsmarkt.

Trajecten in de verzameling

SARAH KOKOT

Uit de marge van de kunst en van de maatschappij naar waardering in musea - een eeuw uit de schaduw getreden kunstenaars, in elf data.

1919

Madge Gill (blz. 39) begint te schrijven, tekenen en borduren, naar eigen zeggen aangemoedigd door een geest die zij "MYRNINEREST" ("My inner rest": "mijn innerlijke rust") noemt. Deze naam komt voor op veel van haar tekeningen, zij gebruikt hem als een soort handtekening, vergezeld van een datum en obscure nota's. Zij die vandaag deel uitmaakt van de klassiekers van de *art brut* maakt dus eveneens deel uit van de familie van de spiritistische kunstenaars.

Madge Gill tekent het liefst 's avonds en 's nachts, op enorme spandoeken of papier van een kleiner formaat. Vrouwen in elegante kleren, met gezichten die resoluut naar ons gekeerd zijn en ons met groot opengesperde ogen aanstaren, bevolken bijna al haar tekeningen, en dat zijn er duizenden. Zij gebruikt bijna uitsluitend zwart. Met Chinese inkt of balpennen tekent zij beelden die zich bevinden tussen het figuratieve en het abstracte; zij vermenigvuldigt de invalshoeken met variaties van haar streepjes en vierkantjes.

De werken van Madge Gill duiken op uit het duister, maar dat belet niet dat ze deze wil tonen. Ze neemt graag deel aan tentoonstellingen van amateur-kunstenaars maar zou geweigerd hebben om in een prestigieuzere context te exposeren. Bij haar dood in 1961 staat haar zoon het grootste deel van haar werk af aan de gemeente. Maar in het begin van de zeventiger jaren vindt men nog driehonderd tekeningen op de zolder van het ouderlijk huis; helaas is het merendeel daarvan in zeer slechte staat.

1942

Martha Grünenwaldt (blz. 40) leeft zo goed als het kan van haar vioolspel op bals en gaat bedelen langs terrassen tot zij aangeworven wordt als dienstmeid en haar instrument moet afstaan. Ze blijft achtentwintig jaar in dienst en kent korte geluksmomenten wanneer zij helemaal alleen is en piano kan spelen. Tekenen? Daar denkt ze zelfs niet aan, ze heeft zelfs geen potloden...

In 1968 trekt ze in bij haar dochter en begint ze opnieuw veel muziek te spelen. Op 70-jarige leeftijd duikt ze in een nieuwe kunstwereld, deze keer dankzij de kleurpotloden van haar kleinkinderen en de affiches, brochures en verpakkingen die zij in huis vindt. Eerst gebeurt dat in het geheim in haar kamer, daarna aan de keukentafel.

Martha Grünenwaldt ontwikkelt een hele wereld waarin vrouwenfiguren de centrale rol krijgen. Naargelang haar beeldend werk evolueert, gaat zij die vrouwenportretten aanvullen met versieringen. Uiteindelijk worden ze helemaal bedolven onder de planten, dieren en architecturale motieven. In die overvloed van vormen en kleuren vindt men hier en daar nog vrouwenogen terug, die omgevormd worden tot decoratieve elementen.

Haar omgeving is verbaasd en maakt zich vrolijk over deze nieuwe activiteit waarop oma zich met zoveel overgave stort. Maar dan trekt haar werk de aandacht en wordt het aan het grote publiek getoond. In 1987 wijdt Art en marge zijn eerste grote tentoonstelling aan haar werk. En nu maken haar werken deel uit van de meest vooraanstaande privé- en publieke verzamelingen van *art brut* over heel de wereld.

1948

Jean Dubuffet stelt voor het eerst de tekeningen van Aloïse Corbaz (blz. 43), die sinds twee jaar deel uitmaakt van zijn verzameling, tentoon. Het duurt niet lang voor Aloïse, samen met Adolf Wölfli, de meest toonaangevende figuur van de Art Brut wordt.

Het werk van Aloïse Corbaz toont een luxueuze wereld georganiseerd rond een sensuele en verleidelijke vrouw met weelderige boezem, waarvan de borsten bloemen worden die versierd zijn met indrukwekkende juwelen. Hoewel de mannen een ondergeschikte rol spelen in deze wereld, zijn zij niettemin belangrijk; om het spel van liefde en verleiding te spelen moet men wel degelijk met twee zijn.

Deze fantasiewereld heeft veel te danken aan de jaren waarin Aloïse, als jong meisje, werkt als gouvernante aan het hof van keizer Willem II. Ook haar liefde voor opera en toneel komen blijken uit haar werken. Wanneer men haar vraagt waarom al haar figuren systematisch blauwe ogen hebben, antwoordt zij: "In het theater heeft men altijd blauwe ogen[1]".

's Morgens strijkt Aloïse Corbaz het linnen van de verpleegsters van het Hôpital de La Rosière (Gimel, Zwitserland), waar zij sinds 1920 geïnterneerd is en waar zij verblijft tot aan haar dood in 1964. 's Namiddags wijdt zij zich aan haar kunst en gaat zij aan het werk aan de strijktafel die tot haar beschikking gesteld wordt. Dat is heel iets anders dan de kleine washokjes in het ziekenhuis waarin zij zich opsluit om te schrijven en te tekenen in de eerste jaren van haar internering. Haar werk treedt uit de vergetelheid wanneer ze opgemerkt en aangemoedigd wordt door het verzorgend personeel, en meer bepaald door Jacqueline Porret-Forel die van 1941 tot 1964 de bevoorrechte getuige van haar werk is. Deze huisarts ontmoet Aloïse Corbaz in het ziekenhuis wanneer zij een bezoek brengt aan een van haar patiënten. De arts is meteen gefascineerd door haar werk, en er ontstaat een hechte vriendschap.

Later zal Jacqueline Porret-Forel het werk van Aloïse bekend maken aan Dubuffet, naar aanleiding van een verkeerdelijk ontvangen brief. Op een dag ontvangt zij een brief van Dubuffet waarin zij verneemt dat er zoiets als de Art Brut bestaat. In werkelijkheid is die brief gericht aan een andere dokter Forel, die in het verleden Adolf Wölfli verzorgde en aan wie Dubuffet schrijft dat het werk van zijn voormalige patiënt hem interesseert. Jacqueline Porret-Forel grijpt die kans aan om Dubuffet te ontmoeten in Parijs en hem werken te brengen voor zijn verzameling. Het is eveneens aan Jacqueline Porret-Forel te danken dat het Art et marges museum het werk van Aloïse Corbaz ontving dat hier afgedrukt staat.

1964

Na twee jaar werk voltooit Jacques Trovic (blz. 42) zijn eerste wandtapijt, *La scène espagnole*, en neemt hij daarmee meteen deel aan een kunstwedstrijd georganiseerd door de stad waar hij woont (Anzin, in Noord-Frankrijk). Hij wint de eerste prijs en belandt op 16-jarige leeftijd in de wereld die van dan af heel zijn leven wordt: hij maakt wandtapijten volgens een heel persoonlijke techniek, die patchwork en borduurwerk op jutedoek combineert.

Alles begint aan de familiale keukentafel die permanent ingepalmd wordt door zijn werkstukken, die tot 5m groot kunnen zijn. Zijn moeder laat het oogluikend toe en zijn zus is zijn hulpje die de stoffen voor hem afzoomt.

Wanneer zijn zus overlijdt nodigt Bruno Gérard, die vreest dat de plaatsing van Jacques in een rusthuis de voortzetting van zijn werk zal verhinderen, hem uit om zich aan te sluiten bij het kunstatelier van La Pommeraie. Hier zet Jacques Trovic zijn werk voort, dat eruit ziet als een prentenboek van zijn geboortestreek in het noorden van Frankrijk, boordevol kleuren, texturen en schilderachtige elementen. De glimlachende zon maakt deel uit van zijn handelsmerk; zij ontbreekt alleen op nachtelijke taferelen waarin ze vervangen wordt door de maan.

Zijn wandtapijten, samengesteld met bescheiden lappen stof, werden tentoongesteld over heel de wereld. Hun ontwerper kon heel nauwkeurig elk van die meer dan vierhonderd werken beschrijven en vertellen aan welke tentoonstellingen zij deelgenomen hadden en in welke verzamelingen zij opgenomen waren.

1977

André Robillard (blz. 45) ontvangt in het psychiatrisch ziekenhuis van Fleury-les-Aubrais (Frankrijk) een prentbriefkaart van Michel Thévoz, de eerste directeur van de Collection de l'Art Brut in Lausanne. Op die kaart staat een van zijn geweren. André Robillard is blij en verrast te vernemen dat zijn creaties zich nu in een museum bevinden.

1964 is de datum die op de prentbriefkaart staat, in het bijschrift bij het werk. En dat is inderdaad het jaar waarin Robillard enkele geweren ontwerpt met recuperatiematerialen die hij vindt in de afvalberg van het ziekenhuis. Daar werd hij aangesteld als hulpje in het zuiveringsstation en liet hij zijn statuut van patiënt achter zich. Twee of drie geweren verwijzen naar de oorlog, maar ze hebben veel weg van speelgoed, van blaffers – ze voeren ons meteen terug naar onze kindertijd.

Deze geweren worden in 1965 aan Dubuffet gegeven door de psychiater Paul Renard. Dubuffet neemt ze op in zijn verzameling. Daarna volgt een korte briefwisseling tussen de uitvinder van de Art Brut en André Robillard. En daarna vergeet Robillard het. Gedurende meer dan tien jaar maakt hij niets meer. Tot hij die prentbriefkaart van Michel Thévoz ontvangt. "Toen realiseerde ik mij dat hetgeen ik maakte waarde had. Tot dan toe was ik me daar niet bewust van.[2]" André Robillard gaat opnieuw aan de slag. Zijn nieuwe geweren zijn vergezeld van talrijke andere creaties, waaronder houten silhouetten en tekeningen die voornamelijk te maken hebben met dieren en het thema van de verovering van de ruimte. Zowel zijn werk als zijn enthousiasme – elke ontmoeting maakt hem heel geestdriftig, hij haalt dan zijn accordeon of harmonica boven voor een demonstratie – lokken veel amateurs, kunstenaars en privé- zowel als publieke verzamelaars naar hem toe. Vriendschappen ontstaan, en zelfs samenwerkingen: bestellingen, gezamenlijke werken, muziek- en toneelvoorstellingen... Dankzij zijn beeldend werk gaat er een wereld van relaties, een wereld met nieuwe mogelijkheden voor hem open. Men begrijpt dan ook waarom hij zijn geweren nu de naam geeft van *Fusils à tuer la misère*.

1981

Serge Delaunay (blz. 46) wordt tewerkgesteld in de productie van dynamo's, in de beschutte werkplaats van het centrum Reine Fabiola in Neufvilles (België). Hij saboteert voortdurend het werk en bedekt de tafels met graffiti. Voor hem en voor anderen die niet geschikt zijn voor dit werk besluit men een kunstatelier te openen, dat later de naam krijgt van "Campagn'art".

Serge produceert daarin al snel een overvloed aan werken die tekst en tekening mengen, en thema's aanboren gaande van de mechanica en de verovering van de ruimte tot een verkenning van de vrouwelijke charmes. Deze thema's vertonen een onderlinge permeabiliteit die soms leidt tot sappige combinaties van die verschillende onderwerpen. Soms beperkt hij zich tot alleen tekst, maar als hij tekent komt er altijd een tekst bij. Dat samengaan van tekst en beeld, in combinatie met zijn "klare-lijntekeningen" maakt zijn werken verwant met het stripverhaal. Maar er is een groot verschil: hier wordt alles samengebracht in één beeld, zonder opdeling in vakjes.

Serge Delaunay tekent met zijn broer, ver van de andere deelnemers aan het atelier, om hen niet te storen met de radio die hij constant beluistert. De teksten die in zijn werken opduiken hebben overigens iets weg van nieuwsbulletins en meestal hebben ze te maken met ruimtereizen. Het mag duidelijk zijn: Serge Delaunay droomt van planeten en sterren. Zijn efficiënte, originele stijl en zijn humor vallen in de smaak en hij wordt opgenomen in talrijke openbare verzamelingen, waaronder de Collection de l'Art Brut, de Musgrave Kinley Outsider Art Collection (Manchester), het Musée de la Création Franche (Bègles, France), het Trinkhall Museum (Luik) en het Art et marges museum, dat zijn werken tentoonstelt vanaf 1990.

1990

"De poppen van Nedjar bedreigen de moderne kunst!" Ziedaar een anekdote die Michel Nedjar (blz. 49) graag vertelt. Zijn poppen, die tot dan toe erkend waren in het art brut milieu en die door Jean Dubuffet zelf "geridderd"[3] werden, worden in de jaren tachtig aangekocht door de verzamelaar Daniel Cordier. Wanneer deze zijn verzameling nalaat aan het Musée National d'Art Moderne worden de poppen tentoongesteld in het Centre Pompidou en daarna verdwijnen ze naar de opslagplaatsen. En daar ontsnappen er enkele motten uit zijn assemblages van stoffen… En ziedaar, de werken van Michel Nedjar vormen een bedreiging voor de opgeslagen werken van Matisse en Picasso! Voor een kunstenaar die oorspronkelijk ondergebracht werd in de marge is het al een hele eer om opgenomen te worden in de verzameling van het museum voor moderne kunst, maar de Kunstgeschiedenis met een grote letter K bedreigen, dat is een andere zaak! Men moet toegeven dat deze anekdote op zijn minst een interessante symbolische draagwijdte heeft.

Als de poppen van Nedjar enkele motten huisvesten dan is dat te wijten aan het feit dat hij ze maakt met stukken stof die hij her en der vindt, vaak op de grond of zelfs op straat. Soms worden ze begraven en vervolgens weer opgegraven, soms ondergaan ze een verfbad van aarde en bloed. Zijn *Chairdâme* zijn poppen die doorleefd zijn.

Als kind reeds maakt Michel Nedjar een eigen pop vertrekkend van het gebroken been van een pop van zijn zus. Zijn fascinatie duikt opnieuw op in de zeventiger jaren, tijdens een reis naar Mexico en Guatemala. Met zijn creaties verwerkt de kunstenaar zijn existentieel lijden en verjaagt hij de beelden die hem obsederen, zoals een film van Alain Resnais *Nuit et brouillard* die hij in 1960 gezien heeft en die hem diep trof. Die beelden maken hem bewust van de gruwel die zijn familie doorstond in de concentratiekampen.

Zijn eerste poppen hebben een bijzonder verontrustende esthetiek maar later worden ze veelkleurig. Ze worden niet meer getransformeerd met verf of met modder maar krijgen "littekens" over heel hun lichaam, dat volgepropt is met voorwerpen. Hier kan men de vorm van een theepot onderscheiden, daar die van een poppenschoen… de poppen zijn gevuld. Met het verhaal van hun ontstaan, van de vroegere eigenaars van de stoffen en voorwerpen, van de mensheid.

2004

Art en marge organiseert een retrospectieve tentoonstelling van de werken van Paul Duhem (blz. 50). De kunstenaar overleed vijf jaar eerder op de leeftijd van 80 jaar en daarmee komt er een einde aan zijn korte carrière als kunstenaar, die begon op zeventigjarige leeftijd in het teken- en schilderatelier van La Pommeraie (Quevaucamps, België).

1990, het jaar waarin hij begint te creëren, is bijna een tweede geboortedatum voor Paul Duhem. Wanneer men hem wil vieren en op zoek gaat naar anekdotes en foto's uit zijn verleden is de oogst bijzonder mager of zelfs onbestaand… Maar in zijn tweede leven, dat tien jaar duurt, komt de erkenning snel en zijn artistieke kwaliteiten doen hem reizen van de ene tentoonstelling naar de andere vernissage. Uiteindelijk krijgt hij de eer die hem toekomt. Paul Duhem neemt zijn potloden en penselen en ontwerpt een heleboel personages die allemaal opgesloten zijn in hun kader. Zijn naam staat altijd links boven, in een braaf vakje zoals een scholier dat doet. Gaat het om zelfportretten? Het mysterie is even groot als dat van de mysterieuze huizen die hij tekent, met een enkele gesloten deur en met een driehoek die het dak moet verbeelden. Die werken volgen hetzelfde protocol als de portretten en getuigen van hetzelfde talent om

kleuren te laten leven; kleuren die aangebracht worden met door elkaar gebruikte potloden, pastelkrijt of penselen die hij achtereenvolgens gebruikt en die hij nooit uitspoelt.

Bruno Gérard, verantwoordelijk voor het atelier van La Pommeraie, begeleidde vol bewondering het ontluiken van die creaties. Hij stond erop dat zij betaalbaar bleven, niet terechtkwamen in het circuit van de galerijen, om ervoor te zorgen dat hij die geen spoor nagelaten had in het leven van anderen een plaats zou vinden in alle gezinnen. Als een lange neus naar het lot. Paul Duhem maakt overigens deel uit van de belangrijkste Europese verzamelingen van *art brut*.

2008

De tentoonstelling *Richard Greaves, anarchitecte* eindigt in Brussel (Art en marge + CIVA), de vijfde halte van dit rondreizend project dat drie jaar eerder begon in La Fonderie Darling (Montréal) en vergezeld wordt door een boek, dat rijkelijk geïllustreerd wordt met de foto's van Mario Del Curto (blz. 52).

Deze tentoonstelling betekent het begin van de internationale faam van de man die in 1984 besloot Montréal te verlaten en zich te vestigen op een terrein van 40 hectare groot dat hij enkele jaren daarvoor gekocht had, samen met enkele vrienden, in Beauce (Québec), net buiten een klein dorp. Hier is het dat hij vanaf 1989 zijn "anarchitectures" bouwt, waarvoor hij materialen recupereert van schuren en vervallen gebouwen. Richard Greaves heeft geen benul van architectuur en alles wordt geassembleerd met nylondraad, want nagels en schroeven kunnen het hout verwonden. Kortom, niets is recht. Maar al zijn creaties zijn bewoonbaar en Greaves begint elk van zijn bouwsels met de installatie van een toilet.

Tot in 2009, wanneer hij de site verlaat, verhuist hij regelmatig van het ene huis naar het andere. Hij leeft alleen, maar houdt contact met zijn naaste omgeving. Naar het schijnt zou een buurman, die genoeg van de continue stroom van bezoekers, alles nu afgebroken hebben. Dit feit is op zijn minst ironisch. Het werk dat vrijwillig ver van de drukte tot stand kwam, werd uiteindelijk ingehaald en vernietigd door diezelfde drukte. En ziedaar: de planken, vensters, luiken worden voor de tweede keer verwijderd.

2012

De Collection de l'Art Brut organiseert de tentoonstelling *Josef Hofer et le miroir*, en wijdt daarmee voor de eerste keer in de geschiedenis van de instelling een tweede solotentoonstelling aan dezelfde kunstenaar (blz. 53).

De tentoonstelling staat in het teken van het overheersende thema van Hofer, het mannelijke naakt. Frontale, gemartelde, opgesloten, assertieve naaktfiguren met een duidelijk seksueel karakter, in vrije omkaderingen. Altijd worden de figuren omkaderd met gele en oranjerode trekken die overeenstemmen met het kader rond de spiegel die Hofer gebruikt. Deze spiegel staat aan de voet van zijn bed en laat hem toe zijn lichaam te verkennen, in de weerspiegeling, in delen. Hebben die werken een verband met de buitenwereld of maken zij deel uit van het teruggetrokken leven dat de kunstenaar leidt omwille van zijn verschillende handicaps, waaronder doofstomheid?

Josef Hofer begint zijn grafisch werk in 1985 wanneer hij naar een dagcentrum begint te gaan. Tot dan toe, 40 jaar lang, heeft hij geen enkel sociaal contact gehad, buiten dat met zijn eigen familie. In 1997 ontmoet hij Élisabeth Telsnig, de nieuwe directrice van het kunstatelier dat hij dan bijwoont. Zij merkt meteen zijn werk op en begint het te verspreiden met een overtuigd enthousiasme dat, in combinatie met de kwaliteit van het werk, maakt dat Josef Hofer vandaag deel uitmaakt van de meest prestigieuze openbare en privéverzamelingen van *art brut*. Het valt echter te betwijfelen of hij zelf weet dat hij beschouwd wordt als een kunstenaar, het concept van de kunst zelf is hem waarschijnlijk vreemd.

<u>2020</u>

Het Trinkhall Museum, het voormalige MADmusée, opent zijn deuren in Luik en stelt de hut van Pascal Tassini (blz. 55) tentoon. De hut is een van de centrale werken uit de permanente verzameling. We maken hier rechtstreeks mee hoe het belangrijkste werk van de kunstenaar, het werk dat het startschot betekende voor de textielcreaties waarop hij zich nu toelegt, een museumstuk wordt.

Pascal Tassini woont vanaf 1986 het atelier van Créahm van Luik bij. Aanvankelijk maakt hij vooral personages van klei. In 2000 besluit hij een hut voor hen te bouwen. Hij bevestigt met behulp van touwen lange stokken aan tafels en wanneer er geen touwen meer zijn gebruikt hij repen stof die hij in het atelier vindt. Om zijn bouwwerk verder af te maken begint hij de gevonden stofstroken op te rollen. En tot zijn grote verbazing begint men rondom hem belangstelling te krijgen voor die stoffen bollen. Maar kan men die al beschouwen als een creatie?

De hut groeit voortdurend, naarmate de jaren vorderen, en een hele reeks autonome creaties duiken erin op: bollen gemaakt van geknoopte stoffragmenten, voorwerpen die hij inpakt, meubels die er al snel beginnen uit te zien als een bruidstaart. En het huwelijk is nu net een van zijn obsessies, alle accessoires en versieringen zijn klaar voor die gebeurtenis die misschien nooit zal komen… Maar Pascal Tassini wordt uitgenodigd op andere feesten. In 2011 wijdt het MADmusée een solotentoonstelling aan hem en geeft het een boek[4] uit. In 2015 organiseert de Collection de l'Art Brut een solotentoonstelling en in 2017 organiseert de galerij christian berst art brut (Parijs) een tentoonstelling, vergezeld van een catalogus met uitleg[5].

[1] Aloïse Corbaz geciteerd in *Aloïse et le théâtre de l'univers*, Jacqueline Porret-Forel, Skira, Lausanne, 1993, p. 38.

[2] André Robillard geciteerd in *André Robillard dans son atelier. Projet Aloïse*, Roger Gentis, Éditions du Scarabée, Parijs, 1982, p. 117.

[3] Dit vewijst naar de uitdrukking "adouber" die Christian Berst gebruikte tijdens een rondetafelgesprek gewijd aan Michel Nedjar in de galerie christian berst art brut (Parijs) op 10 juni 2014.

[4] *Pascal Tassini*, MADmusée-Créahm, Luik, Waals Gewest, 2011.

[5] Christian Berst en Léa Chauvel Lévy, *Pascal Tassini*. Nexus, Parjs, Christian Berst, 2017.

DE "ET" VAN ART ET MARGES

GESPREK MET CARINE FOL

INTERVIEUW AFGENOMEN DOOR SARAH KOKOT EN COLINE DE REYMAEKER

Eerst en vooral willen we graag weten hoe *art brut* in je leven kwam en waarom ze van meet af aan – en nog steeds – zo'n belangrijke plaats daarin inneemt. De genese van je relatie met *art brut* in zekere zin…

Genese verwijst naar de vader (glimlacht), in dit geval naar Jean Dubuffet waaraan ik mijn eindwerk wijdde toen ik afstudeerde in de Kunstgeschiedenis aan de *Vrije Universiteit Brussel*. Dit eindwerk stelde een vergelijkende studie voor tussen de *Corps de dames* van Jean Dubuffet en de *Women* van Willem de Kooning. Aanvankelijk was het mijn promotor, Annie Reniers-Philippot, die voorstelde om over Jean Dubuffet te schrijven, maar ik was eerder sceptisch omdat ik diens werk niet goed kende. En uiteindelijk heb ik het merendeel van mijn onderzoek aan hem besteed! Ik was echt gefascineerd, vooral door zijn geschriften over de kunst[1] en zijn benadering van het vrouwelijke naakt, waaruit bleek dat hij de codes van het klassieke en academische naakt wou doorbreken. Na mijn studies ging ik aan de slag bij de vzw Arch'Imago, opgericht door psychiater Walter Duytschaever en een aantal kunsthistorici. Onze leesgroep kreeg de opdracht om het boek van Hans Prinzhorn te lezen, *Bildnerei der Geisteskranken*[2], en ik kreeg tevens de kans om ateliers in psychiatrische instellingen te bezoeken. Dat was echt een openbaring voor mij. De motivatie om dit onderwerp grondiger te onderzoeken begon te kiemen. In het begin van mijn professionele loopbaan was ik vooral actief in het officiële kunstcircuit. Meer bepaald in de Botanique, waar ik in 1996 een tentoonstelling gewijd aan Jean Dubuffet organiseerde en tegelijkertijd werken uit de verzameling van Art en marge toonde. Toen ik vernam dat Françoise Henrion, die in 1984 Art en marge opgericht had, met pensioen zou gaan vond ik dat een mooie gelegenheid om mij te verdiepen in die niche van de hedendaagse kunst. Ik werd in 2000 aangeworven en nam na het vertrek van Françoise, in 2002, de leiding van haar over. Vanaf dat moment volgden de projecten elkaar op, tot en met de naamswijziging en de aanpassing van het structurele statuut in 2009, toen "Art en marge" het "Art et marges museum" werd.

Wat heeft die ommekeer bij je teweeggebracht, wat heeft de instelling doen evolueren van een "onderzoeks- en verspreidingscentrum" naar een "museum"?

Ik vond het jammer dat een instelling die zo'n verzameling bezat niet erkend werd als museum. Bovendien meende ik dat de erkenning als museum een goede oplossing was om meer subsidies te bekomen om de erkenning en de verspreiding van deze kunstvorm en haar kunstenaars te promoten. Dat liet tevens toe om het onderwerp wetenschappelijker te benaderen en de werken te behandelen met een museaal respect. Ik heb de verzameling altijd beschouwd als een instrument om de werken "uit de marge" te halen. Verschillende projecten hebben dat toegelaten, meer bepaald de tentoonstelling *20+20* die in 2006 georganiseerd werd in samenwerking met een twintigtal Belgische musea. Elk van die musea stelde een werk uit de verzameling van Art en marge tentoon in dialoog met een werk uit de eigen verzameling. Dat project leidde tevens tot de uitgave van een boek[3] waarin de gesprekken met de conservatoren van die twintig musea gebundeld werden. Voor mij was het begrip van "museum" het tegenovergestelde van een statische, in zichzelf gekeerde instelling. Het idee was om er een instrument van te maken om de betrokken kunstenaars te verdedigen en de grenzen van de kunst in vraag te stellen. In de loop van de tijd groeide de verzameling aanzienlijk uit, dankzij talrijke giften. De museale erkenning hield een fundamentele wijziging van de werking in en liet een betere bescherming van de werken toe. Voor de kunstenaars en de ateliers die de werken schonken was die etappe zowel symbolisch als concreet heel belangrijk.

De museale erkenning door de Fédération Wallonie-Bruxelles hield volgens mij die naamswijziging in. Die etappe viel ook samen met een malaisegevoel: ik kon niet meer over die werken en vooral over die kunstenaars praten als werken of personen "uit de marge". Wat mij vooral interesseerde was eerder de invraagstelling van de grenzen tussen kunst en niet-kunst, tussen *art brut* of *outsider*kunst en officiële kunst. Waarom komen sommige kunstenaars terecht in de marge? Terwijl Dubuffet die ontwerpers verdedigde als zijnde méér dan kunstenaars, werd het begrip van de marge in mijn ogen steeds negatiever en ik slaagde er niet meer in om de kunstenaars in die termen te verdedigen. Ik respecteer volledig de interpretatie van Françoise Henrion, volgens dewelke de marge van een blad een grotere vrijheid toelaat, maar de categorisering heeft belangrijke implicaties. Hoewel de kunst per definitie gelinkt is aan de persoon die haar maakt ben ik altijd vertrokken van het werk zelf en ga ik pas daarna naar de kunstenaar, dat is fundamenteel. Dat zorgt ervoor dat men geen keuzes maakt uit medelijden of liefdadigheid maar dat de analyse gefocust wordt op de kwaliteit van het werk. Elke keuze is altijd subjectief, daar ben ik van overtuigd. Het is vaak moeilijk om aan een kunstenaar uit te leggen dat zijn parcours of zijn mentale of fysieke toestand bepalend zijn voor de catalogisering van zijn werk. Van meet af aan heb ik die "hokjesmentaliteit", die vooral gebaseerd is op levensparcours en niet op de werken zelf, in vraag gesteld. Dat lag aan de oorsprong van het project *20+20*. Als een *outsider*kunstwerk in een "klassiek" museum tentoongesteld wordt, is de blik van de toeschouwer niet geconditioneerd. Die insteek liet toe te onderlijnen dat de *outsider*kunst visuele affiniteiten heeft met de *insider*kunst. En dat was precies hetgeen waar ik voor opkwam.

Die "et" opnemen in de naam was overigens een manier om de dialoog en invraagstelling tussen kunst EN marge op gang te brengen. Die dynamiek op gang brengen was belangrijk: de werken niet opsluiten in een cocon maar bruggen bouwen, net zoals ik dat gedaan heb in de meeste tentoonstellingen die ik georganiseerd heb. De openingstentoonstelling van het Art et marges museum in 2009 was trouwens heel symbolisch. Zij vormde het tweede luik van het project *20+20*, maar deze keer werden de werken van de andere musea tentoongesteld in het Art et marges museum, in dialoog met de werken uit onze verzameling. Maar ook voor de kunstenaars zelf leek het me belangrijk om de naam aan te passen.

Wat bedoel je? Waarom denk je dat het belangrijk was om de naam van de structuur aan te passen voor de kunstenaars?

Ik denk bijvoorbeeld aan Dirk Martens. Zoals het soms gaat, contacteerde iemand uit zijn omgeving mij om zijn werk voor te stellen. Het was voor Dirk, net als voor zoveel andere kunstenaars, moeilijk om zijn werk te verdedigen bij anderen. Zijn collages en zijn werkproces trokken onmiddellijk mijn aandacht. Hij vertrok van visioenen, ideeën die aan hem verschenen en die hij visualiseerde voor hij ze uitvoerde. Dirk stemde ermee in om zijn werken voor lange duur te lenen aan het museum. Maar ik heb hem vaak gevraagd of het hem goed uitkwam dat zijn werken bij ons getoond werden. Hij antwoordde dat hij zich gesteund voelde en bijgevolg heel tevreden was over het feit dat hij bij Art et marges tentoongesteld werd. Die problematiek dook regelmatig op in het kader van een psychiatrische pathologie, eerder dan in gevallen van een mentale handicap. Het mentale leed van de kunstenaars en het feit dat zij zich ervan bewust waren dat hun werken beschouwd werden als "marginaal" was iets wat mij sterk bezighield. Jean-Michel Wuilbeaux bijvoorbeeld, die deelnam aan het schildersatelier van La Pommeraie, ontwierp een werk getiteld *Art différencier sans landemain (Gedifferentieerde kunst zonder toekomst)*. Die titel lijkt me typisch voor die problematiek; alsof hij verklaarde dat een dergelijke categorisering geen toekomst heeft.

De "et" laat een soort opening toe. Dat is belangrijk vanuit menselijk standpunt ten opzichte van de kunstenaars die opgenomen worden in de verzameling, zoals je zegt, maar dat roept meteen ook de volgende vraag op: vanaf welk moment bevindt men zich in de marge? Ignacio Carles-Tolra bijvoorbeeld, die deel uitmaakt van de verzameling van Art et marges, begon te schilderen en tekenen nadat hij in contact kwam met de geschriften van Dubuffet: hij ontdekte dat de *art brut* bestaat en ervoor dat als een toelating om zelf aan de slag te gaan. Vervolgens werd hij erkend door het *outsidermilieu*. Dit is toch een beetje in tegenspraak met de oorspronkelijke definitie van de *art brut*, niet?

Op het einde van zijn leven stelde Dubuffet zelf de definitie van de *art brut* in vraag en oordeelde hij dat het eerder gaat om een pool, waar de kunstenaars zich dichter of verder van bevinden. Dat toont duidelijk aan dat elke categorisering haar grenzen heeft. De kunstenaars die Dubuffet ontdekte en waarvan hij de werken verzamelde, waren afkomstig uit zeer uiteenlopende richtingen: psychiatrische instellingen, zieners, zonderlingen… Hun werk putte volgens hem uit hun "eigen bodem", elkeen creëerde in het geheim, in stilte en eenzaamheid. Hij was er zich goed van bewust dat het daarbij ging om een geïdealiseerde of zelfs romantische visie van de kunstenaar. Geconfronteerd met de grenzen van de "art brut" had hij trouwens een nieuwe categorie in het leven geroepen, de "Neuve Invention[4]", waar Carles-Tolra die u aanhaalt trouwens deel van uitmaakte. Het valt niet te ontkennen dat de creatie van het concept van *art brut* zelf de eindigheid daarvan inhield, vermits deze kunstvorm daarmee onthuld werd aan de wereld, ze werd openbaar gemaakt, ook al poogde Dubuffet om de werken te beschermen door ze niet tentoon te stellen in het officiële kunstcircuit. We moeten daarbij onderlijnen dat vanaf het moment dat de *art brut*-werken voorgesteld werden aan het grote publiek in de zogenaamde "officiële kunstmusea[5]" zij een inspiratiebron werden voor autodidactische en professionele kunstenaars maar ook verzamelaars, onderzoekers enz. aantrokken.

Art brut en officiële kunst evolueren naast elkaar en soms in communicerende vaten. Het is heel moeilijk om te beweren dat een creatie volstrekt intact is, dat is echt niet controleerbaar. Maar dat belet niet dat er altijd geïsoleerde kunstenaars zullen zijn. Dat is het geval van een van de belangrijke kunstenaars uit de verzameling van het Art et marges museum, Martha Grünenwaldt, die op zeventigjarige leeftijd aan haar keukentafel begon te tekenen met de kleurpotloden van haar kleinkinderen. Zij beantwoordt dus aan de definitie van de *art brut* van Dubuffet, maar zij wordt niettemin ondergebracht in de categorie Neuve Invention door de Collection de l'Art Brut, zeg nu zelf!

Het feit dat er dialogen gecreëerd werden tussen de kunstenaars die wij tijdens onze zoektochten ontdekten en de kunstenaars uit het professionele kunstencircuit leidde van meet af aan tot vragen over de rol van het museum. Ik ben ervan overtuigd dat het fundamenteel was en blijft, want de prospectie in ateliers en instellingen voor zieke of mentaal gehandicapte personen en bij geïsoleerde kunstenaars, onderscheidt deze van andere klassieke musea. Hierbij moet evenwel onderlijnd worden dat het gebied van de *outsider*kunst de laatste jaren sterk evolueerde. Hoewel het nog steeds gaat om een niche die overtuigde verdedigers samenbrengt — personen die belangrijk, fundamenteel werk leveren voor de ontdekking en de verdediging van deze kunstvorm die moeilijk gedefinieerd kan worden in een wereld die constant evolueert — vermenigvuldigen de links met de wereld van de hedendaagse kunst zich. Maar hoewel de *outsider*kunst nu steeds vaker voorgesteld wordt op biënnales, zoals Massimiliane Gioni dat deed in 2013[6] op de Biënnale van Venetië, blijft dit toch relatief zeldzaam. Dat is ook de reden waarom musea zoals Art et marges een rol moeten spelen en moeten toelaten om bruggen te creëren tussen de wereld van *insider*- en *outsider*kunst. Net zoals ik dat nu doe in het kader van de CENTRALE for

Contemporary art, door *outsider*kunstenaars op te nemen in bepaalde tentoonstellingen zonder daarbij aan te geven dat het om outsiders gaat.

De werken van sommige kunstenaars die als *outsiders* beschouwd worden zijn trouwens esthetisch beschouwd nauw verwant met de officiële kunst. Dat is in elk geval zo voor Jeroen Hollander, Dirk Martens en Franklin. Het verschil tussen deze kunstenaars en professionals schuilt volgens mij in hun relatie met hun werk en de kunstwereld, die vaak onverbiddelijk is voor kwetsbare personen. Ook al zijn er natuurlijk ook professionele kunstenaars voor wie hun werk een uitlaatklep is voor hun existentieel leed. Philippe Vandenberg[7], die overigens getuigde over zijn beleving tijdens een debat gewijd aan creatie en medicatie bij Art et marges, voelde zich in feite heel verwant met de kunstenaars van het museum.

Men heeft het over *art brut*, *outsider*kunst en over de marge. Wanneer men het onderwerp van de art brut aanboort is er altijd een terminologische wanorde, hetgeen waarschijnlijk te wijten is aan diegene die deze kunst op een gegeven moment onder de aandacht bracht, Dubuffet. Het is Dubuffet die zich in een brief verzette tegen het gebruik van de term *art brut* door Alain Bourbonnais, oprichter van La Fabuloserie, voor zijn verzameling[8]. Dat is ook hetgeen Dubuffet schreef aan Françoise Henrion toen zij hem op de hoogte bracht van de oprichting van Art en marge[9].

Als hij niet belet had dat de term *art brut* gebruikt werd voor bepaalde ruimtes, zouden we dan vandaag niet het "*art brut* museum van Brussel" zijn, net zoals er het museum voor schone kunsten is? Wat denk je?

Ja, hij heeft waarschijnlijk die situatie in het leven geroepen door de naam te beschermen en er een geregistreerd handelsmerk van te maken. Maar je moet begrijpen dat Dubuffet die buitengewone creatie – die hij veel interessanter vond dan de creatie van erkende kunstenaars – moest definiëren en benoemen om ze daarvan te onderscheiden. Ik meen overigens dat *art brut* begint en eindigt met Dubuffet. Het waren zijn definitie en keuzes. Alle verzamelingen die daarna samengesteld werden zijn elk op zich creaties. Men zou kunnen zeggen dat elke plek de *art brut* opnieuw geïnterpreteerd en gepersonaliseerd heeft (net zoals de privéverzamelaars), of het nu gaat om het LaM in Villeneuve d'Ascq – dat een vleugel creëerde voor de verzameling van Aracine – het museum Dr Guislain in Gent, het Trinkhall museum (voorheen het MADmuseum) in Luik in Luik of nog veel andere musea wereldwijd.

Maar ik denk dat de vele namen ook bestaan zouden hebben als Dubuffet niet verboden had om zijn term te gebruiken. Ik denk echt dat elkeen zijn eigen visie heeft op hetgeen zich in een verzameling bevindt en de verdediging van een creatie waarvan hij of zij meent dat zij buiten het officiële circuit valt. De *art brut* van vandaag – en ik heb het hier zowel over de tentoonstellingsruimten als de creatieruimten – is heel gediversifieerd en steeds moeilijker te omlijnen en te definiëren. De evolutie van de *art brut* wereld is vergelijkbaar met die van de hedendaagse kunst: de verzakelijking, de verzameling, de opname in musea enz. Deze evolutie roept ethische en esthetische vragen op en vereist meer waakzaamheid voor het respectvol behandelen van de kunstenaars.

Om terug te komen op de brief die Dubuffet naar Françoise Henrion stuurde in het kader van de oprichting van Art en marge in 1984: Dubuffet wou hiermee niet alleen de term "*art brut*" beschermen maar ook garanderen dat de grenzen van zijn definitie niet overschreden zouden worden. Wanneer Françoise Henrion hem op de hoogte brengt van haar zoektocht in ateliers voor personen met een mentale handicap, antwoordt hij dat zij waarschijnlijk weinig zal vinden. Hij meent inderdaad dat die creatieve ateliers niet garanderen dat het om een individuele creatie zonder begeleiding gaat, iets wat hij een essentiële voorwaarde voor het opduiken van de *art brut* vindt. In een later stadium zal Michel Thévoz, de eerste directeur van de Collection de l'Art Brut in Lausanne, niettemin in het boek gewijd aan de Art en marge[10] schrijven dat Dubuffet uiteindelijk toegaf dat ook in deze context kunstenaars ontdekt konden worden.

Dubuffet verklaarde het en Prinzhorn schreef het al in 1922: het is niet omdat iemand in de psychiatrie belandt of een mentale handicap heeft dat hij of zij een interessante creatie zal ontwikkelen. Dat onderlijnt dat het nooit die personen zelf zijn die zichzelf "kunstenaars" noemen en bovendien "in de marge". Het zijn ontdekkers die hen in de marge van het circuit plaatsen. Dat is geen keuze van de kunstenaars. Bovendien wordt de term *art brut* vaak ondoordacht gebruikt, soms met afbreuk aan de kwaliteit van de werken. Elke keuze is subjectief en de persoon die een verzameling samenstelt of een tentoonstelling organiseert neemt de beslissing.

Dat houdt een ander heel belangrijk element in, waar *insider*kunstenaars zoals Ronny Delrue[11] en Philippe Vandenberg mij vaak op gewezen hebben: het respect voor de kunstenaar is fundamenteel en het gevaar voor een vorm van instrumentalisering is heel reëel. Voor mij schuilt er een even groot risico van instrumentatlisering in het feit dat men een kunstenaar in een marge plaatst, of net om hem er volledig uit te halen en hem iets anders te laten zeggen dan hetgeen hij oorspronkelijk wou. De kunstenaars waar Art en marges belangstelling voor heeft leggen bijna nooit hun werkwijze uit en staan daar ook niet bij stil, dit in tegenstelling met hetgeen zich afspeelt binnen het domein van de hedendaagse kunst. En als er teksten zijn, dan zijn die afkomstig van derden die het existentiële parcours eerder dan de inhoud van het werk toelichten, of die de inhoud uitleggen in functie van het leven van de kunstenaar. En het is net daarin dat het risico van instrumentalisering schuilt. De kunstenaar respecteren, dat betekent hiermee altijd rekening houden en zeer nederig blijven met betrekking tot hetgeen men doet als curator van een tentoonstelling, als directeur van een museum enz.

Ik denk bijvoorbeeld aan Jeroen Hollander, wiens werk ik ontdekte tijdens de tentoonstelling *Y.E.L.L.O.W.* die Jan Hoet[12] organiseerde in het huis van zijn vader, een psychiater in Geel. Ik had meteen zin om zijn werk te verdedigen. Ik heb zijn tekeningen tentoongesteld in zeer verschillende contexten en ik heb ze getoond aan verschillende museumdirecteurs. Hoewel zijn moeder blij was, stelde zij mij veel vragen over het artistieke belang van het werk van haar zoon, dat zij in verband bracht met zijn autisme. Ik antwoordde haar dat het werk van Jeroen conceptueel en formeel interessant is en dat het een zuiver pathologische lezing overstijgt; zijn nauwkeurige landkaarten tussen realiteit en verbeelding laten inderdaad interpretaties toe op verschillende niveaus. Kortom, het is een kunstenaar voor wie de "et marges" heel belangrijk is. En naast Jeroen zijn er nog Seyni Awa Camara en vele anderen.

Waarom Seyni Awa Camara?

Seyni Awa Camara werd lang voor mijn tijd tentoongesteld in Art en marge. Zij werd ook tentoongesteld door Harald Szeemann op de Biënnale van Venetië in 2001 en in de legendarische tentoonstelling *Magiciens de la terre*[13] van Jean-Hubert Martin in 1989. Haar werk dat enerzijds verankerd is in de Afrikaanse cultuur, werd anderzijds zowel getoond in het kader van de hedendaagse kunst als in dat van de *art brut*. Haar creatieproces, in trance, kan inderdaad in verband gebracht worden met de mediumkunst maar is het daarom *art brut*? En laten we niet vergeten dat Jean Dubuffet een onderscheid maakte tussen primitieve kunst en *art brut*.

Wat dat betreft stelt Lucienne Peiry[14] via haar tentoonstellingen van wereldwijde *art brut*, uit China, Japan... de vraag welke invloed de cultuur uitoefent op de creatie. Als Westerlingen kunnen wij een werk beschouwen als "in de marge" terwijl het voor autochtonen helemaal niet opmerkelijk is. Het label van *outsider* wordt dus alleen gegeven rekening houdend met de sociale en mentale toestand van de kunstenaar. Ik blijf heel weifelachtig wat die catalogiseringen van Belgische, Chinese, Franse... *art brut* betreft. Zij onderlijnen alleen maar de paradox van de *art brut*, met of zonder culturele invloeden. Kunst, brut of niet, is universeel.

Denk je dat we trouw moeten blijven aan het principe van Dubuffet volgens hetwelke *art brut* onbevlekt moet zijn van elke culturele

invloed, zelfs indien hijzelf dit paradoxaal genoeg in vraag gesteld heeft? Je hebt het over universaliteit maar in het werk van Aloïse[15] kan men al een verband zien met de cultuur, omdat haar werk doorspekt is met referenties naar de opera.

Ik meen dat niemand volledig losstaat van een cultuur, hoewel er gradaties zijn in de kennis en het bewustzijn van de cultuur en hetgeen ons indoctrineert, uitgezonderd misschien personen met een zware mentale handicap die dingen doen zonder er zich bewust van te zijn dat zij kunstwerk maken, of dat doen tijdens een psychose. Dan kan men zich die vraag stellen, omdat zij opgesloten schijnen te zijn in zichzelf. Maar fundamenteler dan de vraag naar de invloed die de cultuur uitoefent is volgens mij de vraag naar de grens van het kunstwerk. En in dat verband is de *art brut* echt interessant, want Dubuffet heeft de grenzen van de definitie van kunst verruimd.

Dubuffet was heel dubbel over heel de lijn: hij was een wereldwijd erkende kunstenaar, maar leverde kritiek op professionele kunstenaars en verdedigde *art brut* kunstenaars. Ondanks die tegenstrijdigheden denk ik toch dat zijn uitvinding van de *art brut* dezelfde impact op de cultuur gehad heeft als de *ready-made* van Marcel Duchamp.

Wat vooral belangrijk is bij Dubuffet – en dat geldt ook voor alle personen die dergelijke creaties verdedigd hebben - is dat hij geprobeerd heeft om het mysterie van de creatie te doorgronden. Hoe ontstaat een artistieke creatie? Waarom gaan sommige personen iets ontwerpen dat een zekere artistieke en culturele waarde zal krijgen? Waarom hebben zij artistieke neigingen? Ik praat hier niet over aanleg, Dubuffet geloofde daar niet in omdat dat een soort van hiërarchisering van personen inhoudt. Hoe en waarom voeden wij, toekijkers, onderzoekers enz. ons intellectueel en emotioneel met die creaties? Afgezien van de discussies over wat nu wel of niet binnen de marge valt, blijven de werken en de geschriften van Dubuffet *insider*- of *outsider*kunst. Hij heeft ons een prachtig geschenk gedaan: de ontdekking van ontroerende en pakkende werken en personen.

[1] Naast de beeldende kunst die hij maakte, schreef Jean Dubuffet ook veel beschouwelijke teksten en pamfletten die zich verzetten tegen de heersende cultuur. Hij werkte ook de theorie uit rond het concept van de *"art brut"* dat hij ontwikkelde. Al zijn geschriften werden door Gallimard verzameld in vier boekdelen: *Jean Dubuffet, Prospectus et tous écrits suivants*, Gallimard, Parijs, deel 1, 2, 3 en 4, 1967 en 1995.

[2] Hans Prinzhorn, *Bildnerei der Geisteskranken, Ein Beitrag zur Psychologie und Psychopathologie der Gestaltung*, Berlin – Heidelberg, Springer-Verlag, 1922. *Expressions de la folie. Dessins, peintures, sculptures d'asile*, uit het Duits vertaald door Alain Brosse en Marlène Weber, voorwoord van Jean Starobinski, NRF Gallimard, Parijs, 1984.

[3] Carine Fol (dir.), *Liaisons insolites. Dialogues à propos de l'art outsider*, Art et marges museum en Éditions Tandem, Brussel, Gerpinnes, 2009.

[4] Hoewel Dubuffets definitie van *art brut* evolueert, blijft het idee van een afstand ten opzichte van de cultuur steeds aanwezig (de *art brut* kunstenaars hebben geen artistieke cultuur, zij staan buiten de culturele wereld). In 1970 creëerde Dubuffet de "Collection Annexe" die naderhand omgedoopt werd tot de "Neuve Invention" voor de kunstenaars uit zijn verzameling die minder goed voldeden aan die criteria.

[5] De eerste grote tentoonstelling van *art brut* vond plaats in het Musée des Arts décoratifs in Parijs, in 1967.

[6] In 2013 zorgde de Italiaanse curator Massimiliano Gioni voor veel ophef omdat hij een vijftiental art but kunstenaars en autodidacten opnam in *het Encyclopedico Palazzo del Mondo*, de centrale tentoonstelling van de 55ᵉ Biënnale van Venetië waarvan hij de directeur was.

[7] Philippe Vandenberg (1952-2009), net als Ronny Delrue (1957-) die hierna vermeld wordt, zijn hedendaagse Belgische kunstenaars waarmee Carine Fol samengewerkt heeft als kunsthistorica en curatrice. Ronny Delrue werd uitgenodigd om deel te nemen aan het project *Kanttekening* in 2002, samen met outsiderkunstenares Christine Remacle.

[8] "Ik ben tegen het gebruik van de term *art brut* voor de organisatie die opgericht wordt. De term moet exclusief voorbehouden blijven voor de vereniging die in 1948 opgericht werd onder die naam en voor de activiteit daarvan en haar verzamelingen." aldus Jean Dubuffet in een brief van 31 januari 1972 aan Alain Bourbonnais. Jean Dubuffet, Alain Bourbonnais, *Collectionner l'art brut*, correspondentie aangeboden door Déborah Couette, Albin Michel, Parijs, 2016, p. 58.

[9] "Het valt altijd te vrezen dat onder de naam van *art brut* werken getoond worden die niet van dezelfde aard zijn als de werken die opgenomen zijn in de verzameling die de naam van *art brut* aannam en dit kan bij het publiek tot verwarring leiden. Om die reden moet deze naam voorbehouden worden voor de Collection de l'Art Brut van Lausanne en mag deze niet elders gebruikt worden. U zult een andere naam moeten vinden." Antwoord van Jean Dubuffet aan Françoise Henrion in een brief van 5 maart 1984.

[10] Carine Fol (dir.), *Art en marge. Collection*, Art en marge, Brussel, 2003.

[11] (Zie voetnoot 7).

[12] Jan Hoet (1936-2014), een toonaangevende figuur in de wereld van de Belgische hedendaagse kunst, is de oprichter van het SMAK in Gent (1999). Hij cureerde talrijke internationale tentoonstellingen, waaronder Documenta IX in Kassel (1992). In 2001 organiseerde hij *Y.E.L.L.O.W.*, een tentoonstelling die plaatsvond in zijn ouderlijk huis in Geel (België).

[13] De tentoonstelling *Magiciens de la terre* werd in 1989 georganiseerd in Parijs, tegelijkertijd in het Centre Pompidou en in La Grande Halle van La Villette. Zij wordt beschouwd als de eerste tentoonstelling in Frankrijk die de hedendaagse kunst van niet-westerse tijdgenoten introduceerde in de internationale kunstwereld. De curator Jean-Hubert Martin wou het universele karakter van het creatieve gebaar onderlijnen, door een interculturele dialoog te stimuleren tussen kunstvormen die gewoonlijk los van elkaar staan.

[14] Lucienne Peiry (1961-) is een Zwitserse kunsthistorica, gespecialiseerd in *art brut*. Zij volgde Michel Thévoz op en was de directrice van de Collection de l'Art Brut in Lausanne van 2001 tot 2011. Vervolgens werd zij directrice van het onderzoek en de internationale relaties, en leidde zij in die functie onderzoeken naar *art brut* kunstenaars over heel de wereld.

[15] Aloïse Corbaz, genoemd Aloïse (Zwitserland, 1886-1964) is een toonaangevende *art brut* kunstenares. Haar werk staat in het teken van de herinneringen die zij had aan haar werk als gouvernante aan het hof van Willem II evenals haar liefde voor opera en toneel. (blz. 41)

INTRODUCTION

TATIANA VERESS,

Director of the Art et marges museum

It all started with a few drawings, those of a girl taking part in an artistic workshop in the early 1980's. Through their singularity, those drawings kindled the curiosity of Françoise Henrion, the workshop coordinator and future founder of Art en marge, which would later become Art et marges musée. They were to be the trigger of her quest and action. She goes on a voyage of discovery of works, from one artistic workshop to the next. Numerous in Belgium since the 1970's and generally supervised by artists, they allow those taking part to receive some support in their creative journey, which makes these workshops quite different from occupational or therapeutic workshops.

Contrary to 'asylum art', this area is not recognised yet as a potential source of artistic creativity[1]. In spite of a certain scepticism in the milieu of *art brut*, in particular on the part of Michel Thévoz[2], who assimilated that practice to that of art therapy, and for whom nothing truly inventive came out of those workshops[3], Françoise Henrion, given the quantity and the quality of her discoveries, endeavours to spotlight them.

In 1986, with the support of the Commission communautaire française, COCOF, she founds a research and dissemination centre which took the name Art en marge, and in 1986 a gallery of the same name opened in the rue des Vierges, in Brussels. Incidentally, her boldness was finally recognised by Michel Thévoz: 'Art en marge deserves some credit for having ventured into this field of creation devoid of all theoretical beacons, combining flair, generosity and passion to discover works of an astonishing diversity and richness[4]'.

Art en marge is a space in which artworks are a source of artistic and political debates. The artists exhibited share one trait: they are all self-taught. Some of them work in isolation or on the fringes, others come from workshops for people with a mental disability, or also from a psychiatric environment. For Françoise Henrion and Gérard Preszow, co-founder and first-rate co-worker, the margin, like that of the page, 'is the locus of reactions, annotations, revolts and enthusiasms that exist by definition through and for the periphery[5]'.

In 2002, Carine Fol became director of the centre. As soon as she arrived, in the tradition of Harald Szeemann[6], she brought together in- and outsider artists in 'laboratory' projects and thematic exhibitions. She injected a new will to the centre: that of making it into a museum. As the collection had grown in the course of encounters and discoveries, it seemed necessary to her to ensure

its continued existence through a change in status. This was carried out in 2009: Art en marge became the Art et marges musée. This new name, in which 'en' ['in'] becomes 'et' ['and'] and the margin goes plural, shows a desire to break down the walls, to open up.

While the premises are expanding thanks to the support of the CPAS and the City of Brussels, the aura of the place is also growing. Carine Fol gives the museum an international dimension by setting up projects and exhibitions in collaboration with contemporary and outsider art institutions in Belgium and abroad.

Always starting from the work to go towards the creator, as when Françoise Henrion was throwing herself into the prospecting of works and requested to go to the reserves first[7]. Resisting the temptation to replace the statement of the author, which is often missing, with a biography. Even today, it is paramount for the Art et marges museum that the biographical elements of the artists should only be adduced if they bring some light on their creation: being images without any discourse, those works 'demand the availability of the gaze[8]' in order to let emotion surge.

If Art et marges, whose collection now includes more than 4,000 works by nearly 300 artists from all over the world, is endowed with all the attributes of a museum[9], seeing to ensuring that this establishment remains a people-centred place, allowing for dialogue rather than grand debates, inviting all and sundry to share their feelings, has been at the heart of my work since I took over as director in 2012. That being so, the Art et marges museum remains faithful to the origins of Art en marge.

[1] Carine Fol, *De l'art des fous à l'art sans marges*, Skira-Art et marges musée, Milan-Brussels, 2015, p. 174.

[2] Michel Thévoz was the first director of the Collection de l'Art Brut, a museum created in 1976 on the basis of Jean Dubuffet's collection, which he bequeathed to the city of Lausanne.

[3] Michel Thévoz, letter to Françoise Henrion, 27 March 1984.

[4] Michel Thévoz in *Art en marge, Collection*, Art en marge, Brussels, 2003, p. 47.

[5] Françoise Henrion in *Art en marge, Collection*, Art en marge, Brussels, 2003, p. 8.

[6] Harald Szeemann (1933-2005) is a Swiss exhibition curator, a pioneer in introducing works of art brut into the channels of contemporary art, creating a dialogue between in- and outsider art. As early as 1963 he exhibited the Prinzhorn collection at the Bern Kunstalle whose director he was at the time. He also exhibited Adol Wölfli's works at Documenta V in Kassel in 1972.

[7] Françoise Henrion, Interview, December 12, 2018.

[8] Gérard Preszow in *Bulletin Art en marge* n° 1, 1985, p. 3.

[9] Scientific study of the Collection, professionalized management, international diffusion, participation in external conferences...

THE VIEWER MAKES THE WORK

OPENING THE EYES

LAURENT BUSINE

People tend to consider with good reason that works of art are continued in the gaze of the spectator, and some think that it acquires there its definitive formulation. The purpose of this article will be rather to seek to discern how and when the viewer makes the work. In other words, how and when viewers granted the works of *art brut*, art of the insane, outsider art, or whatever one chooses to dub it, the respect which they had shown for a long time to traditional art forms.

In my attempt to give an account of this I shall rely, quite logically, on my own gaze when I was first faced with those works.

I am the son of a family in which the visual arts played a significant part. I am mentioning this not to give my argument a legitimacy derived from my family situation, but to indicate how, immersed as I was in things artistic at an early age, I was able to wander through quite a few exhibitions, to visit museums and to browse through art books. So I had seen, though perhaps not understood, some naïve, expressionist, surrealist paintings, Paul Klee, Max Ernst… long before I was faced by the works of the art we are discussing here. The discovery of works by the mentally ill, for instance, in their violent or unwonted aspects, was not actually very strange to me; on the contrary, this discovery came to confirm the intuition or the determination of those artists in works which to me had a bond of 'friendship' with those of Paul Klee or Max Ernst, though they came from a milieu which had not followed the same cultivated approach. What was strange about them was a certain freshness which struck me though I wasn't able to compare or define the approaches.

By mentioning that episode from my youth I merely wish to focus attention on what didn't seem all that unusual to me, contrary I think to the viewers in the twenties who were discovering Expressionism, Surrealism while coming across the 'works of the insane' in the collection of the psychiatric clinic of the University of Heidelberg, or at the numerous exhibitions in Europe which presented important parts of it[1], or again in the illustrations of the book *Bildnerei der Geisteskranken (Artistry of the Mentally Ill)* by Hans Prinzhorn[2]: Paul Klee, Max Ernst for instance.

But the intriguing question remains: when was a drawing by an mentally disturbed person contemplated with a gaze that saw it as a work by an artist?

It would be tiresome to go over the numerous meticulous studies that follow the slow transformation in the appreciation of the works of the mentally disturbed, and I will not, nor do I have the competence to, attempt to review its whole history. I just wanted to illustrate my remarks with a few examples which will be able to enlighten us as to the way in which the drawings of the mentally ill were seen or what they were supposed to be in a given society.

We have very few if any examples of those works, as they tended to be thrown away and destroyed, so I will start with an engraving by James Gillray who in the late 18th century showed a ghastly image of the sansculottes in France entitled *Un petit Souper à la Parisienne*, or a *Family of Sans-Culottes Refreshing after the Fatigues of the Day*[3] (p. 13). First of all, as we might expect, Gillray presents the members of the aforesaid family without breeches, playing on the term 'sans-culottes', and shows them sitting at a table, one of them on a bag 'Property of the Nation', overflowing with stolen treasures, the other one on the stripped body of a dead woman. They are devouring a heart, an arm, an eye… An old crone is frying a skewered baby in the chimney, while three children round a small tub are stuffing their faces with the innards of the aristocrats. Other corpses or pieces of bodies are hanging, waiting to be gobbled up. In all its aspects the scene (caricatured to a fault) shows for Gillray and his compatriots that these are degenerates, diabolical people, in other words people who have lost their mind. And to confirm this state of things, as though this was not enough, the artist added drawings on the walls of the room, supposedly produced by those very sansculottes. On the mantelpiece, a little chap with an axe in one hand and a severed head in the other; to his left: 'Vive la liberté' [Long live freedom], to his right 'Vive le Egalité' (sic) [Long live equality], and above 'Petion' [Little 'un]. The drawing is clumsy or rather childish, worthy of such anthropophagi. The same holds true for another sketch: a headless pot-bellied character with 'Louis le Grand' [Louis the Great] on top of it.

This etching gives an idea of the way in which people at the time thought that lunatics could paint; Gillray, inventing those graffiti, accentuates the clumsiness and inadequacy of the means of representation as purported characteristics, in the eyes of his contemporaries, of the state of madness, similar to the lines in as yet unformed brains, close to children's drawings, far removed anyway from the rules provided by a learning process. We know today how erroneous this can be, when we observe,

for instance, the plates of Georges Focus (1639 or 1641-1708)[4], a French painter close to Charles Lebrun, who was locked up in the *Petites Maisons* towards the end of his life, or those of Carl Lange[5], committed in 1910 to the asylum of Schwertz in Eastern Prussia. In spite of their illness those artists have lost nothing of their technical training in drawing.

My second example is an etching by William Hogarth who showed the adventures of a debauched between 1732 and 1734, in a series of eight paintings first, and eight etchings next: *A Rake's Progress*. This series narrates the course of the life of Tom Rakewell and his accelerating fall through gambling, alcohol, prostitution, deceit, debts, all the way down to gaol and madness. This last image[6] (p. 15) is the one we are interested in, since it shows an asylum: Bedlam, Bethlem Royal Hospital. Apart from the various characters, madmen of course, at their sundry senseless occupations, a dog, society ladies, a guard, his betrothed, whom he has cast aside, the faithful Sarah Young, in tears, kneeling next to him, and trying once again to come to his aid.

The world of the asylum is prison-like: the corridor is fenced with wire, as are the windows; all exiting to the outside world is impossible; a guard enchains Tom Rakewell. But on a wall between two cells a man is drawing, half concealed behind a door. And it's a startling drawing. There is first of all a terrestrial globe figured synthetically by meridians and parallels; this globe is chained, attached to the door jamb by links, then, on the left, a huge bombard launches a heavy cannonball which, following a certain path, falls on to the terrestrial sphere; then lower down, there are some geometrical figures: a triangle, a spiral, crisscrossing straight lines, and finally a three-master, with billowing sails, sailing under a crescent moon.

This is a far cry from the clumsy type of drawing usually represented to define the inmates of a lunatic asylum. Two possibilities present themselves to us to interpret the drawings on the wall.

The first one is to consider that this is the 'reproduction' by William Hogarth of a drawing he saw, produced by a patient locked up *in the Madhouse*. It seems rather doubtful, though by no means implausible, as we shall see later.

The second one is to think that this is more plausibly a satire of the scientists who were then quarrelling about the means of determining with precision a reference longitude. But this hardly matters, as just like James Gillray who introduced clumsy drawings in order to lend the scene some plausibility, William Hogarth put on the Bedlam wall some geometrical, astronomical drawings to account for a scientific form of madness.

We can see that what represents madness in those works is not a single phenomenon. Let me open a parenthesis here which will point out how

much, as we have seen in places haunted by people certified as 'mad', the work is for the common run of people evidence of its creator's foolishness, and the judgment aiming to denigrate this work is articulated in identical terms.

In 1843 French critic Léonce de Lavergne described in those words for the *Revue des Deux Mondes* the works by William Turner exhibited in London: 'The much-vaunted Turner for instance has reached a degree of eccentricity that passes all understanding. His paintings are real daubings of yellow and red where it is absolutely impossible to discern anything. It looks like a child who has taken hold of a fully loaded palette and has taken pleasure in mixing up the colours.'[7] In the same vein, William Hazlitt reported this: 'Someone said of his landscapes that they were images of nothing, and very lifelike too.'[8]

So the strange, the eccentric are examples of madness, or are judged as such, just as much as the unskilful and the incongruous; whether it's a clumsy drawing, a precise drawing of the 'scientific' type or an unusual type of painting.

THE VIEWER MAKES THE ARTIST

It took a long journey to come to recognise the quality of the works of those unconventional artists. Though I will not here attempt to trace its progress, as this question would require a long historical treatment of the passage from drawings as evidence of pathology to drawings as evidence of an artistic creation, I should like however to refer to some passages of Doctor Simon's study *Les écrits et les dessins des aliénés* published in 1888[9], which was in many ways exemplary of the realisation by an enlightened spirit of the qualities inherent in works of that type.

Some of the words used by Paul-Max Simon – as early as 1888 – bear witness to the keenness and humanity of the chief physician of the public lunatic asylum at Bron. I don't know whether he was the first one to use the term 'artist' to designate one of his patients, but this resonates as the obvious trace of a different, attentive gaze on those works: 'all this, as I mentioned before, forming diverse scenes, which, apart from the usual awkwardness of the artist, sometimes presents a genuine dramatic interest'. You can feel in this sentence that there is a sincere respect for the man as artist and some interest for his works: I felt deeply moved as I read this study.

Beyond that particular feature, remarkable as it is, Doctor Simon also shows a particular interest in a form of works which does not adhere to the canons of the art of the mentally disturbed, as accepted until then, scribbles and the usual forms of clumsiness; to define them, he uses the word 'inventeur' ['inventor'] which here really makes sense (its original meaning), since this involves bringing to light, exposing in a technical language a message which is just as technical.

Paul-Max Simon describes a number of cases in these terms: 'on other occasions, the figures drawn by our patient represent a plan, for instance the plan of a machine of his own invention. The drawing is more clearly defined then, although the idea generally remains eccentric', or again 'I have at present under my eyes a drawing relating to the invention of a canon. The lines are perfectly clearly defined.' An entertaining coincidence: let us remember how we saw a bombard in the etching by William Hogarth), and: 'I have in my service at this point in time a patient who fully justifies what I am claiming here. He is an inventor, and since he has been in the asylum at Bron he has handed over to me plans and drawings of machines which could make up a voluminous album. As this patient used to draw skilfully, his plates, though marked by the utmost delirium, are very correctly executed and present to our eyes a rather harmonious ensemble. I am transcribing here some of the captions that go with the drawings: 'Prodigious rat trap to catch elephants', 'Physical lamp with a perpetual atmospheric raising siphon', 'New wheelbarrow system'.

THE WORK MAKES THE VIEWER

Doctor Simon's attentiveness, going as it does beyond the external aspect of the drawings, faces us with another awkward question, raised by the works of *inventors* or *engineers*, to use another denomination. This is that there is, it seems to me, nothing more complex to observe than technical drawings, if you don't know anything of the laws of mechanics, of the scientific laws underpinning them. How can one then justify a judgment stating that a given plan is the work of a person who abides, or fails to abide, by the rules of a craft? Our ignorance (my ignorance) refers us back to an elementary principle of viewing, which I stated at the inception of this article: one can only see what one is capable of seeing.

In the extensive production with which we are involved, such drawings are more numerous than one might think, and to convince ourselves of this we will go back to the Prinzhorn Collection of the University of Heidelberg, where splendid examples of that type of work are gathered: Friedrich Bedürftig, *Scaffolding for Water*; *Motorcar for Water and Earth*; Alfons Frenkl, *Wheel Plough*; *Sail Sledge*; Joseph Alois Gottfried Maier, *Drawing for a Simple Radiography*; *Signs and Remarks Based on Programmes and Events*; Jakob Mohr, *Evidence*, etc., among which I will choose a quite exceptional plate by L. Heintzen.[10] (p. 17). The artist, about whom nothing is known bar the fact that he was committed to the Dürer asylum in 1919, lost as he was in the depths of oblivion typical of that era's asylum system, produced on official paper a pen-

and-ink and pencil drawing, *Allegory of My Illness.*

The work appears as a network, a plan both complex and simple. Lines, straight and curved, magnets, arms ending in points, receivers or diffusers, criss-crossing geometrical figures; nets link some of them; two colours are used: black and red, for the drawing and for the notes, numbers and neatly calligraphed instructions. The whole is very well organised and it evokes a dynamic impression owing to the 'currents' animating its elements and opposing them. Nothing dramatic, much to the contrary, a kind of serenity that would seem to arise from the laying flat on paper of a mechanism unknown to all but its author: an *invention.* Heintzen knows what it is, he knows the cogs and stresses of what he is presenting, and he provides its plan. This is all quite natural after all: he is the possessor of his subject, which he draws in order to help us to see it and get to know it. The inventor-cum-artist pursues his didactic approach on the back of the sheet of paper with a *Description of my illness and some Explanatory Notes about the Sketch 'Allegory of my Illness'*, starting with the frightful words: 'Nothing will be as difficult for me as to convey the torments felt by my soul to the whole extent of their torture. I wish to convey here, by referring to the sketch which relates to it, to strive through short explanations to make understandable the representation of my illness.[11]'

Nothing will be as difficult for me as to convey the emotion felt in the entire compass of that only known work by L. Heintzen, specifying that it is 'a sketch'. He is quite right: if his drawing is led by strict rules and follows a complex, implacable logic, laid flat in its elementary nakedness, his illness is something he endures!

'... and in my temples I felt for many days and nights some hammer blows...[12]'

[1] Bettina Brand, *La collection d'œuvres de malades mentaux de la clinique psychiatrique universitaire de Heidelberg, des origines jusqu'en 1945*, in: Catalogue of the exhibition *La Beauté insensée*, collection Prinzhorn–Université de Heidelberg, Charleroi, Palais des Beaux-Arts, 1995-1996, p. 33.

[2] Hans Prizhorn, *Bildnerei der Geisteskranken, Ein Beitrag zur Psychologie und Psychopathologie der Gestaltung*, Berlin – Heidelberg, Springer-Verlag, 1922. *Expressions de la folie. Dessins, peintures, sculptures d'asile*, translated from the German by Alain Brosse and Marlène Weber, preface by Jean Starobinski, Paris, NRF Gallimard, 1984.

[3] James Gillray, *Un petit Souper à la Parisienne – or – A Family of Sans Culotts Refreshing after the Fatigues of the Day*, 20 September 1792, etching.

[4] An exhibition of the works of Georges Focus took place at the École Nationale des Beaux-Arts de Paris in 2018. The exhibition came with a book, Emmanuelle Brugerolles (ed.), *Georges Focus. La folie d'un peintre de Louis XIV*, Beaux-Arts Éditions, 2018.

[5] Catalogue of the exhibition *La Beauté insensée*. Collection Prinzhorn – Université de Heidelberg, *op. cit.*, p. 267-271.

[6] William Hogarth, *The Interior of Bedlam (Bethlem Royal Hospital)*, eighth and last plate in the series *A Rake's Progress*, engraving, after 1734. A second state of the same plate was published in 1763, in which a medallion 'Britannia – 1763' largely conceals the terrestrial globe figured on a wall. The engravings were preceded by eight paintings produced by William Hogarth between 1732 and 1734 by William Hogarth. All of them are now kept at the Sir John Soane's Museum in London.

[7] Léonce de Lavergne, 'Le mois de mai à Londres', in: *Revue des Deux Mondes*, Paris, volume two, third year, new series, 1843, p. 947.

[8] Quoted by Ian Warrell, 'Introduction', in: catalogue of the exhibition *J.M.W Turner – Aquarelles et dessins du legs Turner*, Charleroi, Palais des Beaux-Arts, 1994, p. 24.

[9] Paul-Max Simon, 'Les écrits et les dessins des aliénés', in: *Archives de l'anthropologie criminelle et des Sciences pénales*, Paris, volume three, 1888, p. 318-355.

[10] *La Beauté insensée, op. cit.*: Friedrich Bedürftig, p. 91-93; Alfons Frenkl, p. 153-157; L. Heintzen, p. 193195; Joseph Alois Gottfried Maier, p. 295-299; Jacob Mohr, p. 323-325.

[11] *La Beauté insensée, op. cit.* : L. Heintzen, p. 193-195.

[12] *Ibidem.*

A Look at the Collection

SARAH KOKOT

The witness makes the work…

The beings that inhabit the work of Sylvain Cosyns (p. 10) are decidedly fragile. They are just lines, willowy lines. A lot like their author. Self-portraits, doubles, twins? Sometimes there are several of them, soldiers in a peaceful, weaponless army. They owe nothing to the models of the great masters in the books in the workshop. They arise from a tirelessly repeated gesture.

Jan Geldhof, the activity leader in the De Bolster workshop, doesn't know how big a role he has played in Sylvain Cosyns's creation, but he feels that his proximity makes the artist feel better. We owe it to him to have revealed the artist's work. Having recently taken the helm of the Créa workshop in 1993, he was the first to detect in it a force, a presence and an identity which clearly distinguish it from other forms of creation coming out of the workshop.

Does the context make the work?

Jean-Marie Heyligen (p. 19) engaged in art with a series of six female nudes, breaking free from a taboo while exploring it. He proposes some powerful, disconcerting works, with uncommon choices of colours. Some colours whose name he doesn't know…

Quite soon, thanks to the activity leader in the workshop of the Livémont care home in which he is living, his works were exhibited in a gallery. The six nudes were bought the night of the vernissage, but a visitor assumed the right to leave with another work under his arm, under the pretext that he 'had a long chat with Jean-Marie'. Was a work by Jean-Marie less of a 'work' in his eyes than one produced by an author who knows the names of all the colours, and who would not hesitate to label his creation as 'art'.

Intensity makes the work!

From Cécile Franceus's (p. 20) gesture arise bits of existence of a gripping intensity. Her strokes travel over the sheet of paper, so much so that they tear it, that she runs out of ink. Her biro turns into a scraper, one after the other the sheets slip behind the first one, to fill in the 'wounds', adding some depth.

The intensity, depth and expressive force of these creations are undoubtedly what makes them 'works of art'. Do they specifically derive their qualities from the fact that they are their author's sole mode of expression, as she does not communicate with words? We might think so.

A professed art

Hendrik Heffinck (p. 21), an installation artist, came to assemblage via painting. Little by little, he started integrating objects in it, giving them an air of *combine painting* à la Rauschenberg. Soon there would only be objects, assembled with any links and ties he happened upon.

'Kunst' (art): that is what Hendrick Heffick calls all of his creations. No law can possibly apply to all outsider artists: reality is many-sided. Whereas some of them have no access to the concept of art, being ignorant of the rules, or ignoring them, others make a special point of this to profess it.

When the work emerges

When he arrived in the workshop at La Pommeraie, Queuvaucamps, Michel Dave (p. 22) wasn't really interested in drawing. He devoted himself to it in a perfunctory manner. One day, he wrote a word on a piece of paper. The activity leader interjected: 'That's also a form of drawing!' Michel Dave then launched into a vast production of written visual works. The external intervention was essential here in the emergence of the work. The viewer (the witness, in this case) 'made' the work, or at least made it possible for it to exist.

Rich years of written lists were to follow, with an assertive graphic identity, mixing associations of sounds with associations of meanings. Dotted lines guide the spectator's gaze: where it is all happening?

The viewer (re)makes the work

Since 1986 when Daniel Sterckx's (p. 25) gesture started circulating in the Visual Arts workshop at the Créahm-Brussels, he has created ever so many eyes, mouths, nostrils… Faces in particular. The body is only drawn perfunctorily, the intent gazes attract all the attention.

His works may seem tumultuous, distressed… violent? The viewer projects: he may imagine that their creator is violent. However, Daniel Sterckx smiles all the time, he is almost always mild-tempered. No matter, we will project on to the work, obviously. We project ourselves. The viewer makes the work and the work needs to be permeated by the spectator's gaze, it needs him to put himself in it and to get back, head-on, some emotions which only belong to him.

When is the work finished?

Hilde D'Hondt (p. 26) had been doing some textile collages for a long time before she introduced into her creation some plant materials. They permeate the thread in her funeral wreaths, which comfort her in her grief for the loss of her parents and plunge us straight into the intimate.

'When she crafts her wreaths, she repeats the same gestures, she constructs and deconstructs. It would seem that she doesn't wish to end the process, that she doesn't wish to distance herself from her work. When I ask her about her work, she can't answer, her impulsive creative gesture has become compulsive.' (Brigitte Vandersmissen, activity leader at the Zonnelied workshop, Roosdael)

When the space between creator and work occurs, when another person takes possession of it, however fleetingly, to become its passer to elsewhere, to another place, and then a new work is embarked upon, the work 'is'.

The history of *'art brut'* is the work of viewers

Antonio Dalla Valle (p. 27) walks back and forth in the corridors of the Sospiro hospital (Italy), his sempiternal plastic bag in his hand. Inside, chiefly objects covered in adhesive tape, but also agglomerations of small things melted together. Peace pipes, fetishes, notebooks filled with enigmatic writing close to science writing…

If the viewer makes the work, the time in which it appears also contributes. Could we have considered Antonio Dalla Valle's objects as works of art before the emergence of conceptual artists? There is no history of *art brut*, only a history of the gaze fixed upon it. And that gaze is only fixed upon it if it has been educated to similar forms, already recognised as 'works of art'. We could compare this set of notebooks as assembled together with adhesive tape to the work of Marcel Broodthaers[1], and the guide will emphasise this kinship, as though he wanted to vet the outsider artist, rather than allowing the viewer to wonder, to be overcome, to be moved. And what does Antonio Dalla Valle perceive of all this? Does he consider his objects as artistic creations, or is that strictly the viewer's business?

The museum makes the work?

While Broodthaers can be brought to mind when viewing the works of Antonio Dalla Valle, here we could mention Marcel Duchamp[2], who bestowed on us the concept that the 'viewer makes the work'. This is the opportunity to point out that in the field of *art brut*, as in that of official art since the modernists, questions are raised concerning the limits and the definition of art. Of course Duchamp's bicycle wheel which like his urinal became a 'work of art', depending on the context in which it is placed, doesn't belong to the same history as Georges Counasse's wheel (p. 29), diverted to become 'Grande roue miniature' ['Miniature Ferris Wheel']. Let us note that this is very close to being conceptual.

When Art et Marges exhibits Counasse's carousels, a displacement occurs from the world of craft to that of art. Made out of waste materials of all kinds, patiently cobbled together, ingeniously motorised, each of them carries a label mentioning the number of parts and hours necessary to create it. Georges works like the craftsman, the workman who counts and lists the work he has carried out. Like the common man who wants his feat to be saluted, whatever the context, whether or not it is a museum.

[1] In 1964, Marcel Broodthaers (1924-1976) produced his first work of visual art: *Memory Aid [Pense-Bête]*, an assemblage of fifty copies of one of his poetry collections, which he made illegible by casting them in plaster. Through this work he jumped with both feet on to the foreground of Belgium's conceptual art scene, and embarked on a work in which he questions the meaning of art, its intrinsic value and its status in contemporary society.

[2] *Bicycle Wheel [Roue de bicyclette]* is the first readymade produced by Marcel Duchamp (1887-1968), a forerunner of the Surrealist movement. The artist knocks over our cultural conventions by making of a bicycle wheel, placed on a stool, a work of art. This work contributes to the desacralisation of art and attempts to get rid of the notions of the beautiful, of authenticity and of the illusion of reality.

INSIDE OUT

RETROSPECTIVELY...

GÉRARD PRESZOW

From *On a perdu le Nord [We've Lost Our Bearings]*, in 1990 to *E.T.A. (Espace de travail artistique) [Space for Art Work]* in 2015, a number of films I have produced had something to do, in one way or another, with the gallery Arts en marge first, with the museum Arts et marges afterwards. They accompanied the transformations in the landscape of *art brut* over the last few decennia, as well as fitting closely my own biography. Those transformations are so many broadenings of the very notion of *art brut*, which has tended to become fuzzy. In addition to the monopolistic labelling of the phrase *'art brut'* by Lausanne, the multiplication of practices and meanings has also led to the use of different designations to name that art: Art Brut, New Invention, art in the margins, art and margins, outsider art, raw art, art outside the norms, singular art, differentiated art…

In 1990, *On a perdu le Nord* looks very much like a road movie along the Franco-Belgian border. I am seen going from place to place, from one person to another, jumping from one city to another one, Lille-Roubaix-Tourcoing on the French side, Tournai-Mouscron-Courtrai on the Belgian side. The spectator moves from one surprise to another, not knowing whom he might stumble across next. The witnesses are taken into consideration for their own sake, in an egalitarian listening to what they have to say about their region, mixed up with their life.

In Mouscron, her face really inspired among her faces of water colour women, Martha Grünewaldt (p. 30),, then in her seventies, appears in all her tender beauty and the absolute singularity of her conversation. Her disconcerting, so intensely truthful commentary about her visual work fills us with wonder: she tells us in the manner of a Pythia: 'What matters is what isn't done… that's what you have to look for!' This resonates in each and everyone! Dying in 2008, a breath away from her hundredth birthday, Martha is the literal example of a pure, mythic version of Art Brut, the very illustration of Jean Dubuffet's (entirely personal) definition, its quintessence… Self-taught, a life of misery, and especially, an artist who authorised herself. In the late 1980's, a friend, Robert Flamant, who was also close to her family, informs me of Martha's existence and of the type of drawings she is producing on a daily basis. A series of exhibitions ensued, starting at a commu-

nity café close to her home, by way of Art et marge in Brussels, to end up finally in the most important collections of *art brut*. From then on people came from all over the world to buy something by Martha! Good? Not good? Martha will remain unruffled until her death. What had undoubtedly changed however was the gaze focused on her and on what had become… her œuvre.

In 1993, *La Sainteté Stéphane (1961-1986) [The Holiness Stéphane]* unwinds a 'dirge' for a painter friend who had been murdered, Stéphane Mandelbaum. Stéphane had a dual production, one production 'for galleries', controlled, meant to be seen, to seduce; the other quasi automatic, entirely turned towards himself. On the one hand a figurative body of work, most of it drawn, which could be called neo- or post-expressionist. They show an exceptional intensity and virtuosity. A whole gallery of portraits belonging to his imaginary galaxy march past. A sum of tutelary figures or references: family figures (Arié the father, Szulim the grandfather), as well as artistic brothers-in-arms (Bacon, Pasolini, Rimbaud) or complicity of fate (Pierre Goldman). Portraits of Nazi dignitaries and sex galore complete the gallery.

On the other hand Stéphane was covering an infinite number of sheets, mostly A4 size, with a biro, on a daily basis, a kind of personal diary (p. 33). This production, which initially had no artistic purpose, forms a significant part of his oeuvre. The product of a daily accumulation, it exists for its own sake. But what can you do with it? Where do you put it? How can it be shown? What name do you give it? *Personal Diary, the A4, the Deposits, the Doodlings…?* In 1988 two exhibitions are devoted to him. At the Botanique, a rich retrospective (under eighteens not allowed!) exhibits the figurative side, while at the same time the Art et marge gallery lines up *the A4*.

To each of them its part of the work, if not the personality, of Stéphane: in short, he was being cut in two! Thirty years later, we're no longer quite doing the aesthetic splits.

In 2019 the Pompidou Centre in Paris brought together in one exhibition the two sides of the work, awarding them equal importance, articulating the two parts together.

Brut artist? Post- or neo-expressionist artist? Both.

In 1997 in *William Cliff, poëte*, the poet reads in his attic extracts from two collections, the one orientated towards his childhood – *Autobiographie* –, the other devoted to a writer friend, *Conrad Detrez*. The film consists essentially of those readings facing the camera, punctuated by a few interludes. Among them some close-ups of the *Archives* by Philippe Vindal, a self-taught artist who was ceaselessly constructing decomposing buildings with waste

materials. As though he had sought throughout his short life to represent death through paradoxical constructions.

Philippe Vindal was the first to exhibit at the opening of the Art en marge gallery in 1986, together with Dominique Bottemanne and Jean-Marie Heyligen, two mentally handicapped artists. I have to admit that from its very foundation Art en marge has raised the question of the status and definition of *art brut* and of its artists.

This questioning now constitutes the scope for play and creation of Art et marges. Its fragility and its strength.

2002 is the year of 'Bruges cultural capital of Europe'. Art en marge takes part, on the initiative of Carine Fol, then director, and of Pierre Muylle, creator of the project *Autour de la marge [Round the Margin]*. I filmed the project on a day-to-day basis and produced *Couples en résidence*.

The project brought together 'couples' made up of a 'normal' artist, and a mentally handicapped artist, the aim being that their collaboration would generate a public exhibition after one week. The couples were not chosen at random; there is a certain resonance between the works of the two artists: Jacques Charlier and Alexis Lippstreu, Frédéric Gaillard and Hendrik Heffick, Ronny Delrue and Christine Remacle (p. 35).

Though *art brut* originally valued the artist's solitary stance, collaborative practices have since become more and more common. There is a move away from hard-line *art brut* toward a familiarisation with more hybrid forms. The workshop of the 'S' in Vielsalm has become the most offensive and dissenting pole in this respect.

2005: *Voyage aux Tropiques [Travelling in the Tropics]*. These are nine individual short films produced in a video workshop at the Les Tropiques day centre. The principle is a simple one: I create a short script based on the participant's wishes.

Mots, fruits et legumes [Words, fruit and vegetables] is shot by Stéphane Van Izeghem, who is intrigued by nature. I suggest that he might go and film a vegetable garden situated between Courtrai and Mouscron. Once there, I entrust the camera to him: all he has to do is press the button in 'automatic position' – and I leave him with the master of the place, a close friend of mine, who guides him about that vegetable large garden. Only at the editing stage would I take cognisance of the images. And I was mightily surprised. During the visit Stéphane asked his guide if he had another job besides that of cultivator.

' — Of course, that's a hobby; I'm a psychoanalyst.

— What is the connection between a vegetable garden and psychoanalysis? Asks Stéphane, puzzled.

— Life, death, is the answer he gets.

Immediately after that answer, the camera dives and shoots the ground and the earth. Stéphane is puzzled; he literally throws up his hands*. This brilliant movement is an involuntary one: what professional film maker would have thought of it? You couldn't have filmed 'Puzzlement' better than this.

Until recently, audiovisual productions were not part of *art brut*. But since the technology became much simpler not so long ago, they entered the field of these creations.

In 2015, the title *E.T.A. (Espace de Travail Artistique) [Space for Art work]* (p. 37) pastiches the designation 'Entreprise de Travail Adapté' [Company for Adapted Work]. This involves accompanying a Créahm-Brussels project, *À titre provisoire [On a Temporay Basis]*, which brings together external contributors (artists and art students) and the usual participants in the Créahm's workshops. This project ended in an exhibition which took up all floors in a large industrial building, which itself housed an *ETA*!

I shot the 'visual arts' workshop in which Richard Moszkowicz worked, whose work I had liked for quite a while. My experience has led me to be particularly attentive to the relationship between activity leader and artist. Though they generally deny any interventionism, activity leaders are bound to acknowledge their active presence, when they see the images reflected back to them by *ETA*. Not that they do things 'in lieu of', but they act as teachers at art schools tend to. They advise, suggest, propose. This film played a part in breaking a taboo, that of the 'me all by myself' myth in workshop practices, and in alleviating the guilt of activity leaders.

These film excerpts do not cover – far from it – all the transformations in the '*art brut*' landscape of the last few decennia. There is a multiplication in the number of galleries and museums devoted to it. Not a single contemporary art fair these days without its attendant '*art brut*' space. The relationship to money, to the market has got rid of its inhibitions. In other words, the art of the 'insane' has become normalised. In one century it has moved from psychiatric diagnosis to a status of freedom of the imagination and of aesthetics.

Is mental illness better off for all that?

---

* Translator's note: the French idiom literally says 'his arms fall from him'.

¹ The designation 'Entreprise de Travail Adapté', earlier 'Atelier Protégé', in the French-speaking part of Belgium, defines a company whose primary mission is to ensure the occupational integration of people with (physical or mental) disabilities.

Following Paths in the Collection

SARAH KOKOT

From the margins of art and society to the picture rails; a century of artists who have stepped out of the shadows, through eleven dates.

1919

Madge Gill (p. 39) starts to write, draw and embroider, under the influence, she says, of a spirit she calls 'MYRNINEREST' ('My inner rest'). This name appears on the back of many drawings, akin to a signature, accompanied by the date and by obscure inscriptions. She has now become one of the classics of *art brut*, but she also belongs to the family of spiritualist artists.

Madge Gill preferred to draw in the evening or at night, on huge banners or smaller format paper. Women wearing elegant clothes, their faces resolutely turned towards us and their large eyes wide open, inhabit almost all of her drawings, of which there are thousands. She almost always uses the colour black. With India ink or biros, she created images between figuration and abstraction, multiplying planes through the variations she imparts to her hatchings and her grid patterns.

Though her works emerged out of the shadows, she enjoyed showing them. She liked to take part in amateur exhibitions, but she would have refused to exhibit in more prestigious locations. On her death in 1961 her son bequeathed the bulk of her work to the local council. But in the early 1970's, almost 300 drawings were found in the attic of the family house, many of them unfortunately in a very poor condition.

1942

Martha Grünenwaldt (p. 40), living until then as best she could on her practice of the violin, playing at dances and busking on terraces, is hired as a maid, and deprived of her instrument. She would keep that position for twenty-eight years, experiencing rare moments of joy when, on her own, she played the piano. Drawing? That never crossed her mind, she didn't even own any pencil… In 1968 she moved into her daughter's house and resumed a regular musical practice. Aged 70 she dived into a new artistic practice, for which she used her grandchildren's coloured pencils, and the posters, leaflets and wrappings gathered about the house. This initially took place in the secrecy of her room, then on the waterproof tablecloth in the family kitchen.

Here Martha Grünewaldt unfolds a whole world at the centre of which she places the female figure. As her plastic work evolves, the feminine portrait comes to be enlivened by 'peripheral' ornaments, and ends up being engulfed amidst plants, animals and architectural motifs. Among this vibration of forms and colours the eyes of some women, transformed into decorative motifs, can still be spotted.

The entourage of this grandmother is amazed and entertained to see her so absorbed in her new practice, until her work catches the attention and is shown to the public. In 1987 Art en marge devotes to her a first major exhibition. Today her works are included in the most prestigious private and public collections of *art brut* throughout the world.

1948

Jean Dubuffet exhibited for the first time the drawings of Aloïse Corbaz (p. 43), who had entered his collection two years previously. It wouldn't take a lot of time for her to become one of the two most emblematic figures of Art Brut, the other one being Adolf Wölfli.

The oeuvre of Aloïse Corbaz is a lavish universe, organised round a sensual, desirable woman, sporting cleavages with breasts changing into flowers adorned by impressive jewels. Though men play a secondary role they are nevertheless important: it takes two for the play of love and seduction to fall into place.

This fantasy world owes a lot to the years which Aloïse had spent as a young girl as a governess at the court of Emperor Wilhelm II. Also apparent is her love for opera and theatre. Besides, when she is asked about the invariably blue eyes of her figures, she answers: 'At the theatre, people always have blue eyes".

Mornings, Aloïse Corbaz ironed the nurses' linen at the La Rosière hospital (Gimel, Switzerland), in which she was confined from 1920 until her death in 1964. Afternoons she devoted to her art, taking advantage of the capacious table of the linen room which was made available to her. This was a change for her after the lack of space in the bathrooms in which she shut herself up during the first years to write and draw. Her practice stopped being a clandestine one when she was spotted, then encouraged by the health care workers, and more particularly by Jacqueline Porret-Forel who from 1941 to 1964 was the privileged witness of her work. That general practitioner met Aloïse Corbaz at the hospital when she was visiting one of her patients. The fascination occurred at once and a robust friendship was born. Later, Jacqueline Porret-Forel introduced Dubuffet to Aloïse's work through a mailing error. One day she received a letter from

Dubuffet, in which she learned of the existence of Art Brut. The letter was actually meant for another Doctor Forel, who had treated Adolf Wölfli in the past, and Dubuffet was writing to tell that doctor of his interest in the work of his former patient. Jacqueline Porret-Forel seized the opportunity to go and meet Dubuffet in Paris and to bring him some works for his collection. Art et marges museum also owes Jacqueline Porret-Forel the work by Aloïse Corbaz reproduced here.

1964

After two years' work Jacques Trovic (p. 42) finishes his first tapestry, *La scène espagnole [The Spanish Scene]* and presents it to an artistic competition organised by his home town (Anzin, in the North of France). He is awarded the first prize, and at 16 he is propelled towards what will represent his entire life: the production of tapestries following a very personal technique of patchwork and embroidery on burlap.

It all started on the family's kitchen table, constantly invaded by his ongoing works, which sometimes measured 5 m. His mother put up with it and his sister acted as a menial, preparing the hems of the pieces of cloth.

After the latter's death Jacques Trovic was invited by Bruno Gérard, who feared that a nursing home placement would jeopardise the continuation of his work, to enter the institution and the art workshop of La Pommeraie. There Jacques Trovic continued his creation reminiscent of the picture books of his native North of France, rich in colours, matters and picturesque elements. The smiling sun is one of his trademarks, only absent when a night scene justifies that it should be replaced by the moon.

His tapestries, assembled from modest pieces of fabric, have been exhibited all over the world, and their creator could talk precisely about each of his roughly four hundred works, and about the exhibitions and collections in which they had been presented.

1977

André Robillard (p. 45) receives at home, in the psychiatric hospital of Fleury-les-Aubray (France) a postcard from Michel Thévoz, the first director of the Collection de l'Art Brut in Lausanne. On the postcard is represented one of his rifles. André Robillard is happy and surprised to learn that his creations have now landed in a museum.

1964 is the date on the postcard, in the caption of the work. And that is indeed the year when Robillard made a few rifles out of materials recovered from the hospital's rubbish dump, after he had just been appointed assistant at the water-treatment plant, leaving his status as a patient.

Two or three rifles refer to wars but look just like toys, shooters, plunging us straight into childhood.

Those rifles were taken to Dubuffet by psychiatrist Paul Renard in 1965. Dubuffet included them in his collection. A short correspondence ensues between the inventor of Art Brut and André Robillard. Then Robillard forgets. For over ten years he stops creating. Until the day when he receives the postcard from Michel Thévoz: 'I realised then that what I was doing had some value. Until then I had not been aware of it. André Robillard resumes creating. His new rifles come with a whole bunch of other creations, including wooden silhouettes and drawings that essentially turned round the thematics of animals and of the conquest of space. His work, and also his temperament – every meeting makes him feel very enthusiastic, he likes to take his accordion or his harmonica for a demonstration – attracts amateurs, artists, public and private collectors. Friendships are formed, and even collaborations: works commissioned, four-handed productions, musical and theatrical creations… This is a world of relationships, a world of possibilities that came to him through his visual art. Everyone will understand why he now calls his shooters *Fusils à tuer la misère [Rifes to Kill Penury]*.

1981

Serge Delaunay (p. 46) is working on the manufacture of dynamos in a sheltered workshop at the Queen Fabiola centre of Neufvilles (Belgium). There he practises a constant sabotage, covering the table with graffiti. For him and for others whom that type of work doesn't seem to suit an art workshop is opened, later to be called 'Campagn'art'.

There Serge quickly developed a plentiful body of work mixing together writing and drawing, oscillating between the thematics of mechanics, the conquest of space and feminine charms, with a permeability which sometimes gives rise to delightful communications between the different topics. The text is occasionally self-sufficient, but the drawings are never inscription-free. This coexistence, which also includes a *ligne claire* style of drawing, brings his works close to comic strips. Apart from the fact that here everything is brought together in one single image, without any fragmentation into frames.

Serge Delaunay draws with his brother, well apart from the other participants in the workshop, to avoid bothering them with the radio he is constantly listening to. We should note that the incursions of texts are akin to news bulletins, most of the time relative to space expeditions. Clearly, Serge Delaunay dreams of planets and stars. His efficient, original style and his humour are enticing, and he is represented in numerous

public collections, including the Collection of Art Brut (Lausanne), the Musgrave Kinley Outsider Art Collection (Manchester), the Musée de la Création Franche (Bègles, France), the Trinkhall Museum (Liège), and the Art et marges museum, which exhibited him as early as 1990.

1990

'Nedjar's dolls threaten modern art!': this is an anecdote which Michel Nedjar (p. 49) loves to relate. His dolls, recognised until then in the field of *art brut*, 'knighted[3]' by Jean Dubuffet himself , were acquired by collector Daniel Cordier in the 1980's. When the latter bequeathed his collection to the National Museum of Modern Art, the dolls were first exhibited at the Pompidou Centre, then included in its reserves. There some moths flew away from his assemblage of fabrics. Michel Nedjar's works were threatening the conservation of works by Matisse, by Picasso! For an artist who was originally a marginal one, to be included in the collection of the Museum of Modern Art was quite something, but to threaten Art History with capital letters was something else again! It is easy to see the interesting symbolic charge of this anecdote.

The reason why Nedjar's dolls harbour a few moths is that they were made with bits and pieces of cloth salvaged here and there, often on the bare ground, on the street. Sometimes they are buried, then unearthed, sometimes they undergo dye baths, or baths of earth and blood. His *Chairdâme [Soul Flesh]* are dolls which ooze real life.

Already as a young child, starting with the broken leg of his sister's baby doll, Michel Nejar makes his own doll. His fascination re-emerges in the 1970's during a trip to Mexico and Guatemala. Through his creations the artist puts up with the sufferings linked to his existence and exorcises the images which obsess him, among them those from Alain Resnais's film *Nuit et brouillard [Night and Fog]*, seen in 1960, which left a deep mark on him, making him realise the horror experienced by his family in concentration camps.

His earliest dolls embodied a very uncanny aesthetics, but later on they became multicoloured. They were no longer transformed by dyes or by mud, but they sported 'scars' which cross their body, crammed with objects. You can sense a tea pot starting to show here, a doll's shoe there… They are chock-full. With a history, that of their author, that of the former owners of the fabric and the objects, that of humanity.

2004

Art en marge organises a retrospective exhibition of the works of Paul Duhem (p. 50). The artist, who had died five years before, aged 80, was leaving behind a burgeoning career, started when he was 70 in the drawing and painting workshop of La Pommeraie (Quevaucamps, Belgium).

1990, the year when his creation got started, almost acts as a second birth date for Paul Duhem. When as the time came to honour him some research was carried out to gather anecdotes and photographs of his past life, the pickings are poor, or even non-existent… But during his second life, which would last ten years, the rapid recognition of his artistic qualities would make him travel from exhibition to opening, and he would be valued, at last. Paul Duhem grabbed pencils and brushes to create an army of characters, each of them enclosed in its frame. His name invariably appears top left, as it were isolated in a well-behaved schoolboy's cartouche.

Are these self-portraits? The mystery is as impenetrable as his enigmatic houses, which he represents in the form of a single closed door, capped with a triangle to denote the roof. Those works follow the same protocol as the portraits, with the same talent to cause the colours to vibrate, juxtaposed as they are with pencils or pastel, or blended as Paul Duhem uses brushes that he never cleans.

Bruno Gérard, in charge of the workshop at La Pommeraie, accompanied the blooming of those creations, rapt with wonder. He was adamant that they should remain affordable, outside the gallery circuit, so that someone whose existence had left no trace in the lives of others should have a place in every home. Like a snook cocked at destiny. What is more, Paul Duhem is represented in the main collections of *art brut* in Europe.

2008

The exhibition *Richard Greaves, anarchitecte* ends in Brussels (Art en marge + CIVA), the fifth stopover in an itinerant project started three years before at La Fonderie Darling (Montreal) and associated with a publication substantially illustrated by the photographs of Mario Del Curto (p. 52).

That exhibition marked the start of the international renown of someone who had chosen to leave Montreal in 1984, to move into a plot of land of 40 hectares bought with some friends a few years before in Beauce (Quebec), some distance from a small village. On that plot he started building his 'anarchitectures' in 1989, reusing materials salvaged from barns and dilapidated buildings. Richard Greaves doesn't have the slightest notions about architecture, and everything is assembled with nylon thread, as nails and screws might hurt the wood. Needless to say nothing is straight. But all his works are inhabitable, and Greaves always starts the construction by installing a toilet.

This was until 2009, at which date he left the site, went from one house to another, living as a recluse, while keeping in touch with his loved ones. It is now reported that a neighbour, having grown tired of seeing visitors pour in, had destroyed everything. The event is not devoid of irony. This work deliberately placed far from the hubbub, was overtaken by it, indirectly leading to its destruction. The boards, windows, shutters were thus being dismembered a second time.

2012

La Collection de l'Art Brut organises the exhibition *Josef Hofer et le miroir* , devoting for the first time in the institution's history a second monographic exhibition to a particular artist (p. 53).

The exhibition documents the chief theme in Hofer's oeuvre, masculine nudes. Frontal, tortured, locked up, asserted, their sexual character marked, their framing somewhat dodgy. And always, round the protagonist, those yellow and orangey red lines, which correspond to the frame of Hofer's mirror. That mirror, placed at the foot of his bed, is the locus of the exploration of his body, in reflection, in parts. Do those works establish a connection with the outside or do they partake of the withdrawn life imposed on the artist by his various handicaps, including deafness and muteness?

Josef Hofer started his graphic work in 1985, when he began to attend a day centre, after he had lived for 40 years without establishing any social links other than with his family. In 1997 he met Élisabeth Telsnig, the new head of the artistic workshop he was then attending. She immediately spotted his work and started to ensure its dissemination with a convinced enthusiasm which, together with the quality of the work, has led Josef Hofer to be now part of the most prestigious public and private collections of *art brut*. However chances are high that he doesn't know he is considered as an artist, the concept of art being in all likelihood foreign to him.

2020

The Trinkhall Museum, formerly MADmusée, opens its doors in Liège, and presents among the central works of its permanent collection, Pascal Tassini's hut. We witness here the musealisation of the artist's centrepiece, the one with which the textile creation to which he is now entirely dedicated got started.

Pascal Tassini (p. 55) has attended the workshop of the Créahm in Liège since 1986. Initially he mostly produced some terracotta figures. In 2000 he decided to build a shelter for them, a hut. He fastened poles to tables with some ropes, then some pieces of fabric salvaged in the workshop, once he had run out of ropes. To go on with his construction he started to organise, and rolled into balls the piled-up fabric strips. And then to his utter surprise people round him waxed enthusiastic about those balls of fabric. But can they already be considered as a creation?

The hut will ceaselessly fill out over the years, and a whole series of autonomous creations will emerge out of it: the balls/clews made out of tied fragments of fabric, the objects he will wrap up, the furniture which will soon take on the appearance of tiered cakes. Wedding is indeed one of his obsessions, all accessories and finery are prepared for that event which never takes place… But Pascal Tassini does get invited to other celebrations. In 2011 the MADmusée dedicates a personal exhibition to him and publishes a book[4]. In 2015, the Collection de l'Art Brut proposes a monographic exhibition and in 2017 the christian berst art brut gallery (Paris) organises an exhibition, with an annotated catalogue[5].

[1] Aloïse Corbaz quoted in *Aloïse et le théâtre de l'univers*, Jacqueline Porret-Forel, Skira, Lausanne, 1993, p. 38.

[2] André Robillard quoted in *André Robillard dans son atelier. Projet Aloïse*, Roger Gentis, Éditions du Scarabée, Paris, 1982, p. 117.

[3] To take up an expression used by Christian Berst at a round table dedicated to Michel Nejar, at galerie christian berst art brut (Paris) on 10 June 2014.

[4] *Pascal Tassini*, MADmusée-Créahm, Liège, Walloon Region, 2011.

[5] Christian Berst and Léa Chauvel Lévy, *Pascal Tassini*. Nexus, Paris, Christian Berst, 2017.

THE 'ET' IN ART ET MARGES

A CONVERSATION WITH CARINE FOL

BY SARAH KOKOT
AND COLINE DE REYMAEKER

To start with, we would like to know how *art brut* came into your life, and why it occupied and still occupies such an important position in it. The genesis of your story with *art brut*, as it were.

The genesis is the father (smiles), it's Jean Dubuffet, to whom I devoted my MA thesis in Art History for the *Vrije Universiteit Brussel*. This thesis proposed a comparative study of Jean Dubuffet's

Corps de dames [*Ladies' Bodies*] and Willem de Kooning's *Women*. Initially my adviser, Annie Reniers-Philippot, had suggested that I should write about Jean Dubuffet, but I was a little sceptical, as I didn't know his work well. And finally I dedicated most of my research to him! I was really fascinated, particularly by his writings on art[1], and by his approach to the feminine nude, which corresponded to a desire to break the codes of the classical and academic nude. After my studies I joined the non-profit organisation Arch'Imago, founded by psychiatrist Walter Duytschaever with some art historians. In the reading group we read the book by Hans Prinzhorn *Expressions de la folie* [*Artistry of the Mentally Ill*][2], and I also had the opportunity to visit workshops in psychiatric institutions. This was a true revelation for me and the desire to embark upon a more in-depth research into art brut started to germinate. At the beginning of my professional career I mostly worked in the sphere of official art. Among others at the Botanique, where in 1996 I organised an exhibition round Jean Dubuffet, parallel to which I presented the works of the Art en marge collection. When I learned that Françoise Henrion, who had founded Art en marge in 1984, was going to retire, I told myself that this was the opportunity for me to concentrate on that niche of contemporary art. I was appointed in 2000, then took over as director when Françoise left in 2002. From then on, projects came one after the other, until there was a change in the name and status of the structure in 2009, 'Art en marge' becoming 'Art et marges musée'.

How did that change, turning the association from a 'centre for research and dissemination' into a 'museum', become a necessity to you?

I thought it was a pity that an association with such a collection should not be recognised as a museum. In addition, recognition as a museum seemed to me the most appropriate solution to obtain more subsidies, thereby working towards the recognition and dissemination of that art and those artists. This also made it possible to bring a more scientific reading to the topic, and a museographic respect for the works. I have always considered the collection as a tool to help the works to 'leave the margin'. Several projects made this possible, in particular the exhibition *20+20*, organised in 2006 in association with twenty Belgian museums, each of which welcomed one work from the Art en marge collection dialoguing with one work in their museum. That project also made it possible to publish a book[3] bringing together the conversations with the curators of those twenty museums. To me the notion of the museum was the very opposite of that of a static institution, withdrawing into itself. The idea was to turn it into a tool to defend those artists and to puzzle over the limits of art. With time, the collection had grown thanks to

numerous gifts. Its recognition as a museum essentially meant a change in its operation and allowed a better protection of the works. For the artists and the donor workshops, this was a very important stage, both symbolically and concretely.

This change in status went with a change in the name: 'Art en marge' has become 'Art et marges'. Did the two go together for you? How did the need to change the name appear?

In my view, recognition as a museum by the Wallonia-Brussels Federation entailed that change in the name. That stage also coincided with an uneasiness: I was no longer able to talk about those works and especially those artists as being 'in the margin'. What I was interested in was rather the questioning of the limits between art and non-art, between *art brut*, or outsider art, and official art. Why do some creators find themselves 'in the margin'? What does that mean for them and for the dissemination and the recognition of their work? Whereas Dubuffet defended those 'authors' as being more than artists, the notion of a margin appeared more and more pejorative to me and I no longer felt able to defend artists in those terms. I totally respect Françoise Henrion's reading, according to which the margin of the page allows a greater freedom, but that categorisation has important implications. Although art is necessarily linked to the person, I have always started from the work, to go towards the artist afterwards: this is fundamental. It allows us not to make the choice out of pity or compassion, and to focus the analysis on the quality of the actual work. Each choice is always subjective, and I lay claim to this. It is often difficult to explain to artists that their journey or their mental or psychic condition determines how their creation is categorised. From the start I have questioned that 'ghettoisation', mainly based on existential itineraries and not on the work. This was the origin of the *20+20* project. The outsider art work was presented in a 'conventional' museum: the spectator's gaze was not conditioned. This experience thus made it possible to underline that outsider art presents visual affinities with insider art. That is also something I wanted to defend.

On the other hand, including that 'et' ['and'] in the name was a way of creating a dialogue and a questioning between art and the margin. This energisation was important not to lock those works up in a cocoon, but to build bridges, as I have done in most of the exhibitions I have organised. The opening exhibition of the Art et marges musée, in 2009, was indeed quite emblematic. This was the second constituent of the *20+20* project, but this time the works from the other museums were exhibited within the walls of Art et marges, with works from its collection. But it also seemed

important to change the name for the artists themselves.

Meaning what? Why do you think it was important to change the name of the structure for the artists?

I'm thinking of Dirk Martens, for instance. As occasionally happens, a person close to him had got in touch with me to present his work to me. Dirk, like many artists, found it hard to defend his work to other people. His collages and his working method immediately aroused my interest. He was talking about visions, ideas which appeared to him and which he visualised before making them. Dirk accepted to make long-term loans to the collection. But I often asked him if it suited him to present his works in our establishment. He answered that he felt supported and that he was therefore quite pleased to be able to exhibit at Art et marges. This problematics mostly appeared within the framework of psychiatric pathology rather than that of mental handicaps. I found the mental suffering of artists and their awareness that their works were considered to be 'in the margin' very challenging. Jean-Michel Wuilbeaux, for instance, who attended the painting workshop at La Pommeraie, created a work entitled *Art différencié sans lendemain* [*Differentiated Art without Any Future*]. This title seemed to me emblematic of this problematics; as though it stated that such categorisation has no future.

The 'et' allows a form of opening. This is important from a human point of view vis-à-vis the artists included in the collection, as you pointed out, but it also brings the following question: when are you in the margin? Ignacio Carles-Tolrà, for instance, whose works are part of the collection of Art et marges, started painting and drawing after he came upon Dubuffet's writings: he discovered the existence of *art brut* and then felt authorised to create. He would later be recognised by the outsider circles. This is a little at odds with the original definition of *art brut*, isn't it?

Dubuffet himself questioned the definition of *art brut* towards the end of his life, saying that it was more of a pole which artists approximate more or less, which shows that all categorisations have their limitations. The creators discovered and collected by Dubuffet came from different horizons: psychiatric institutions, mediums, intransigent mavericks, and their work drew according to him from 'their own store', each of them creating in secret, silence and solitude. He was quite aware that this was an idealised, or even romantic, vision of the artist. Confronted with the limits of 'art brut', he had moreover created another category: the 'Neuve Invention' ['Novel Invention'][4], in which Carles-Tolrà, whom you mentioned, was included. It is undeniable that the very creation of *art brut* meant its end, as it opened the category on to the world, making it public, even though Dubuffet tried to protect the works by not exhibiting them within the field of official art. It should be emphasised that as soon as works of *art brut* were presented to the general public in museums of so-called 'official art'[5], they inspired creators both self-taught and professional, but also collectors, researchers, etc.

Art brut and official art are evolving in parallel and have sometimes become communicating vessels. It is very difficult to argue for an entirely intact creation: this is not really controllable. However, isolated creators will always exist. It is the case with one of the major artists in the collection of the Art et marges museum, Martha Grünenwaldt, who started creating at the age of 70, with her grandchildren's coloured pencils, on her daughter's kitchen table. She therefore corresponds to Dubuffet's definition of 'art brut', and yet she is classified in the category Neuve Invention by the Collection de l'Art Brut, which just shows!

The fact of generating dialogues between artists discovered through our research and artists from the sphere of professional art leads from the beginning to questions about the role of the museum. I am convinced that this was and remains fundamental, as prospecting in workshops within institutions for persons who are ill or show mental disabilities and with isolated artists differentiates it from other, conventional museums. It should nevertheless be underlined that the field of outsider art has developed a lot over the past few years. Although it remains a niche, bringing together staunch defenders doing some important groundwork for the discovery and defence of that art which is increasingly difficult to define in a constantly evolving world, the links with the field of contemporary art are multiplying. However, though outsider art is now increasingly present in biennales, as in Massimiliano Gioni's Venice Biennale in 2013[6], this remains relatively rare. That is the reason why museums like Art et marges have a role to play and should make it possible to build bridges between the worlds of in- and outsider art, as I am doing now at the CENTRALE for contemporary art, by exhibiting outsider artists within certain exhibitions, without underscoring that these are outsiders.

The works of certain artists who are considered as outsiders is actually very close aesthetically to official art. This is among others the case with Jeroen Hollander, Dirk Martens or also Franklin. In my opinion, the difference between these artists and professionals lies in their relationship to their work and to the world of art, which is often ruthless for people who are more fragile. Even though there are also clearly professional artists for whom creation is a release for their existential suffering. Philippe Vandenberg[7], who shared his experience during a debate devoted to creation and medication at Art et marges, actually felt very close to the artists in the museum.

Various words are used, *art brut*, outsider art, margin. When the topic of *art brut* is brought up, there is always a bit of a terminological shambles, which is probably due to the person who made that art particularly visible at a certain point in time, Dubuffet. Dubuffet, in a letter, was dead set against Alain Bourbonnais, the creator of La Fabuloserie, using the term '*art brut*' concerning his collection[8].

That is also what Dubuffet wrote to Françoise Henrion when she announced to him the creation of Art en marge[9]. If he had not prevented places from using the term '*art brut*', would we be the 'Musée d'*art brut* de Bruxelles', just as there is a museum of Fine Arts? What are your thoughts on this?

Yes, he probably created that situation by protecting the appellation, making it a registered trademark. But you have to understand that Dubuffet had to define and name that out of the norm creation, which he found much more interesting than the creation of authorised artists, in order to make the distinction. I actually think that *art brut* starts and ends with Dubuffet. It is his definition, and those were his choices. The collections that were established afterwards are all creations. Each place has so to speak revisited or customised art brut (the same goes for private collectors), whether it is the LaM in Villeneuve d'Ascq, which created a wing to house the collection L'Aracine, the museum of doctor Guislain in Ghent, the Trinkhall museum (formerly the MADmuseum) in Liège, or other places all over the world.

But I think the abundance of alternative names would have occurred even if Dubuffet had not forbidden the use of that appellation. I really think everyone imprints his own vision of things inside a collection and inside the defence of a creation he thinks is outside the official circuit. And *art brut* today – I am talking here both about the places of exhibition and the places of creation – is quite diversified and increasingly difficult to delimit and to define. The evolution of the field of *art brut* is similar to that of the field of contemporary art: commodification, collection, musealisation, etc. This evolution arouses ethical and aesthetic questions which entail an increased alertness regarding the respect for creators.

To get back to the letter sent by Dubuffet to Françoise Henrion on the creation of Art en marge in 1984, it was not only a matter for Dubuffet to protect the appellation '*art brut*', but also to guarantee the limits of the definition he had made of it.

Moreover, Françoise Henrion writing to him that she has done some research within workshops for mentally handicapped persons, he answered that she will probably not find much. For he considered that creative workshops do not guarantee an individual, unaccompanied creation, a condition which is essential to the emergence of *art brut*. Later on, Michel Thévoz, the first director of the Collection de l'Art Brut in Lausanne, will nevertheless write in the book devoted to Art en marge[10] that Dubuffet had finally acknowledged that creators could also be discovered in that context.

Dubuffet said it, and Prinzhorn had already written it in 1922: it is not enough for someone to be admitted to psychiatry or to be mentally disabled if they are to develop an interesting creation. This underlines that the persons themselves will never be the ones who call themselves 'artists', furthermore 'in the margin'. This is done by the discoverers who situate them on the margins of the sphere of art. This is not the artists' choice. In addition, the notion of *art brut* is often bandied about at the expense of the quality of the works. Every choice is a subjective one, and the decision will be made by the person establishing a collection, organising an exhibition.

This entails another very important element, of which insider artists such as Ronny Delrue[11] and Philippe Vandenberg have often reminded me: respect for the creator is paramount, and there is a real danger of a form of instrumentalisation. And to me there is not only a risk of instrumentalising an artist by putting him in a margin, but also in moving him out of the margin and making him say something other than what he means to say. The creators Art et marges is interested in very rarely explain or theorise their approach, contrary to what is now happening in the field of contemporary art. And when there are texts, they are written by a third party and they underline the existential journey rather than the contents of the work, or they explain that content on the basis of the author's life. And there resides the risk of instrumentalisation. Respecting the creator implies that one bears in mind and remains quite humble towards what one is doing as an exhibition curator, a museum director, etc.

I'm thinking for instance of Jeroen Hollander, whose work I discovered in the exhibition *Y.E.L.L.O.W.* which Jan Hoet[12] organised in the house of his psychiatrist father in Geel. Immediately I felt like defending his work. I exhibited his drawings in very different contexts, and I showed them to several museum directors. Although she was delighted with this, his mother questioned me about the artistic value of her son's work, since she linked it to his autism. I answered her that Jeroen's work was conceptually and formally interesting and that it went beyond a reading solely in terms of pathology, as his precise cartographies between real and imaginary, allowed several level of reading. In short, this is one of the creators for whom the 'et marges' tag is very important. As also with Seyni Awa Camara, and many others.

Why Seyni Awa Camara?

Seyni Awa Camara was exhibited by Art en marge a long time before I arrived on the scene. She was also exhibited by Harald Szeemann at the Venice Biennale in 2001, and in Jean-Hubert Martin's legendary exhibition *Magiciens de la terre*[13]. Her work, rooted on the one hand in African culture, has on the other hand been presented both within the field of contemporary art and that of *art brut*. Her creative process, in a trance, can indeed be compared with mediumistic art, but does that make it *art brut*? And let's not forget that Dubuffet distinguished primitive art and *art brut*.

In this connection, Lucienne Peiry[14], through her exhibitions of *art brut* from all over the word, Chinese, Japanese… also questions the influence of culture on creation. As Westerners, we may consider a work as being 'on the margin', whereas for the locals the work isn't odd at all. The label 'outsider' is therefore given only on account of the social and mental condition of the creator. I remain very doubtful in the face of categorisations of Belgian, Chinese, French *art brut*, which only highlight the paradox of *art brut*, with or without cultural influences… Art, *brut* or otherwise, is universal.

Do you think one should remain faithful to Dubuffet's principle according to which *art brut* has to be unscarred by any culture, even though he has himself questioned this? You are talking of universality, but in the work of Aloïse[15], a link with culture can be observed, her work being run through by references to opera.

I consider that no one is really free of culture, though there are gradations in the knowledge and awareness of culture and of what indoctrinates us, except perhaps persons with severe mental disabilities, who do things without being aware of producing a work, or psychotics. The question can be asked, as they seem to be shut in within themselves. But the more fundamental question in my view isn't that of the influence of culture but that of the limit of the work of art, and in that respect *art brut* is really interesting, as Dubuffet has broadened the limits of the definition of art.

Dubuffet was quite twofold in his whole approach: an internationally recognised artist, but criticising professional artists to defend *brut* authors. In spite of those contradictions, I nevertheless consider that his invention of *art brut* had the same impact on culture as Marcel Duchamp's ready-made.

What is most important in Dubuffet, and that goes for all the people who have defended that type of creation and have got involved in those creators is that they sought to figure out the mystery of creation. What is the genesis of artistic creation? Why are some people going to create something which will acquire a certain artistic and cultural value? Why do they have artistic propensities? I am not talking in terms of gifts, Dubuffet didn't believe in them, as they imply a certain hierarchisation of individuals. How and why do we, as spectators, researchers, etc. thrive intellectually and emotionally on those creations? The writings of Dubuffet and the works of *art brut* will remain, beyond discussions on what is in the margin or outside the margin, in- or outsider art. He has offered us a superb present: the discovery of deeply moving and captivating works and persons.

---

[1] Parallel to his visual work Jean Dubuffet produced an important body of writings including reflections on art, a pamphlet against established culture and a theorisation of the concept of *art brut* which he founded. His writings have been brought together by Gallimard in four volumes: Jean Dubuffet, *Prospectus et tous écrits suivants*, Gallimard, Paris, v. 1, 2, 3, 4, 1967 and 1995.

[2] Hans Prinzhorn, *Bildnerei der Geisteskranken. Ein Beitrag zur Psychologie und Psychopathologie der Gestaltung*, Berlin – Heidelberg, Springer-Verlag, 1922. *Expressions de la folie. Dessins, peintures, sculptures d'asile*, translated from the German by Alain Brosse and Marlène Weber, preface by Jean Starobinski, Paris, NRF Gallimard, 1984 [*Artistry of the Mentally Ill*, translated by Eric Von Brockdorff, New York, Springer, 1972].

[3] Carine Fol (ed.), *Liaisons insolites. Dialogues à propos de l'art outsider*, Art et marges musée and Éditions Tandem, Brussels, Gerpinnes, 2009.

[4] Though Dubuffet's definition of *art brut* tends to shift, it retains a constant, always being organised round the idea of a distance from culture (the creators of *art brut* are free from artistic culture, foreign to the cultural world). In 1970, for the artists in his collection who least meet the criteria, Dubuffet created the 'Collection Annexe' ['adjoining collection'], later renamed 'Neuve Invention'.

[5] The first sizeable exhibition of *art brut* took place in Paris Musée des Arts décoratifs in 1967.

[6] In 2013 Italian curator Massimiliano Gioni set a new milestone when he included some fifteen brut and self-taught creators in the *Encyclopaedic Palace*, the central exhibition in the 55th Venice Biennale, whose director he is.

[7] Like Ronny Delrue (1957-), quoted below, Philippe Vandenberg (1952-2009) is a contemporary Belgian artist with whom Carine Fol has collaborated as art historian and as curator. Ronny Delrue was among others invited to take part in the project *Autour de la marge* in 2002, with outsider artist Christine Remacle.

[8] 'I am opposed to the term Art brut being used in the organisation being established. The expression must exclusively be reserved to the association created in 1948 under that name and to the activity of the latter and its collections.' Jean Dubuffet to Alain Bourbonnais in a letter dated 31 January 1972. Jean Dubuffet, Alain Bourbonnais, *Collectionner l'art brut*, correspondence presented by Déborah Couette, Albin Michel, Paris, 2016, p. 58.

[9] 'It is always to be feared that works are presented under the name of *art brut* when they are not of the same nature as the ones presented in the collection which took the name of Art brut, resulting in a confusion for the public. For that reason the name has to be reserved to the Collection de l'Art Brut in Lausanne, and cannot be used anywhere else. You will have to find another designation.', Jean Dubuffet to Françoise Henrion in a letter dated 5 March 1984.

[10] Carine Fol (ed.), *Art en marge. Collection*, Art en marge, Brussels, 2003.

[11] (See note 7).

[12] An inescapable figure of the world of contemporary art in Belgium, Jan Hoet (1936-2014) was the founder of SMAK in Ghent (1999) and was the curator of numerous international exhibitions, including Documenta IX in Kassel (1992). In 2001 he organised *Y.E.L.L.O.W.*, an exhibition which occupied among others his childhood house in Geel (Limburg, Belgium).

[13] The exhibition *Magiciens de la terre* was presented in Paris in 1989, simultaneously at the Pompidou Centre and at the Grande Halle de la Villette. It is considered as the first exhibition in France to put on the international scene of contemporary art the 'non-Western' contemporary arts. The curator Jean-Hubert Martin wished to show the universality of the creative act by inducing an intercultural dialogue between forms of art that are usually dissociated.

[14] Lucienne Peiry (1961-) is a Swiss art historian, a specialist of *art brut*. She was director of the Collection de l'Art Brut in Lausanne, succeeding Michel Thévoz. She was then research and international relations director and in that capacity she has conducted research into authors of *art brut* all over the world.

[15] Aloïse Corbaz, also known as Aloïse (Swiss, 1886-1964) is one of the emblematic artists of *art brut*. Her work owes a lot to her memories of the court of Wilhelm II (where she worked as a governess), and to her love for opera and the theatre. (p. 41)

INDEX DES ARTISTES

BIOGRAPHIES DES AUTEURS

Tatiana Veress est directrice du Art et marges musée depuis 2012. Historienne de l'art, elle intègre l'équipe d'Art en marge en 2006 et œuvre à l'évolution et au changement de statut du Art et marges musée aux côtés de Carine Fol. Elle lui succède à la direction en 2012.

Thibault Leonardis, muséographe de formation, a en charge la gestion de la collection du Art et marges musée depuis 2015. Particulièrement intéressé par les passerelles entre l'art brut et la musique, il cofonde en 2018 le label de musique *outsider, Margins.*

Laurent Busine a dirigé les expositions au Palais des Beaux-Arts de Charleroi de 1982 à 2002, avant de devenir le premier directeur du MAC's (musée des Arts contemporains, Grand-Hornu, Belgique) de 2002 à 2016. Il a intégré à nombre de ses expositions des œuvres qui relèvent de l'art brut et présenté notamment les œuvres de la prestigieuse collection Prinzhorn (collection historique d'œuvres créées en hôpitaux psychiatriques) au Palais des Beaux-Arts de Charleroi, en 1995.

Sarah Kokot est historienne de l'art. Spécialisée dans l'art *outsider* avec un mémoire consacré aux environnements, elle est rentrée dans l'équipe du Art et marges musée en 2011. Pendant huit ans, elle y a affiné sa réflexion et son discours sur l'art brut et ses artistes en remplissant la mission de responsable des publics. Elle est à présent en charge de la communication et des projets.

Gérard Preszow, réalisateur de films documentaires et travailleur en santé mentale, a participé à la fondation de la galerie Art en marge à Bruxelles en 1986. Sans s'en faire une spécialité, il est depuis resté familier et curieux des productions artistiques dans le domaine de l'art brut et des pratiques associées.

Carine Fol est docteure en histoire de l'art. Sa thèse *De l'art des fous à l'art sans marges*, publiée en 2015, est le fruit de recherches menées conjointement à sa mission de directrice du Art et marges musée, de 2002 à 2012. À présent directrice artistique du centre d'art CENTRALE *for contemporary art*, Carine Fol est à l'origine de la transformation de Art en marge, alors centre de recherche et de diffusion, en Art et marges musée, en 2009.

Coline De Reymaeker est historienne de l'art. Elle s'est orientée vers l'art *outsider* dès son mémoire de fin d'étude, consacré à l'artiste brésilien Arthur Bispo do Rosário. Elle a longtemps entretenu des liens professionnels et d'amitié avec Art et marges, avant d'en prendre la direction provisoire pour la saison culturelle 2018-19. Elle est à présent chargée de projets au sein du musée.

Caroline Lamarche est une autrice belge. Elle publie, depuis 1995, romans, poèmes et nouvelles et a reçu plusieurs distinctions dont le prix Goncourt de la nouvelle pour son recueil *Nous sommes à la lisière*, Gallimard, 2019. Proche du milieu des arts plastiques, elle est une complice fidèle du Art et marges musée (elle y a été commissaire de l'exposition *Lisières* en 2019) et écrit fréquemment sur et pour des artistes visuels.

CRÉDITS ET REMERCIEMENTS

Les reproductions photographiques de cet ouvrage ont été réalisées par ©L'Atelier de l'Imagier, à l'exception des pages suivantes :

p. 10, 155, 168, 169 © Luc Schrobiltgen

p. 13 © The Trustees of the British Museum

p. 15 © Collection Sir John Soane's Museum, London

p. 17 © Prinzhorn Collection, University Hospital Heidelberg

p. 20, 37, 94 © Art et marges musée

p. 21 © De Zandberg

p. 35 © Imprimerie Die Keure

p. 38 © Gérard Preszow

p. 42, 45, 57, 72, 117, 149, 4e de couverture © Frédéric Bastin

p. 52 © Mario Del Curto

p. 64, 162-163 © Frédéric Oszczak

p. 97, 126 © Thibault Leonardis

p. 178, 179 © Annabel Sougné

Toutes les œuvres pour lesquelles la collection n'est pas précisée sont issues de la Collection du Art et marges musée.

Les œuvres reprises aux pages suivantes sont issues de dons de l'artiste ou de sa famille, de l'atelier dans lequel il est actif ou de collectionneurs : 1ère de couverture, p. 2-3, 4, 7, 10, 19, 20, 22-23, 25, 26, 27, 29, 30, 39, 40, 42, 43, 45, 46-47, 50, 53, 55, 57, 58, 60, 62-63, 64, 65, 66, 67, 68, 72a, 72b, 73, 75, 77, 79, 81, 82, 84, 85, 86, 88, 89, 90, 92, 94, 96, 97, 99, 100, 101, 103, 105, 107, 109, 111, 112, 113, 114, 116, 117, 118, 119, 120-121, 122, 123, 124-125, 126, 127, 132, 133, 134, 135, 136, 137, 138, 139, 140-141, 143, 144, 145, 147, 148, 149, 150-151, 152, 153, 154, 155, 158, 159, 160-161, 162-163, 165, 166-167, 169, 170, 171, 172, 174, 176, 177, 180, 181, 182, 184, 185, 186, 187, 188, 189, 190, 191, 192, 193, 194, 195, 196, 4e de couverture.

Les œuvres des p. 59, 104, 115, 129, 164 sont en dépôt de longue durée au Art et marges musée.

Les œuvres des p. 178, 179 relèvent de la Collection de la Fédération Wallonie-Bruxelles, en dépôt au Art et marges musée.

Que toutes ces personnes et institutions soient remerciées pour leur précieuse contribution à la collection du Art et marges musée.

La collection du Art et marges musée compte près de quatre mille œuvres de quelque trois cents artistes, qui tous contribuent à la vie du musée et à son devenir, ce dont nous les remercions.

Nos remerciements vont aux auteurs, ainsi qu'à l'équipe et aux Amis du Art et marges musée.

Le Art et marges musée est une initiative de la COCOF. Avec le soutien de la Fédération Wallonie-Bruxelles, la Ville de Bruxelles, le CPAS de Bruxelles, la Loterie Nationale, les Cuisines Bruxelloises, Partenamut, Invicta Art.

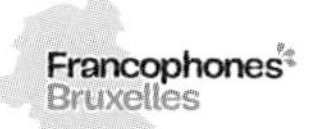 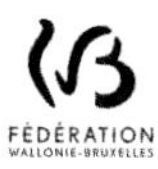 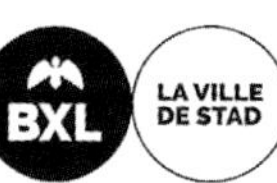 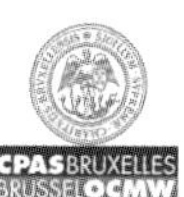

Direction de publication

Christine De Naeyer (Directrice de CFC-Éditions)
Tatiana Veress (Directrice du Art et marges musée)

Coordination et suivi éditorial

Claire Cagnat (CFC-Éditions)
Sarah Kokot (Art et marges musée)

Mise en page et photogravure

Collin Hotermans

Reproduction photographique

L'Atelier de l'Imagier

Textes

Tatiana Veress, Thibault Leornardis, Laurent Busine, Sarah Kokot,
Gérard Preszow, Carine Fol, Caroline Lamarche, Coline De Reymaeker,
David De Meuter, Françoise Henrion, Samuel Trenquier.

Traduction

Paule Alen (NL)
Philippe Hunt (EN)

Relecture

Thomas Keukens

Impression

Standartu Spaustuve

Ce livre fait partie de la Collection *Strates* de CFC-Éditions, éditée
avec le soutien de la Commission communautaire française, Bruxelles.

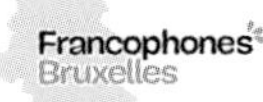

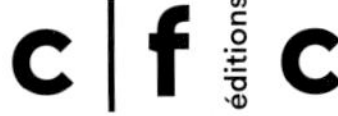

Place des Martyrs, 14
1000 Bruxelles
www.maisoncfc.be

ISBN : 978-2-87572-057-3
Dépôt légal : D/2020/5165/11

Couverture avant :
Jeroen Hollander, s.t., 2010,
aquarelle et bic sur papier,
24 x 31,5 cm.

Couverture arrière :
Jean-Pierre Rostenne, s. t., 2005/09,
assemblage d'objets de récupération,
159 x 32 x 29 cm.